한국생산성본부(KPC) 시행

ITQ 파워포인트

2021

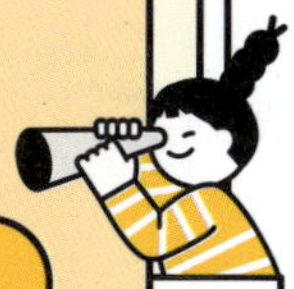

3회분 따라하기 동영상 수록
모의고사&기출문제 해설 PDF 제공

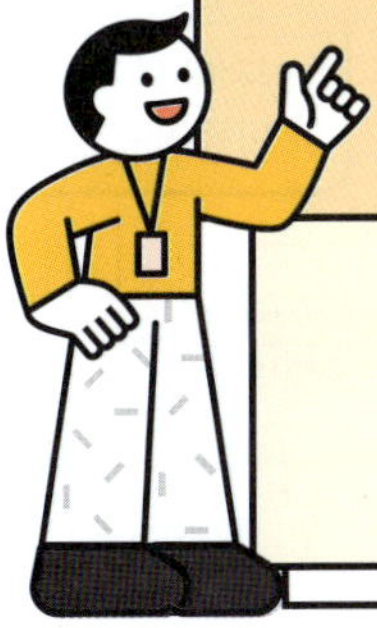

수험서개발팀 지음

마린북스

이 책의 구성

문제 미리보기
ITQ 파워포인트 시험의 출제 유형 및 배점 등을 살펴보아요!

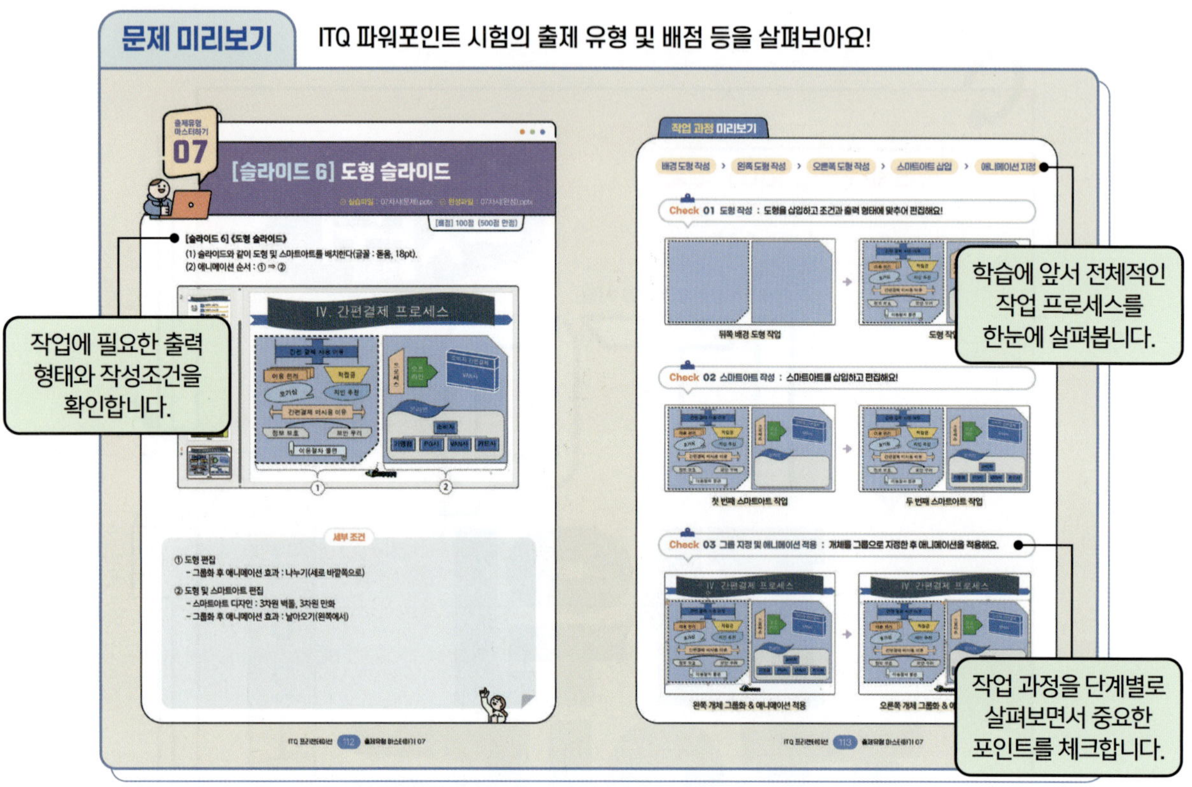
작업에 필요한 출력 형태와 작성조건을 확인합니다.
학습에 앞서 전체적인 작업 프로세스를 한눈에 살펴봅니다.
작업 과정을 단계별로 살펴보면서 중요한 포인트를 체크합니다.

출제 유형 따라하기
간결한 따라하기 내용과 이미지를 통해 핵심 내용을 파악할 수 있어요!

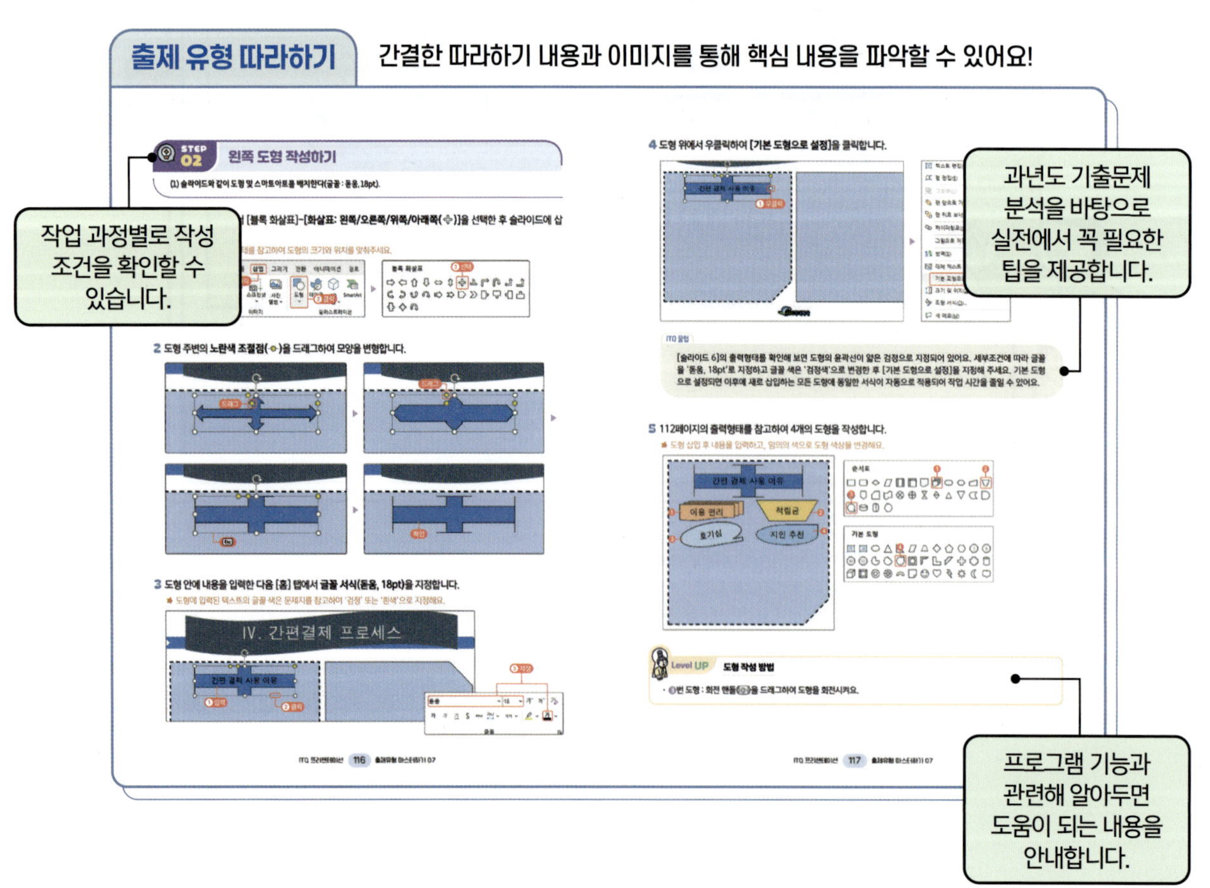
작업 과정별로 작성 조건을 확인할 수 있습니다.
과년도 기출문제 분석을 바탕으로 실전에서 꼭 필요한 팁을 제공합니다.
프로그램 기능과 관련해 알아두면 도움이 되는 내용을 안내합니다.

출제 유형 정리 다양한 유형의 연습문제를 통해 배운 내용을 복습할 수 있어요!

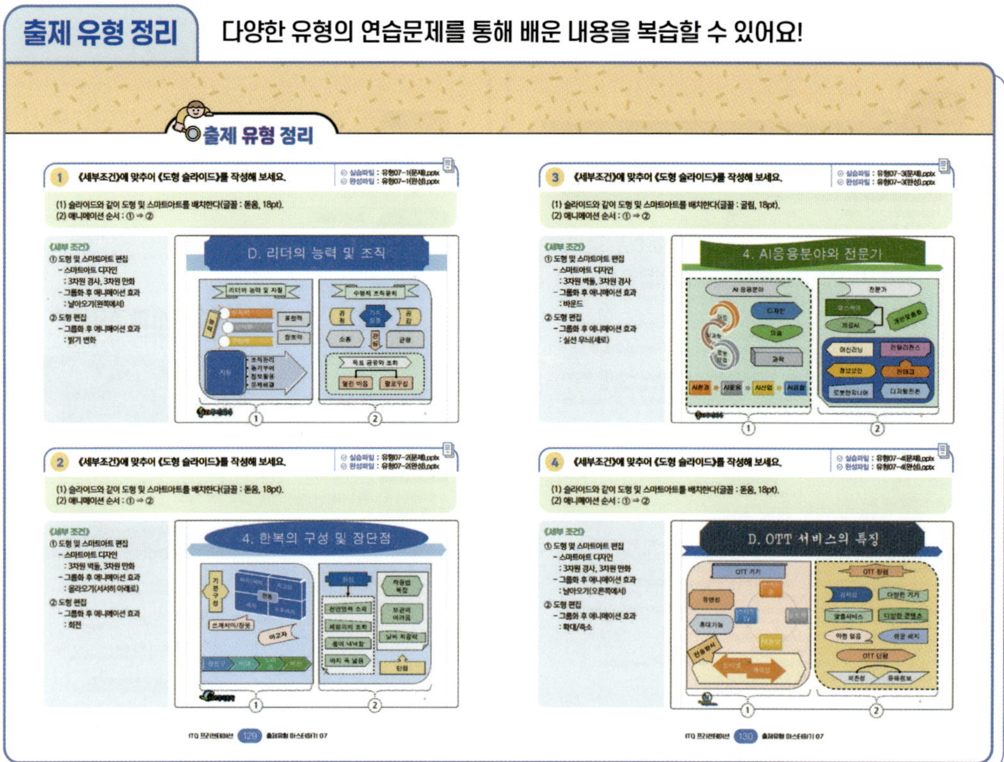

출제 패턴 반복 연습 고득점 합격에 필요한 핵심 작업을 반복 연습할 수 있는 코너예요!

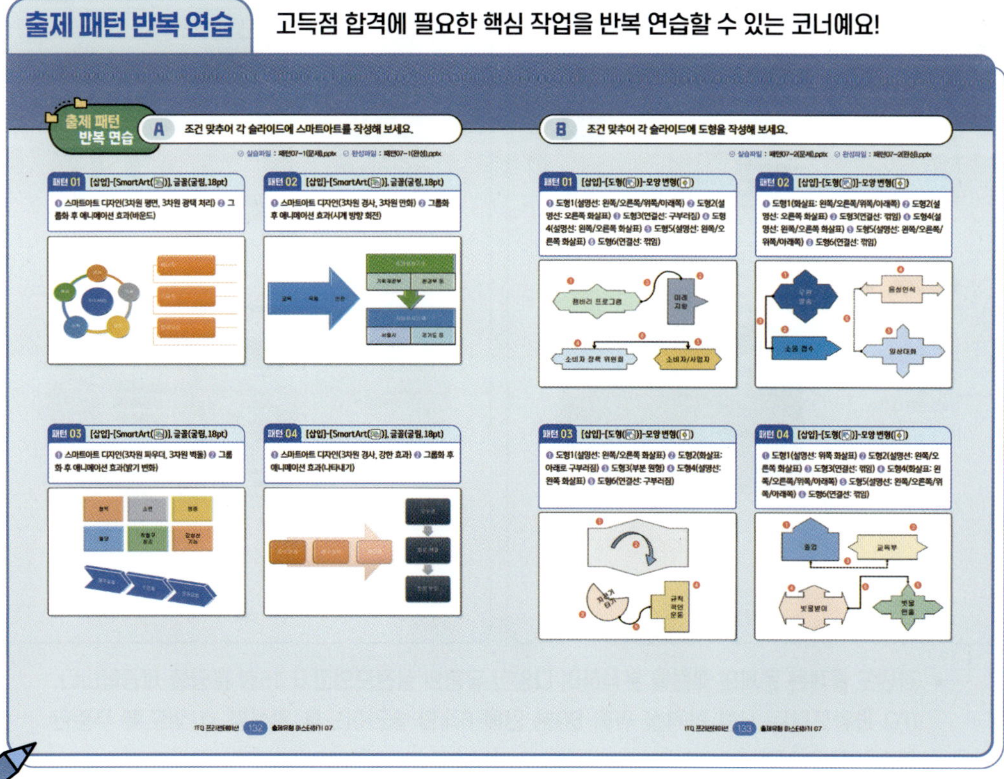

실전모의고사

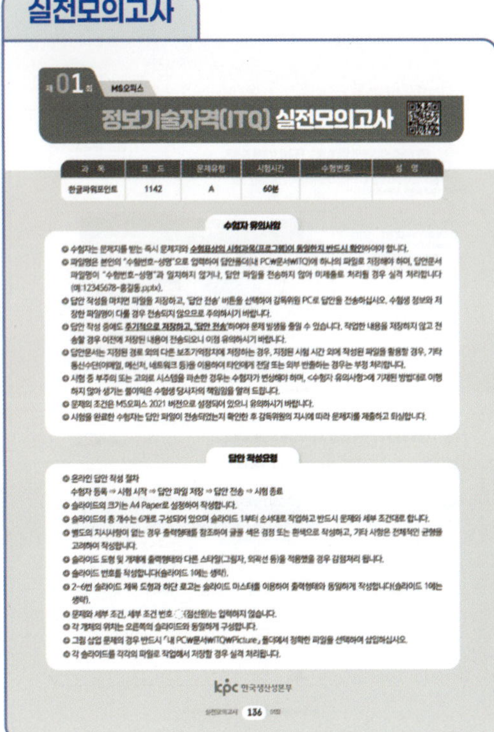

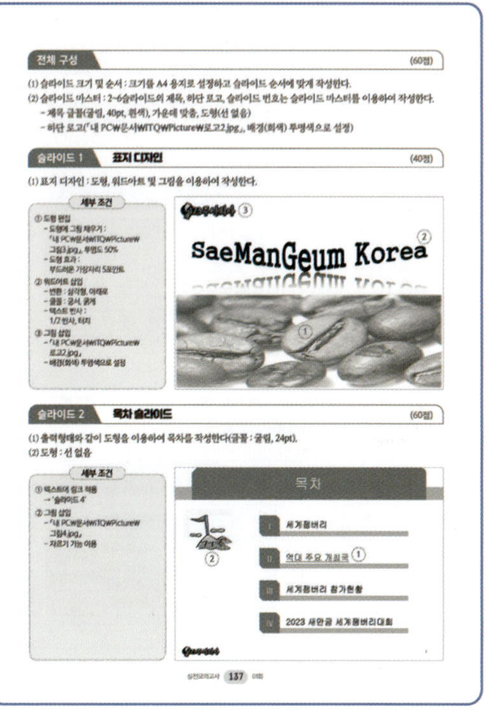

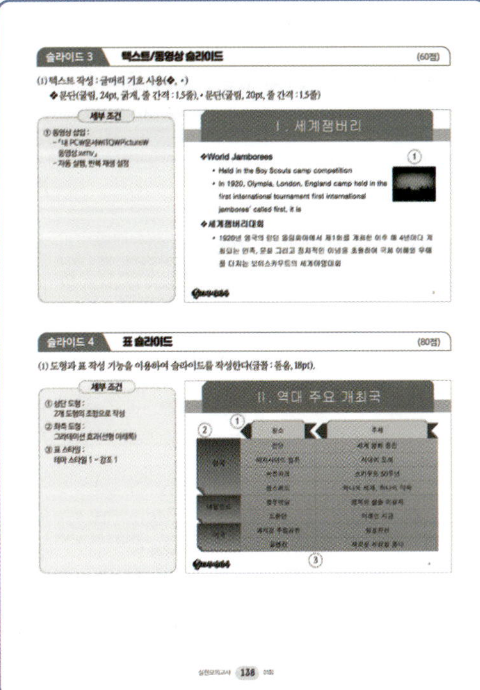

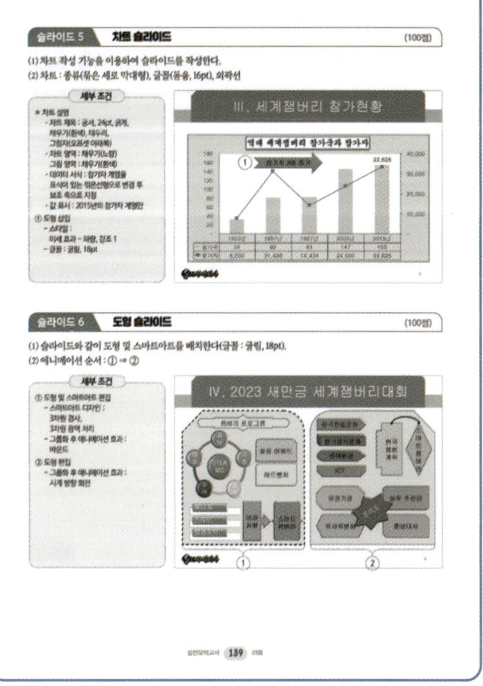

과년도 출제된 문제의 패턴을 분석하여 다양한 유형의 실전모의고사 15회 분량을 제공합니다. ITQ 파워포인트 시험 합격을 위해 60분 안에 6개의 슬라이드를 완성할 수 있도록 꾸준한 연습이 필요해요!

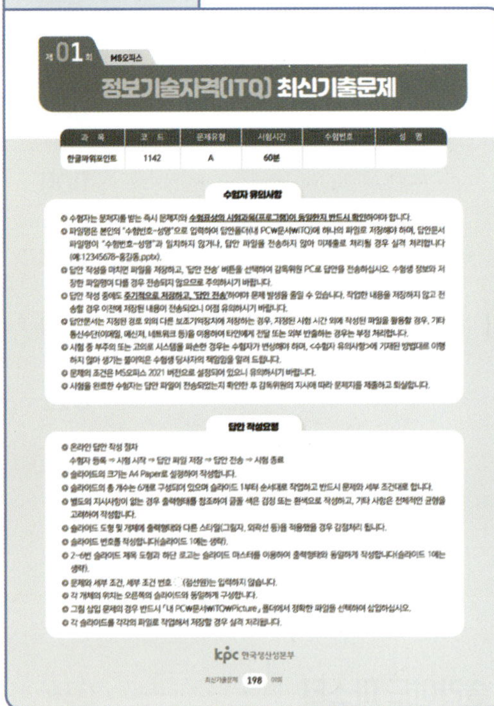

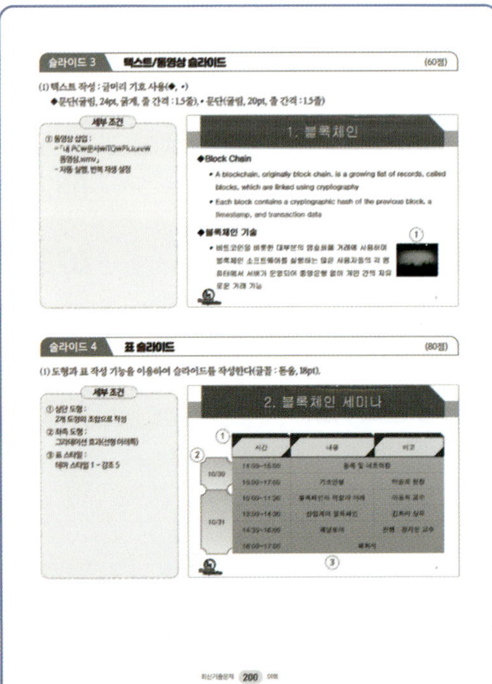

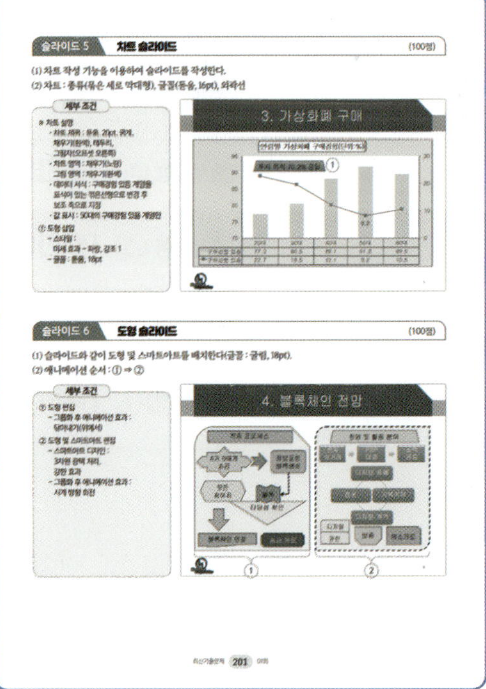

● 최근에 출제된 기출문제 15회 분량을 수록하였습니다. 제한 시간 60분 안에 빠르고 정확하게 답안을 작성해 보세요!

이 책의 목차

들어가기 전

이 책의 구성 ·········· 002

이 책의 목차 ·········· 006

ITQ 시험 정보 ·········· 008

시험 진행 과정 미리보기 ·········· 010

채점프로그램 활용하기 ·········· 011

PART 01

출제유형 마스터하기

출제유형 01 [전체 구성] 슬라이드 마스터 ·········· 014

출제유형 02 [슬라이드 1] 표지 디자인 ·········· 032

출제유형 03 [슬라이드 2] 목차 슬라이드 ·········· 046

출제유형 04 [슬라이드 3] 텍스트/동영상 슬라이드 ·········· 062

출제유형 05 [슬라이드 4] 표 슬라이드 ·········· 076

출제유형 06 [슬라이드 5] 차트 슬라이드 ·········· 092

출제유형 07 [슬라이드 6] 도형 슬라이드 ·········· 112

PART 02
실전모의고사

제01회 실전모의고사	136
제02회 실전모의고사	140
제03회 실전모의고사	144
제04회 실전모의고사	148
제05회 실전모의고사	152
제06회 실전모의고사	156
제07회 실전모의고사	160
제08회 실전모의고사	164
제09회 실전모의고사	168
제10회 실전모의고사	172
제11회 실전모의고사	176
제12회 실전모의고사	180
제13회 실전모의고사	184
제14회 실전모의고사	188
제15회 실전모의고사	192

PART 03
최신기출문제

제01회 최신기출문제	198
제02회 최신기출문제	202
제03회 최신기출문제	206
제04회 최신기출문제	210
제05회 최신기출문제	214
제06회 최신기출문제	218
제07회 최신기출문제	222
제08회 최신기출문제	226
제09회 최신기출문제	230
제10회 최신기출문제	234
제11회 최신기출문제	238
제12회 최신기출문제	242
제13회 최신기출문제	246
제14회 최신기출문제	250
제15회 최신기출문제	254

시험 과목 안내

자격종목(과목) S/W		프로그램 및 버전		등급	시험방식	시험시간
		공식버전				
ITQ 정보기술자격	아래한글	한컴오피스	2020/2022	A등급 B등급 C등급	PBT	60분
	한셀		2022			
	한쇼					
	한글엑셀	MS오피스	2021			
	한글파워포인트					
	인터넷	내장브라우저 IE8:0 이상				

시험 출제 기준

문항	배점	출제기준
❶ 전체구성	60점	▹ **전체 슬라이드 구성 내용을 평가** – 슬라이드 크기, 슬라이드 개수 및 순서, 슬라이드 번호, 그림 편집, 슬라이드 마스터 등 전체적인 구성 내용을 평가
❶ 표지 디자인	40점	▹ **도형과 그림 이용한 제목 슬라이드 작성 능력 평가** – 도형 편집 및 그림 삽입, 도형 효과 – 워드아트(워드숍) – 로고 삽입(투명한 색 설정 기능 사용)
❷ 목차 슬라이드	60점	▹ **목차에 따른 하이퍼 링크와 도형, 그림 배치 능력을 평가** – 도형 편집 및 효과 – 하이퍼링크 – 그림 편집
❸ 텍스트/동영상 슬라이드	60점	▹ **텍스트 간의 조화로운 배치 능력을 평가** – 텍스트 편집 / 목록 수준 조절 / 글머리기호 / 내어쓰기 – 동영상 삽입
❹ 표 슬라이드	80점	▹ **파워포인트 내에서의 표 작성 능력 평가** – 표 삽입 및 편집 – 도형 편집 및 효과
❺ 차트 슬라이드	100점	▹ **프리젠테이션을 위한 차트를 작성할 수 있는 종합 능력 평가** – 차트 삽입 및 편집 – 도형 편집 및 효과
❻ 도형 슬라이드	100점	▹ **도형을 이용한 슬라이드 작성 능력 평가** – 도형 및 스마트아트 이용 : 실무에 활용되는 다양한 도형 작성 – 그룹화 / 애니메이션 효과

정보기술자격(ITQ) 시험 — MS오피스

UTA1142

과 목	코드	문제유형	시험시간	수험번호	성 명
한글파워포인트	1142	A	60분		

수험자 유의사항

● 수험자는 문제지를 받는 즉시 문제지와 수험표상의 시험과목(프로그램)이 동일한지 반드시 확인하여야 합니다.
● 파일명은 본인의 "수험번호-성명"으로 입력하여 답안폴더(내 PC\문서\ITQ)에 하나의 파일로 저장해야 하며, 답안파일을 전송하지 않아 미제출로 처리될 경우 실격 처리합니다(예:12345678-홍길동.pptx).
● 답안 작성을 마치면 파일을 저장하고, '답안 전송' 버튼을 선택하여 감독위원 PC로 답안을 전송하십시오. 수험생 정보와 저장한 파일명이 다를 경우 전송되지 않으므로 주의하시기 바랍니다.
● 답안 작성 중에도 주기적으로 저장하고, '답안 전송'하여야 문제 발생을 줄일 수 있습니다. 작업한 내용을 저장하지 않고 전송할 경우 이전에 저장된 내용이 전송되오니 이점 유의하시기 바랍니다.
● 답안문서는 지정된 경로 외의 다른 보조기억장치에 저장하는 경우, 지정된 시험 시간 외에 작성된 파일을 활용할 경우, 기타 통신수단(이메일, 메신저, 네트워크 등)을 이용하여 타인에게 전달 또는 외부 반출하는 경우는 부정 처리합니다.
● 시험 중 부주의 또는 고의로 시스템을 파손한 경우는 수험자가 변상해야 하며, <수험자 유의사항>에 기재된 방법대로 이행하지 않아 생기는 불이익은 수험생 당사자의 책임임을 알려 드립니다.
● 문제의 조건은 MS오피스 2021 버전으로 설정되어 있으며 MS오피스 2016은 【 】에 표기되어 있습니다. 이와 관련하여 작성한 답안의 출력형태가 문제지와 다를 수 있습니다.
● 시험을 완료한 수험자는 답안파일이 전송되었는지 확인한 후 감독위원의 지시에 따라 문제지를 제출하고 퇴실합니다.

답안 작성요령

● 온라인 답안 작성 절차
 수험자 등록 ⇒ 시험 시작 ⇒ 답안파일 저장 ⇒ 답안 전송 ⇒ 시험 종료
● 슬라이드의 크기는 A4 Paper로 설정하여 작성합니다.
● 슬라이드의 총 개수는 6개로 구성되어 있으며 슬라이드 1부터 순서대로 작업하고 반드시 문제와 세부조건대로 합니다.
● 별도의 지시사항이 없는 경우 출력형태를 참조하여 글꼴색은 검정 또는 흰색으로 작성하고, 기타사항은 전체적인 균형을 고려하여 작성합니다.
● 슬라이드 도형 및 개체에 출력형태와 다른 스타일(그림자, 외곽선 등)을 적용했을 경우 감점처리 됩니다.
● 슬라이드 번호를 작성합니다(슬라이드 1에는 생략).
● 2~6번 슬라이드 제목과 하단 로고는 슬라이드 마스터를 이용하여 출력형태와 동일하게 작성합니다(슬라이드 1에는 생략).
● 문제와 세부조건, 세부조건 번호( )(점선원)는 입력하지 않습니다.
● 각 개체의 위치는 오른쪽의 슬라이드와 동일하게 구성합니다.
● 그림 삽입 문제의 경우 반드시 「내 PC\문서\ITQ\Picture」 폴더에서 정확한 파일을 선택하여 삽입하십시오.
● 각 슬라이드를 각각의 파일로 작업하여 저장할 경우 실격 처리됩니다.

kpc 한국생산성본부

[전체구성] (60점)

(1) 슬라이드 크기 및 순서 : 크기를 A4 용지로 설정하고 슬라이드 순서에 맞게 작성한다.
(2) 슬라이드 마스터 : 2~6슬라이드의 제목, 하단 로고, 슬라이드 번호는 슬라이드 마스터를 이용하여 작성한다.
 - 제목 글꼴(돋움, 40pt, 흰색), 가운데 맞춤, 도형(선 없음)
 - 하단 로고(「내 PC\문서\ITQ\Picture\로고1.jpg」, 배경(회색) 투명색으로 설정)

[슬라이드 1] <표지 디자인> (40점)

(1) 표지 디자인 : 도형, 워드아트 및 그림을 이용하여 작성한다.

세부조건
① 도형 편집
 - 도형에 그림 채우기 :
 「내 PC\문서\ITQ\Picture\
 그림1.jpg」, 투명도 50%
 - 도형 효과 :
 부드러운 가장자리 5포인트
② 워드아트 삽입
 - 변환 : 갈매기형 수장, 위로
 【갈매기형 수장】
 - 글꼴 : 굴림, 굵게
 - 텍스트 반사 : 근접 반사, 터치
③ 그림 삽입
 「내 PC\문서\ITQ\Picture\
 로고1.jpg」
 - 배경(회색) 투명색으로 설정

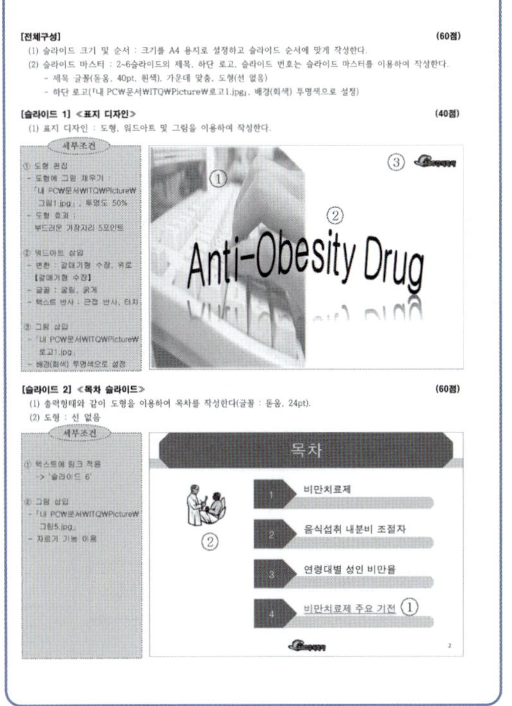

[슬라이드 2] <목차 슬라이드> (60점)

(1) 출력형태와 같이 도형을 이용하여 목차를 작성한다(글꼴 : 돋움, 24pt).
(2) 도형 : 선 없음

세부조건
① 텍스트에 하이퍼링크 적용
 -> '슬라이드 6'
② 그림 삽입
 「내 PC\문서\ITQ\Picture\
 그림5.jpg」
 - 자르기 기능 이용

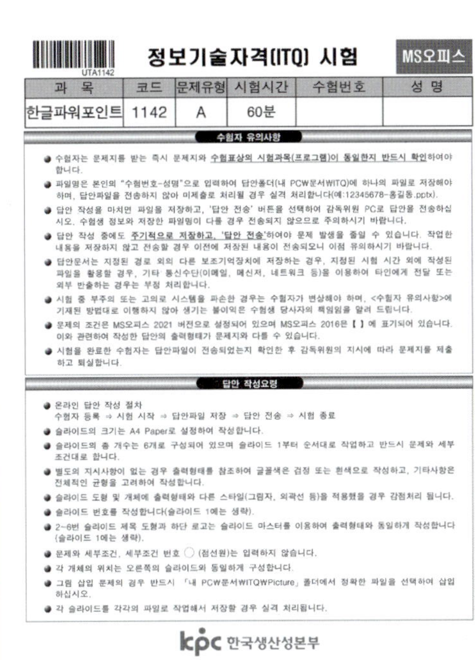

[슬라이드 3] <텍스트/동영상 슬라이드> (60점)

(1) 텍스트 작성 : 글머리 기호 사용(➤, ✔)
 ➤문단(글림, 24pt, 굵게, 줄간격 : 1.5줄), ✔문단(글림, 20pt, 줄간격 : 1.5줄)

세부조건
① 동영상 삽입 :
 「내 PC\문서\ITQ\Picture\
 동영상.wmv」
 - 자동실행, 반복재생 설정

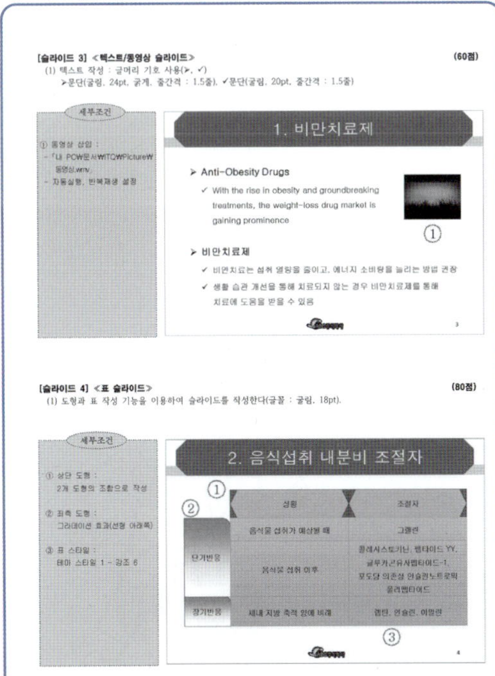

[슬라이드 4] <표 슬라이드> (80점)

(1) 도형과 표 작성 기능을 이용하여 슬라이드를 작성한다(글꼴 : 굴림, 18pt).

세부조건
① 상단 도형 :
 2개 도형의 조합으로 작성
② 좌측 도형 :
 그라데이션 효과(선형 아래쪽)
③ 표 스타일 :
 테마 스타일 1 - 강조 6

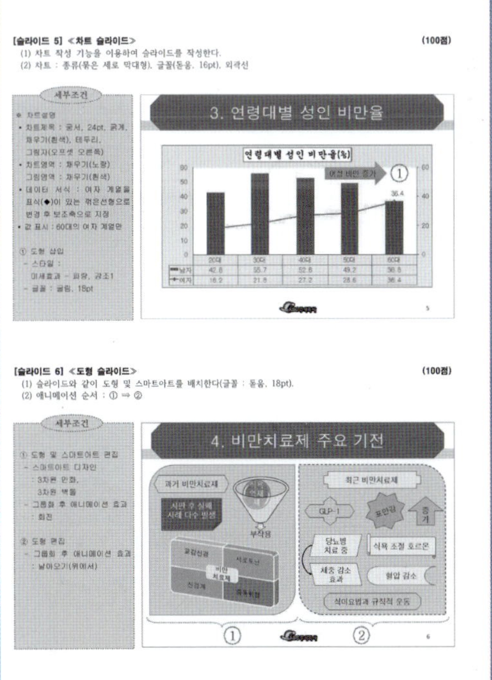

[슬라이드 5] <차트 슬라이드> (100점)

(1) 차트 작성 기능을 이용하여 슬라이드를 작성한다.
(2) 차트 : 종류(묶은 세로 막대형), 글꼴(돋움, 16pt), 외곽선

세부조건
● 차트설명
 • 차트제목 : 굴서, 24pt, 굵게, 채우기(흰색), 테두리, 그림자(오프셋 오른쪽)
 • 차트영역 : 채우기(노랑)
 그림영역 : 채우기(흰색)
 • 데이터 서식 : 여자 계열을 표시(◆)이 있는 꺾은선형으로 변경 후 보조축으로 지정
 • 값 표시 : 60대의 여자 계열만
● 도형 삽입
 - 스타일 :
 미세효과 - 파랑, 강조1
 - 글꼴 : 굴림, 18pt

[슬라이드 6] <도형 슬라이드> (100점)

(1) 슬라이드와 같이 도형 및 스마트아트를 배치한다(글꼴 : 돋움, 18pt).
(2) 애니메이션 순서 : ① ⇒ ②

세부조건
① 도형 및 스마트아트 편집
 - 스마트아트 디자인
 : 3차원 만화,
 3차원 벽돌
 - 그룹화 후 애니메이션 효과
 : 회전
② 도형 편집
 - 그룹화 후 애니메이션 효과
 : 날아오기(위에서)

1
license.kpc.or.kr
회원가입
2
시험 접수
#수험표
#신분증
#필기도구
← 1고사실
2고사실 →
FIGHTING
3
꾸준한 연습
4
시험 당일,
고사장 도착
5
수검 진행
6
약 1달 후 합격자 발표
7
자격증 발급

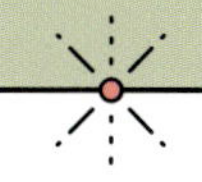

STEP 01

채점프로그램 다운로드

❶ 마린북스 홈페이지(www.mrbooks.kr)의 [자료실]에서 채점프로그램을 다운로드합니다.
❷ 압축 파일을 풀고 프로그램을 설치합니다.

STEP 02

실전모의고사 또는 최신기출문제 작성

❶ PART 01에서 연습한 내용을 바탕으로 답안 파일을 작성해 보세요. 제한된 시간은 60분입니다.
❷ 작성이 완료된 답안 파일은 바탕화면 또는 찾기 쉬운 폴더에 저장합니다.
❸ 답안 채점을 위해 파워포인트 프로그램을 종료합니다.

STEP 03

채점프로그램 활용

❶ 채점프로그램을 실행한 다음 교재 표지와 시험 회차를 선택합니다.
❷ <파일열기> 단추를 선택해 작성된 답안 파일을 불러온 다음 <채점시작하기>를 클릭합니다.
❸ 채점이 완료되면 결과를 확인합니다. [상세채점분석]을 클릭하면 자세한 채점 결과를 확인할 수 있습니다.

PART
1
출제유형
마스터하기
ITQ 파워포인트 시험의 최신 출제 유형을 통해
발빠르게 자격증을 취득해 보세요!

출제유형 01 | [전체 구성] 슬라이드 마스터

출제유형 02 | [슬라이드 1] 표지 디자인

출제유형 03 | [슬라이드 2] 목차 슬라이드

출제유형 04 | [슬라이드 3] 텍스트/동영상 슬라이드

출제유형 05 | [슬라이드 4] 표 슬라이드

출제유형 06 | [슬라이드 5] 차트 슬라이드

출제유형 07 | [슬라이드 6] 도형 슬라이드

[전체 구성] 슬라이드 마스터

⊘ **실습파일** : 없음   ⊘ **완성파일** : 01차시(완성).pptx

[배점] 60점 (500점 만점)

[전체 구성]

(1) 슬라이드 크기 및 순서 : 크기를 A4 용지로 설정하고 슬라이드 순서에 맞게 작성한다.

(2) 슬라이드 마스터 : 2~6슬라이드의 제목, 하단 로고, 슬라이드 번호는 슬라이드 마스터를 이용하여 작성한다.
　　　– 제목 글꼴(돋움, 40pt, 흰색), 가운데 맞춤, 도형(선 없음)
　　　– 하단 로고(「내 PC₩문서₩ITQ₩Picture₩로고1.jpg」, 배경(회색) 투명색으로 설정)

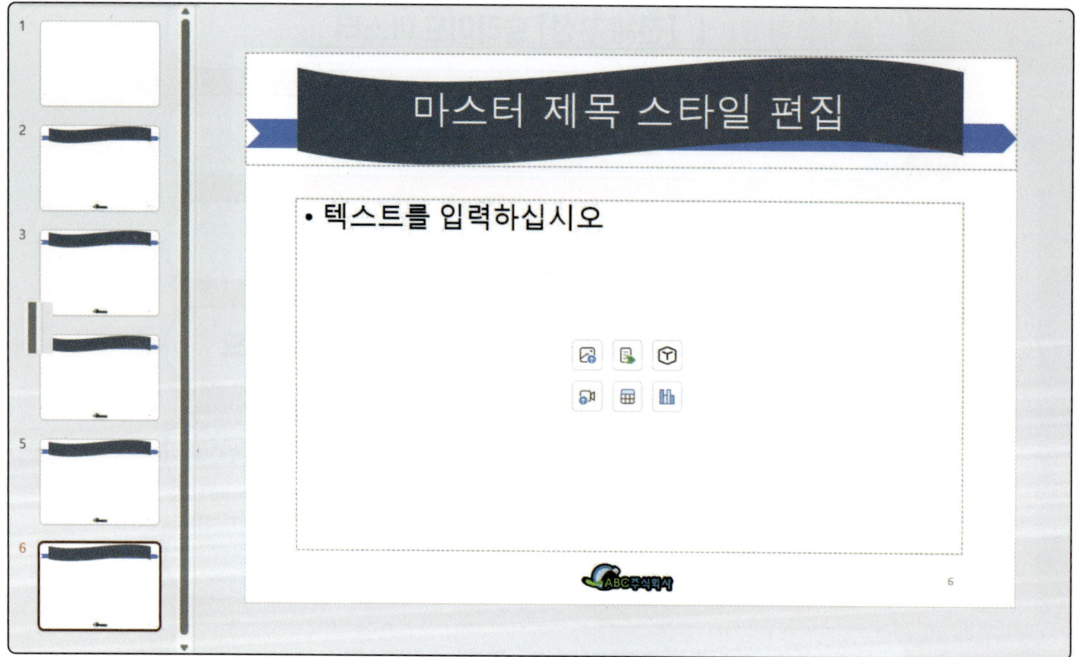

답안 파일 저장 〉 슬라이드 크기 변경 〉 슬라이드 마스터에 제목 도형 작업 〉
슬라이드 마스터 로고 이미지 삽입 〉 슬라이드 번호 지정 〉 슬라이드 추가

Check 01 시험 준비 ⋮ ITQ 파워포인트 시험을 위한 기본 작업이 필요해요!

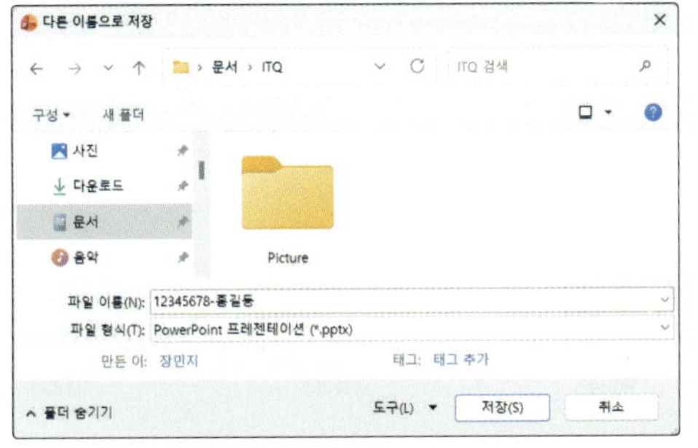

지정된 경로에 답안 파일 저장

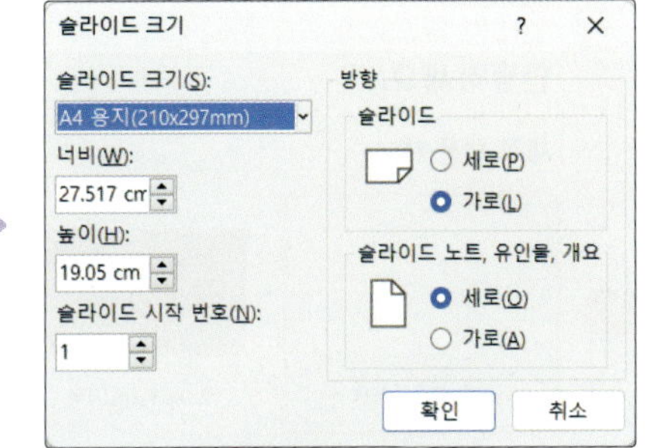

슬라이드 크기 변경

Check 02 제목 작업 ⋮ 슬라이드 마스터 기능으로 제목 상자를 완성해요!

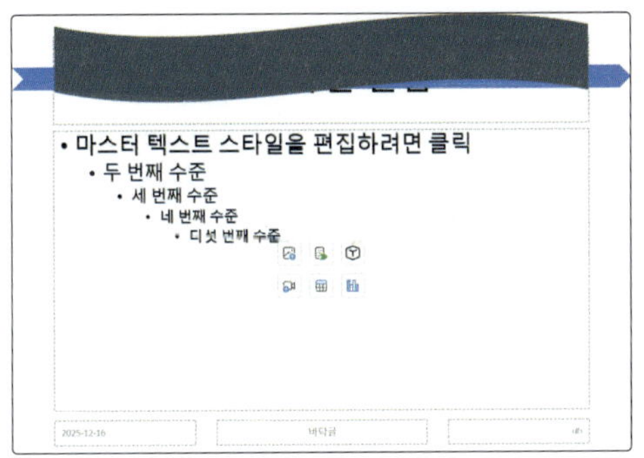

도형 삽입 및 편집

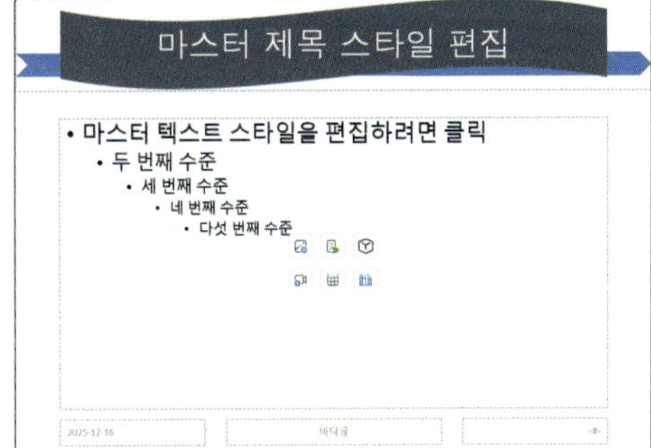

슬라이드 마스터 제목 상자 편집

Check 03 로고 & 번호 작업 ⋮ 슬라이드 마스터 기능으로 로고 이미지와 슬라이드 번호를 추가해요!

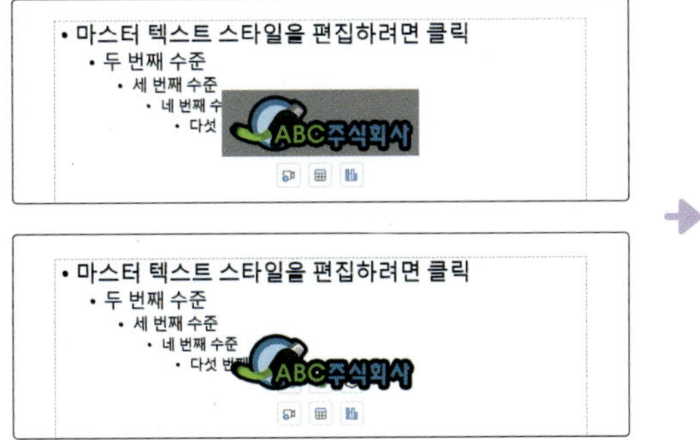

로고 이미지 삽입 후 회색 배경을 투명하게 설정

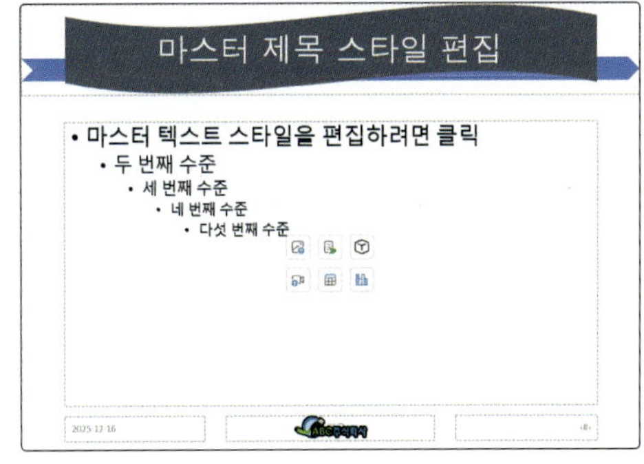

로고 배치 후 슬라이드 번호 지정

답안 파일 저장하기

[수험자 유의사항]
파일명은 본인의 "수험번호-성명"으로 입력하여 답안폴더(내 PC₩문서₩ITQ)에 하나의 파일로 저장해야 하며, 답안파일을 전송하지 않아 미제출로 처리될 경우 실격 처리합니다. (예:12345678-홍길동.pptx)

1 파워포인트 2021 프로그램을 실행한 후 **[새 프레젠테이션]**을 선택합니다.

2 새 프레젠테이션이 열리면 [파일] 탭-**[다른 이름으로 저장]**을 클릭하여 답안 파일을 저장합니다.

★ 답안 파일을 맨 처음 저장할 때는 [다른 이름으로 저장]을, 이후에는 [저장] 메뉴를 이용해요.

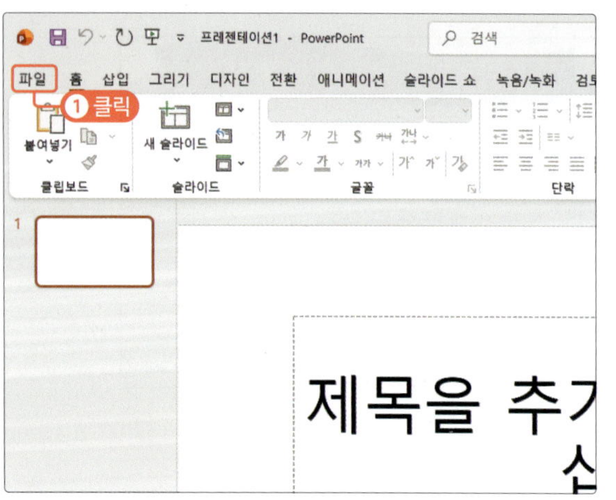

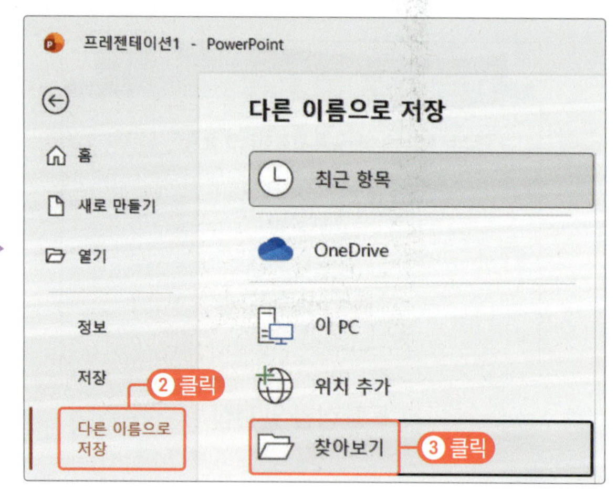

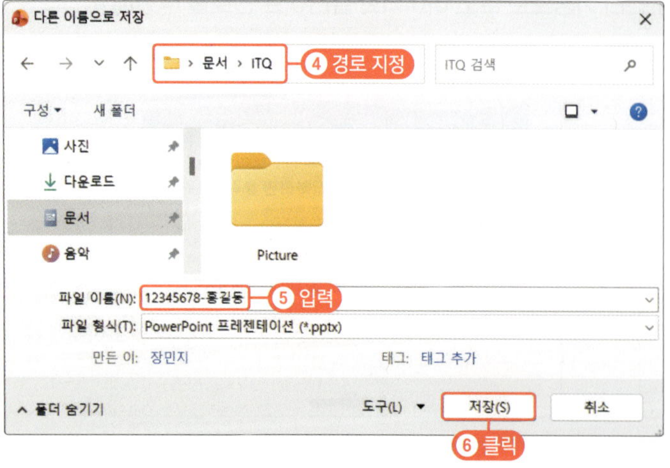

ITQ 꿀팁

답안 파일 저장 시 '저장 경로'와 '파일명'을 정확하게 입력하세요.
· 저장 경로 : [내 PC]-[문서]-[ITQ] 폴더
· 파일 이름 : 수험번호-성명

3 답안 파일 저장이 완료되면 제목 표시줄의 파일명이 **12345678-홍길동**으로 변경된 것을 확인할 수 있습니다.

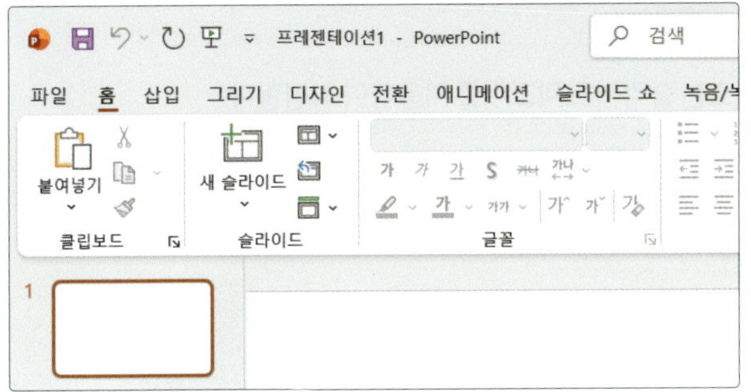 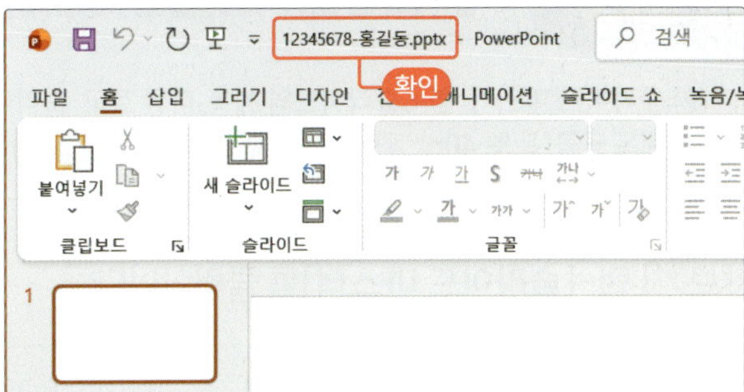

슬라이드 크기 변경하기

(1) 슬라이드 크기 및 순서 : 크기를 A4 용지로 설정하고 슬라이드 순서에 맞게 작성한다.

1 [디자인] 탭에서 [슬라이드 크기]-[**사용자 지정 슬라이드 크기**]를 선택합니다.

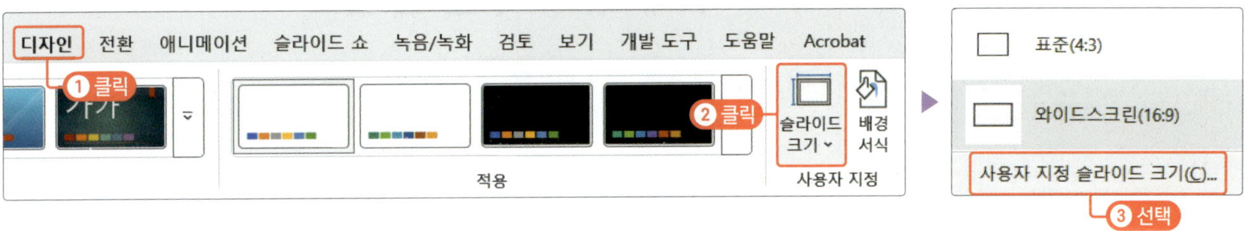

2 슬라이드 크기를 **A4용지(210×297mm)**로 선택하고 <확인>을 클릭합니다.

3 콘텐츠 크기 조정 안내 창이 나오면 [**맞춤 확인**]을 선택합니다.

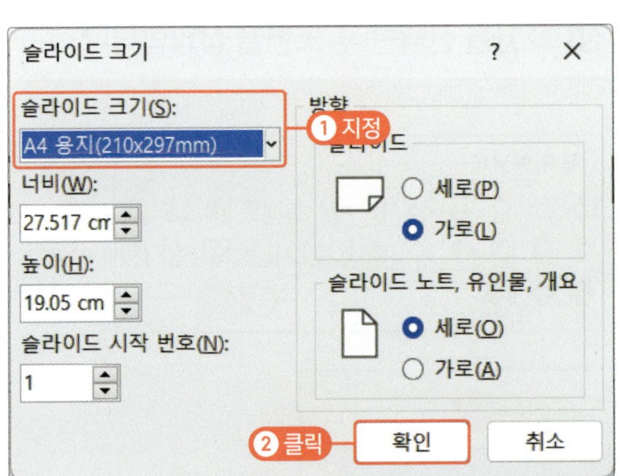 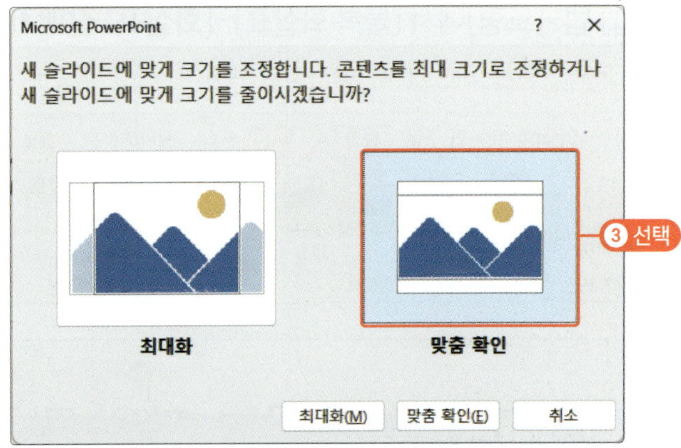

Level UP **콘텐츠 크기 옵션**

해당 기능은 슬라이드의 크기를 변경했을 때 슬라이드 안의 '텍스트, 도형, 그림' 등의 요소를 어떻게 조정할지 선택하는 역할을 합니다. ITQ 답안 작성에서는 반드시 [맞춤 확인]을 선택해 주세요.

슬라이드 마스터에 제목 도형 작업하기

(2) 슬라이드 마스터 : 2~6슬라이드의 제목, 하단 로고, 슬라이드 번호는 슬라이드 마스터를 이용하여 작성한다.
  - 제목 글꼴(돋움, 40pt, 흰색), 가운데 맞춤, 도형(선 없음)

1 [보기] 탭-[**슬라이드 마스터**]를 클릭합니다.

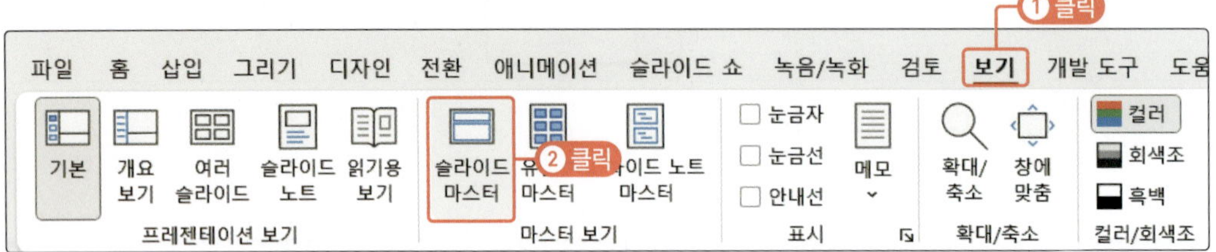

2 슬라이드 마스터 화면이 활성화되면 세 번째 [**제목 및 내용 레이아웃**]을 선택합니다.

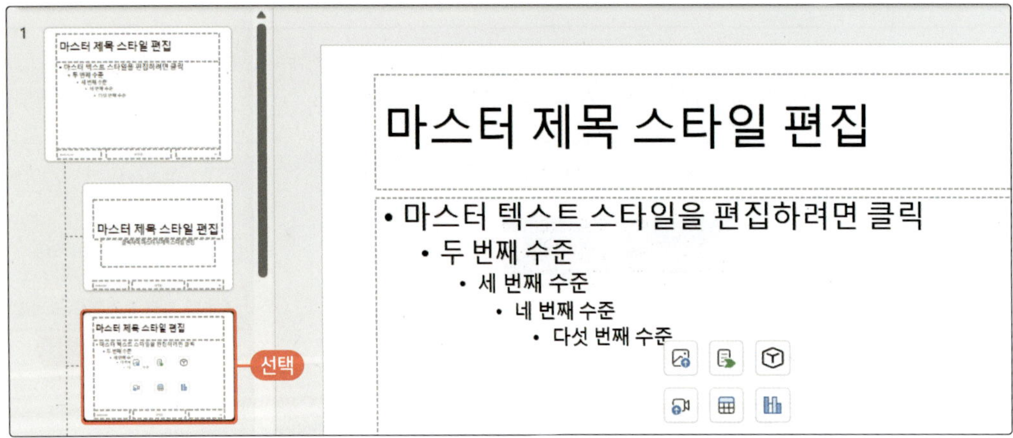

3 [삽입] 탭-[도형]에서 [블록 화살표]-[**화살표: 갈매기형 수장(⟩)**]을 선택한 후 도형을 삽입합니다.

★ 도형을 삽입할 때는 대각선 방향으로 드래그하며, 크기와 위치는 14페이지의 문제지를 참고하여 맞춰주세요.

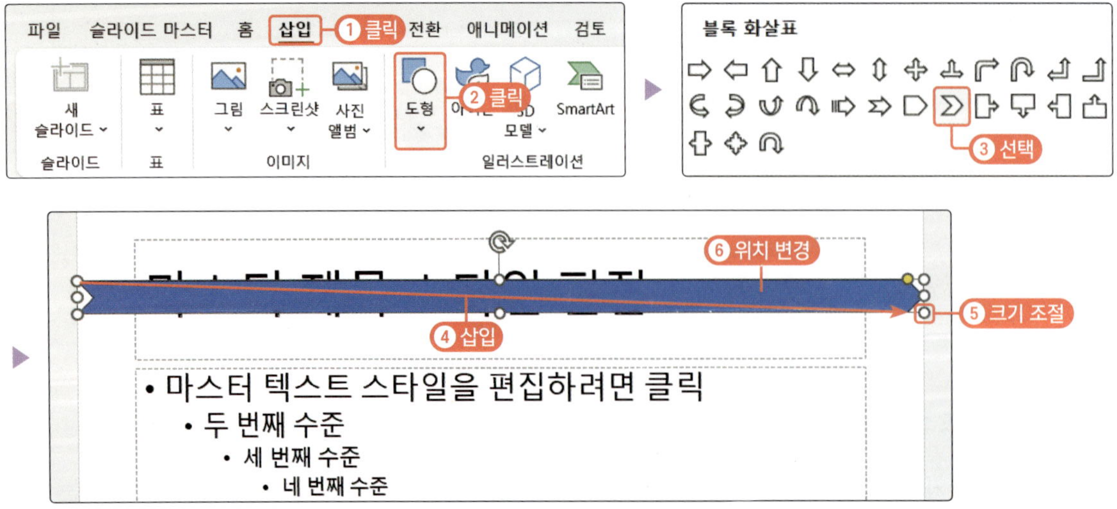

도형 작성하기

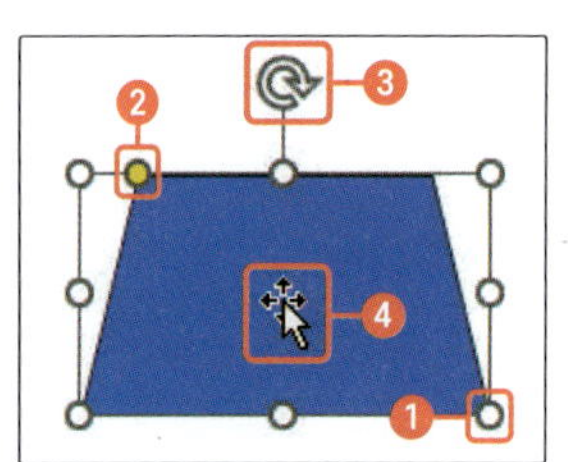

❶ **크기 조절** : 도형 주변에 표시되는 크기 조절점(⬚)을 드래그해요.

❷ **모양 변형** : 도형 주변에 표시되는 노란색 조절점(◉)을 드래그해요.

❸ **회전** : 도형 주변에 표시되는 회전 핸들(⟳)을 드래그해요.

❹ **위치 변경** : 도형 중앙에 마우스 커서를 위치시켜 ✥ 모양으로 변경되었을 때 드래그해요.

4 [도형 서식] 탭에서 [도형 윤곽선]-**[윤곽선 없음]**을 선택하여 도형의 테두리를 없앱니다.

★ 도형 선택이 해제되었을 경우 도형을 클릭해 주세요.

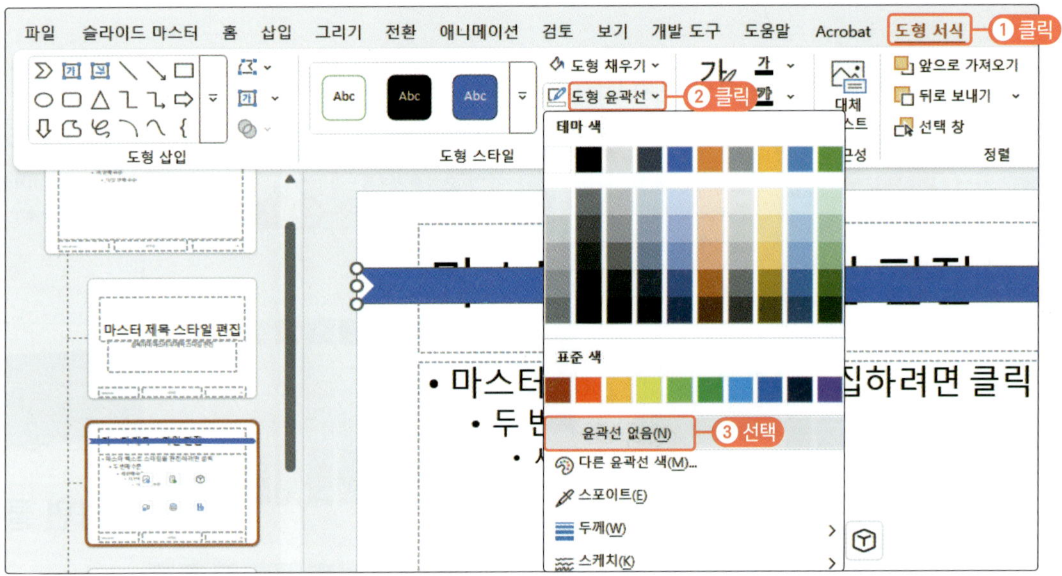

5 이번에는 [삽입] 탭-[도형]에서 [별 및 현수막]-**[물결(▱)]**을 선택합니다.

ITQ 꿀팁

ITQ 파워포인트 시험은 작성해야 하는 도형의 이름이 표시되지 않기 때문에 문제지의 출력형태를 참고하여 모양이 같은 도형을 찾아서 추가해야 해요. 슬라이드에 추가된 도형의 크기 및 위치 역시 출력형태를 참고하여 최대한 비슷하게 맞춰주세요.

6 14페이지의 출력형태를 참고하여 도형을 삽입합니다.

✿ 도형을 삽입할 때는 대각선 방향으로 드래그해요.

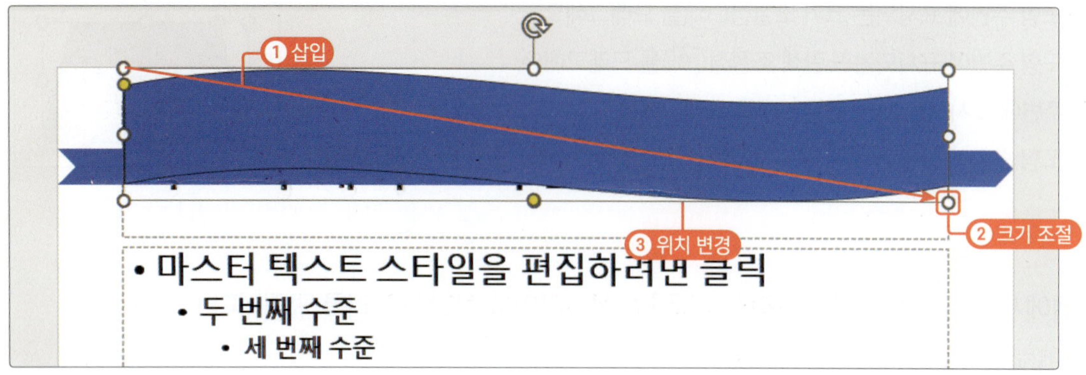

7 [도형 서식] 탭에서 [도형 채우기] 색을 변경한 다음 [도형 윤곽선]–**[윤곽선 없음]**으로 지정합니다.

> **ITQ 꿀팁**
>
> ITQ 파워포인트 시험은 흑백 문제지로 출제되며, 도형 색상에 대한 별도의 지시사항이 없기 때문에 겹치는 도형의 색상만 다르게 지정해 주세요.

8 도형이 선택된 상태에서 [도형 서식] 탭-[회전]-**[좌우 대칭]**을 선택합니다.

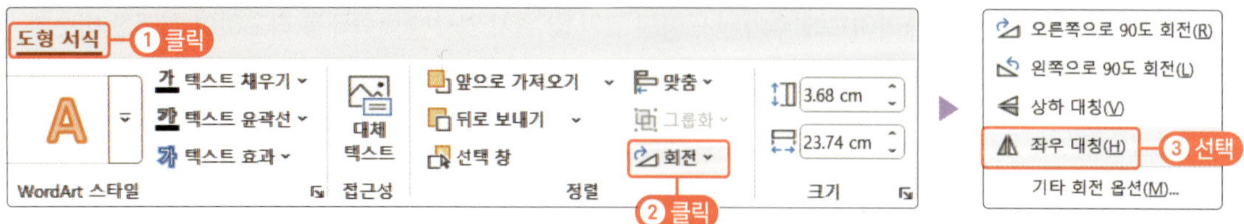

9 앞쪽 도형이 좌우로 대칭된 것을 확인합니다.

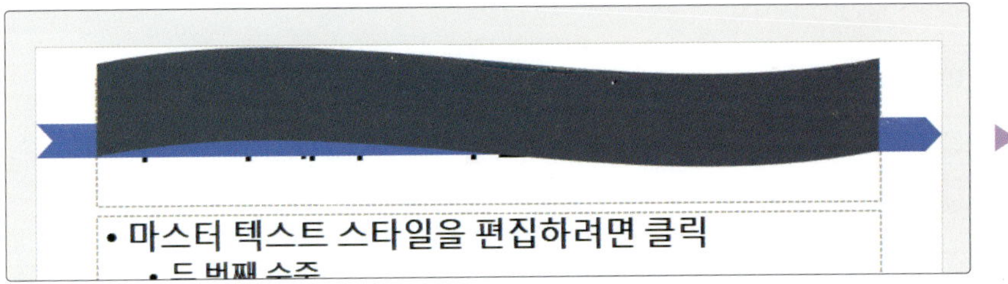

 **슬라이드 마스터 제목에 글꼴 서식 지정하기**

(2) 슬라이드 마스터 : 2~6슬라이드의 제목, 하단 로고, 슬라이드 번호는 슬라이드 마스터를 이용하여 작성한다.
 - 제목 글꼴(돋움, 40pt, 흰색), 가운데 맞춤, 도형(선 없음)

1 도형 뒤쪽의 텍스트 상자 테두리 위에서 우클릭하여 **[맨 앞으로 가져오기]**를 선택합니다.

2 텍스트 상자의 크기 및 위치를 아래와 같이 변경합니다.

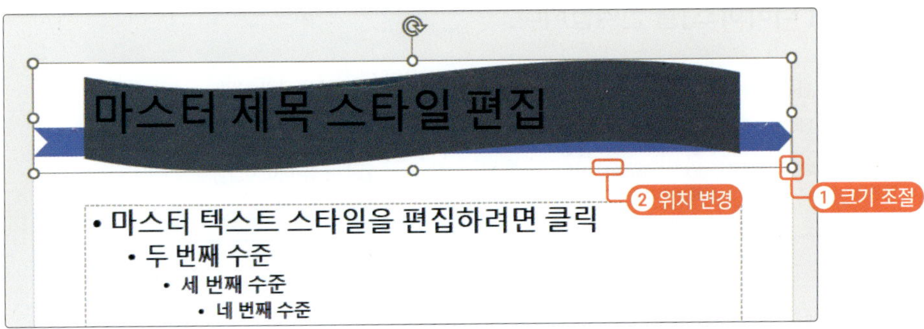

3 텍스트 상자가 선택된 상태에서 [홈] 탭에서 **글꼴 서식**을 지정합니다.

★ 글꼴 서식 및 정렬 방식은 문제지를 참고하여 설정해 주세요.

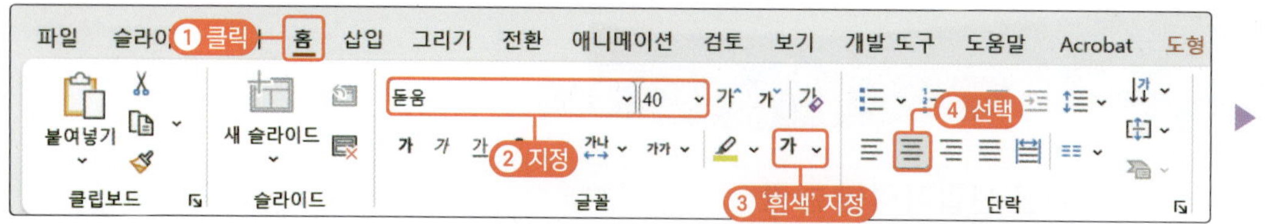

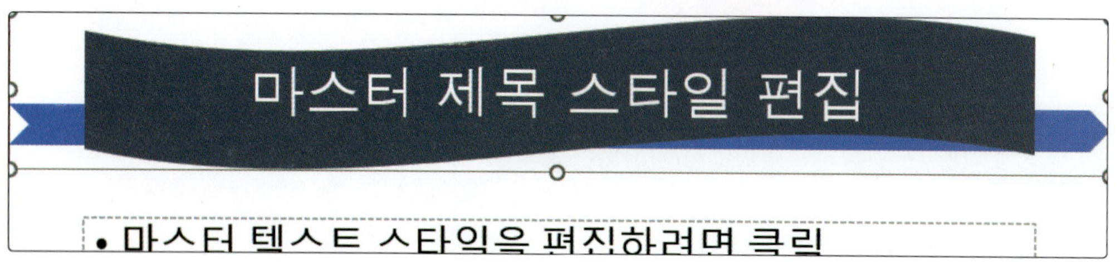

Level UP — 텍스트 서식 변경

ITQ 파워포인트 시험에서 자주 사용되는 핵심 텍스트 편집 기능입니다. 빠르고 정확한 답안 작성을 위해 반드시 익혀두세요!

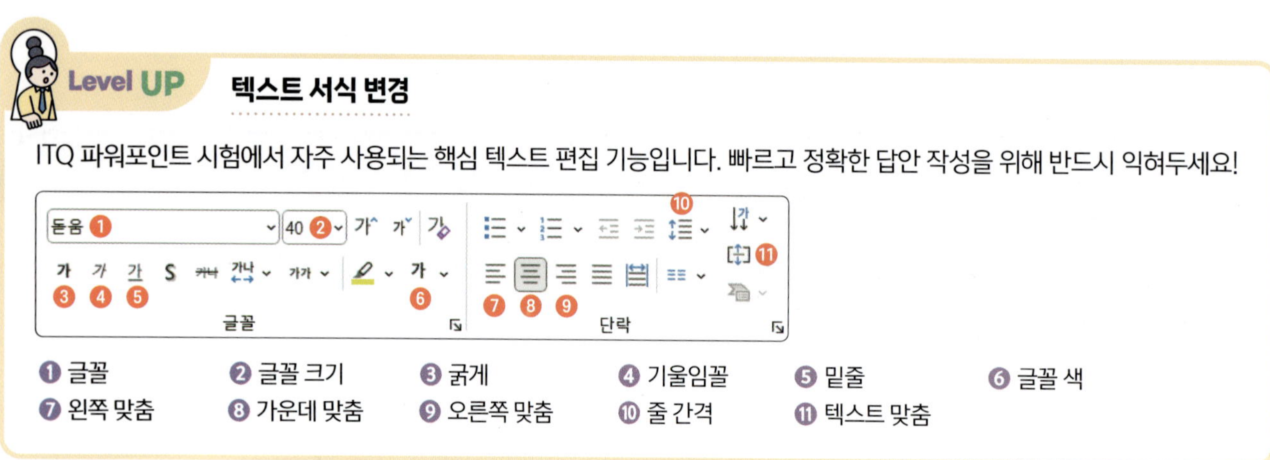

❶ 글꼴　　❷ 글꼴 크기　　❸ 굵게　　❹ 기울임꼴　　❺ 밑줄　　❻ 글꼴 색
❼ 왼쪽 맞춤　　❽ 가운데 맞춤　　❾ 오른쪽 맞춤　　❿ 줄 간격　　⑪ 텍스트 맞춤

STEP 05 로고 이미지 삽입하기

(2) 슬라이드 마스터 : 2~6슬라이드의 제목, 하단 로고, 슬라이드 번호는 슬라이드 마스터를 이용하여 작성한다.
　- 하단 로고(「내 PC\문서\ITQ\Picture\로고1.jpg」, 배경(회색) 투명색으로 설정)

1 [삽입] 탭-[그림]을 클릭한 다음 **[이 디바이스]**를 선택합니다.

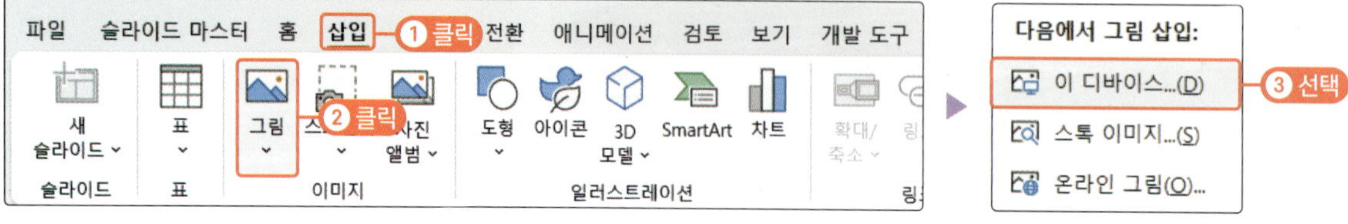

2 [내 PC]-[문서]-[ITQ]-[Picture] 폴더에서 **로고1.jpg**을 삽입합니다.

★ 원하는 그림을 더블클릭하면 바로 삽입할 수 있어요.

3 [그림 서식] 탭-[색]-**[투명한 색 설정]**을 선택한 후 로고 이미지의 **회색** 부분을 클릭하여 배경을 투명하게 변경합니다.

4 14페이지의 출력형태를 참고하여 로고의 크기와 위치를 변경합니다.

★ 슬라이드 마스터에 삽입되는 로고는 텍스트 상자를 침범하지 않도록 적당한 크기로 삽입해 주세요.

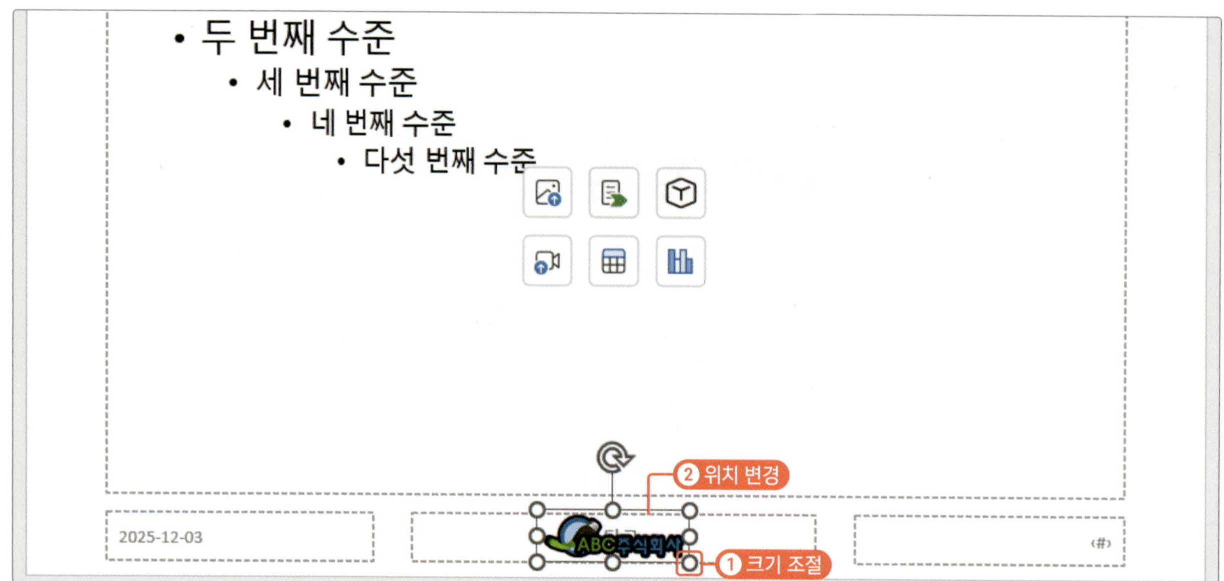

Level UP **슬라이드 마스터란?**

슬라이드 마스터는 전체 슬라이드의 기본 디자인을 한 번에 설정하는 기능입니다. 제목에 사용되는 도형, 텍스트, 로고처럼 반복되는 요소를 슬라이드 마스터에서 작업하면 모든 슬라이드에 자동으로 적용됩니다. ITQ 파워포인트 시험에서는 마스터 활용 여부도 채점 기준에 포함되므로, 문제지의 [전체구성]에서 '(2) 슬라이드 마스터' 내용을 참고하여 작업을 진행해 주세요.

STEP 06 슬라이드 번호 표시하기

(2) 슬라이드 마스터 : 2~6슬라이드의 제목, 하단 로고, 슬라이드 번호는 슬라이드 마스터를 이용하여 작성한다.

1 [삽입] 탭에서 **[머리글/바닥글]**을 클릭합니다.

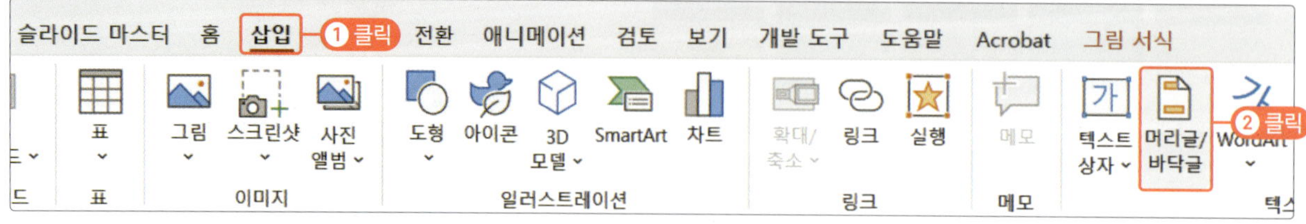

2 **슬라이드 번호**와 **제목 슬라이드에는 표시 안 함** 항목에 체크한 후 <모두 적용>을 클릭합니다.

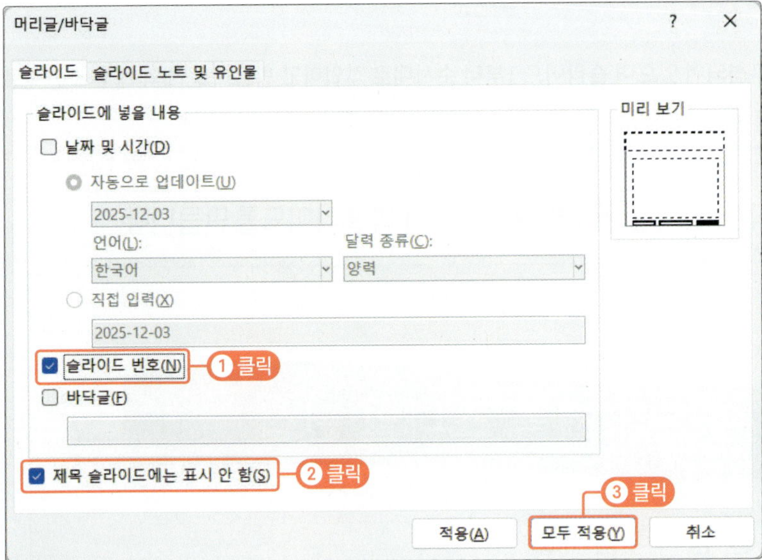

슬라이드 번호 위치 변경

❶ 슬라이드 하단의 '날짜'와 '바닥글' 텍스트 상자를 선택한 후 Delete 를 눌러 삭제합니다.

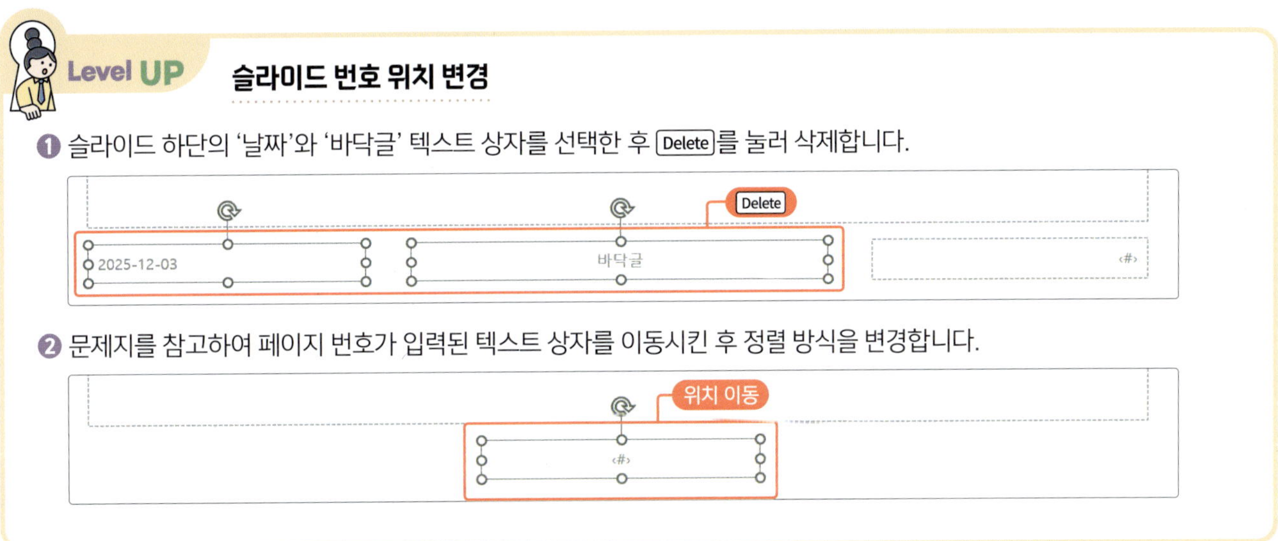

❷ 문제지를 참고하여 페이지 번호가 입력된 텍스트 상자를 이동시킨 후 정렬 방식을 변경합니다.

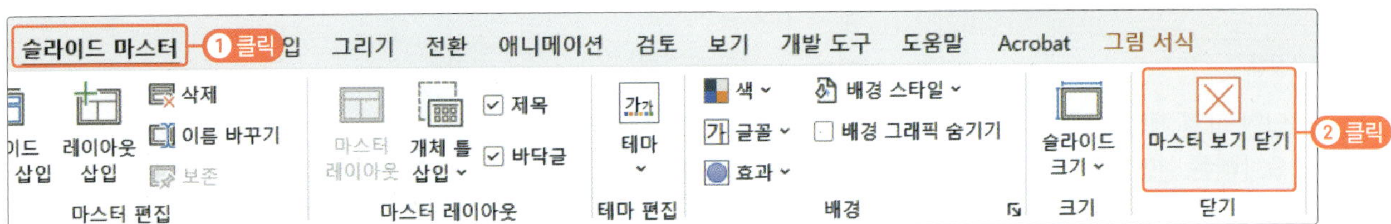

3 [슬라이드 마스터] 탭-[마스터 보기 닫기]를 클릭하여 슬라이드 마스터 편집을 종료합니다.

슬라이드 추가하기

[답안 작성요령] 슬라이드의 총 개수는 6개로 구성되어 있으며 슬라이드 1부터 순서대로 작업하고 반드시 문제와 세부 조건대로 합니다.

1 축소판 그림 창에서 [**슬라이드 1**]을 클릭한 후 Enter 를 **5번** 눌러 총 6개의 슬라이드를 만듭니다.

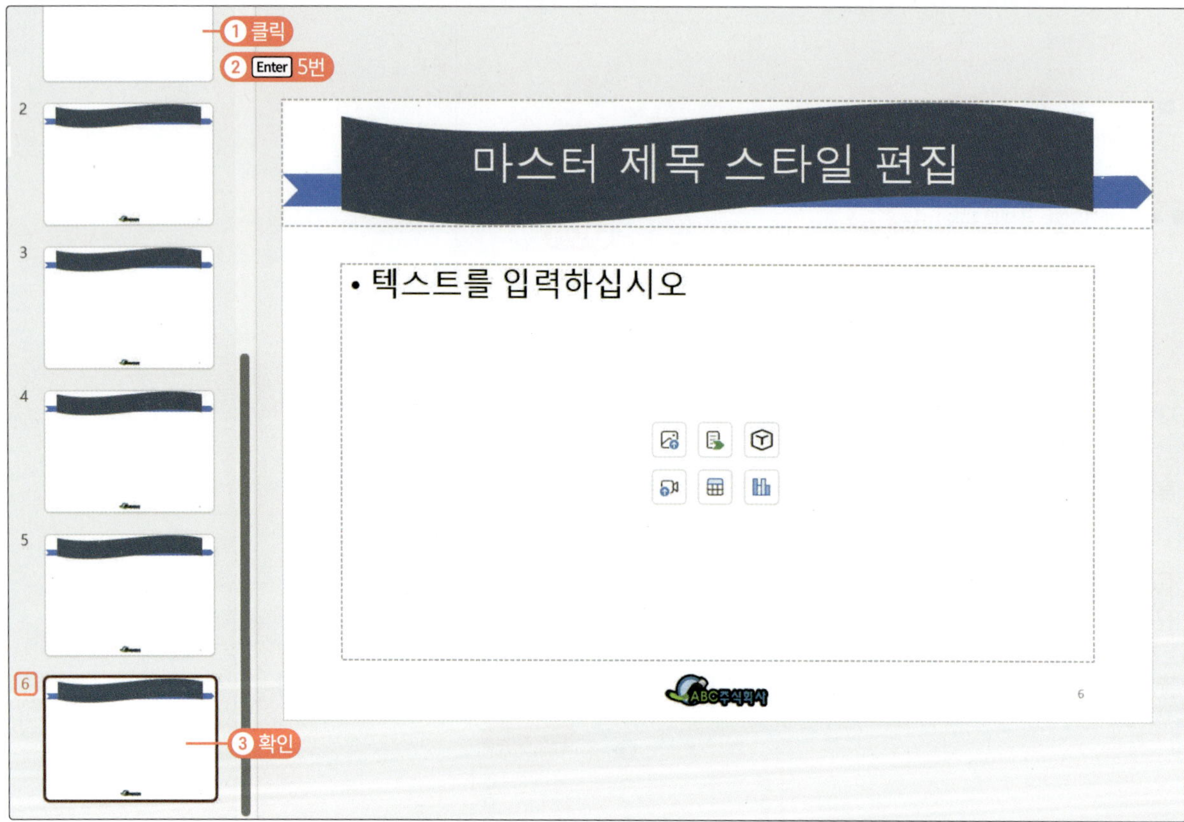

2 작업이 완료되면 [**저장(💾)**]을 클릭하거나, Ctrl + S 를 눌러 답안 파일을 저장합니다.

ITQ 꿀팁

답안 파일 저장은 ITQ 시험에서 가장 중요한 단계로 답안 작성 도중에 작업을 완료한 부분까지 수시로 저장해야 해요. [빠른 실행 도구 모음]에서 저장 아이콘(💾)을 클릭하거나, Ctrl + S 를 눌러 답안 파일을 저장할 수 있어요.

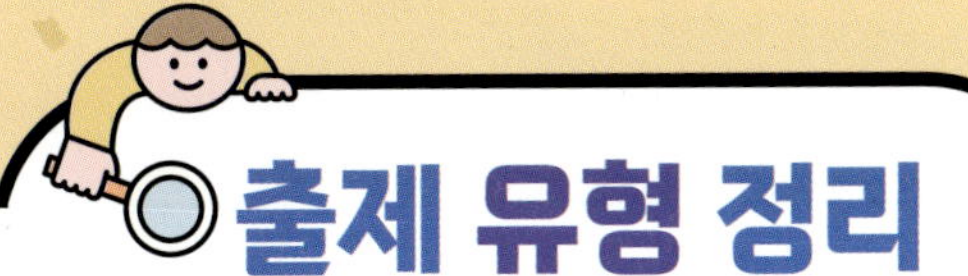

1 아래 조건에 맞추어 슬라이드 마스터를 작성해 보세요.

⊘ 실습파일 : 없음
⊘ 완성파일 : 12345678-이현정.pptx

《전체구성》

(1) 슬라이드 크기 및 순서 : 크기를 A4 용지로 설정하고 슬라이드 순서에 맞게 작성한다.

(2) 슬라이드 마스터 : 2~6슬라이드의 제목, 하단 로고, 슬라이드 번호는 슬라이드 마스터를 이용하여 작성한다.
  - 제목 글꼴(돋움, 40pt, 흰색), 가운데 맞춤, 도형(선 없음)
  - 하단 로고(「내 PC₩문서₩ITQ₩Picture₩로고2.jpg」, 배경(회색) 투명색으로 설정)

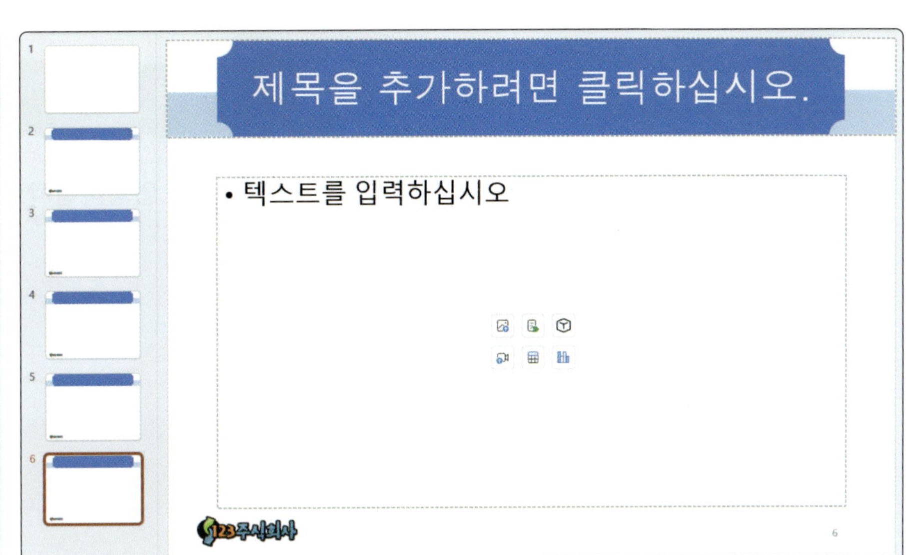

2 아래 조건에 맞추어 슬라이드 마스터를 작성해 보세요.

⊘ 실습파일 : 없음
⊘ 완성파일 : 12345678-이혜림.pptx

《전체구성》

(1) 슬라이드 크기 및 순서 : 크기를 A4 용지로 설정하고 슬라이드 순서에 맞게 작성한다.

(2) 슬라이드 마스터 : 2~6슬라이드의 제목, 하단 로고, 슬라이드 번호는 슬라이드 마스터를 이용하여 작성한다.
  - 제목 글꼴(굴림, 40pt, 흰색), 가운데 맞춤, 도형(선 없음)
  - 하단 로고(「내 PC₩문서₩ITQ₩Picture₩로고1.jpg」, 배경(회색) 투명색으로 설정)

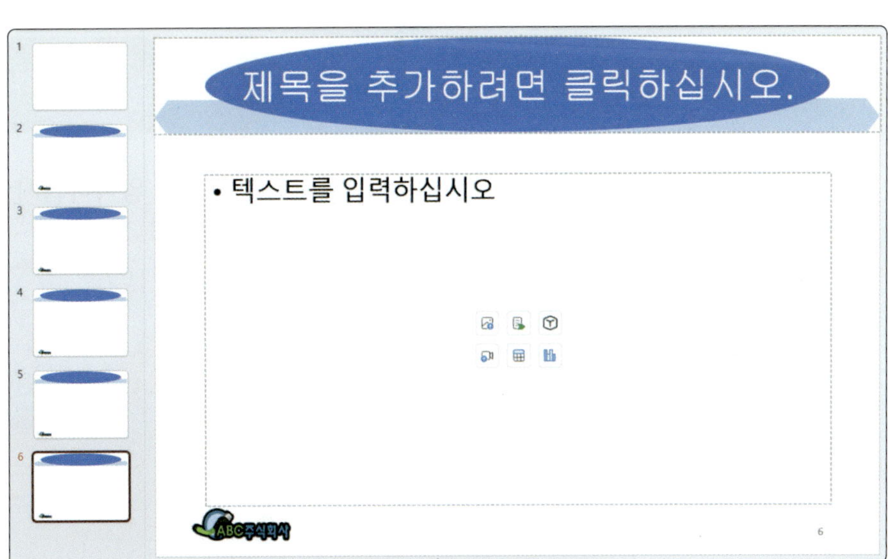

3 아래 조건에 맞추어 슬라이드 마스터를 작성해 보세요.

《전체구성》

(1) 슬라이드 크기 및 순서 : 크기를 A4 용지로 설정하고 슬라이드 순서에 맞게 작성한다.

(2) 슬라이드 마스터 : 2~6슬라이드의 제목, 하단 로고, 슬라이드 번호는 슬라이드 마스터를 이용하여 작성한다.
- 제목 글꼴(돋움, 40pt, 흰색), 가운데 맞춤, 도형(선 없음)
- 하단 로고(「내 PC₩문서₩ITQ₩Picture₩로고2.jpg」, 배경(회색) 투명색으로 설정)

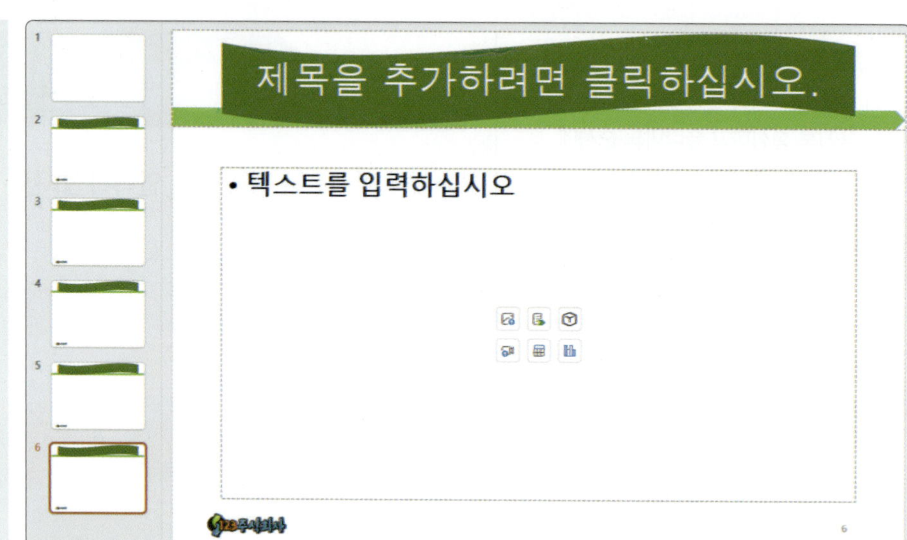

---

4 아래 조건에 맞추어 슬라이드 마스터를 작성해 보세요.

《전체구성》

(1) 슬라이드 크기 및 순서 : 크기를 A4 용지로 설정하고 슬라이드 순서에 맞게 작성한다.

(2) 슬라이드 마스터 : 2~6슬라이드의 제목, 하단 로고, 슬라이드 번호는 슬라이드 마스터를 이용하여 작성한다.
- 제목 글꼴(궁서, 40pt, 흰색), 가운데 맞춤, 도형(선 없음)
- 하단 로고(「내 PC₩문서₩ITQ₩Picture₩로고3.jpg」, 배경(연보라) 투명색으로 설정)

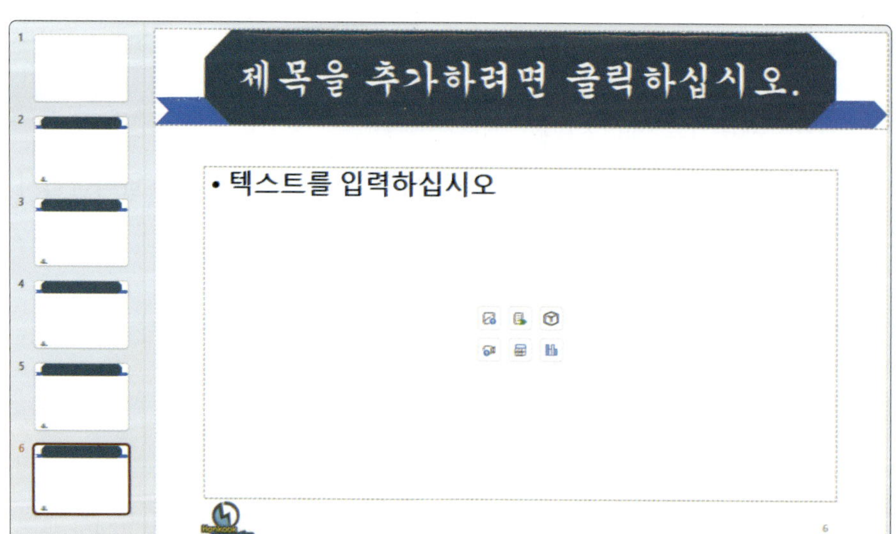

5   아래 조건에 맞추어 슬라이드 마스터를 작성해 보세요.

⊘ **실습파일** : 없음
⊘ **완성파일** : 12345678-김예림.pptx

《전체구성》

(1) 슬라이드 크기 및 순서 : 크기를 A4 용지로 설정하고 슬라이드 순서에 맞게 작성한다.

(2) 슬라이드 마스터 : 2~6슬라이드의 제목, 하단 로고, 슬라이드 번호는 슬라이드 마스터를 이용하여 작성한다.
  - 제목 글꼴(돋움, 40pt, 흰색), 가운데 맞춤, 도형(선 없음)
  - 하단 로고(「내 PC₩문서₩ITQ₩Picture₩로고1.jpg」, 배경(회색) 투명색으로 설정)

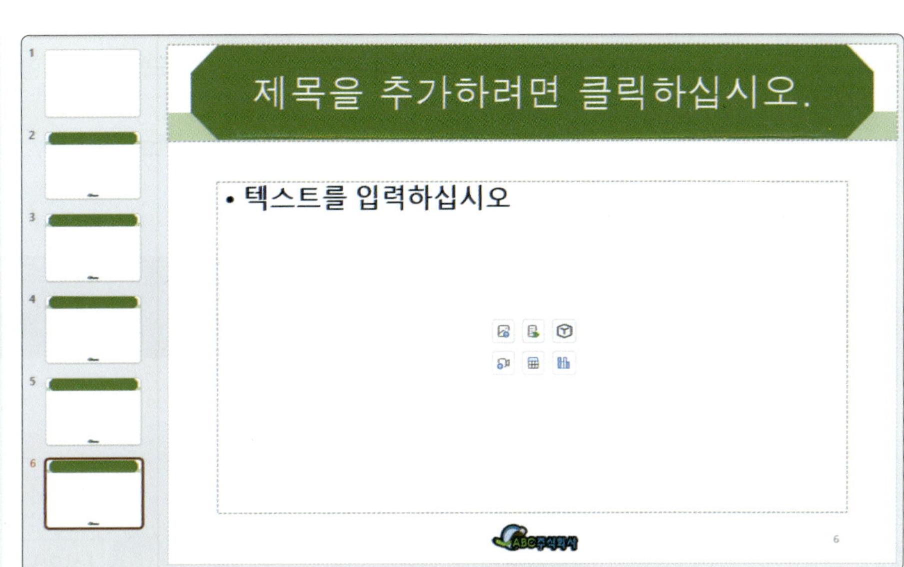

---

6   아래 조건에 맞추어 슬라이드 마스터를 작성해 보세요.

⊘ **실습파일** : 없음
⊘ **완성파일** : 12345678-최은우.pptx

《전체구성》

(1) 슬라이드 크기 및 순서 : 크기를 A4 용지로 설정하고 슬라이드 순서에 맞게 작성한다.

(2) 슬라이드 마스터 : 2~6슬라이드의 제목, 하단 로고, 슬라이드 번호는 슬라이드 마스터를 이용하여 작성한다.
  - 제목 글꼴(돋움, 40pt, 흰색, 굵게), 가운데 맞춤, 도형(선 없음)
  - 하단 로고(「내 PC₩문서₩ITQ₩Picture₩로고2.jpg」, 배경(회색) 투명색으로 설정)

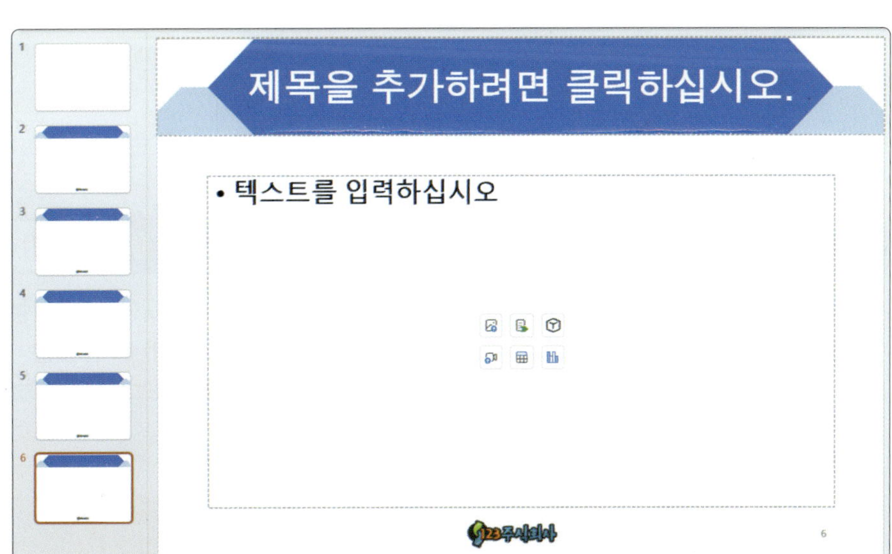

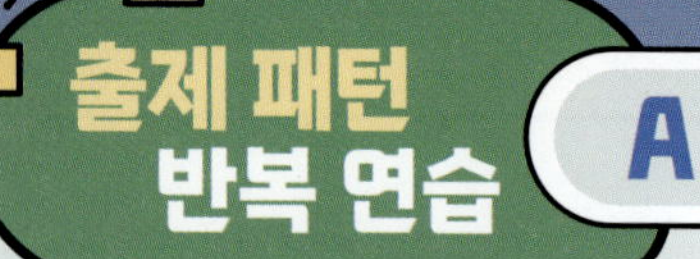

A 조건 맞추어 각 슬라이드에 도형을 작성해 보세요.

⊘ 실습파일 : 패턴01-1(문제).pptx ⊘ 완성파일 : 패턴01-1(완성).pptx

패턴 01 [삽입]-[도형(▣)]-사각형

❶ 도형1(직사각형) ❷ 도형2(사각형: 위쪽 모서리의 한쪽은 둥글고 다른 한쪽은 잘림) ❸ 선 없음

패턴 02 [삽입]-[도형(▣)]-사각형/순서도

❶ 도형1(직사각형) ❷ 도형2(순서도: 지연) ❸ 선 없음

패턴 03 [삽입]-[도형(▣)]-사각형/기본 도형

❶ 도형1(직사각형) ❷ 도형2(육각형) ❸ 선 없음

패턴 04 [삽입]-[도형(▣)]-사각형/순서도

❶ 도형1(직사각형) ❷ 도형2(순서도: 수동 입력) ❸ 선 없음

패턴 05 [삽입]-[도형(▣)]-기본 도형/블록 화살표

❶ 도형1(평행 사변형) ❷ 도형2(화살표: 오각형) ❸ 선 없음

패턴 06 [삽입]-[도형(▣)]-사각형

❶ 도형1(직사각형) ❷ 도형2(사각형: 잘린 대각선 방향 모서리) ❸ 선 없음

⊘ **실습파일** : 패턴01-2(문제).pptx ⊘ **완성파일** : 패턴01-2(완성).pptx

패턴 01 [삽입]-[도형(▣)]-블록 화살표/기본 도형

❶ 도형1(화살표: 왼쪽/오른쪽) ❷ 도형2(육각형) ❸ 선 없음

패턴 02 [삽입]-[도형(▣)]-사각형/기본 도형

❶ 도형1(직사각형) ❷ 도형2(오각형) ❸ 선 없음

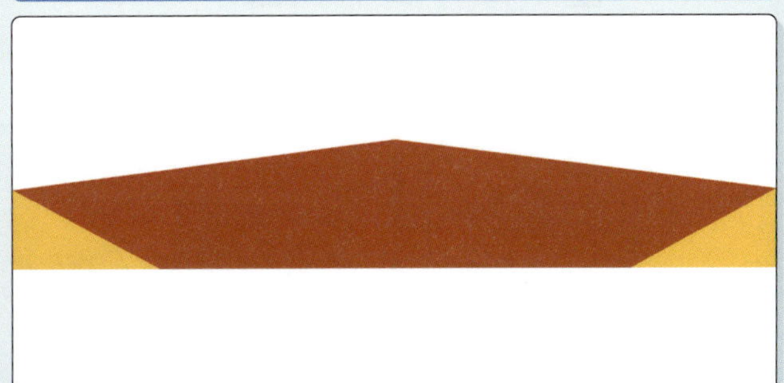

패턴 03 [삽입]-[도형(▣)]-사각형/블록 화살표

❶ 도형1(직사각형) ❷ 도형2(화살표: 왼쪽/오른쪽) ❸ 선 없음

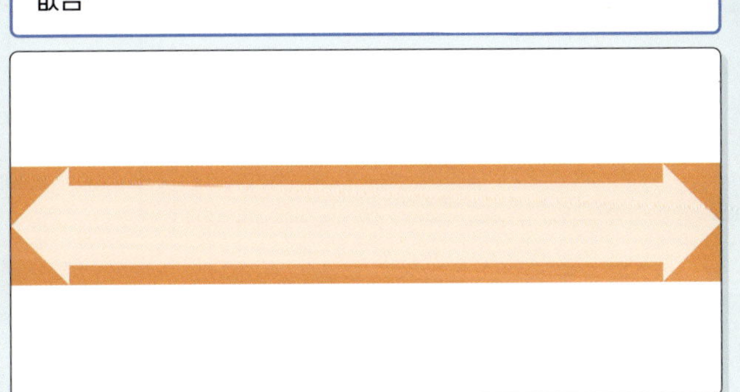

패턴 04 [삽입]-[도형(▣)]-사각형/순서도

❶ 도형1(직사각형) ❷ 도형2(순서도: 천공 테이프) ❸ 선 없음

패턴 05 [삽입]-[도형(▣)]-사각형/순서도

❶ 도형1(직사각형) ❷ 도형2(순서도: 문서) ❸ 선 없음

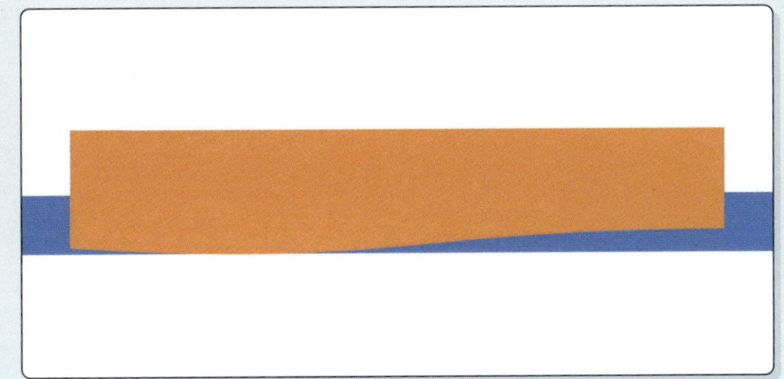

패턴 06 [삽입]-[도형(▣)]-사각형/블록 화살표

❶ 도형1(직사각형) ❷ 도형2(화살표: 줄무늬가 있는 오른쪽) ❸ 선 없음

[슬라이드 1] 표지 디자인

✓ **실습파일** : 02차시(문제).pptx   ✓ **완성파일** : 02차시(완성).pptx

[배점] 40점 (500점 만점)

[슬라이드 1]《표지 디자인》

(1) 표지 디자인 : 도형, 워드아트 및 그림을 이용하여 작성한다.

세부 조건

① 도형 편집
 - 도형에 그림 채우기 : 「내 PC\문서\ITQ\Picture\그림1.jpg」, 투명도 50%
 - 도형 효과 : 부드러운 가장자리 5포인트

② 워드아트 삽입
 - 변환 : 갈매기형 수장, 위로
 - 글꼴 : 굴림, 굵게
 - 텍스트 반사 : 근접 반사, 터치

③ 그림 삽입
 - 「내 PC\문서\ITQ\Picture\로고1.jpg」
 - 배경(회색) 투명색으로 설정

레이아웃 변경 > 도형 삽입 및 편집 > 워드아트 삽입 및 편집 > 로고 이미지 삽입

Check 01 도형 작업 : 도형을 삽입한 후 그림을 채우고 투명도와 도형 효과를 적용해요!

| 도형 추가 | 도형에 그림 채우기 | 투명도 지정 | 도형 효과 적용 |

Check 02 워드아트 작업 : 워드아트로 내용을 입력한 후 글꼴 서식 변경 및 효과를 적용해요!

필요한 내용을 적으십시오. → 필요한 내용을 적으십시오.

워드아트 삽입   워드아트 서식 삭제

→ Digital Wallet → Digital Wallet → 

내용 입력 후 글꼴 서식 변경   변환 효과 적용   반사 효과 적용

Check 03 로고 이미지 작업 : 로고 이미지를 삽입한 후 회색 부분을 투명하게 설정하고 배치해요!

로고 이미지 삽입 후 바깥쪽을 투명하게 설정   로고의 크기 및 위치 변경

도형 삽입 후 편집하기

- 도형에 그림 채우기 : 「내 PC\문서\ITQ\Picture\그림1.jpg」, 투명도 50%
- 도형 효과 : 부드러운 가장자리 5포인트

1 파워포인트 2021 프로그램을 실행한 후 [02차시] 폴더에서 **02차시(문제).pptx** 파일을 불러옵니다.

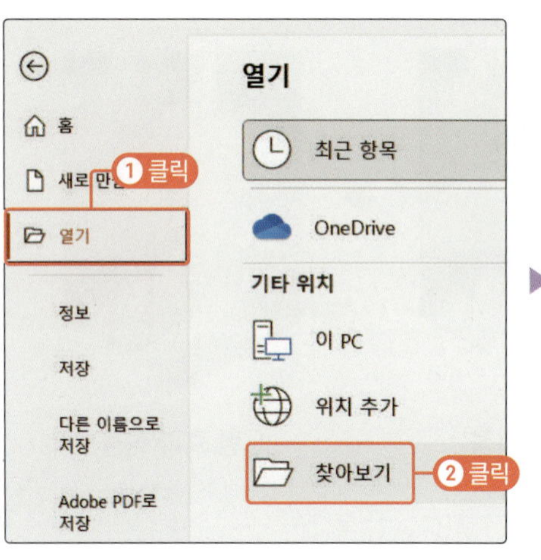

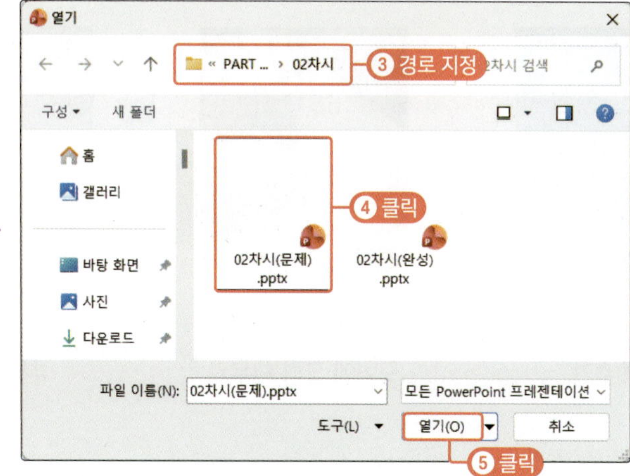

2 첫 번째 슬라이드의 빈 곳 위에서 우클릭하여 [레이아웃]-**[빈 화면]**을 선택합니다.

★ 슬라이드 1(표지 디자인) 작업 시에는 슬라이드 레이아웃을 '빈 화면'으로 지정해요.

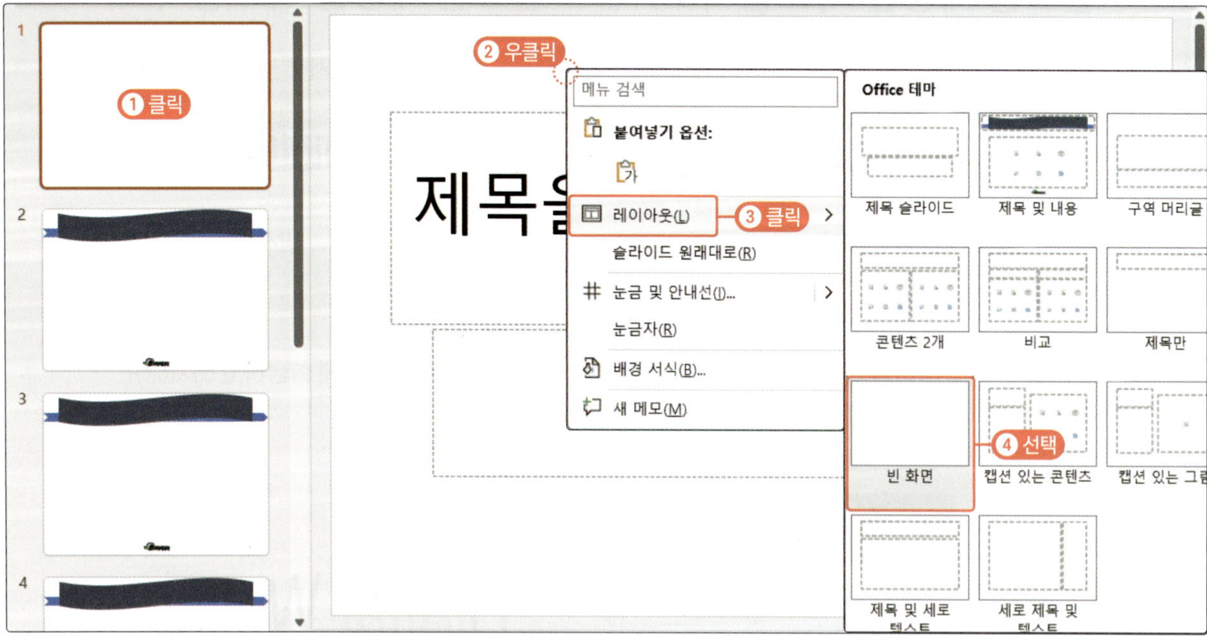

3 [삽입] 탭-[도형]에서 [순서도]-**[순서도: 다른 페이지 연결선(▽)]**을 선택한 후 도형을 삽입합니다.

★ 32페이지의 출력형태를 참고하여 도형의 크기와 위치를 맞춰주세요.

4 크기와 위치가 변경된 도형 위에서 우클릭하여 **[도형 서식]**을 클릭합니다.

5 오른쪽 창이 활성화되면 [채우기]-**[그림 또는 질감 채우기]**에서 <삽입>을 클릭합니다.

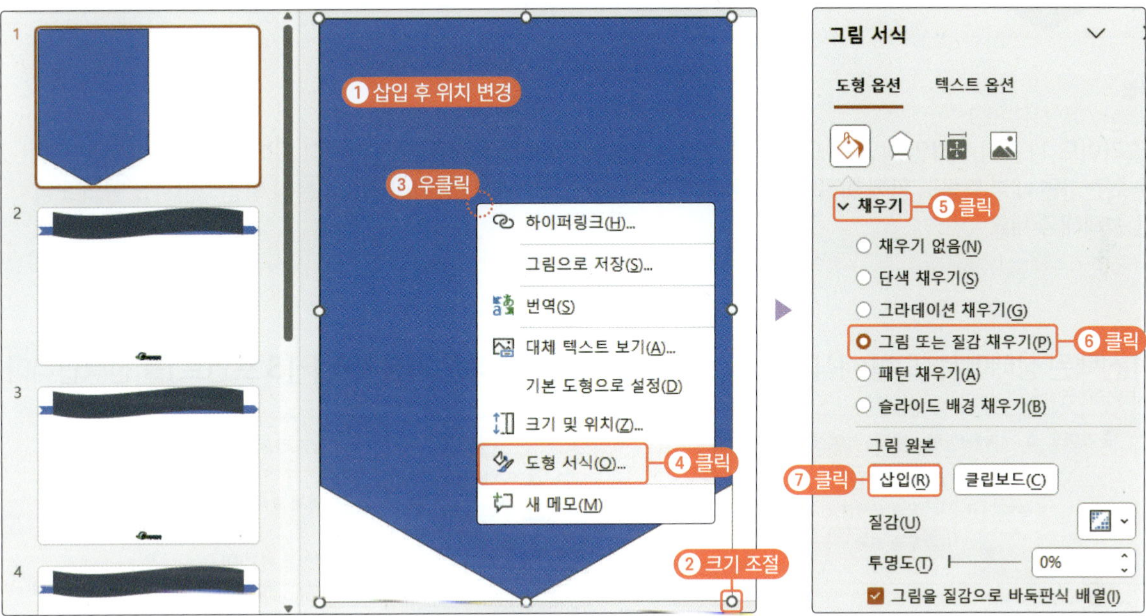

6 [내 PC]-[문서]-[ITQ]-[Picture] 폴더에서 **그림1.jpg**을 삽입합니다.

★ 원하는 그림을 더블클릭하면 바로 삽입할 수 있어요.

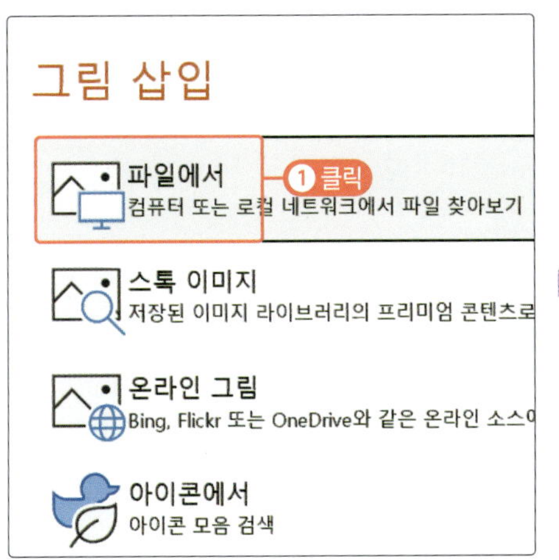

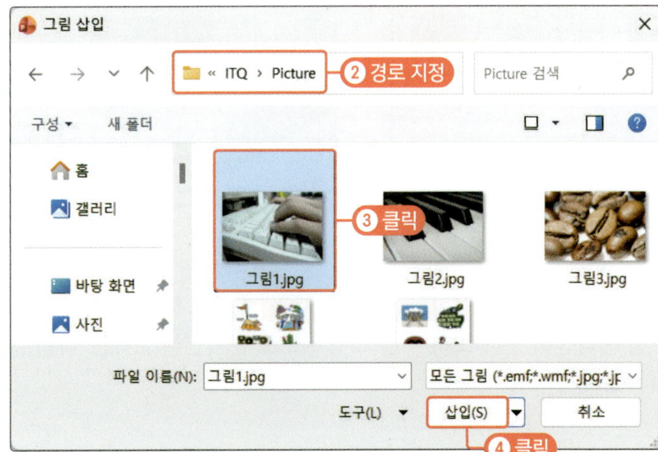

7 도형 안에 그림이 삽입되면 **투명도를 50%**로 변경합니다.

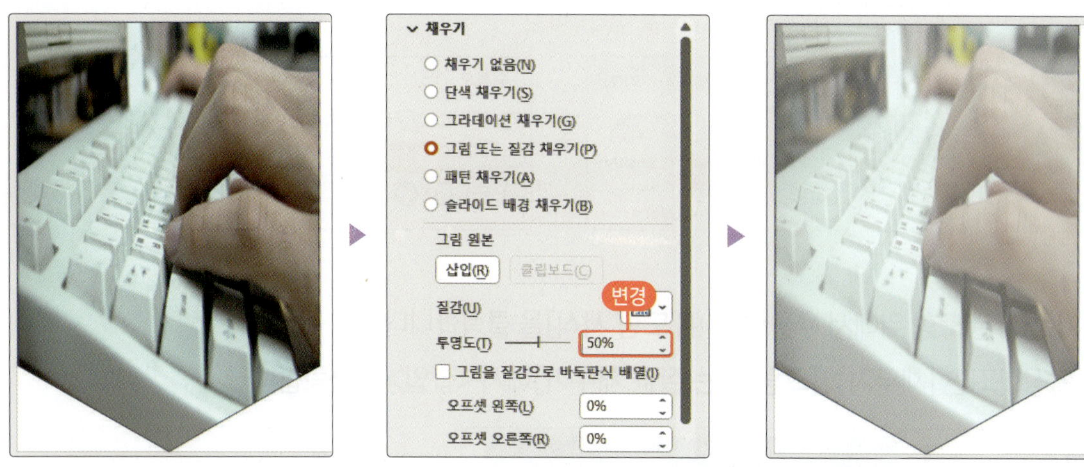

> **ITQ 꿀팁**
>
> [슬라이드 1] 표지 디자인 작업 시 도형 안에 그림을 채우는 문제가 고정적으로 출제되고 있어요. 그림이 삽입된 도형을 회전하면 내부 그림도 함께 회전되기 때문에 출력형태와 그림의 회전 방향이 일치하는지 확인하면서 도형의 모양을 선택해 주세요.

8 도형이 선택된 상태에서 [도형 서식] 탭-[도형 효과]에서 **[부드러운 가장자리]-[5 포인트]**를 선택합니다.

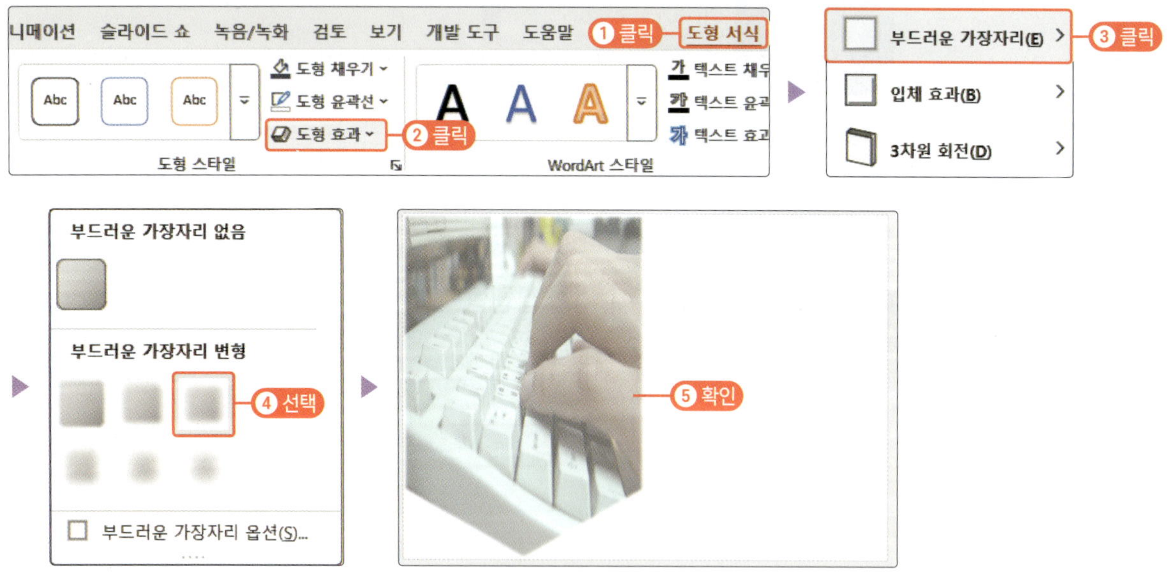

> **ITQ 꿀팁**
>
> 그림이 삽입된 도형에 '부드러운 가장자리' 효과를 지정하는 문제가 고정적으로 출제되고 있어요. 이 효과를 적용하면 도형 윤곽선이 눈에 보이지 않으며, 별도로 윤곽선을 없애는 작업을 하지 않더라도 채점 기준에 영향을 주지 않으니 참고해 주세요.

워드아트 삽입하기

- 변환 : 갈매기형 수장, 위로　　　- 글꼴 : 굴림, 굵게　　　- 텍스트 반사 : 근접 반사, 터치

1 [삽입] 탭-[WordArt]를 클릭한 후 임의의 워드아트 스타일을 선택합니다.

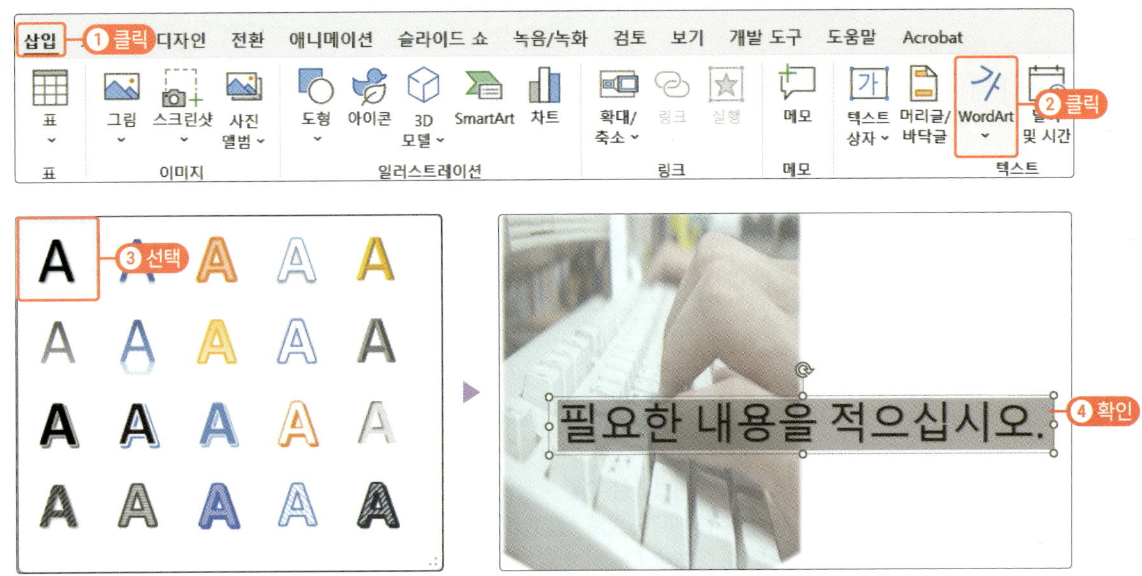

2 워드아트에 미리 적용된 서식을 지우기 위해 [도형 서식] 탭-[WordArt 스타일]의 빠른 스타일 단추를 눌러 **[WordArt 서식 지우기]**를 선택합니다.

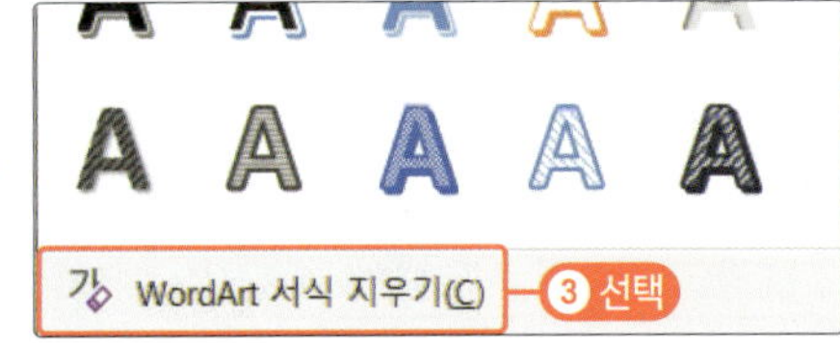

3 Digital Wallet을 입력한 다음 [홈] 탭에서 **글꼴 서식(굴림, 굵게)**을 지정합니다.

★ 워드아트의 테두리가 선택된 상태에서 글꼴 서식을 변경해요.

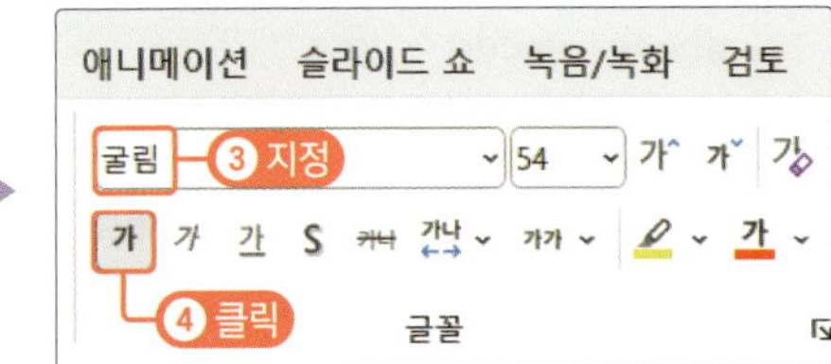

4 워드아트가 선택된 상태에서 [도형 서식] 탭-[텍스트 효과]-**[변환]**을 클릭한 후 **[갈매기형 수장: 위로]**를 찾아 선택합니다.

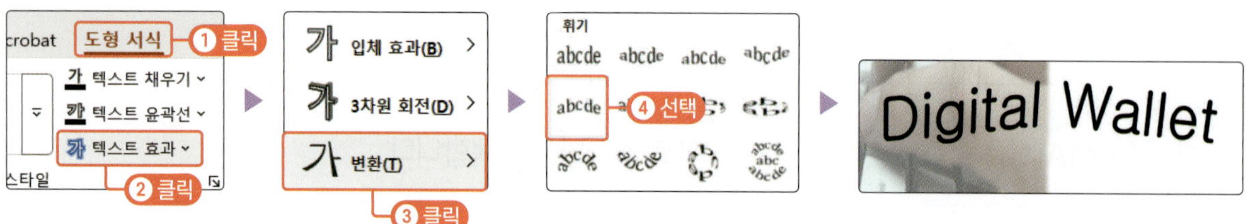

5 이어서, [도형 서식] 탭-[텍스트 효과]-**[반사]**를 클릭한 후 **[근접 반사: 터치]**를 선택합니다.

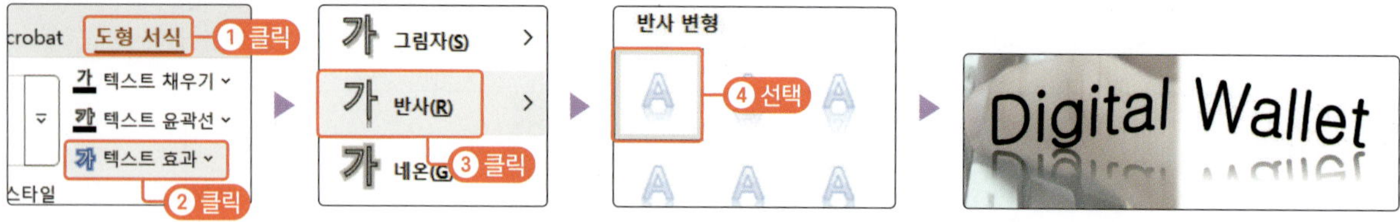

ITQ 꿀팁

ITQ 파워포인트에서 워드아트 작업 시 자주 출제되는 변환 효과이니 잘 알아두세요.

❶ 삼각형: 위로 / 삼각형: 아래로
❷ 갈매기형 수장: 위로 / 갈매기형 수장: 아래로
❸ 물결: 아래로 / 물결: 위로
❹ 팽창 / 수축
❺ 팽창: 아래쪽 / 수축: 아래쪽
❻ 팽창: 위쪽 / 수축: 위쪽
❼ 기울기: 위로 / 기울기: 아래로
❽ 계단식: 위로 / 계단식: 아래로

6 32페이지의 출력형태를 참고하여 워드아트의 크기와 위치를 변경합니다.

★ 변환이 적용된 워드아트의 크기는 조절점을 드래그하여 조절할 수 있어요.

STEP 03 그림 삽입하기

③ 그림 삽입
- 「내 PC₩문서₩ITQ₩Picture₩로고1.jpg」
- 배경(회색) 투명색으로 설정

1 [삽입] 탭-[그림]을 클릭한 다음 **[이 디바이스]**를 선택합니다.

2 [내 PC]-[문서]-[ITQ]-[Picture] 폴더에서 **로고1.jpg**을 삽입합니다.

3 [그림 서식] 탭-[색]-**[투명한 색 설정]**을 선택한 후 그림의 **회색** 부분을 클릭하여 배경을 투명하게 변경합니다.

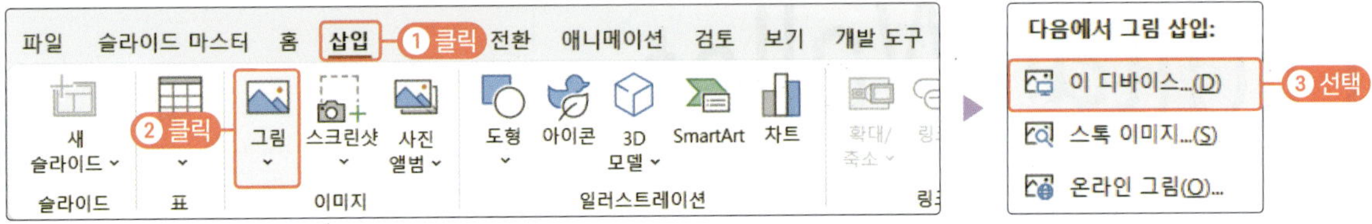

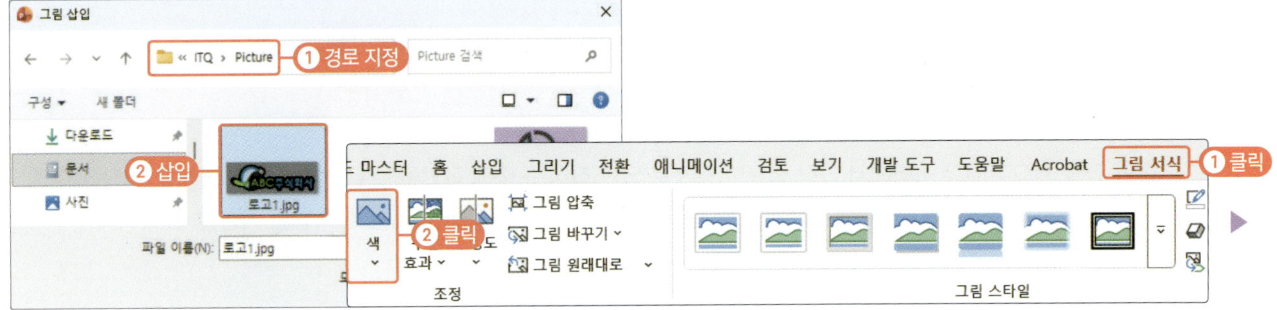

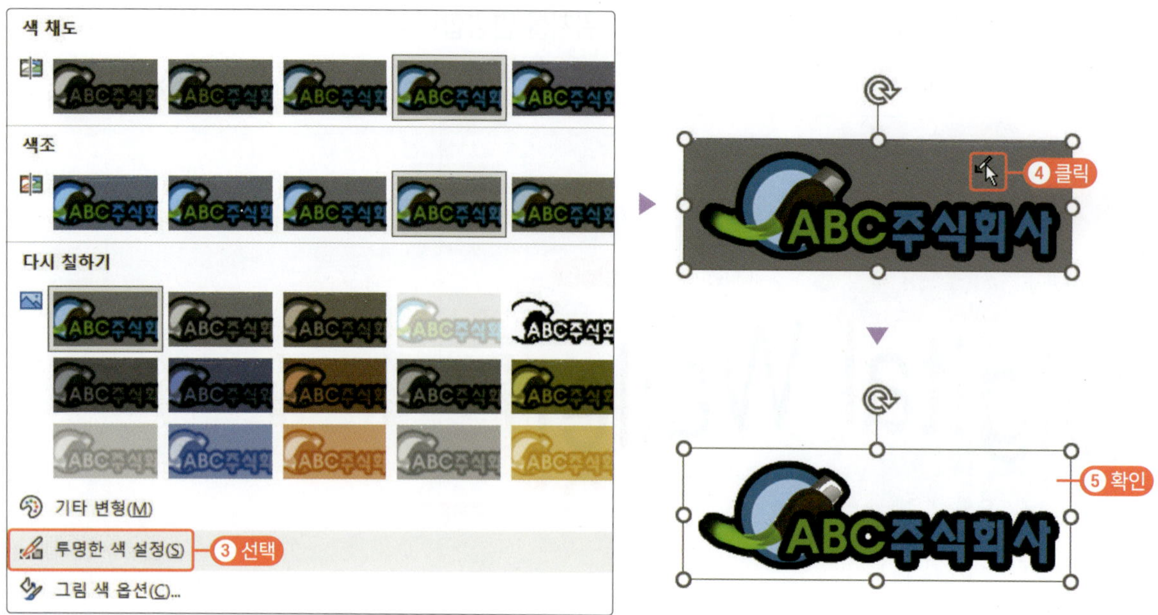

삽입한 로고 이미지의 배경을 투명하게 설정하는 문제가 고정적으로 출제되고 있어요.

4 32페이지의 출력형태를 참고하여 로고의 크기와 위치를 변경합니다.

5 작업이 완료되면 [저장(🖫)]을 클릭하거나, Ctrl + S 를 눌러 답안 파일을 저장합니다.

답안 파일 저장은 ITQ 시험에서 가장 중요한 단계로 답안 작성 도중에 작업을 완료한 부분까지 수시로 저장해야 해요. [빠른 실행 도구 모음]에서 저장 아이콘(🖫)을 클릭하거나, Ctrl + S 를 눌러 답안 파일을 저장할 수 있어요.

---

1 《세부조건》에 맞추어 《표지 디자인》을 작성해 보세요.

⊘ **실습파일** : 유형02-1(문제).pptx
⊘ **완성파일** : 유형02-1(완성).pptx

(1) 표지 디자인 : 도형, 워드아트 및 그림을 이용하여 작성한다.

《세부 조건》

① 도형 편집
  - 도형에 그림 채우기 :
    「내 PC₩문서₩ITQ₩Picture₩
    그림1.jpg」, 투명도 50%
  - 도형 효과 :
    부드러운 가장자리 5포인트
② 워드아트 삽입
  - 변환 : 물결, 아래로
  - 글꼴 : 굴림, 굵게
  - 텍스트 반사 : 전체 반사, 터치
③ 그림 삽입
  - 「내 PC₩문서₩ITQ₩Picture₩
    로고2.jpg」
  - 배경(회색) 투명색으로 설정

---

2 《세부조건》에 맞추어 《표지 디자인》을 작성해 보세요.

⊘ **실습파일** : 유형02-2(문제).pptx
⊘ **완성파일** : 유형02-2(완성).pptx

(1) 표지 디자인 : 도형, 워드아트 및 그림을 이용하여 작성한다.

《세부 조건》

① 도형 편집
  - 도형에 그림 채우기 :
    「내 PC₩문서₩ITQ₩Picture₩
    그림1.jpg」, 투명도 50%
  - 도형 효과 :
    부드러운 가장자리 5포인트
② 워드아트 삽입
  - 변환 : 삼각형, 위로
  - 글꼴 : 돋움, 굵게
  - 텍스트 반사 : 근접 반사, 터치
③ 그림 삽입
  - 「내 PC₩문서₩ITQ₩Picture₩
    로고1.jpg」
  - 배경(회색) 투명색으로 설정

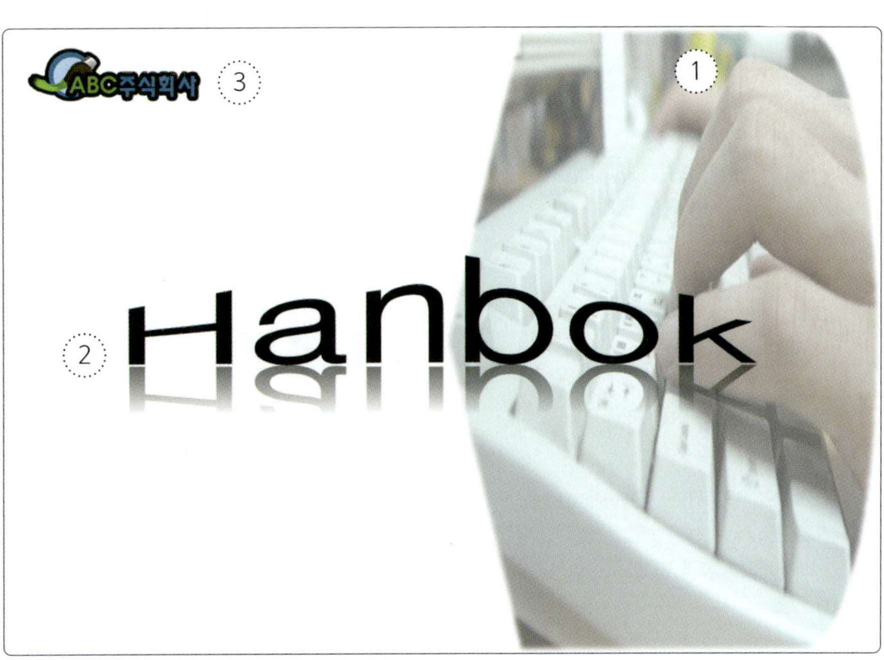

3 《세부조건》에 맞추어 《표지 디자인》을 작성해 보세요.

(1) 표지 디자인 : 도형, 워드아트 및 그림을 이용하여 작성한다.

《세부 조건》

① 도형 편집
- 도형에 그림 채우기 :
  「내 PC₩문서₩ITQ₩Picture₩
  그림1.jpg」, 투명도 50%
- 도형 효과 :
  부드러운 가장자리 5포인트

② 워드아트 삽입
- 변환 : 갈매기형 수장, 위로
- 글꼴 : 궁서, 굵게
- 텍스트 반사 : 근접 반사, 4pt 오
  프셋

③ 그림 삽입
- 「내 PC₩문서₩ITQ₩Picture₩
  로고2.jpg」
- 배경(회색) 투명색으로 설정

---

4 《세부조건》에 맞추어 《표지 디자인》을 작성해 보세요.

(1) 표지 디자인 : 도형, 워드아트 및 그림을 이용하여 작성한다.

《세부 조건》

① 도형 편집
- 도형에 그림 채우기 :
  「내 PC₩문서₩ITQ₩Picture₩
  그림3.jpg」, 투명도 50%
- 도형 효과 :
  부드러운 가장자리 5포인트

② 워드아트 삽입
- 변환 : 수축, 아래쪽
- 글꼴 : 돋움, 굵게
- 텍스트 반사 : 전체 반사, 터치

③ 그림 삽입
- 「내 PC₩문서₩ITQ₩Picture₩
  로고3.jpg」
- 배경(연보라) 투명색으로 설정

5 《세부조건》에 맞추어 《표지 디자인》을 작성해 보세요.

⊙ 실습파일 : 유형02-5(문제).pptx
⊙ 완성파일 : 유형02-5(완성).pptx

(1) 표지 디자인 : 도형, 워드아트 및 그림을 이용하여 작성한다.

《세부 조건》

① 도형 편집
 - 도형에 그림 채우기 :
  「내 PC₩문서₩ITQ₩Picture₩
  그림1.jpg」, 투명도 50%
 - 도형 효과 :
  부드러운 가장자리 5포인트

② 워드아트 삽입
 - 변환 : 갈매기형 수장, 위로
 - 글꼴 : 굴림, 굵게
 - 텍스트 반사 : 근접 반사, 터치

③ 그림 삽입
 - 「내 PC₩문서₩ITQ₩Picture₩
  로고1.jpg」
 - 배경(회색) 투명색으로 설정

---

6 《세부조건》에 맞추어 《표지 디자인》을 작성해 보세요.

⊙ 실습파일 : 유형02-6(문제).pptx
⊙ 완성파일 : 유형02-6(완성).pptx

(1) 표지 디자인 : 도형, 워드아트 및 그림을 이용하여 작성한다.

《세부 조건》

① 도형편집
 - 도형에 그림 채우기 :
  「내PC₩문서₩ITQ₩Picture₩
  그림3.jpg」, 투명도 50%
 - 도형 효과 :
  부드러운 가장자리 5포인트

② 워드아트삽입
 - 변환 : 갈매기형 수장, 아래로
 - 글꼴: 굴림 굵게
 - 텍스트 반사 : 근접 반사, 터치

③ 그림삽입
 - 「내PC₩문서₩ITQ₩Picture₩
  로고2.jpg」
 - 배경(회색) 투명색으로설정

◎ **실습파일** : 패턴02-1(문제).pptx   ◎ **완성파일** : 패턴02-1(완성).pptx

패턴 01   [삽입]-[도형(□)]-블록 화살표

❶ 도형(화살표: 갈매기형 수장) ❷ 채우기(그림2.jpg) ❸ 투명도(50%) ❹ 도형 효과(부드러운 가장자리 5포인트)

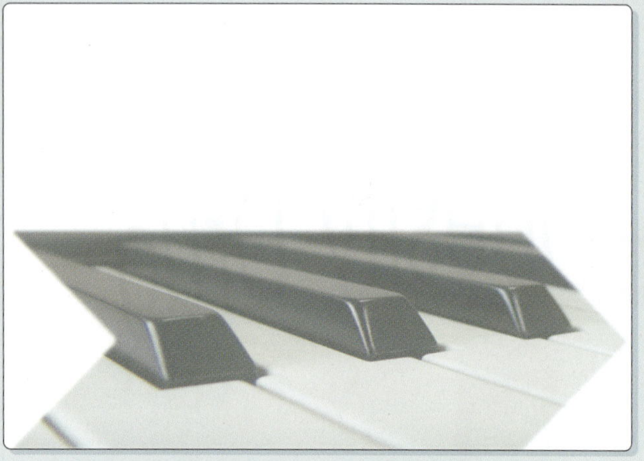

패턴 02   [삽입]-[도형(□)]-사각형

❶ 도형(사각형: 잘린 대각선 방향 모서리) ❷ 채우기(그림1.jpg) ❸ 투명도(50%) ❹ 도형 효과(부드러운 가장자리 5포인트)

패턴 03   [삽입]-[도형(□)]-사각형

❶ 도형(직사각형) ❷ 채우기(그림3.jpg) ❸ 투명도(50%) ❹ 도형 효과(부드러운 가장자리 5포인트)

패턴 04   [삽입]-[도형(□)]-기본 도형

❶ 도형(현) ❷ 채우기(그림1.jpg) ❸ 투명도(50%) ❹ 도형 효과(부드러운 가장자리 5포인트)

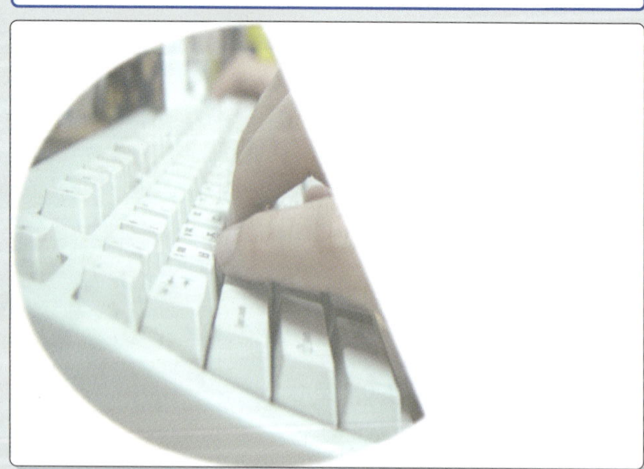

조건 맞추어 각 슬라이드에 워드아트를 작성해 보세요.

⊘ **실습파일** : 패턴02-2(문제).pptx ⊘ **완성파일** : 패턴02-2(완성).pptx

패턴 01　[삽입]-[WordArt(🖋)]

❶ 워드아트(Ⓐ) ❷ 변환(삼각형, 아래로) ❸ 글꼴(궁서, 굵게) ❹ 텍스트 반사(1/2 반사, 터치)

패턴 02　[삽입]-[WordArt(🖋)]

❶ 워드아트(Ⓐ) ❷ 변환(기울기, 위로) ❸ 글꼴(돋움, 굵게) ❹ 텍스트 반사(근접 반사, 4pt 오프셋)

패턴 03　[삽입]-[WordArt(🖋)]

❶ 워드아트(Ⓐ) ❷ 변환(곡선, 아래로) ❸ 글꼴(맑은 고딕, 굵게) ❹ 텍스트 반사(근접 반사, 터치)

패턴 04　[삽입]-[WordArt(🖋)]

❶ 워드아트(Ⓐ) ❷ 변환(삼각형, 위로) ❸ 글꼴(돋움, 굵게) ❹ 텍스트 반사(1/2 반사, 터치)

패턴 05　[삽입]-[WordArt(🖋)]

❶ 워드아트(Ⓐ) ❷ 변환(삼각형, 위로) ❸ 글꼴(돋움, 굵게) ❹ 텍스트 반사(1/2 반사, 4pt 오프셋)

패턴 06　[삽입]-[WordArt(🖋)]

❶ 워드아트(Ⓐ) ❷ 변환(수축, 아래로) ❸ 글꼴(궁서, 굵게) ❹ 텍스트 반사(1/2 반사, 터치)

[슬라이드 2] 목차 슬라이드

⊘ 실습파일 : 03차시(문제).pptx   ⊘ 완성파일 : 03차시(완성).pptx

[배점] 60점 (500점 만점)

[슬라이드 2]《목차 슬라이드》

(1) 출력형태와 같이 도형을 이용하여 목차를 작성한다(글꼴 : 돋움, 24pt).
(2) 도형 : 선 없음

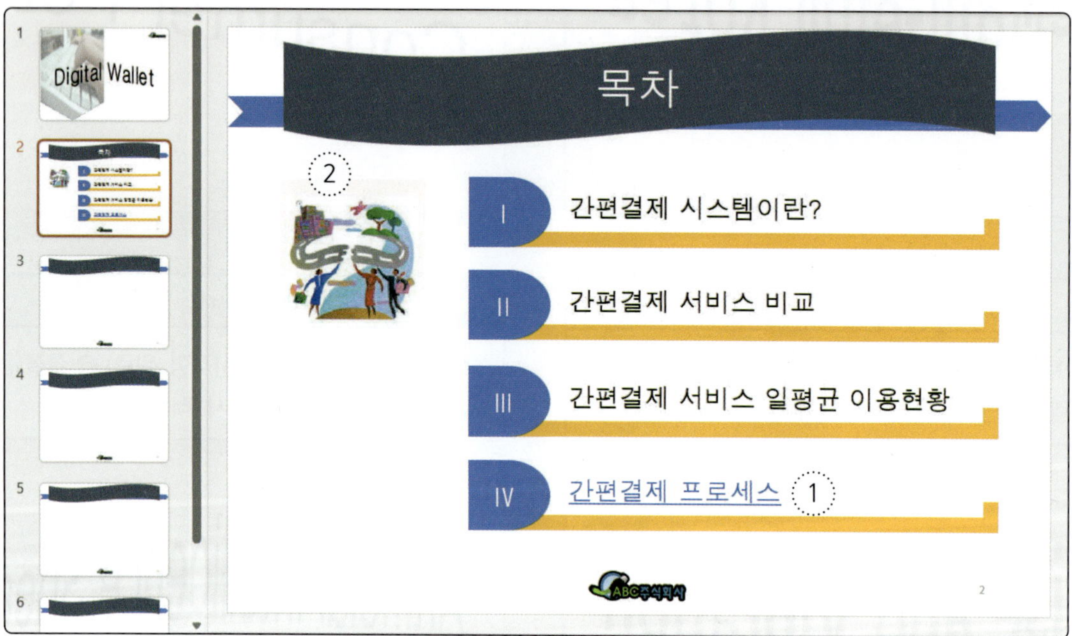

세부 조건

① 텍스트에 링크 적용
   - '슬라이드 6'

② 그림 삽입
   - 「내 PC\문서\ITQ\Picture\그림4.jpg」
   - 자르기 기능 이용

목차 도형 작성 › 가로 텍스트 상자 삽입 › 하이퍼링크 적용 › 그림 삽입 및 편집

Check 01 목차 작업 : 목차에 필요한 도형과 텍스트 상자를 추가하고, 하이퍼링크를 적용해요!

Check 02 그림 삽입 : 그림을 삽입한 후 필요한 그림만 남기고 잘라내어 배치해요.

번호가 입력된 목차 도형 만들기

(1) 출력형태와 같이 도형을 이용하여 목차를 작성한다(글꼴 : 돋움, 24pt).
(2) 도형 : 선 없음

1 파워포인트 2021 프로그램을 실행한 후 [03차시] 폴더에서 **03차시(문제).pptx** 파일을 불러옵니다.

2 [**슬라이드 2**]를 선택한 후 슬라이드 제목을 입력합니다.

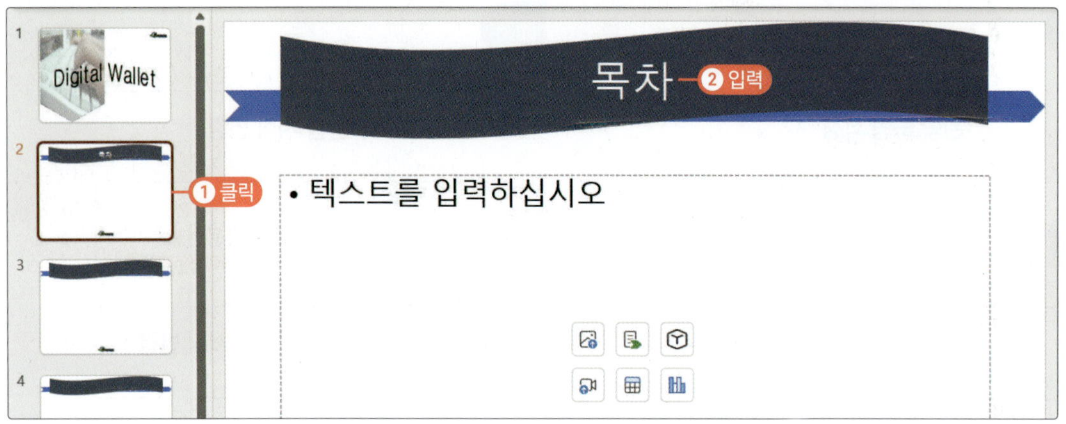

3 [슬라이드 2]에서 텍스트 상자의 테두리를 선택한 후 Delete 를 눌러 삭제합니다.

4 [삽입] 탭-[도형]에서 [순서도]-[**순서도: 지연(D)**]을 선택합니다.

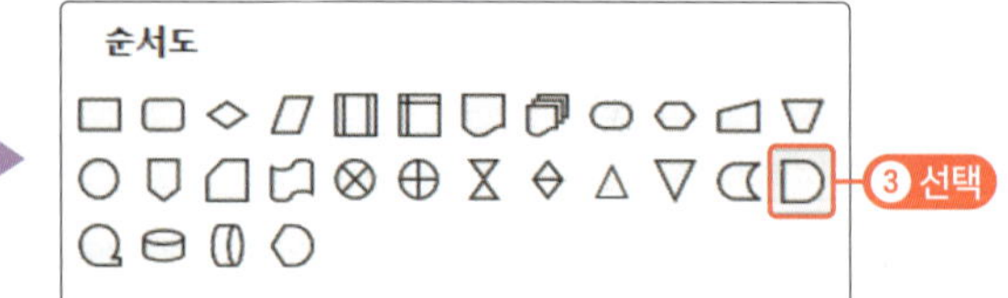

5 도형을 삽입한 후 크기와 위치를 변경합니다.

✦ 46페이지의 출력형태를 참고하여 도형의 크기와 위치를 맞춰주세요.

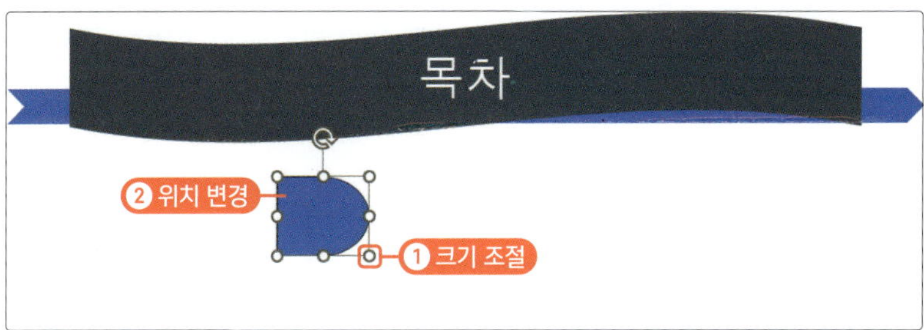

6 [도형 서식] 탭에서 [도형 윤곽선]-**[윤곽선 없음]**으로 선택합니다.

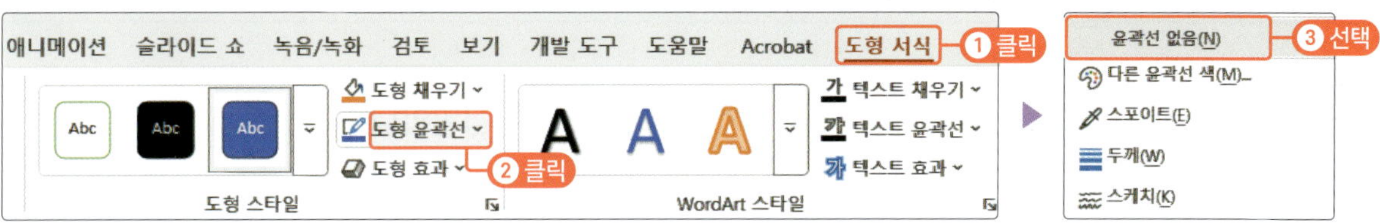

7 도형이 선택된 상태에서 아래 순서에 따라 도형 안에 로마 숫자를 입력한 후 글꼴 서식을 변경합니다.

✦ 조건에 맞추어 글꼴과 글꼴 크기를 지정하고, 글꼴 색과 번호 형식은 출력형태를 참고하여 작업해요.

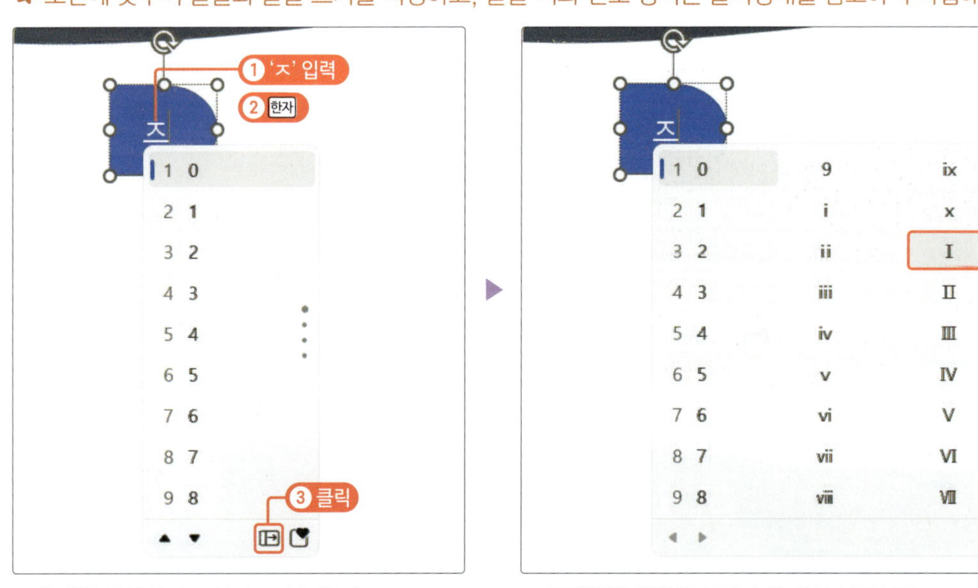

▲ "ㅈ"을 입력한 후 <한자> 키 누르기   ▲ 문제지와 동일한 로마 숫자 찾아 선택하기

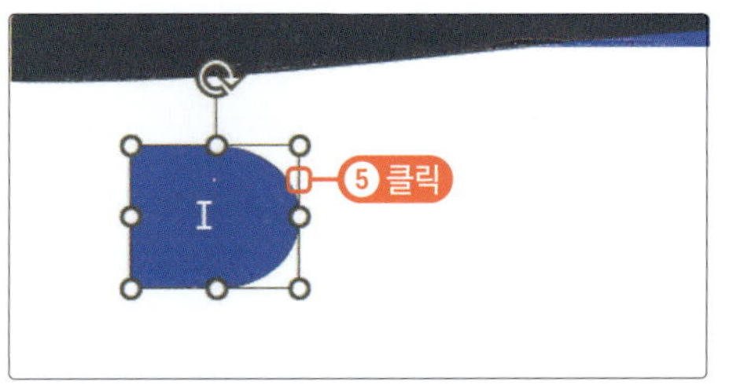

▲ 도형의 테두리를 선택하기   ▲ 글꼴 서식 변경하기

최근 출제된 기출 유형을 살펴보면 대체로 A, B, C… 또는 1, 2, 3… 형식으로 목차 번호가 출제되고 있어요. 다만 과년도 기출문제에 로마 숫자를 입력하는 문제가 출제된 경우도 있었으니, 로마 숫자 입력 방법도 함께 익혀두세요.

STEP 02 뒤쪽 도형과 텍스트 상자 작업하기

(1) 출력형태와 같이 도형을 이용하여 목차를 작성한다(글꼴 : 돋움, 24pt).
(2) 도형 : 선 없음

1 [삽입] 탭-[도형]에서 [기본 도형]-**[L 도형(⌐)]**을 선택한 후 도형을 삽입합니다.

✦ 46페이지의 출력형태를 참고하여 도형의 크기와 위치를 맞춰주세요.

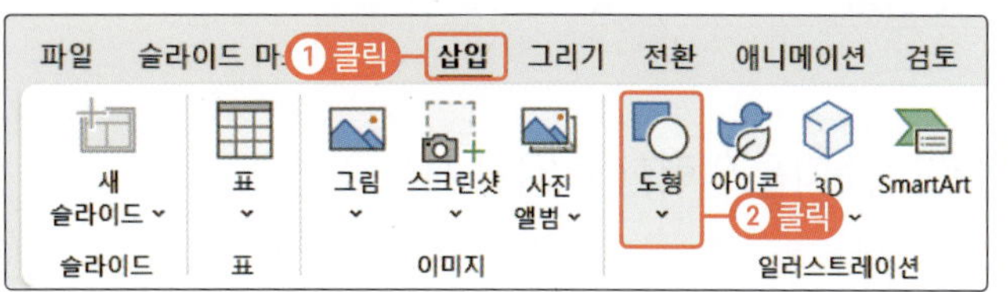
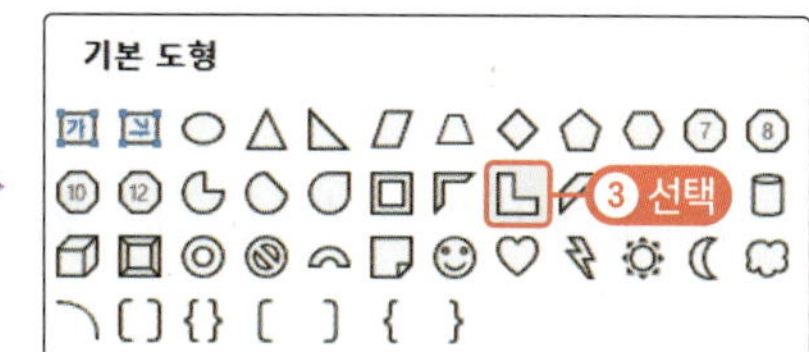

2 [도형 서식] 탭에서 [도형 윤곽선]-**[윤곽선 없음]**과 [도형 채우기] 색을 **임의의 색상**으로 지정합니다.

✦ ITQ 파워포인트 시험은 흑백 문제지로 출제되기 때문에 도형 색과 관련된 별도의 지시사항이 없다면 임의의 색을 선택해 주세요.

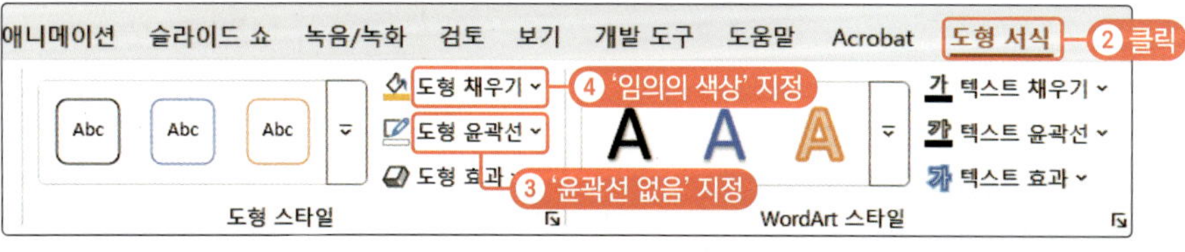

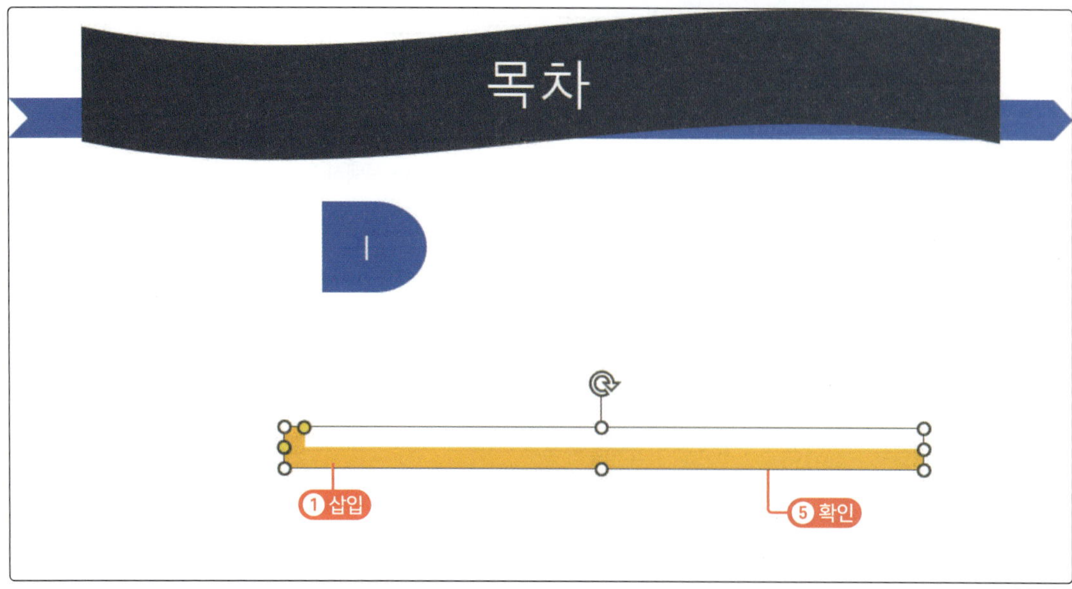

3 도형이 선택된 상태에서 [도형 서식] 탭-[회전]-**[좌우 대칭]**을 선택합니다.

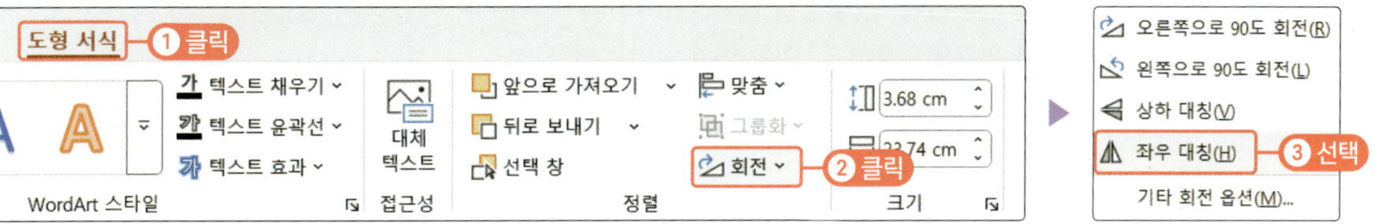

4 도형의 위치를 변경한 다음 우클릭하여 **[맨 뒤로 보내기]**를 선택해 뒤쪽으로 배치합니다.

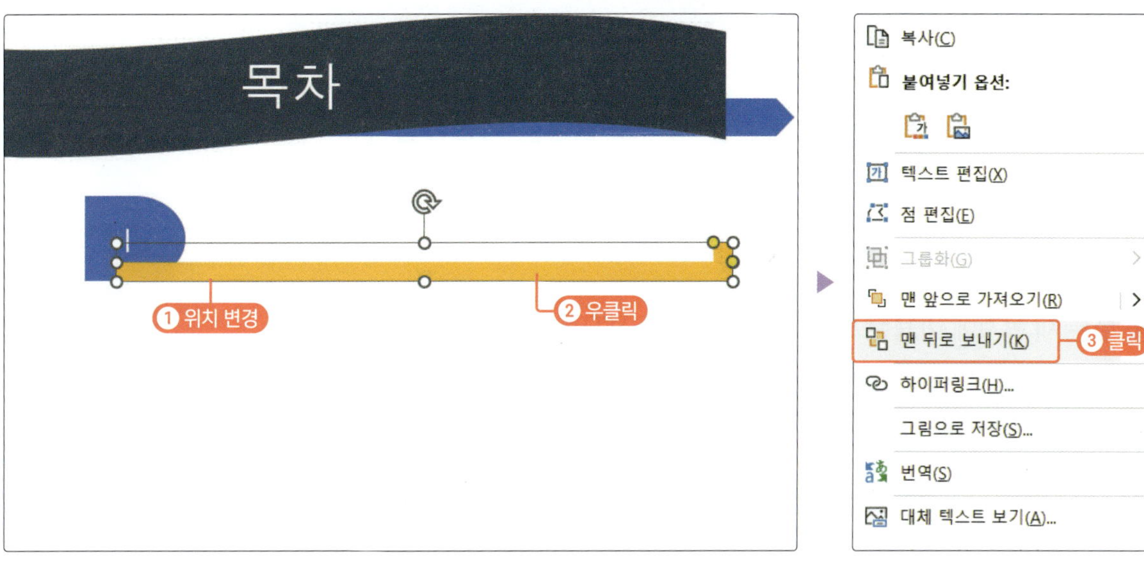

5 [삽입] 탭-**[가로 텍스트 상자 그리기]**를 선택한 후 슬라이드의 빈 곳을 클릭하여 목차 내용을 입력합니다.

★ 46페이지를 참고하여 목차 슬라이드에 입력된 내용 중에서 가장 긴 텍스트를 입력해 주세요.

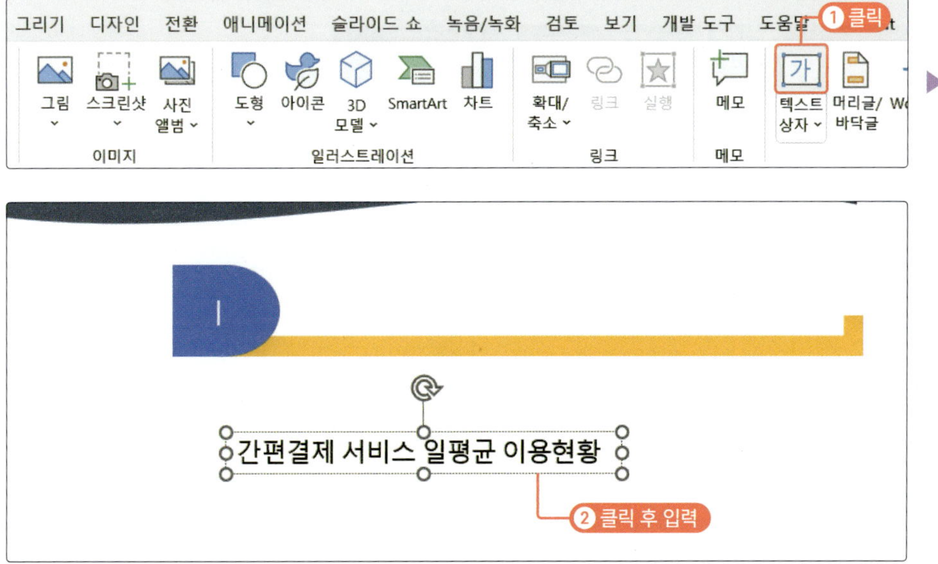

6 [홈] 탭에서 **글꼴 서식(돋움, 24pt)**을 지정한 후 텍스트 상자의 위치를 변경합니다.

★ 글꼴 서식은 텍스트 상자의 테두리를 선택하거나, 내용을 블록으로 지정한 상태에서 작업해 주세요.

★ 텍스트 상자보다 뒤쪽 도형의 너비가 짧으면 조절점을 이용하여 늘여주세요.

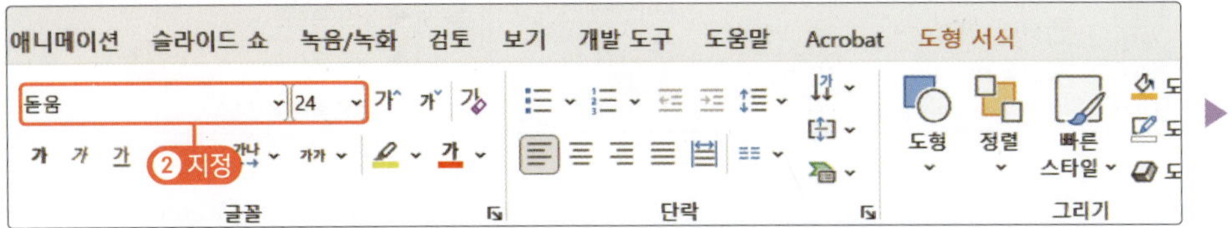

7 Shift 를 누른 채 목차에 이용된 모든 도형과 텍스트 상자를 선택합니다.

8 Ctrl + Shift 를 누른 채 아래쪽으로 드래그하여 복사합니다.

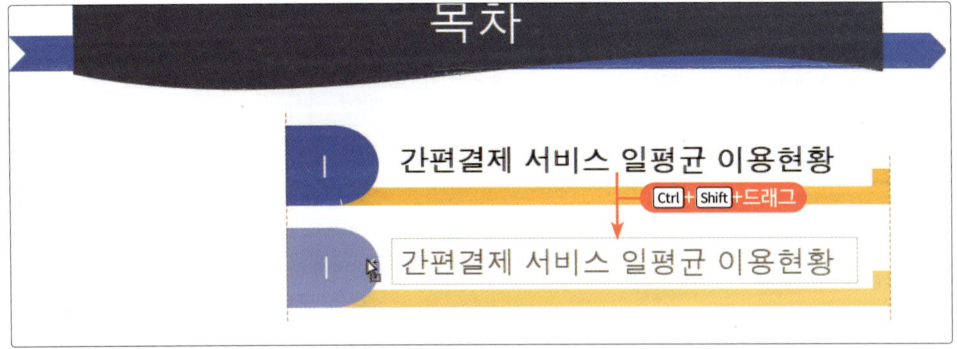

Level UP **개체 복사하기**

슬라이드 작업 속도를 높이기 위해 아래와 같이 복사 기능을 익혀두는 것이 좋아요.

❶ **반듯하게 복사** : Ctrl + Shift 를 누른 채 개체를 드래그

❷ **자유롭게 복사** : Ctrl 을 누른 채 개체를 드래그

9 똑같은 방법으로 2개를 더 복사한 다음 **목차 번호**와 **텍스트 내용**을 수정합니다.

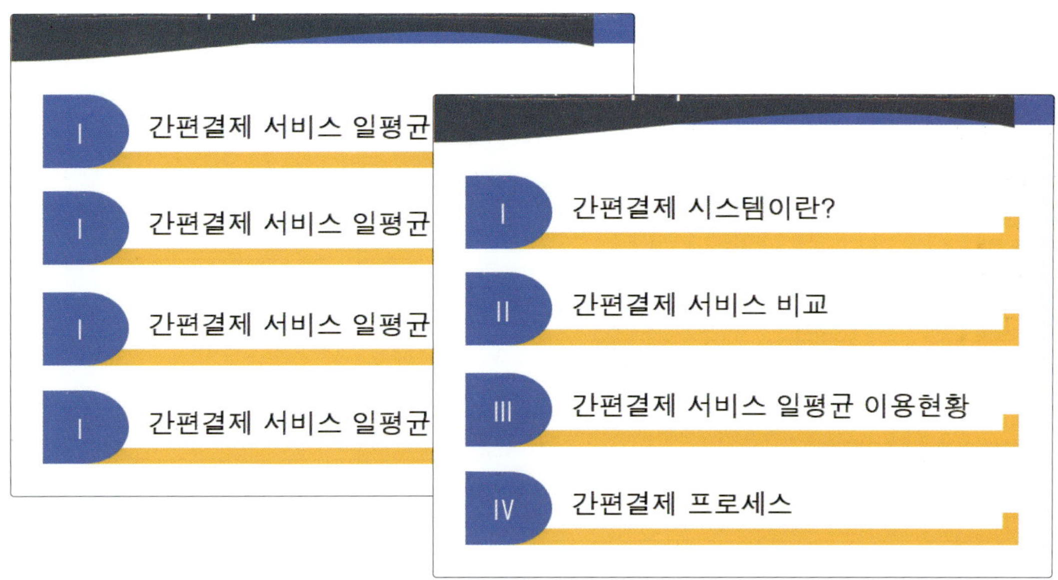

텍스트에 하이퍼링크 적용하기

① 텍스트에 링크 적용
-> '슬라이드 6'

1 하이퍼링크가 적용될 텍스트를 블록으로 지정한 후 우클릭하여 **[하이퍼링크]**를 클릭합니다.

★ 46페이지의 출력형태를 참고하여 밑줄이 들어간 텍스트에 하이퍼링크를 적용해 보세요.

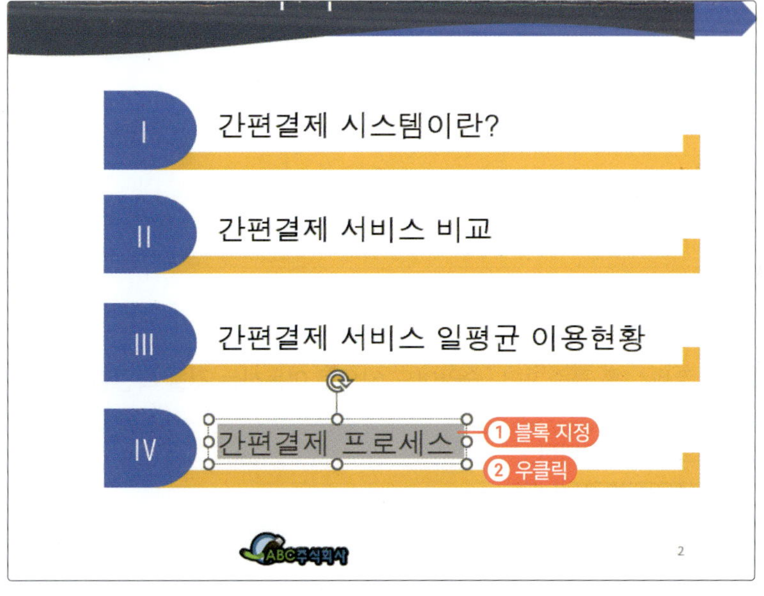

2 [하이퍼링크 삽입] 대화상자에서 **[현재 문서]−[슬라이드 6]**을 선택한 후 <확인>을 클릭합니다.

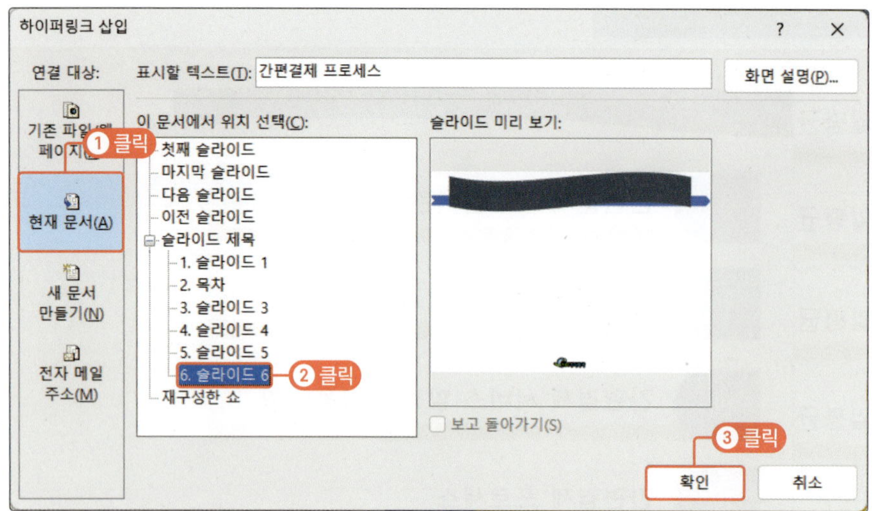

> **ITQ 꿀팁**
>
> [슬라이드 2]에서 '간편결제 프로세스'를 클릭하면 [슬라이드 6]으로 이동할 수 있도록 하이퍼링크를 지정했어요. ITQ 파워포인트 시험에서는 현재 문서의 특정 슬라이드로 하이퍼링크를 연결하는 문제가 고정적으로 출제되고 있어요.

3 '간편결제 프로세스' 텍스트에 하이퍼링크가 적용된 것을 확인합니다.

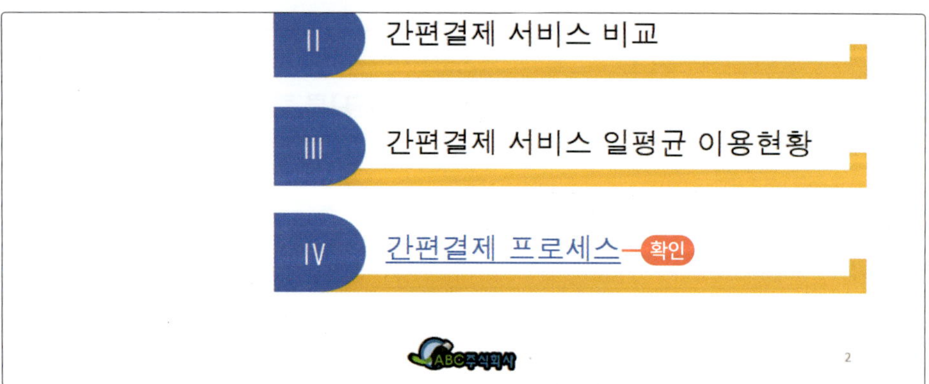

> **Level UP** **하이퍼링크 확인 및 수정**
>
> · F5를 눌러 슬라이드 쇼를 실행한 후 '간편결제 프로세스'를 클릭하면 [슬라이드 6]으로 이동하는 것을 확인할 수 있습니다.
> · 하이퍼링크가 적용된 텍스트는 밑줄과 함께 파란색으로 표시됩니다.
> · 하이퍼링크가 실행된 후에는 텍스트와 밑줄이 자주색으로 변경됩니다.
> · 하이퍼링크로 연결된 슬라이드가 조건과 다를 경우, 텍스트 위에서 우클릭하여 [링크 편집] 메뉴를 이용해 연결된 슬라이드를 수정할 수 있습니다.

그림 삽입하고 자르기

② 그림 삽입
 -「내 PC₩문서₩ITQ₩Picture₩그림4.jpg」
 - 자르기 기능 이용

1 [삽입] 탭-[그림]을 클릭한 다음 **[이 디바이스]**를 선택합니다.

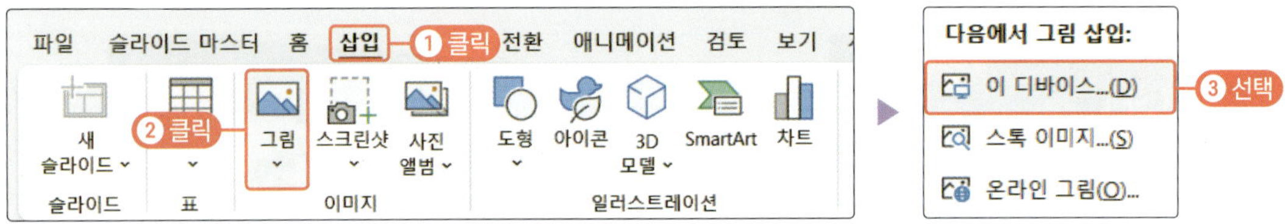

2 [내 PC]-[문서]-[ITQ]-[Picture] 폴더에서 **그림4.jpg**를 삽입합니다.

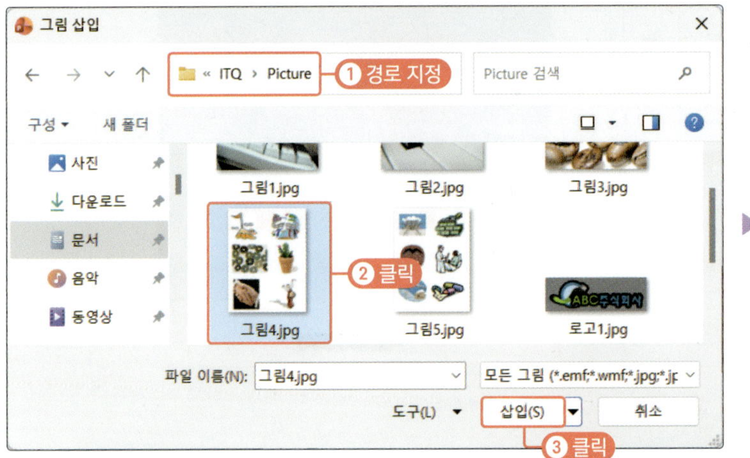

3 필요한 그림만 남기기 위해 [그림 서식] 탭-**[자르기]**를 클릭합니다.

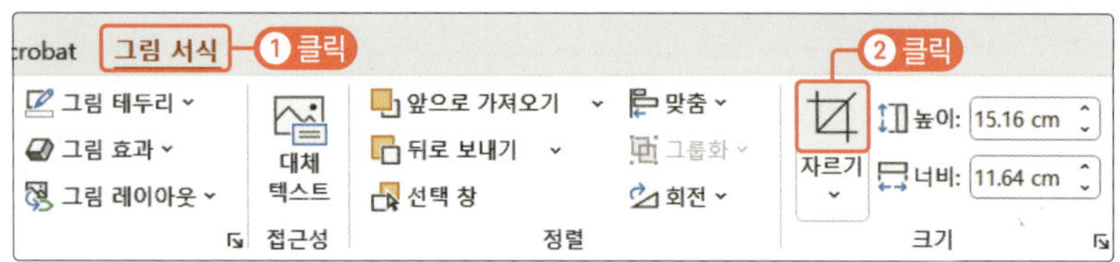

4 그림에 자르기 핸들이 표시되면 드래그하여 필요한 그림만 남긴 후 Esc 를 누릅니다.

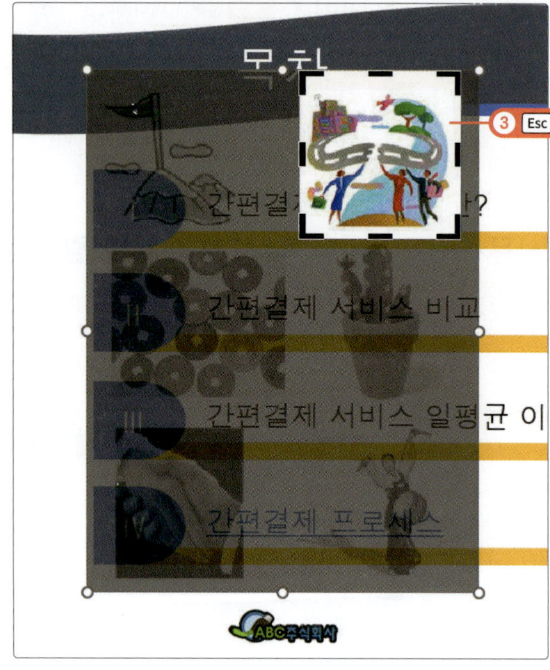

5 슬라이드에 그림을 배치한 다음 [저장(🖫)]을 클릭하거나, Ctrl + S 를 눌러 답안 파일을 저장합니다.

★ ???페이지의 출력형태를 참고하여 그림의 위치를 변경해 보세요.

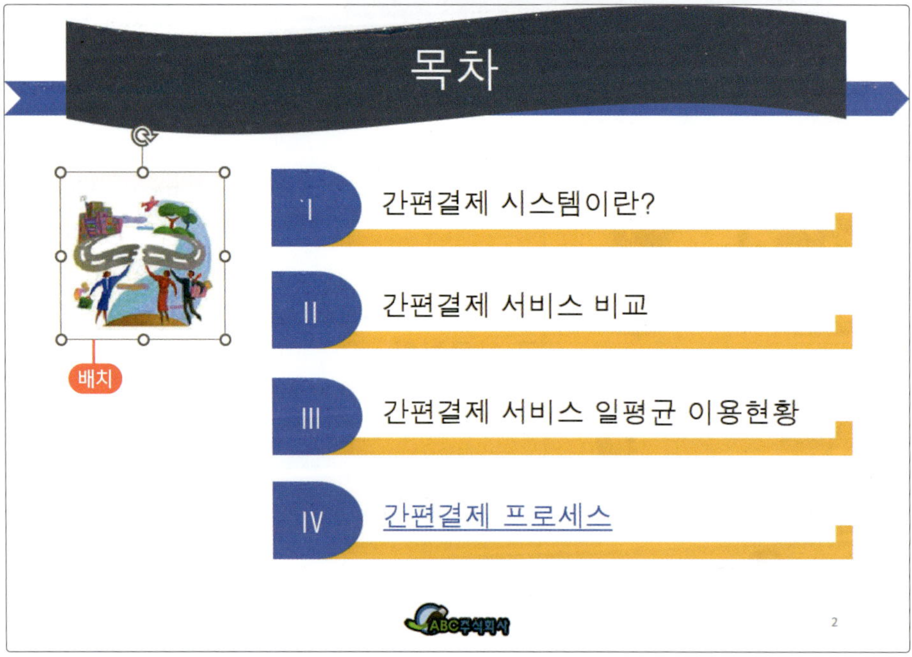

1 《세부조건》에 맞추어 《목차 슬라이드》를 작성해 보세요.

(1) 출력형태와 같이 도형을 이용하여 목차를 작성한다(글꼴 : 굴림, 24pt).
(2) 도형 : 선 없음

《세부 조건》
① 텍스트에 링크 적용
 -> '슬라이드 5'
② 그림 삽입
 - 「내 PC₩문서₩ITQ₩Picture₩
  그림4.jpg」
 - 자르기 기능 이용

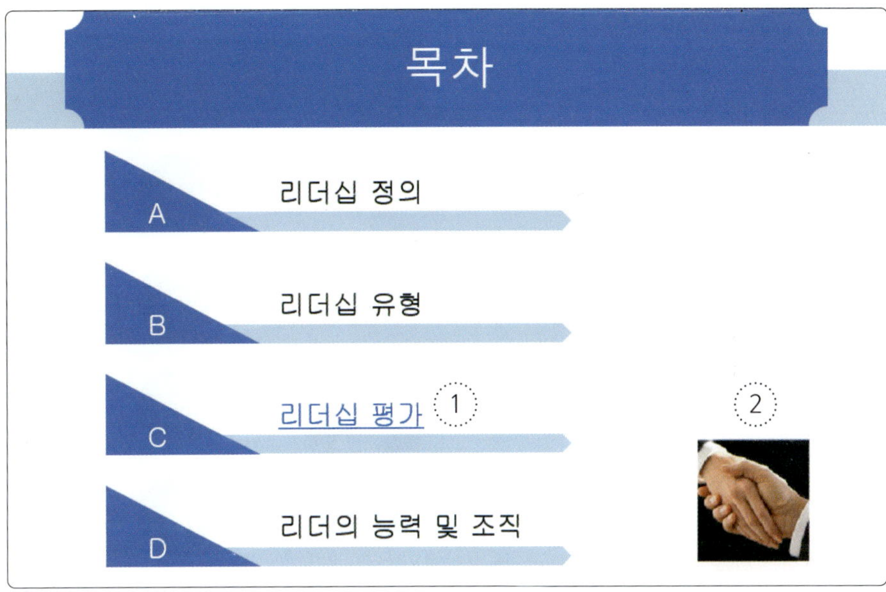

2 《세부조건》에 맞추어 《목차 슬라이드》를 작성해 보세요.

(1) 출력형태와 같이 도형을 이용하여 목차를 작성한다(글꼴 : 돋움, 24pt).
(2) 도형 : 선 없음

《세부 조건》
① 텍스트에 링크 적용
 -> '슬라이드 6'
② 그림 삽입
 - 「내 PC₩문서₩ITQ₩Picture₩
  그림4.jpg」
 - 자르기 기능 이용

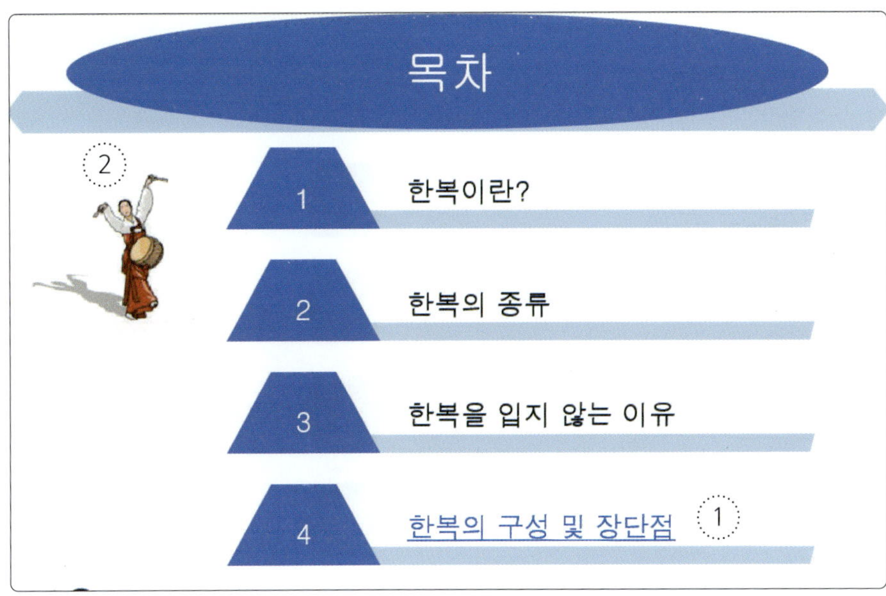

3 《세부조건》에 맞추어 《목차 슬라이드》를 작성해 보세요.

⊘ 실습파일 : 유형03-3(문제).pptx
⊘ 완성파일 : 유형03-3(완성).pptx

(1) 출력형태와 같이 도형을 이용하여 목차를 작성한다(글꼴 : 돋움, 24pt).
(2) 도형 : 선 없음

《세부 조건》
① 텍스트에 링크 적용
  -> '슬라이드 5'
② 그림 삽입
  - 「내 PC₩문서₩ITQ₩Picture₩
    그림4.jpg」
  - 자르기 기능 이용

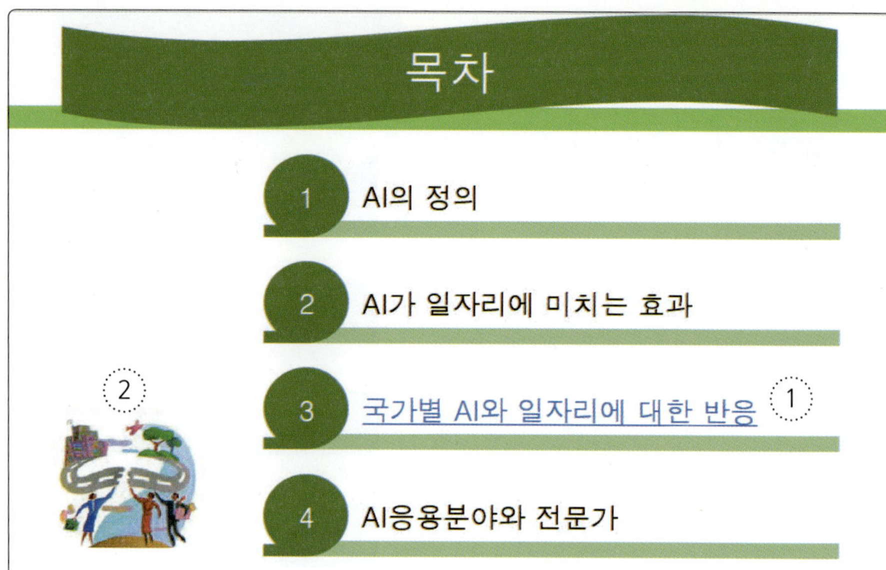

---

4 《세부조건》에 맞추어 《목차 슬라이드》를 작성해 보세요.

⊘ 실습파일 : 유형03-4(문제).pptx
⊘ 완성파일 : 유형03-4(완성).pptx

(1) 출력형태와 같이 도형을 이용하여 목차를 작성한다(글꼴 : 굴림, 24pt).
(2) 도형 : 선 없음

《세부 조건》
① 텍스트에 링크 적용
  -> '슬라이드 4'
② 그림 삽입
  - 「내 PC₩문서₩ITQ₩Picture₩
    그림5.jpg」
  - 자르기 기능 이용

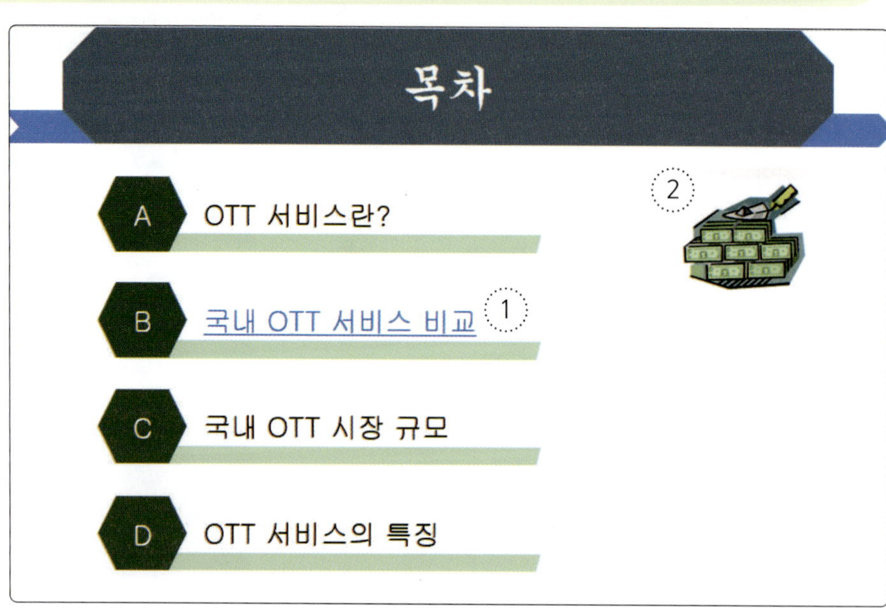

 **5** 《세부조건》에 맞추어 《목차 슬라이드》를 작성해 보세요.

(1) 출력형태와 같이 도형을 이용하여 목차를 작성한다(글꼴 : 돋움, 24pt).
(2) 도형 : 선 없음

《세부 조건》
① 텍스트에 링크 적용
 -> '슬라이드 6'
② 그림 삽입
 – 「내 PC₩문서₩ITQ₩Picture₩
  그림5.jpg」
 – 자르기 기능 이용

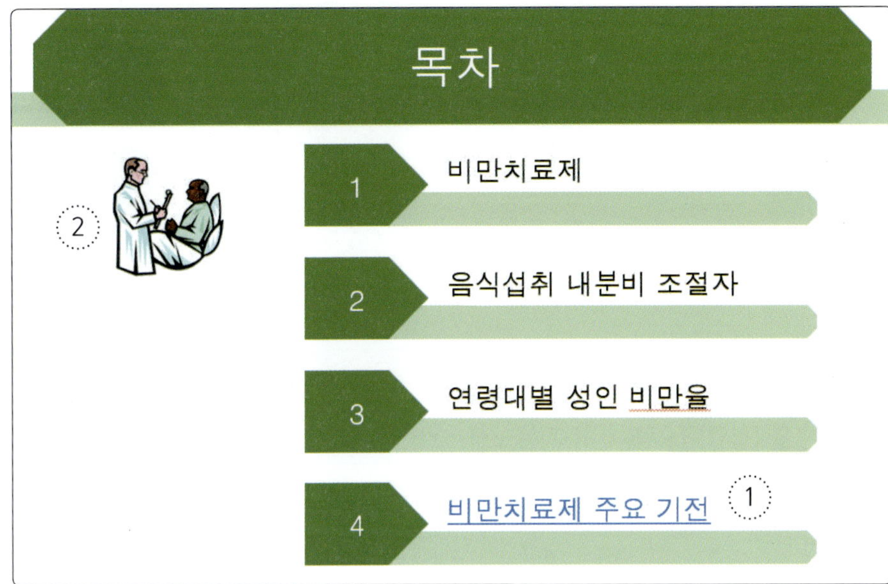

 **6** 《세부조건》에 맞추어 《목차 슬라이드》를 작성해 보세요.

(1) 출력형태와 같이 도형을 이용하여 목차를 작성한다(글꼴 : 굴림, 24pt).
(2) 도형 : 선 없음

《세부 조건》
① 텍스트에 링크적용
 -> '슬라이드4'
② 그림삽입
 – 「내PC₩문서₩ITQ₩Picture₩
  그림4.jpg」
 – 자르기기능이용

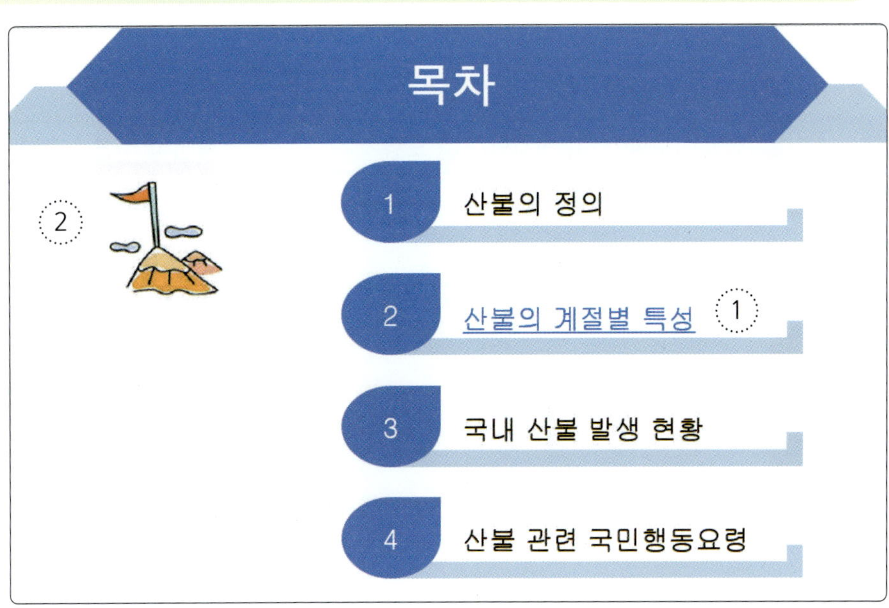

☑ 실습파일 : 패턴03-1(문제).pptx　　☑ 완성파일 : 패턴03-1(완성).pptx

패턴 01　[삽입]-[도형(📷)]-사각형

❶ 도형1(직사각형) ❷ 도형2(사각형: 잘린 대각선 방향 모서리) ❸ 선 없음 ❹ 글꼴(굴림, 24pt)

패턴 02　[삽입]-[도형(📷)]-기본 도형

❶ 도형1(L 도형) ❷ 도형2(눈물 방울) ❸ 선 없음 ❹ 글꼴(굴림, 24pt)

패턴 03　[삽입]-[도형(📷)]-기본 도형

❶ 도형1(사다리꼴) ❷ 도형2(하트) ❸ 선 없음 ❹ 글꼴(돋움, 24pt)

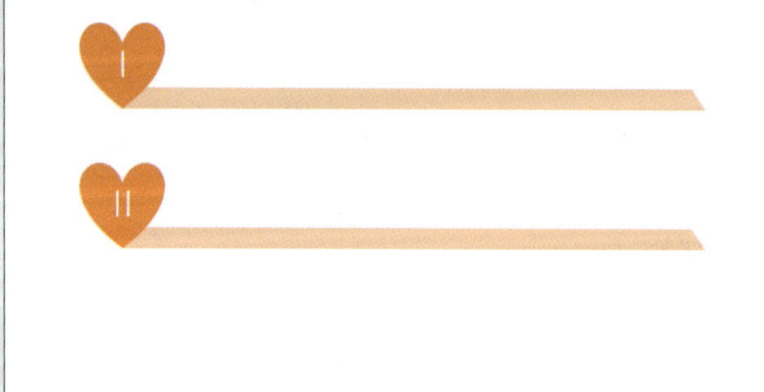

패턴 04　[삽입]-[도형(📷)]-사각형/별 및 현수막

❶ 도형1(직사각형) ❷ 도형2(두루마리 모양: 가로로 말림) ❸ 선 없음 ❹ 글꼴(굴림, 24pt)

패턴 05　[삽입]-[도형(📷)]-사각형/기본 도형

❶ 도형1(직사각형) ❷ 도형2(사다리꼴) ❸ 선 없음 ❹ 글꼴(굴림, 24pt)

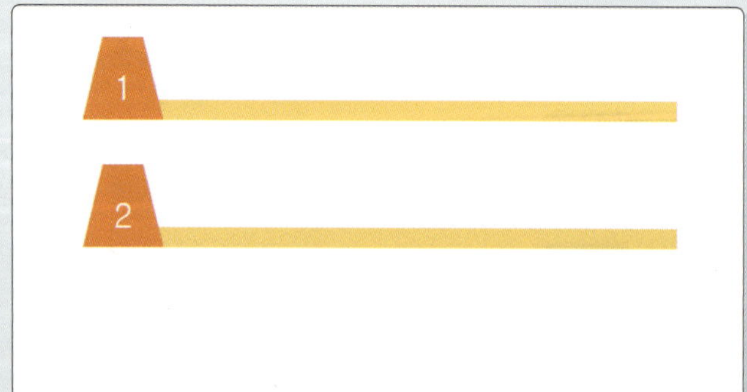

패턴 06　[삽입]-[도형(📷)]-사각형/블록 화살표

❶ 도형1(직사각형) ❷ 도형2(화살표: 오각형) ❸ 선 없음 ❹ 글꼴(굴림, 24pt)

✅ **실습파일** : 패턴03-2(문제).pptx   ✅ **완성파일** : 패턴03-2(완성).pptx

패턴 01   [삽입]-[도형(◻)]-별 및 현수막/기본 도형

❶ 도형1(물결) ❷ 도형2(평행 사변형) ❸ 선 없음 ❹ 글꼴(굴림, 24pt) ❺ 텍스트에 링크 적용(슬라이드 6)

> C 교육정책에 대한 의견
>
> D 고교학점제 운영체계

패턴 02   [삽입]-[도형(◻)]-사각형/순서도

❶ 도형1(직사각형) ❷ 도형2(순서도: 지연) ❸ 선 없음 ❹ 글꼴(돋움, 24pt) ❺ 텍스트에 링크 적용(슬라이드 5)

> III 하천수의 수질 현황
>
> IV 수돗물 및 하수 처리 과정

패턴 03   [삽입]-[도형(◻)]-사각형/블록 화살표

❶ 도형1(직사각형) ❷ 도형2(화살표: 위쪽) ❸ 선 없음 ❹ 글꼴(굴림, 24pt) ❺ 텍스트에 링크 적용(슬라이드 4)

> B 미세먼지 예보등급 및 내용
>
> C 국외대기 오염현황

패턴 04   [삽입]-[도형(◻)]-사각형/순서도

❶ 도형1(직사각형) ❷ 도형2(순서도: 저장 데이터) ❸ 선 없음 ❹ 글꼴(굴림, 24pt) ❺ 텍스트에 링크 적용(슬라이드 6)

> 3 따릉이 운영현황
>
> 4 따릉이 이용절차

패턴 05   [삽입]-[도형(◻)]-블록 화살표/기본 도형

❶ 도형1(화살표: 오각형) ❷ 도형2(배지) ❸ 선 없음 ❹ 글꼴(굴림, 24pt) ❺ 텍스트에 링크 적용(슬라이드 3)

> I 블로그의 이해
>
> II 블로그와 카페 비교

패턴 06   [삽입]-[도형(◻)]-블록 화살표/기본 도형

❶ 도형1(화살표: 위로 굽음) ❷ 도형2(육각형) ❸ 선 없음 ❹ 글꼴(돋움, 24pt) ❺ 텍스트에 링크 적용(슬라이드 4)

> C 태아의 체중 변화
>
> D 산전 검사

[슬라이드 3] 텍스트/동영상 슬라이드

[배점] 60점 (500점 만점)

[슬라이드 3]《텍스트/동영상 슬라이드》

(1) 텍스트 작성 : 글머리 기호 사용(➢, ✓)
 ➢문단(굴림, 24pt, 굵게, 줄간격 : 1.5줄), ✓ 문단(굴림, 20pt, 줄간격 : 1.5줄)

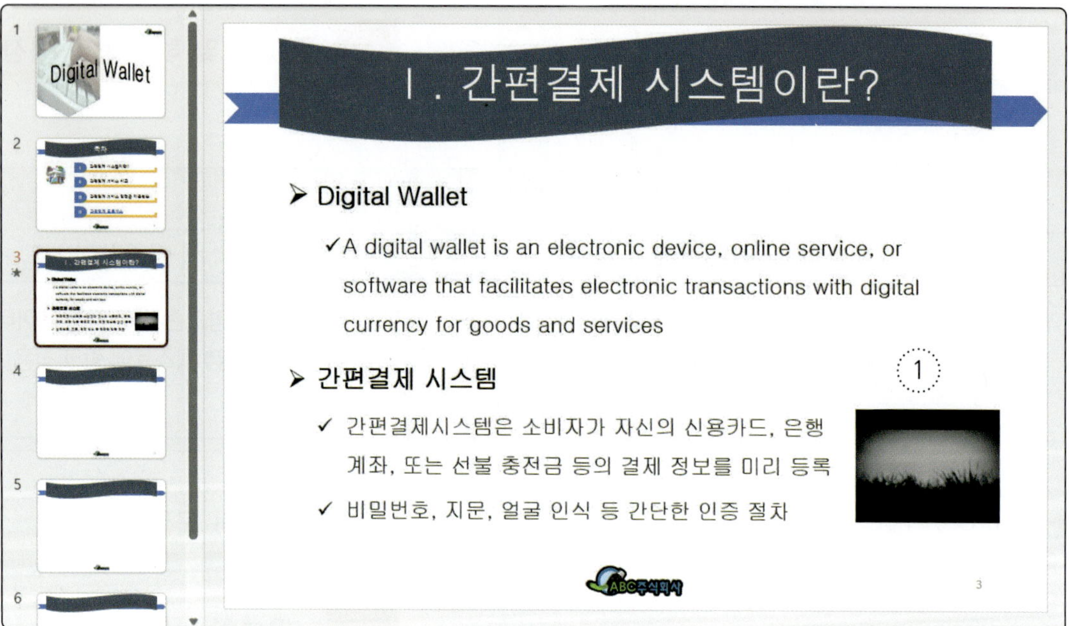

세부 조건

① 동영상 삽입 :
 – 「내 PC₩문서₩ITQ₩Picture₩동영상.wmv」
 – 자동실행, 반복재생 설정

텍스트 입력 › 글머리 기호 매기기 › 문단 서식 지정 › 아래쪽 텍스트 상자 작성 › 동영상 삽입

Check 01 텍스트 상자 작업 : 영문으로 입력된 텍스트 상자를 작업해요!

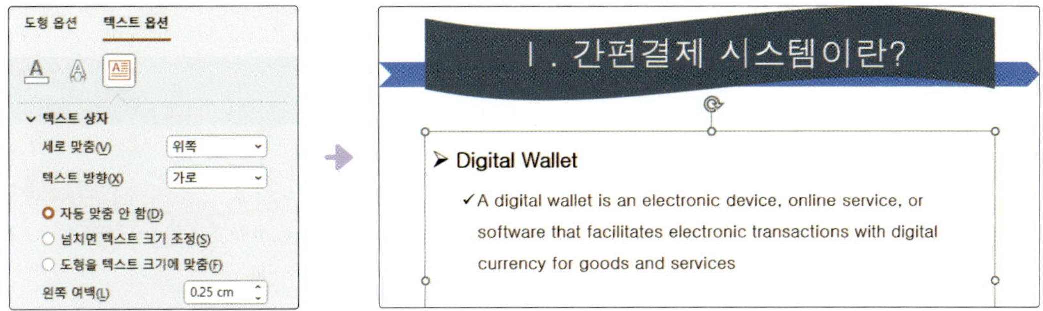

자동 맞춤 안 함 지정　　텍스트 상자에 내용 입력 후 글머리 기호 및 서식 지정

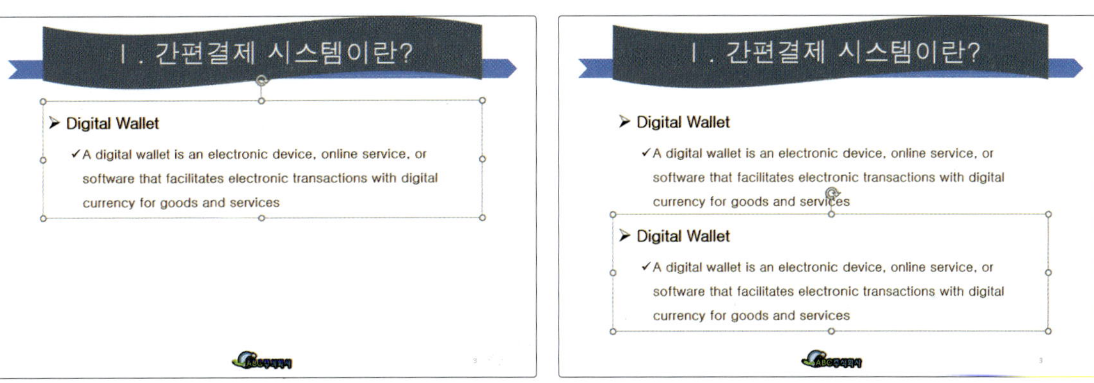

텍스트 상자의 크기 및 위치 변경　　텍스트 상자를 아래쪽으로 복사

Check 02 내용 수정 및 동영상 삽입 : 한글 내용으로 수정 후 동영상을 삽입해요!

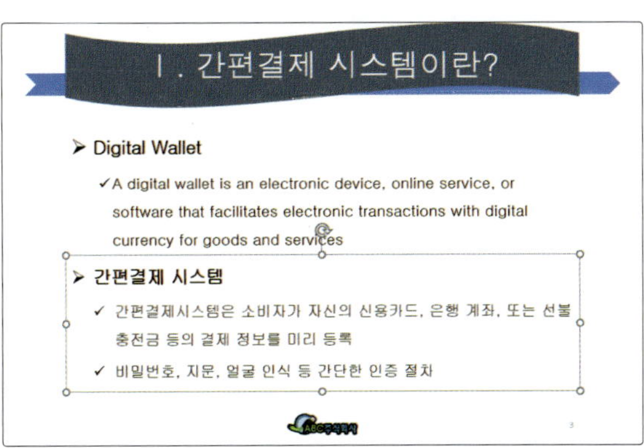

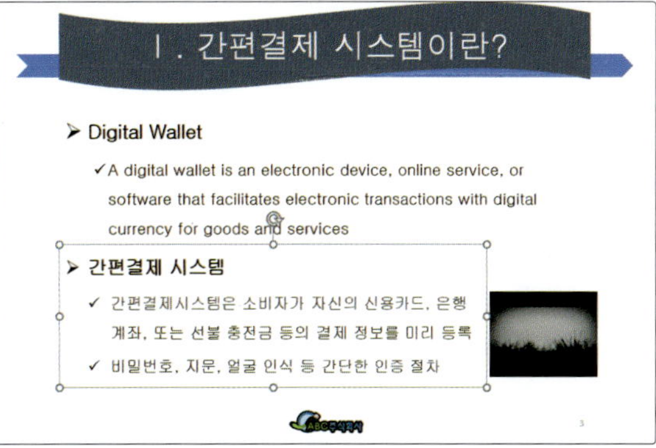

한글 내용으로 수정　　텍스트 상자 크기 변경 후 동영상 삽입

영문 텍스트 작성하기

STEP 01

(1) 텍스트 작성 : 글머리 기호 사용(➤, ✓)
➤문단(굴림, 24pt, 굵게, 줄간격 : 1.5줄), ✓문단(굴림, 20pt, 줄간격 : 1.5줄)

1 파워포인트 2021 프로그램을 실행한 후 [04차시] 폴더에서 **04차시(문제).pptx** 파일을 불러옵니다.

2 [슬라이드 3]을 선택한 후 아래 순서에 따라 슬라이드의 제목을 입력합니다.

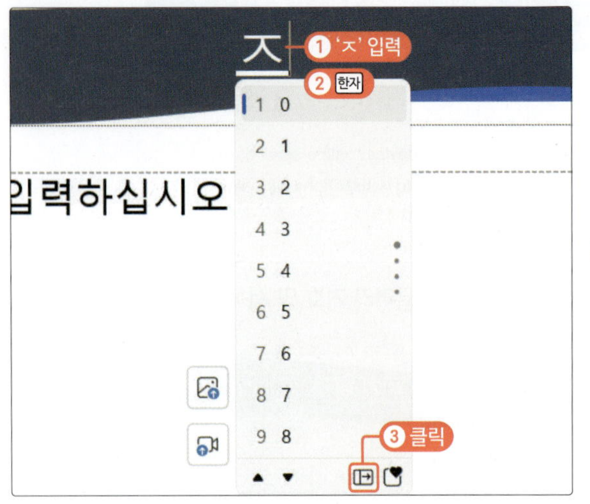

▲ 'ㅈ'을 입력한 후 한자 키 누르기

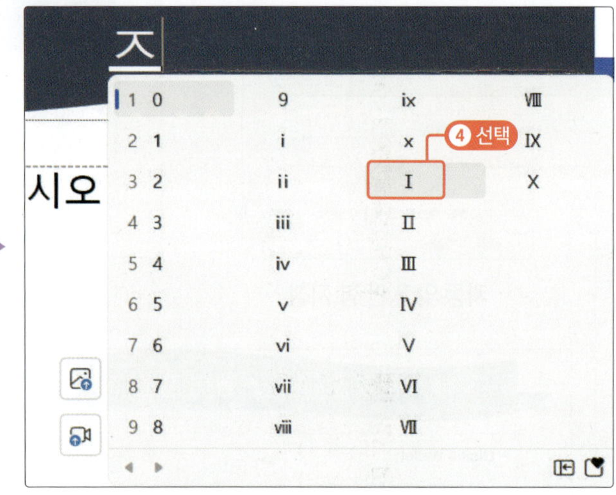

▲ 문제지와 동일한 로마 숫자 찾아 선택하기

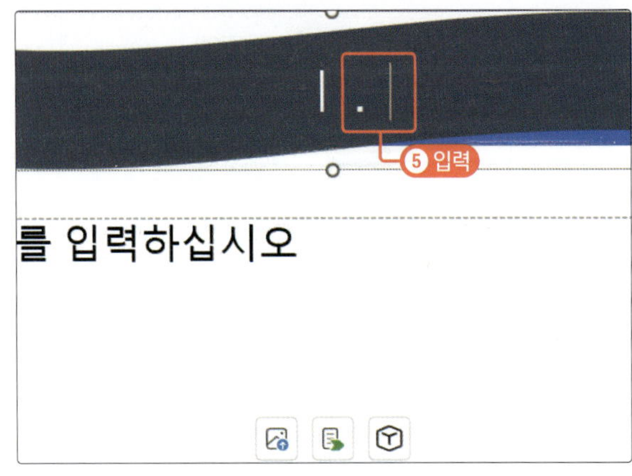

▲ 마침표 입력 후 한 칸 띄우기

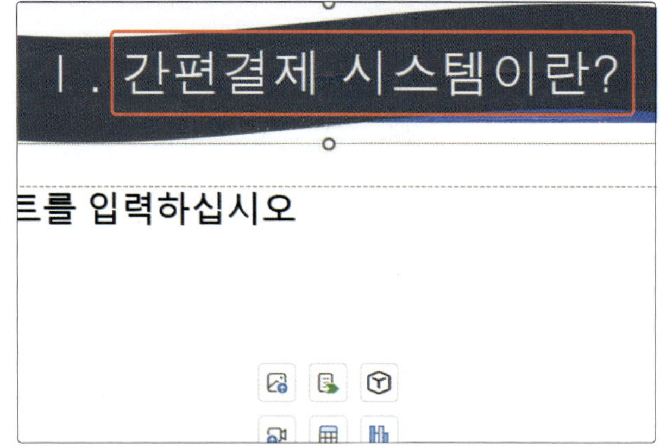

▲ 내용 입력하기

ITQ 꿀팁

최근 출제된 기출 유형을 살펴보면 대체로 A, B, C… 또는 1, 2, 3… 형식으로 목차 번호가 출제되고 있어요. 다만 과년도 기출문제에 로마 숫자를 입력하는 문제가 출제된 경우도 있었으니, 로마 숫자 입력 방법도 함께 익혀두세요.

3 크기 관련 옵션을 지정하기 위해 텍스트 상자의 테두리를 우클릭한 후 **[도형 서식]**을 클릭합니다.

4 오른쪽 창이 활성화되면 [텍스트 옵션]–[텍스트 상자]를 클릭하여 **자동 맞춤 안 함**을 선택합니다.

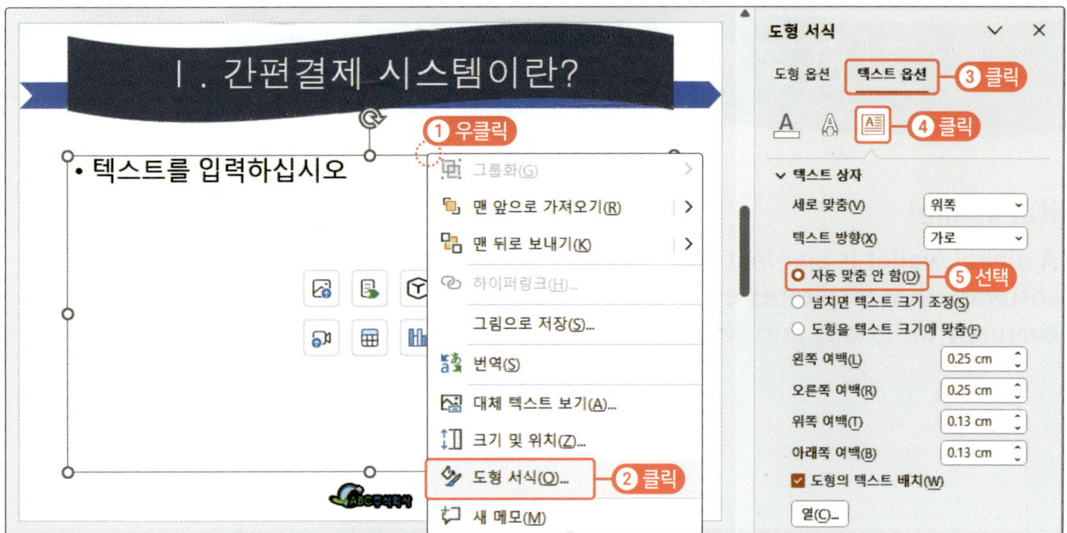

Level UP   **자동 맞춤 안 함**

텍스트 상자는 입력된 내용이 넘치면 '글꼴 크기'와 '줄 간격'이 상자 크기에 맞춰 자동으로 줄어들도록 설정되어 있습니다. ITQ 파워포인트 시험에서 [슬라이드 3] 작업 시에는 '자동 맞춤 안 함'을 선택하여 입력 내용의 길이와 관계없이 지정한 글꼴 서식이 그대로 유지되도록 설정해 주세요.

5 박스 안쪽을 클릭하여 **Digital Wallet**을 입력한 후 Enter 를 눌러 아랫줄로 이동합니다.

6 다음 문장을 하위 목록으로 만들기 위해 Tab 을 눌러 들여쓰기를 적용합니다.

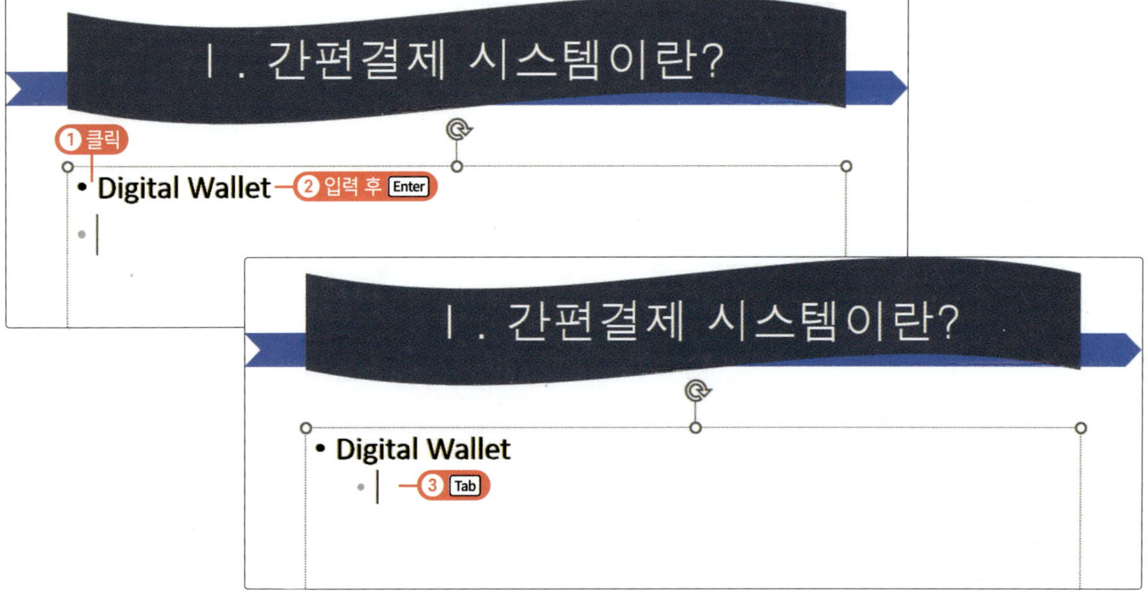

7 아래 그림을 참고하여 영문 내용을 입력합니다.

★ 내용이 2줄 이상이면 Enter 를 누르지 않고 이어서 입력해 주세요.

STEP
02
글머리 기호 및 글꼴 서식 변경하기

(1) 텍스트 작성 : 글머리 기호 사용(➣, ✓)
➣문단(굴림, 24pt, 굵게, 줄간격 : 1.5줄), ✓문단(굴림, 20pt, 줄간격 : 1.5줄)

1 첫 번째 줄을 블록으로 지정한 다음 [홈] 탭에서 [글머리 기호]의 목록 단추를 눌러 ➣를 선택합니다.

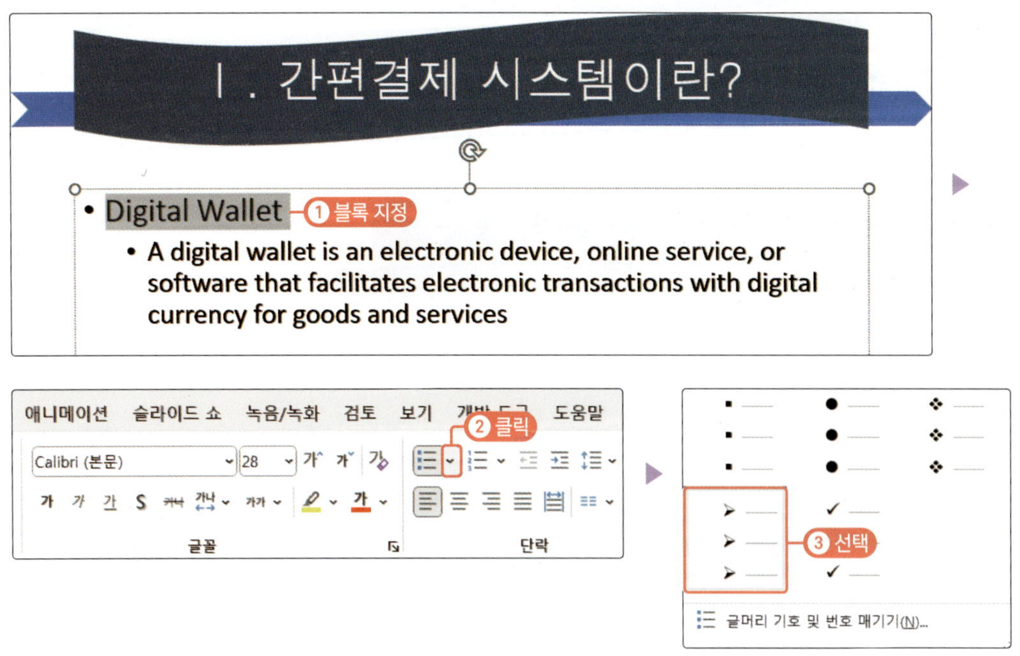

ITQ 꿀팁

글머리 기호는 '➣, ◆, ✓, ❖' 모양이 주로 출제되고 있어요.

2 `Space Bar` 를 이용하여 글머리 기호와 내용 사이를 한 칸 띄웁니다.

★ 글머리 기호를 입력한 후 띄어쓰기 적용 여부는 출력형태를 참고하세요.

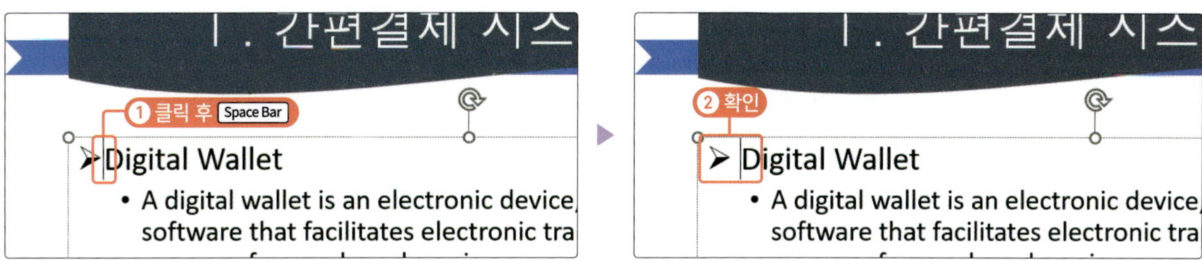

ITQ 꿀팁

글머리 기호 뒤의 공백은 '오피스 버전' 및 '시스템 환경'에 따라 공백 유무가 다르기 때문에 채점 항목에는 포함되지 않아요. 교재는 출력형태와 동일하게 맞추기 위해 `Space Bar` 를 눌러 한 칸을 띄었지만 공백을 추가하지 않아도 감점되지 않아요.

3 첫 번째 줄을 다시 블록으로 지정한 후 [홈] 탭에서 **글꼴 서식**과 **줄간격**을 변경합니다.

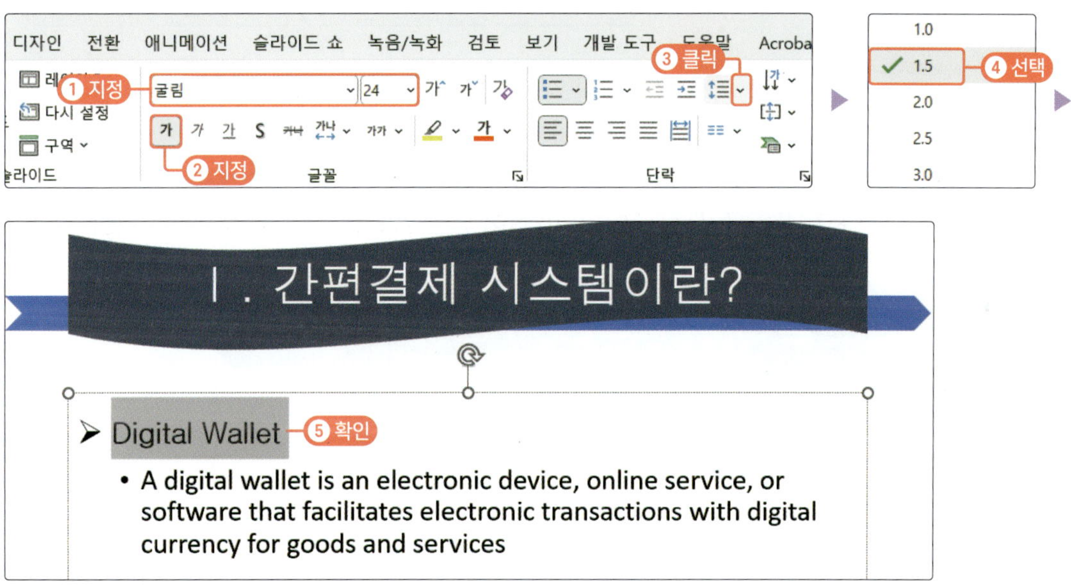

4 똑같은 방법으로 하위 문장의 글머리 기호를 '✓'로 변경한 다음 **글꼴 서식**과 **줄간격**을 변경합니다.

★ ✓문단(굴림, 20pt, 줄간격 : 1.5줄)

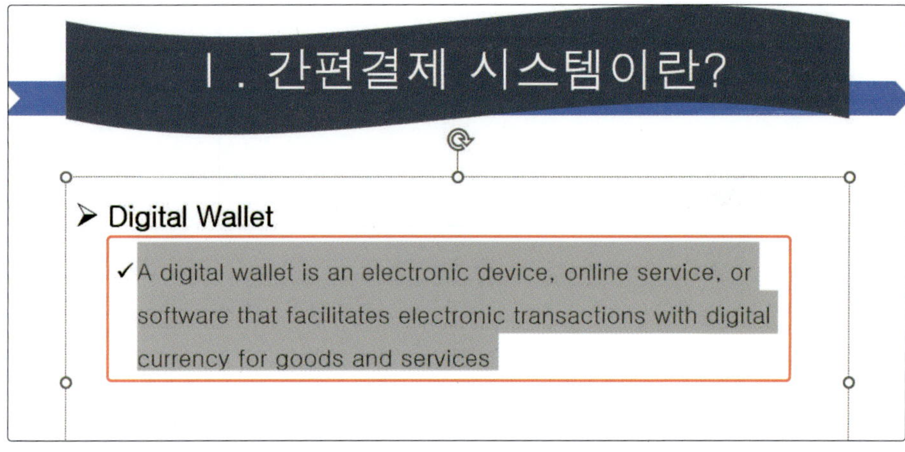

다양한 글머리 기호 찾기

시험에서는 다양한 모양의 글머리 기호가 출제될 수 있으니 아래 방법을 숙지하는 것이 좋습니다.

❶ [홈] 탭-[글머리 기호] 목록 단추-[글머리 기호 및 번호 매기기] 클릭
❷ [글머리 기호 및 번호 매기기] 대화상자에서 <사용자 지정>을 클릭
❸ 글꼴을 [Wingdings]로 변경한 다음 기호를 찾아 선택

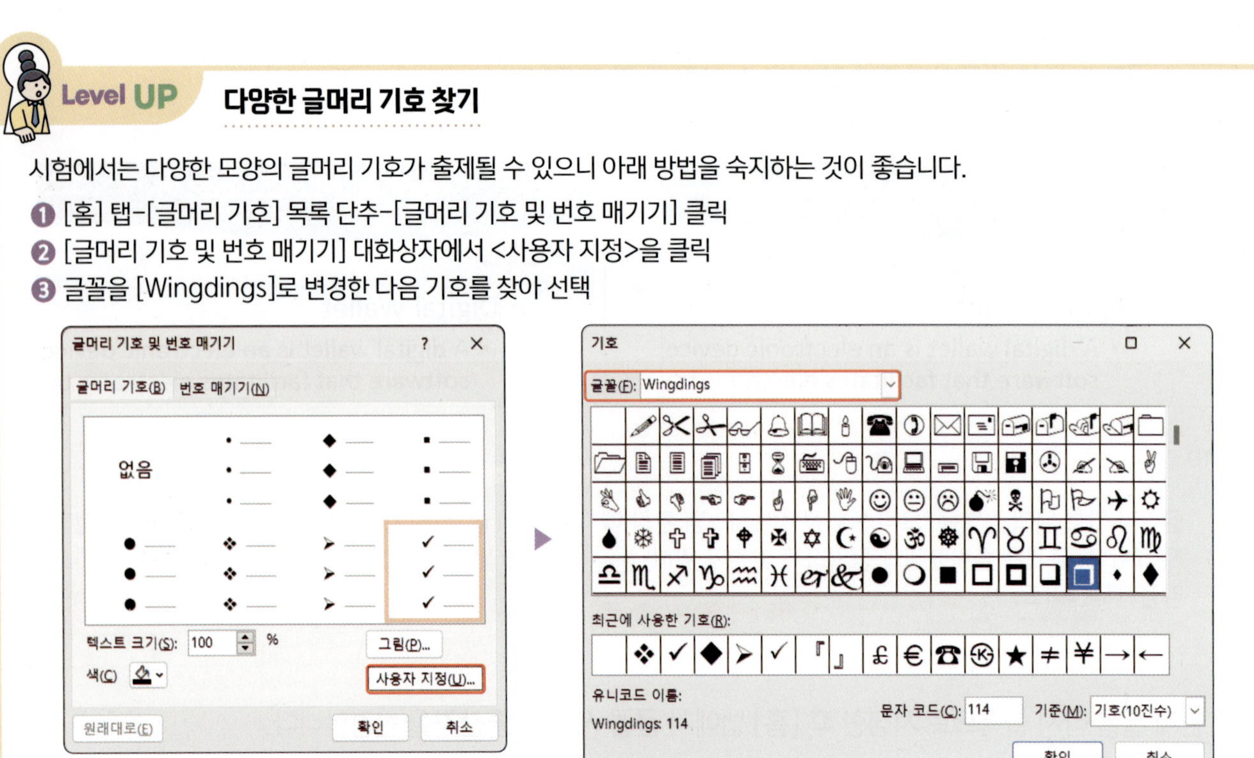

5 텍스트 상자의 아래쪽 가운데 조절점을 드래그하여 크기를 줄인 후 위치를 변경합니다.

★ 교재에서는 텍스트 상자의 위치를 살짝 위쪽으로 배치했어요.

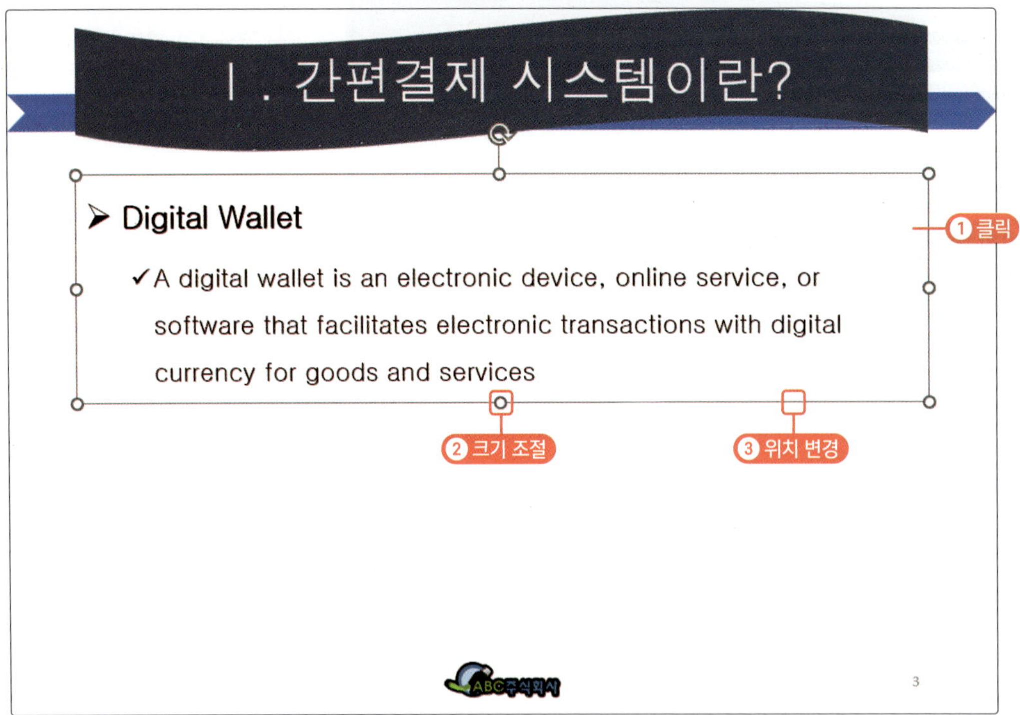

6 [Ctrl]+[Shift]를 누른 채 텍스트 상자의 테두리를 아래쪽으로 드래그하여 반듯하게 복사합니다.

7 복사된 텍스트 상자의 제목 및 내용을 아래와 같이 수정합니다.

★ 텍스트 상자를 복사할 때는 테두리를 클릭한 채 드래그해야 해요.

★ 첫 번째 내용 입력이 완료되면 [Enter]를 눌러 두 번째 내용을 입력해 주세요.

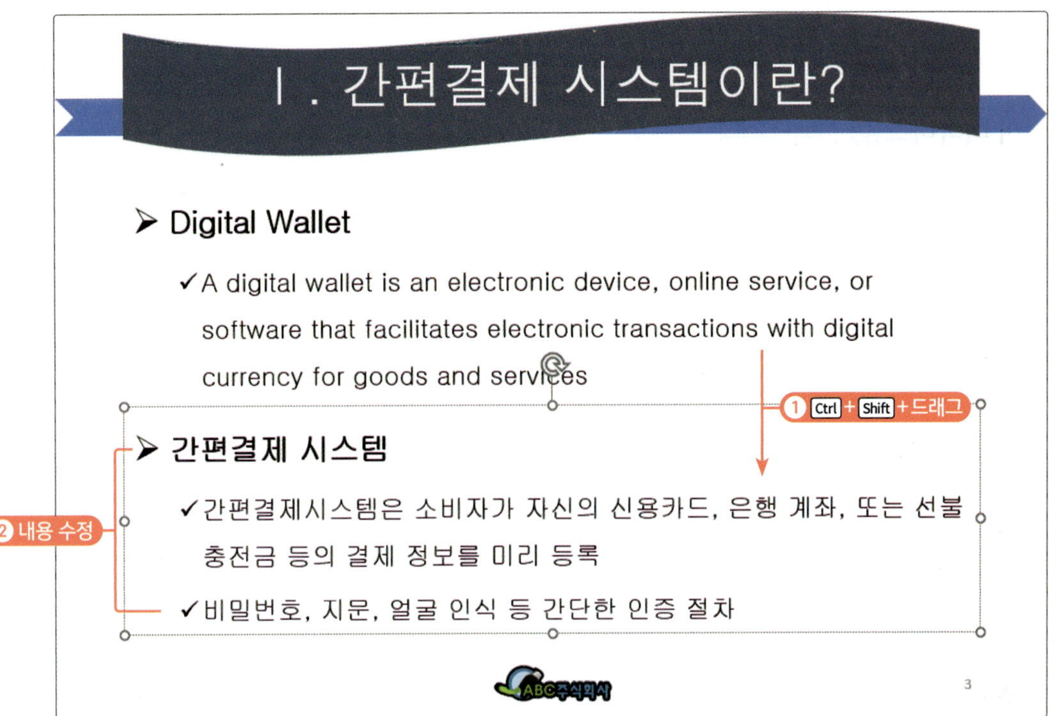

8 두 번째 텍스트 상자의 오른쪽 가운데 조절점을 드래그하여 출력형태와 동일한 위치에 오른쪽 글자가 표시되도록 크기를 줄입니다.

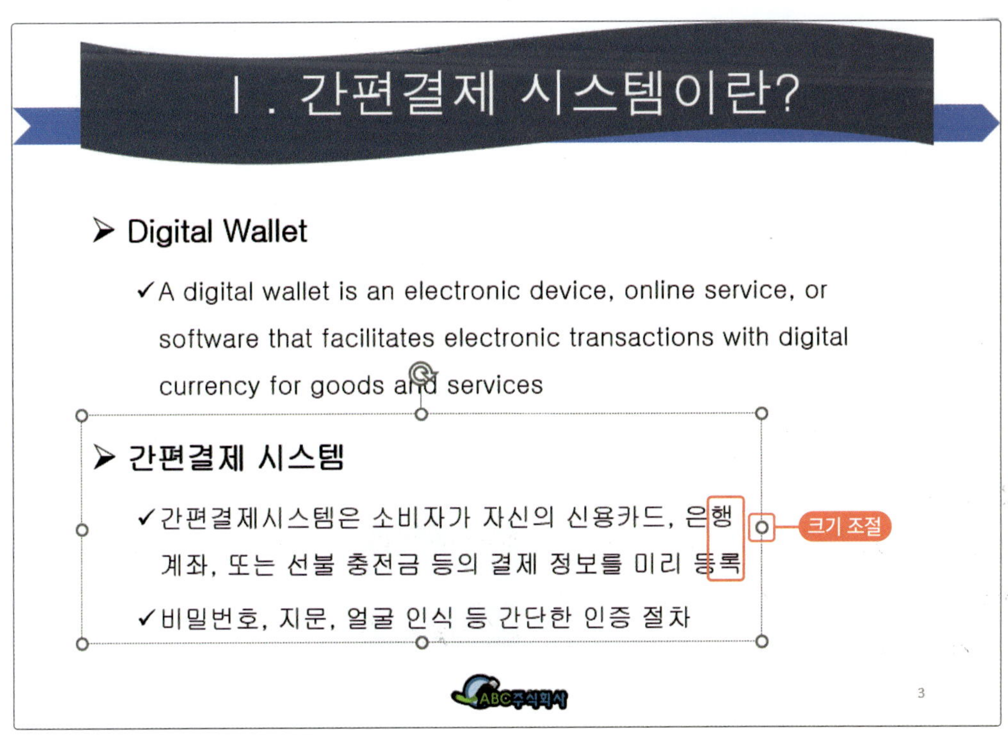

동영상 삽입하기

① 동영상 삽입 :
- 「내 PC\문서\ITQ\Picture\동영상.wmv」
- 자동실행, 반복재생 설정

1 [삽입] 탭-[비디오]-**[이 디바이스]**를 선택합니다.

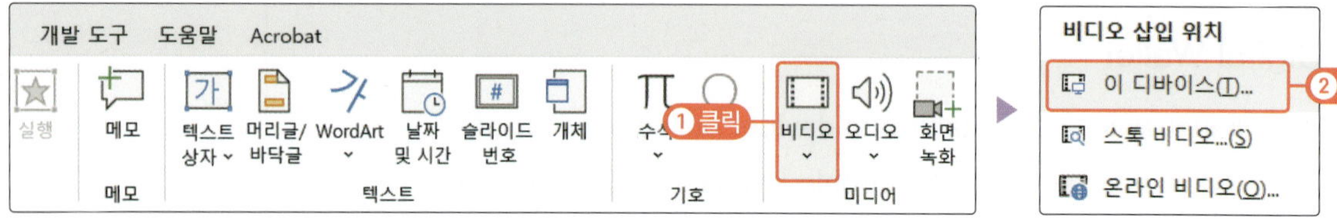

2 [내 PC]-[문서]-[ITQ]-[Picture] 폴더에서 **동영상.wmv**을 삽입합니다.

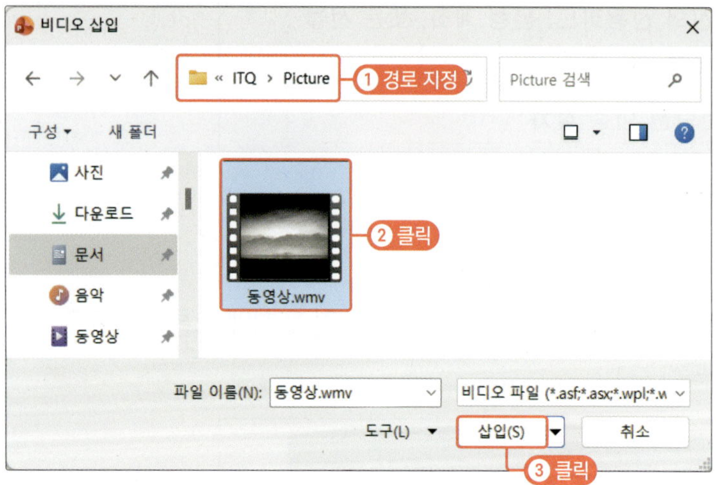

3 슬라이드에 동영상이 삽입되면 크기와 위치를 변경합니다.

★ 62페이지의 출력형태를 참고하여 동영상의 크기와 위치를 맞춰주세요.

4 동영상이 선택된 상태에서 [재생] 탭의 비디오 옵션 시작을 **자동 실행**으로 변경한 후 **반복 재생**을 체크합니다.

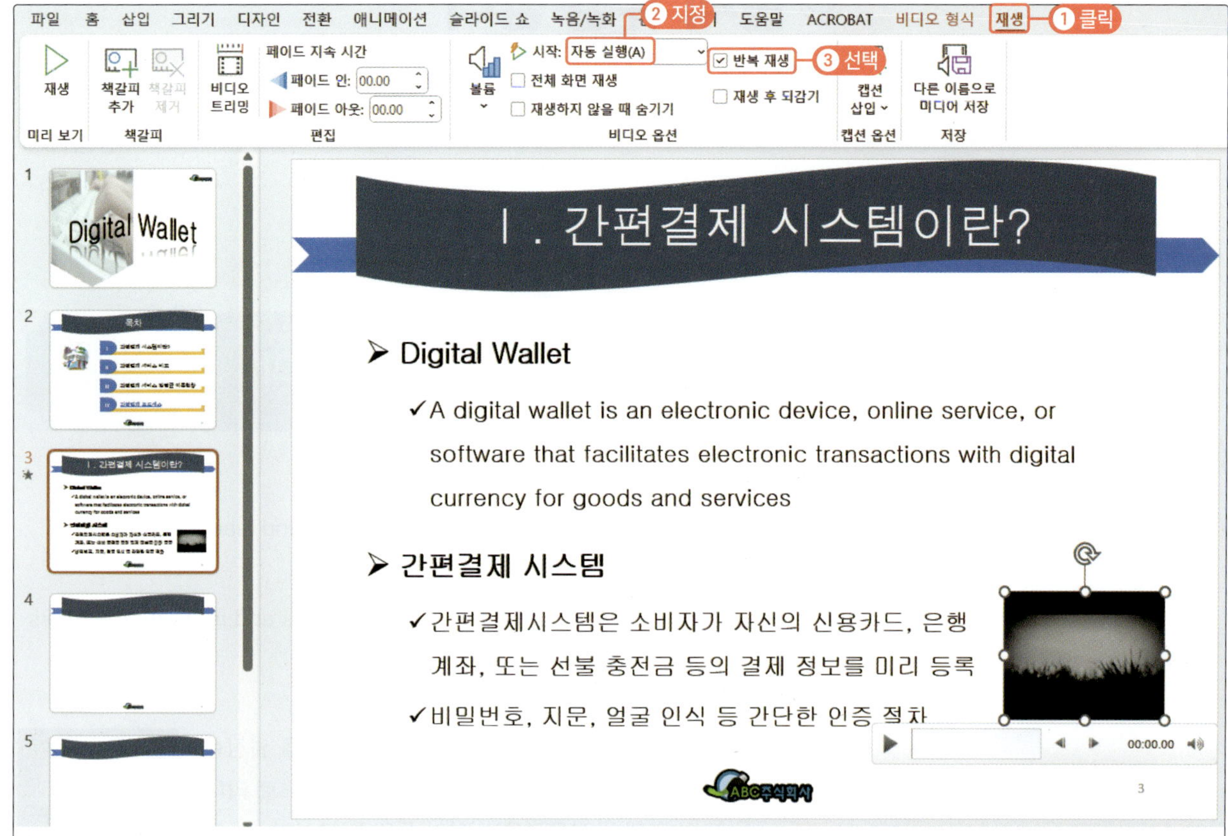

ITQ 꿀팁

[슬라이드 3]은 동영상을 삽입한 후 비디오 옵션에서 '자동 실행'과 '반복 재생'을 지정하는 유형의 문제가 고정적으로 출제되고 있어요.

5 작업이 완료되면 [**저장(🖫)**]을 클릭하거나, Ctrl + S 를 눌러 답안 파일을 저장합니다.

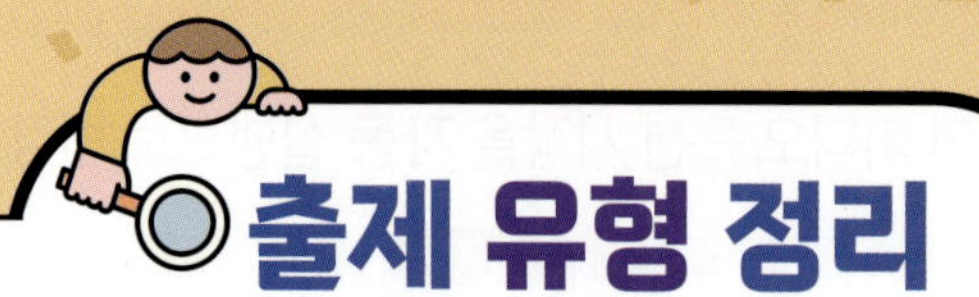

1 《세부조건》에 맞추어 《텍스트/동영상 슬라이드》를 작성해 보세요.

- ⊘ 실습파일 : 유형04-1(문제).pptx
- ⊘ 완성파일 : 유형04-1(완성).pptx

(1) 텍스트 작성 : 글머리 기호 사용(◆, ✓)
　　◆문단(돋움, 24pt, 굵게, 줄간격 : 1.5줄), ✓문단(돋움, 20pt, 줄간격 : 1.5줄)

《세부 조건》

① 동영상 삽입 :
- 「내 PC₩문서₩ITQ₩Picture₩동영상.wmv」
- 자동실행, 반복재생 설정

A. 리더십 정의

◆ **Leadership**
- ✓ Leadership is the ability to present visions and lead members in a certain direction to generate results
- ✓ Leader adapt well to environmental changes and motivate members

◆ **리더십 정의**

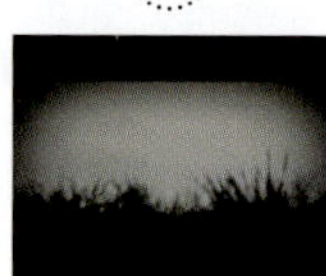

- ✓ 리더십은 구성들에게 비전을 제시하고, 그들을 일정한 방향으로 이끌어 성과를 창출하게 하는 능력으로 리더는 변화에 대한 적응력을 높이며 동기를 부여함

2 《세부조건》에 맞추어 《텍스트/동영상 슬라이드》를 작성해 보세요.

- ⊘ 실습파일 : 유형04-2(문제).pptx
- ⊘ 완성파일 : 유형04-2(완성).pptx

(1) 텍스트 작성 : 글머리 기호 사용(❖, ✓)
　　❖문단(굴림, 24pt, 굵게, 줄간격 : 1.5줄), ✓문단(굴림, 20pt, 줄간격 : 1.5줄)

《세부 조건》

① 동영상 삽입 :
- 「내 PC₩문서₩ITQ₩Picture₩동영상.wmv」
- 자동실행, 반복재생 설정

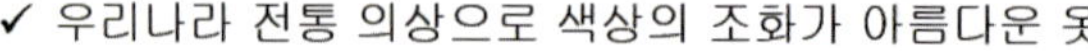

1. 한복이란?

❖ **Hanbok**
- ✓ Hanbok is a traditional Korean costume and has color combination
- ✓ The dress curves make the beauty stand out and are popular with foreigners

❖ **한복이란?**

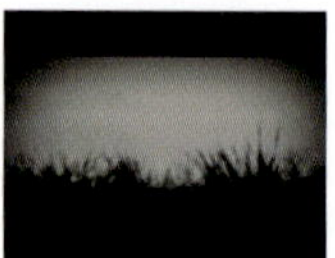

- ✓ 우리나라 전통 의상으로 색상의 조화가 아름다운 옷
- ✓ 한복의 곡선은 그 고유의 아름다움을 더욱 돋보이게 하며, 외국인에게도 인기가 많음

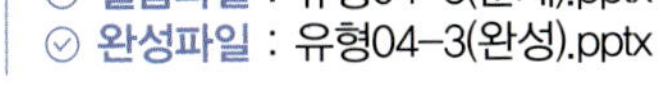

(1) 텍스트 작성 : 글머리 기호 사용(❖, ✓)
❖문단(돋움, 24pt, 굵게, 줄간격 : 1.5줄), ✓문단(돋움, 20pt, 줄간격 : 1.5줄)

《세부 조건》

① 동영상 삽입 :
- 「내 PC₩문서₩ITQ₩Picture₩ 동영상.wmv」
- 자동실행, 반복재생 설정

1. AI의 정의

❖What is AI?

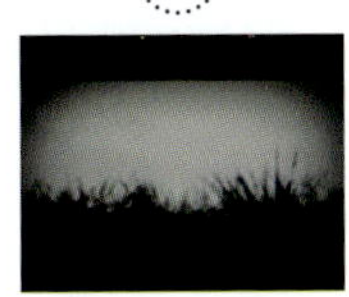

- ✓Artificial Intelligence(AI) is the ability of machines to learn, perceive, and act intelligently, enabling them to perform tasks requiring human-like intelligence

❖AI의 정의

- ✓인간의 학습능력, 추론능력, 지각능력을 인공적으로 구현하려는 컴퓨터 과학의 세부 분야 중 하나
- ✓인간의 지능을 모방한 기능을 갖춘 컴퓨터 시스템으로 인간의 지능을 기계 등에 인공적으로 시연(구현)한 것

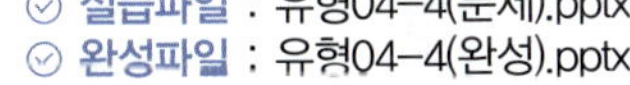

(1) 텍스트 작성 : 글머리 기호 사용(◆, ✓)
◆문단(굴림, 24pt, 굵게, 줄간격 : 1.5줄), ✓문단(굴림, 20pt, 줄간격 : 1.5줄)

《세부 조건》

① 동영상 삽입 :
- 「내 PC₩문서₩ITQ₩Picture₩ 동영상.wmv」
- 자동실행, 반복재생 설정

A. OTT 서비스란?

◆ What is OTT Service?

- ✓ OTT (Over-The-Top) Service is a media service that delivers video content over the internet, bypassing traditional distribution channels such as cable or satellite television

◆ OTT 서비스의 정의

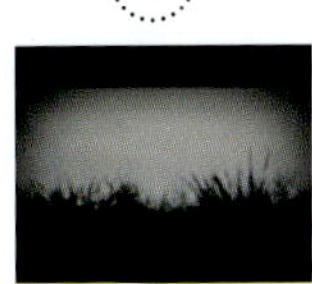

- ✓ 인터넷을 통해 방송 프로그램, 영화, 교육 등 각종 미디어 콘텐츠를 제공하는 서비스
- ✓ Over-The-Top의 줄임말이며 콘텐츠 유통이 모바일까지 포함하면서 OTT의 의미가 확대

5 《세부조건》에 맞추어 《텍스트/동영상 슬라이드》를 작성해 보세요.
- ⊘ 실습파일 : 유형04-5(문제).pptx
- ⊘ 완성파일 : 유형04-5(완성).pptx

(1) 텍스트 작성 : 글머리 기호 사용(➤, ✓)
➤문단(굴림, 24pt, 굵게, 줄간격 : 1.5줄), ✓문단(굴림, 20pt, 줄간격 : 1.5줄)

《세부 조건》

① 동영상 삽입 :
- 「내 PC₩문서₩ITQ₩Picture₩ 동영상.wmv」
- 자동실행, 반복재생 설정

1. 비만치료제

➤ **Anti-Obesity Drugs**

   ✓With the rise in obesity and groundbreaking treatments, the weight-loss drug market is gaining prominence

➤ **비만치료제**

   ✓비만치료는 섭취 열량을 줄이고, 에너지 소비량을 늘리는 방법 권장

   ✓생활 습관 개선을 통해 치료되지 않는 경우 비만치료제를 통해 치료에 도움을 받을 수 있음

---

6 《세부조건》에 맞추어 《텍스트/동영상 슬라이드》를 작성해 보세요.
- ⊘ 실습파일 : 유형04-6(문제).pptx
- ⊘ 완성파일 : 유형04-6(완성).pptx

(1) 텍스트 작성 : 글머리 기호 사용(➤, ▪)
➤문단(굴림, 24pt, 굵게, 줄간격 : 1.5줄), ▪문단(굴림, 20pt, 줄간격 : 1.5줄)

《세부 조건》

① 동영상 삽입 :
- 「내 PC₩문서₩ITQ₩Picture₩ 동영상.wmv」
- 자동실행, 반복재생 설정

1. 산불의 정의

➤**Wildfire**

   ▪ A wildfire or forest fire, wildland fire is a fire in an area of combustible vegetation occurring in rural area

➤**산불**

   ▪ 산림이나 산림에 잇닿은 지역의 나무, 풀, 낙엽 등이 인위적 또는 자연적으로 발생한 불에 타는 것

   ▪ 우리나라는 자연현상으로 인한 산불보다 대부분 등산이나 인근 거주민의 소각 또는 취사행위 때문에 발생함

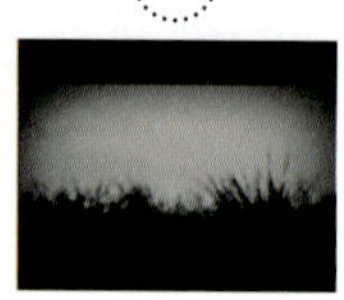

A 조건 맞추어 각 슬라이드에 글머리 기호를 삽입해 보세요.

⊘ 실습파일 : 패턴04-1(문제).pptx ⊘ 완성파일 : 패턴04-1(완성).pptx

패턴 01 [홈]-[글머리 기호(▤)]-목록 단추(▾)

❶ 글머리 기호(❖, •) ❷ ❖문단(굴림, 24pt, 굵게, 줄간격 : 1.5줄) ❸ • 문단(굴림, 20pt, 줄간격 : 1.5줄)

❖World Jamborees
- Held in the Boy Scouts camp competition
- In 1920, Olympia, London, England camp held in the first international

---

패턴 02 [홈]-[글머리 기호(▤)]-목록 단추(▾)

❶ 글머리 기호(◆, ✓) ❷ ◆문단(굴림, 24pt, 굵게, 줄간격 : 1.5줄) ❸ ✓문단(굴림, 20pt, 줄간격 : 1.5줄)

◆ 소비자 정책
- ✓ 시장경제에서 소비자 문제를 해결하기 위하여 정부가 개입하는 일련의 과정
- ✓ 보호론적 관점에서 소비자가 자주적으로 문제를 해결할 수 있도록 지원

패턴 03 [홈]-[글머리 기호(▤)]-목록 단추(▾)

❶ 글머리 기호(❖, •) ❷ ❖문단(굴림, 24pt, 굵게, 줄간격 : 1.5줄) ❸ • 문단(굴림, 20pt, 줄간격 : 1.5줄)

❖ Chronic fatigue syndrome
- Self-reported impairment in short-term memory or concentration
- Tender cervical or axillary nodes

패턴 04 [홈]-[글머리 기호(▤)]-목록 단추(▾)

❶ 글머리 기호(❖, ▪) ❷ ❖문단(굴림, 24pt, 굵게, 줄간격 : 1.5줄) ❸ ▪ 문단(굴림, 20pt, 줄간격 : 1.5줄)

❖인공지능 비서
- ▪ 음성인식, 문장분석, 상황인지 등 인공지능 기술과 첨단 기술이 결합해 사용자의 언어를 이해
- ▪ 사용자가 원하는 지시사항을 수행하는 소프트웨어 애플리케이션

패턴 05 [홈]-[글머리 기호(▤)]-목록 단추(▾)

❶ 글머리 기호(❖, ➤) ❷ ❖문단(굴림, 24pt, 굵게, 줄간격 : 1.5줄) ❸ ➤문단(굴림, 20pt, 줄간격 : 1.5줄)

❖AI secretary
- ➤A Software that combines artificial intelligence and advanced technology to understand the user's language and perform the instructions that the user wants

---

패턴 06 [홈]-[글머리 기호(▤)]-목록 단추(▾)

❶ 글머리 기호(◆, •) ❷ ◆문단(굴림, 24pt, 굵게, 줄간격 : 1.5줄) ❸ • 문단(굴림, 20pt, 줄간격 : 1.5줄)

◆ 만성피로란?
- 충분히 휴식을 취하고 일을 줄여도 기운이 없어서 지속적인 노력이나 집중이 필요한 일을 할 수 없는 상태로 원인에 관계없이 6개월 이상 지속되거나 반복되는 심한 피로 증상

[슬라이드 4] 표 슬라이드

⊘ 실습파일 : 05차시(문제).pptx　⊘ 완성파일 : 05차시(완성).pptx

[배점] 80점 (500점 만점)

[슬라이드 4]《표 슬라이드》

(1) 도형과 표 작성 기능을 이용하여 슬라이드를 작성한다(글꼴 : 굴림, 18pt).

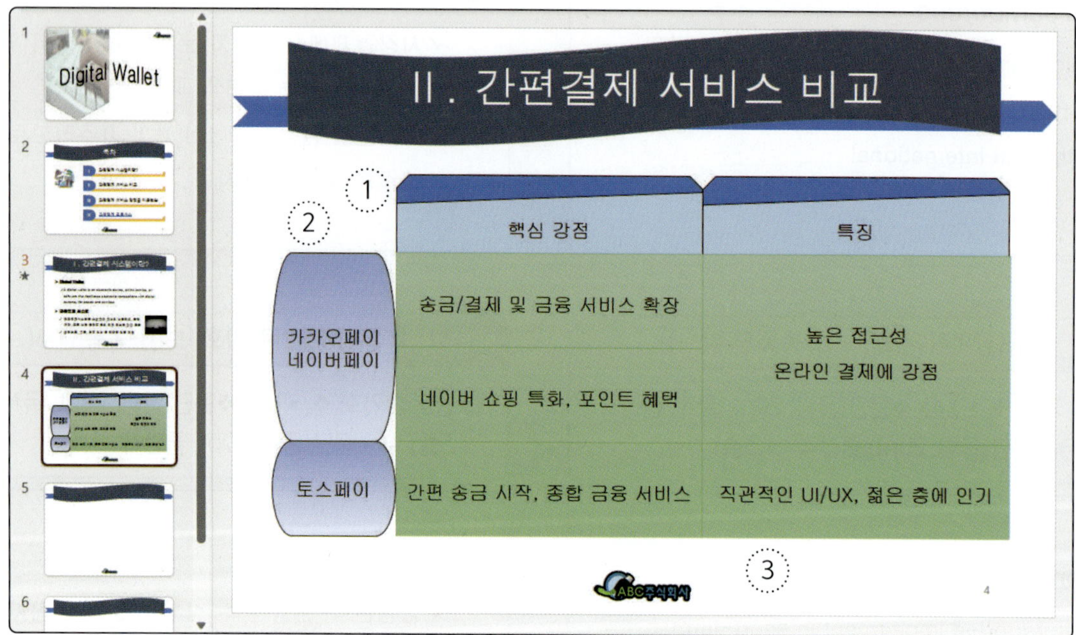

세부 조건

① 상단 도형 : 2개 도형의 조합으로 작성

② 좌측 도형 : 그라데이션 효과(선형 아래쪽)

③ 표 스타일 : 테마 스타일 1 – 강조 6

표 삽입 및 스타일 지정 > 셀 병합 후 내용 입력 > 글꼴 서식 변경 > 상단 도형 작성 > 좌측 도형 작성

Check 01 표 작성 : 표를 삽입하여 스타일을 지정한 후 필요한 내용을 입력해요!

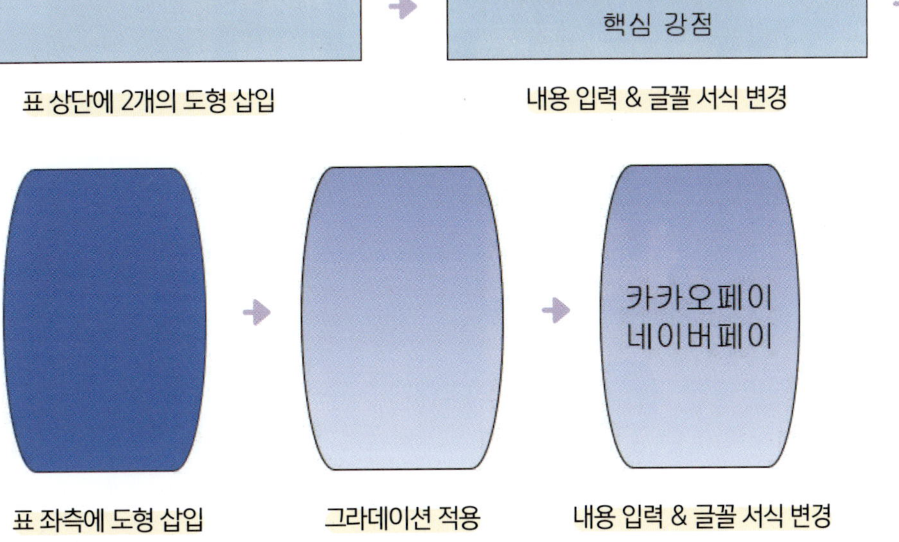

표 삽입

표 스타일 지정

표 스타일 옵션 변경 & 셀 병합

내용 입력 & 글꼴 서식 변경

Check 02 도형 작성 : 표의 상단과 좌측에 도형을 추가해요!

표 상단에 2개의 도형 삽입

내용 입력 & 글꼴 서식 변경

표 좌측에 도형 삽입

그라데이션 적용

내용 입력 & 글꼴 서식 변경

STEP 01 표 삽입 후 스타일 지정하기

(1) 도형과 표 작성 기능을 이용하여 슬라이드를 작성한다(글꼴 : 굴림, 18pt).
③ 표 스타일 : 테마 스타일 1 – 강조 6

1 파워포인트 2021 프로그램을 실행한 후 [05차시] 폴더에서 **05차시(문제).pptx** 파일을 불러옵니다.

2 [슬라이드 4]를 선택한 후 슬라이드의 제목을 입력합니다.

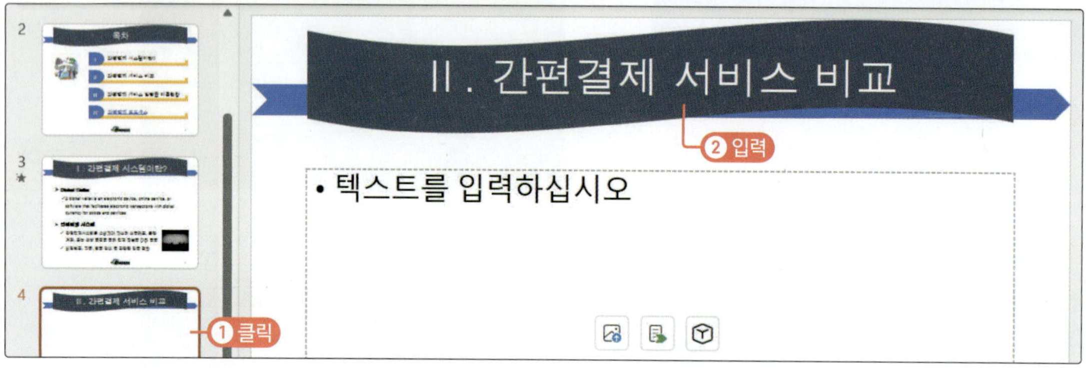

3 [삽입] 탭–[표]를 클릭한 다음 **2×3 표** 크기로 지정하여 슬라이드에 표를 삽입합니다.

4 76페이지의 출력형태를 참고하여 표의 크기와 위치를 변경합니다.

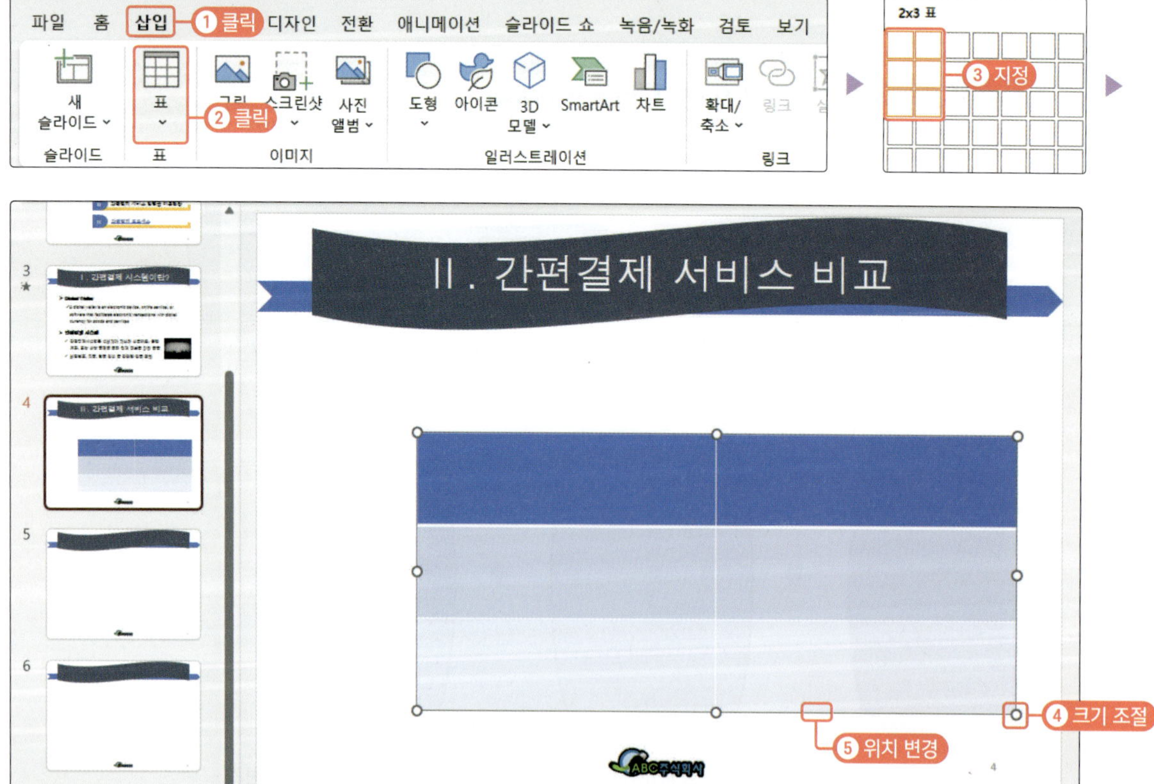

Level UP **표의 크기와 위치 변경하기**

· **크기 조절** : 표 주변에 표시된 조절점 ⟡ 을 드래그하여 표의 크기를 조절할 수 있어요.
· **위치 변경** : 표 테두리 위에서 마우스 포인터가 ✥ 모양일 때 드래그하여 표의 위치를 변경할 수 있어요.

5 표가 선택된 상태에서 [테이블 디자인] 탭의 [표 스타일] 목록 단추를 눌러 **[테마 스타일 1 – 강조 6]**을 선택합니다.

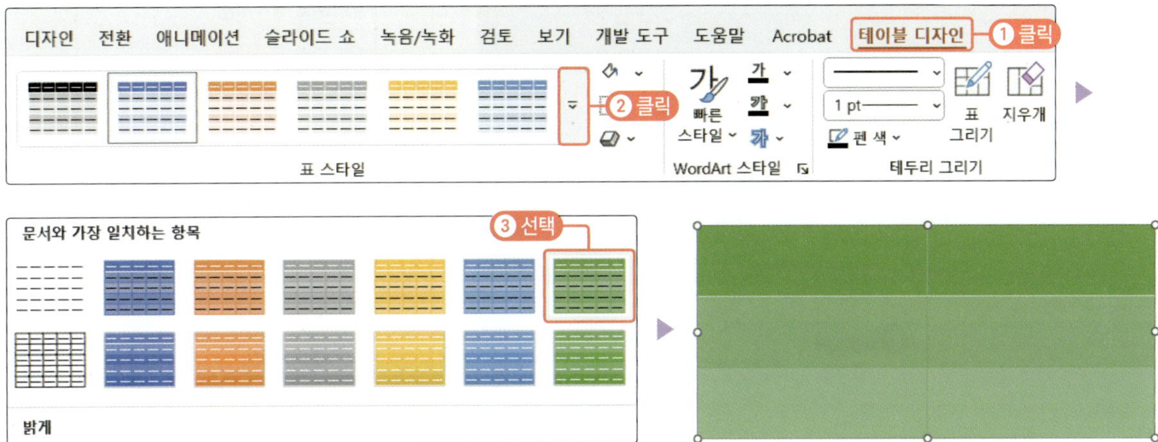

6 [테이블 디자인] 탭에서 **머리글 행**과 **줄무늬 행**의 체크 표시를 해제하여 행의 구분을 없앱니다.

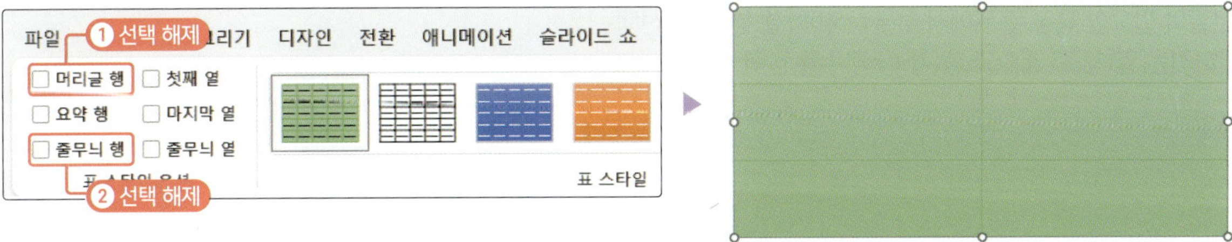

ITQ 꿀팁

· 표 스타일은 [테마 스타일 1 – 강조 5(▥)]와 [테마 스타일 1 – 강조 6(▥)]이 주로 출제되고 있어요.
· 표 스타일 적용 후 '머리글 행'과 '줄무늬 행' 옵션을 해제하여 출력형태와 동일하게 만들어주세요.

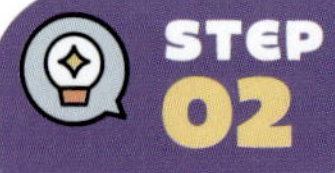

STEP 02 셀에 데이터 입력 후 글꼴 서식 변경하기

(1) 도형과 표 작성 기능을 이용하여 슬라이드를 작성한다(글꼴 : 굴림, 18pt).

1 내용 입력 전 아래와 같이 셀을 드래그한 다음 우클릭하여 **[셀 병합]**을 클릭합니다.

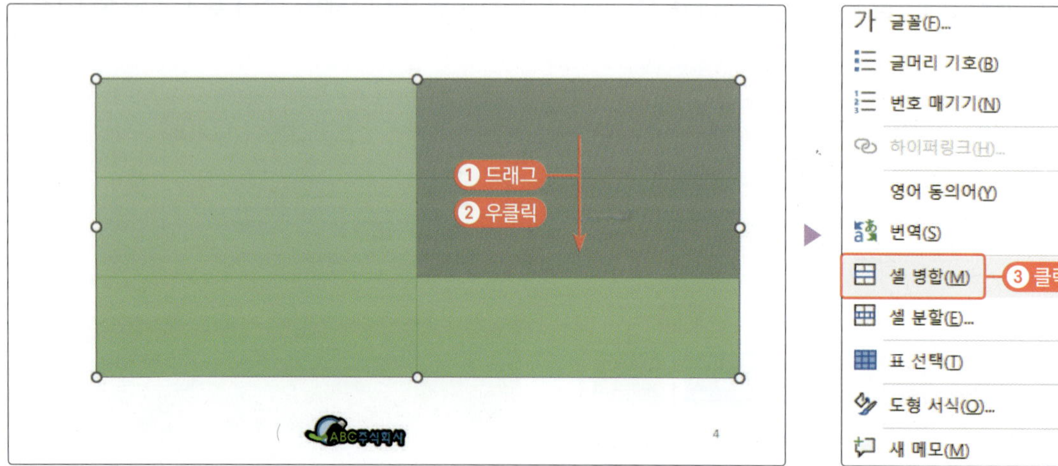

Level UP 표 안의 셀을 분할하기

표를 작업할 때 '셀 분할' 기능이 필요한 경우가 있으므로 사용 방법을 잘 익혀두는 것이 좋아요.

❶ 셀 분할이 필요한 특정 셀 위에서 우클릭하여 [셀 분할]을 선택
❷ 분할하려는 열(세로) 개수와 행(가로) 개수를 입력

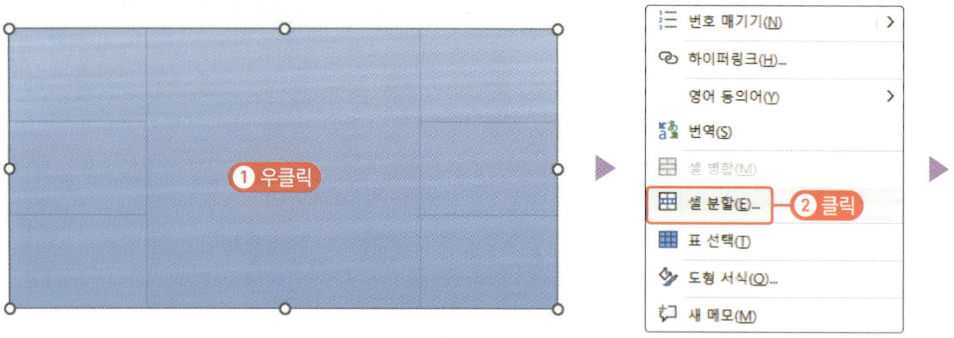

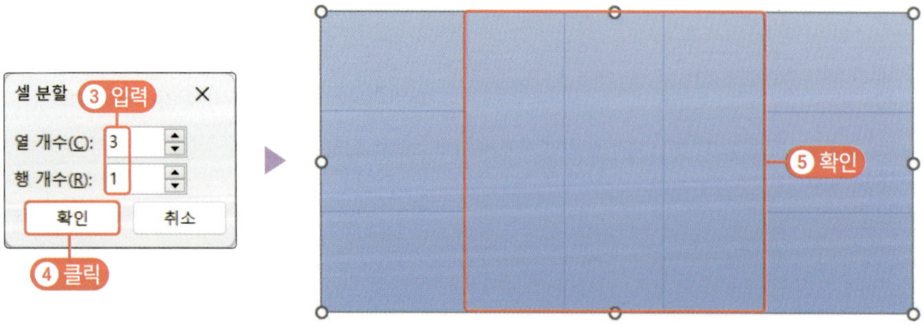

2 각 셀에 필요한 데이터를 입력합니다.

★ 셀이 선택된 상태에서 Tab 또는 방향키(↑ ↓ ← →)를 눌러 다른 셀로 이동할 수 있어요.

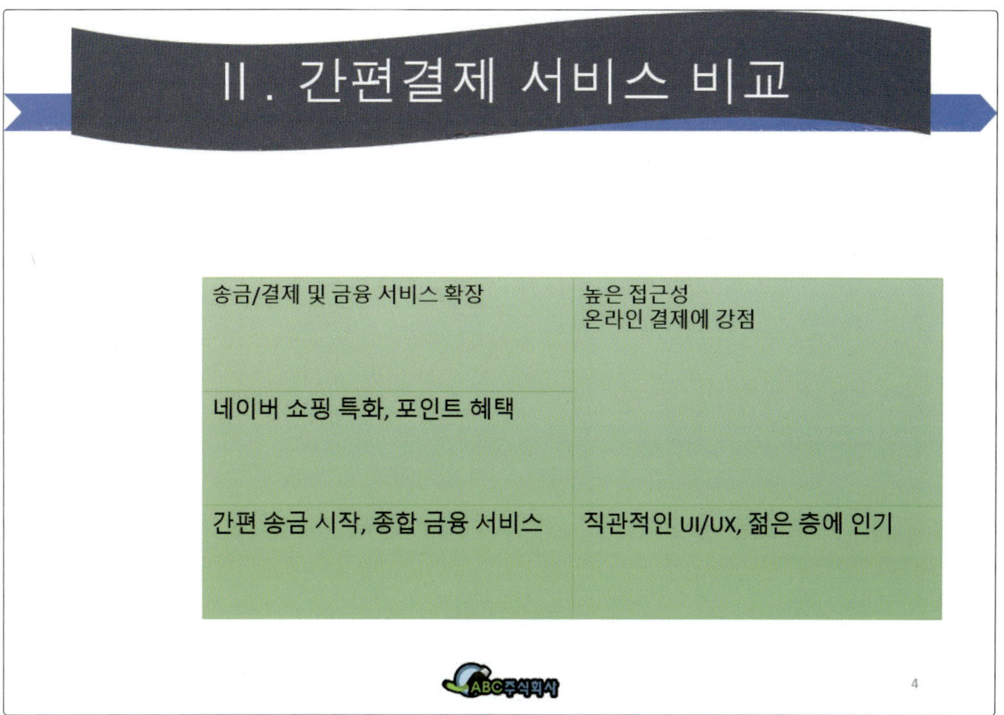

3 표의 테두리를 선택한 다음 [홈] 탭에서 **글꼴 서식(굴림, 18pt)**을 지정합니다.

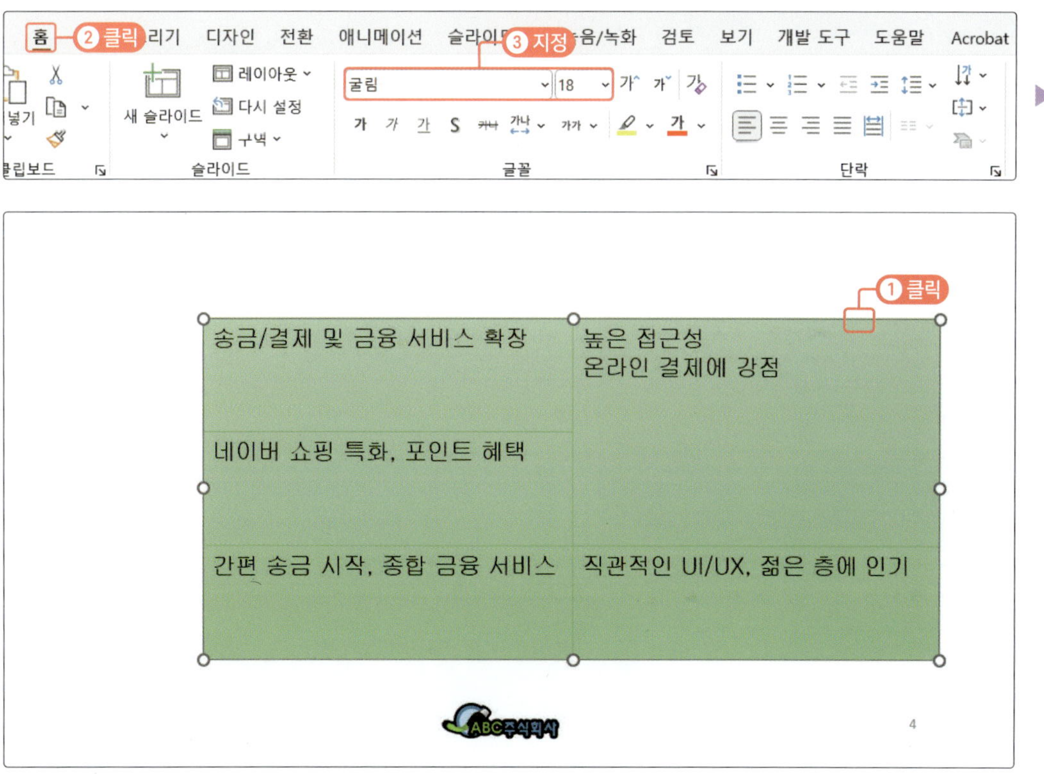

4 표가 선택된 상태에서 [홈] 탭의 **가운데 맞춤**과 텍스트 맞춤을 **중간**으로 지정하고, 줄 간격을 **1.5**로 변경합니다.

★ 가운데 맞춤은 '가로' 가운데로 정렬하고, 텍스트 맞춤–중간은 '세로' 가운데로 정렬해요.

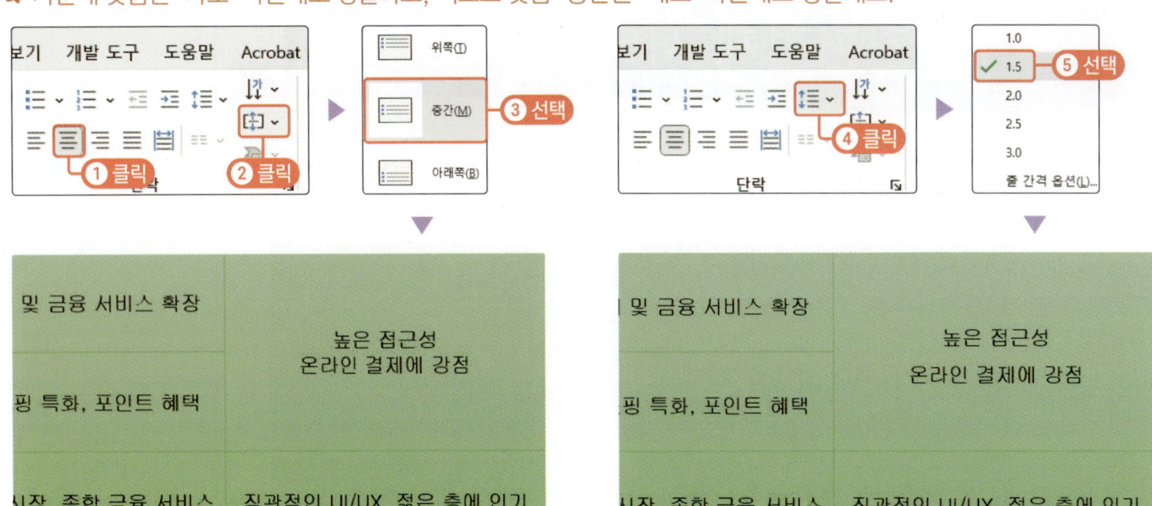

▲ 가로-세로 정렬 지정   ▲ 줄 간격 지정

Level UP   셀의 크기 변경하기

셀 구분선 위에 마우스 포인터를 위치시킨 후 ⊪ 모양으로 바뀌었을 때 드래그하여 각 셀의 너비 또는 높이를 변경할 수 있습니다.

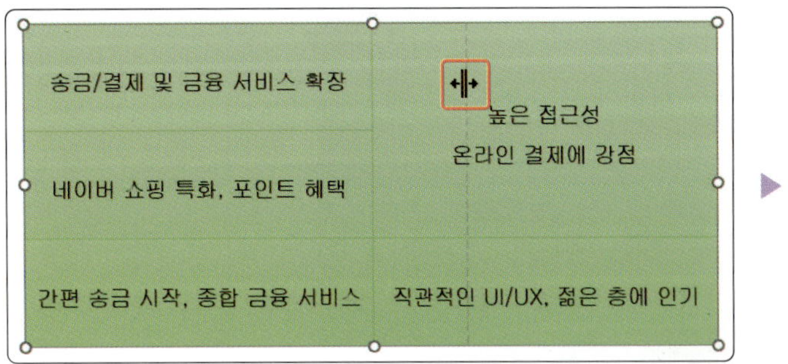

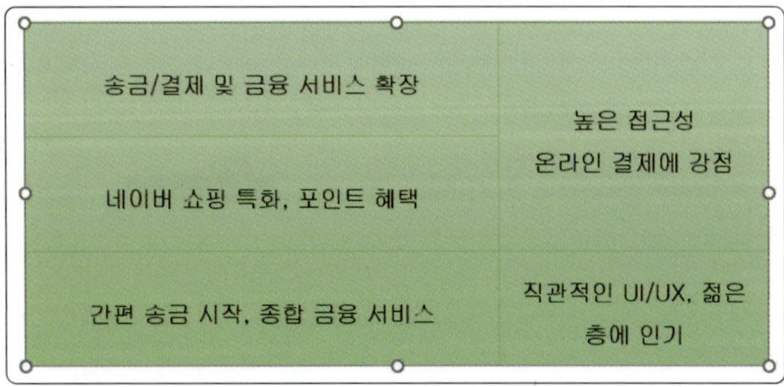

표 상단의 뒤쪽 도형 작성하기

(1) 도형과 표 작성 기능을 이용하여 슬라이드를 작성한다(글꼴 : 굴림, 18pt).
　① 상단 도형 : 2개 도형의 조합으로 작성

1 [삽입] 탭-[도형]에서 [사각형]-**[사각형: 잘린 위쪽 모서리(⌒)]**를 선택한 후 도형을 삽입합니다.

★ 76페이지의 출력형태를 참고하여 표를 살짝 덮도록 도형의 크기와 위치를 맞춰주세요.

2 도형의 윤곽선 색상을 변경하기 위해 [도형 서식] 탭-[도형 윤곽선]-**[검정, 텍스트 1]**을 선택합니다.

★ 도형의 테두리 색은 별도의 지시사항이 없기 때문에 교재에서는 검정색으로 지정했어요.

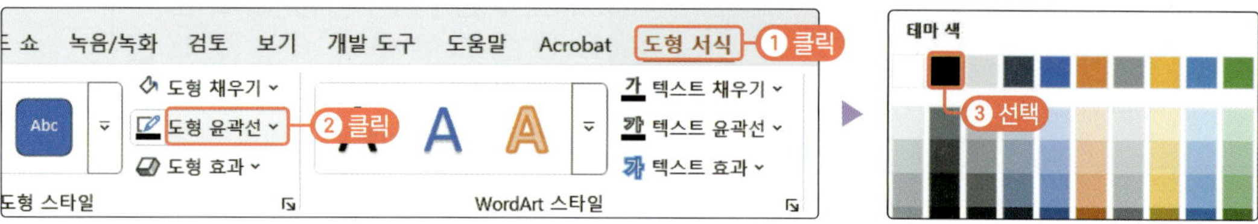

3 윤곽선이 지정된 도형을 우클릭한 후 **[기본 도형으로 설정]**을 선택합니다.

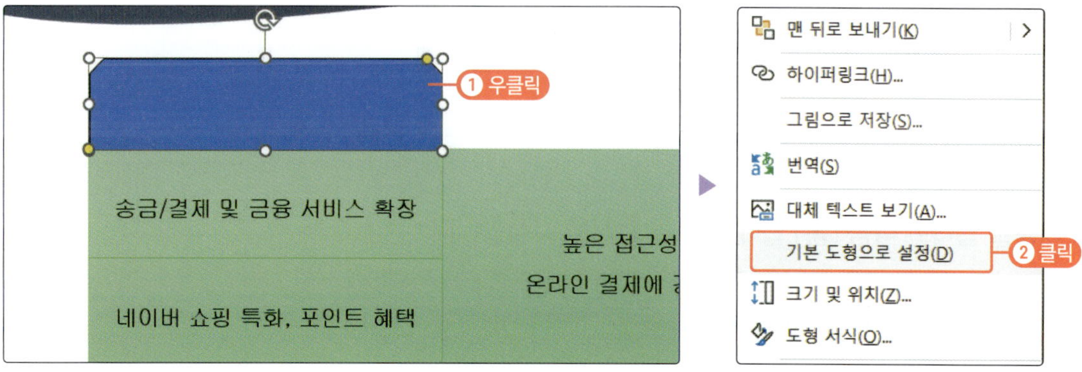

ITQ 꿀팁

[슬라이드 4]의 출력형태를 보면 삽입된 도형에 테두리가 적용되어 있어요. 윤곽선이 지정된 도형을 [기본 도형으로 설정]하면, 이후에 새로 삽입하는 도형에도 동일한 테두리가 자동으로 적용되어 작업 시간을 줄일 수 있어요.

표 상단의 앞쪽 도형 작성하기

(1) 도형과 표 작성 기능을 이용하여 슬라이드를 작성한다(글꼴 : 굴림, 18pt).
　① 상단 도형 : 2개 도형의 조합으로 작성

---

1 [삽입] 탭-[도형]에서 [순서도]-**[순서도: 수동 입력(▱)]**을 선택하여 뒤쪽 도형에 겹치게 삽입합니다.

★ 뒤쪽 도형과 겹치도록 앞쪽 도형의 위치와 크기를 변경해요.

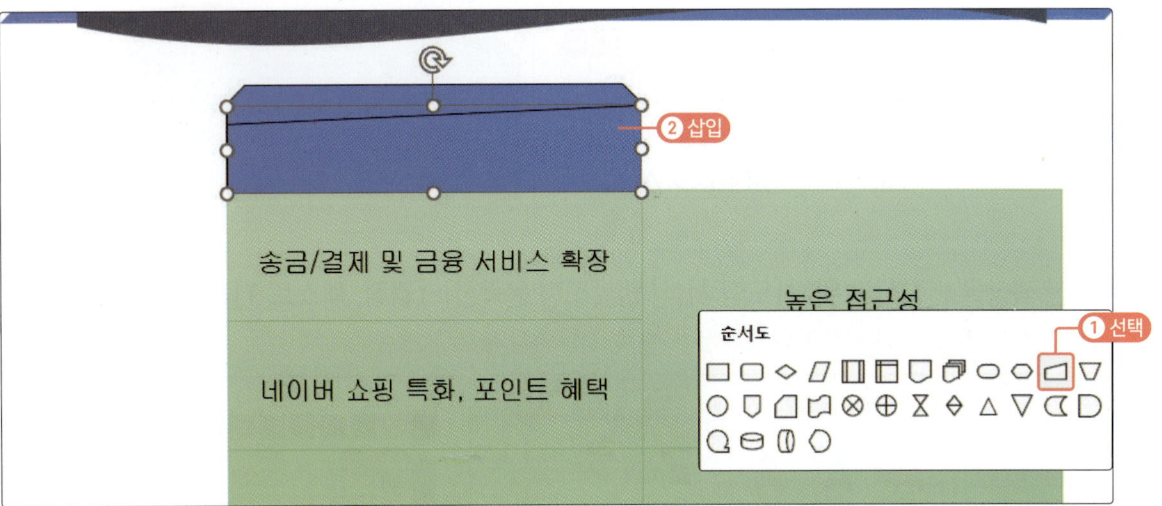

2 [도형 서식] 탭-**[도형 채우기]**를 클릭하여 뒤쪽 도형보다 **연한 색**을 선택합니다.

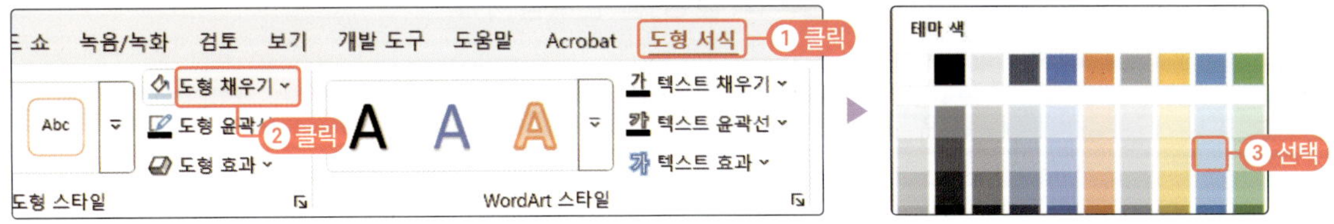

3 앞쪽 도형에 내용을 입력한 다음 [홈] 탭에서 글꼴 서식을 지정합니다.

★ 도형에 입력된 텍스트의 글꼴 색은 문제지를 참고하여 '검정' 또는 '흰색'으로 지정해요.

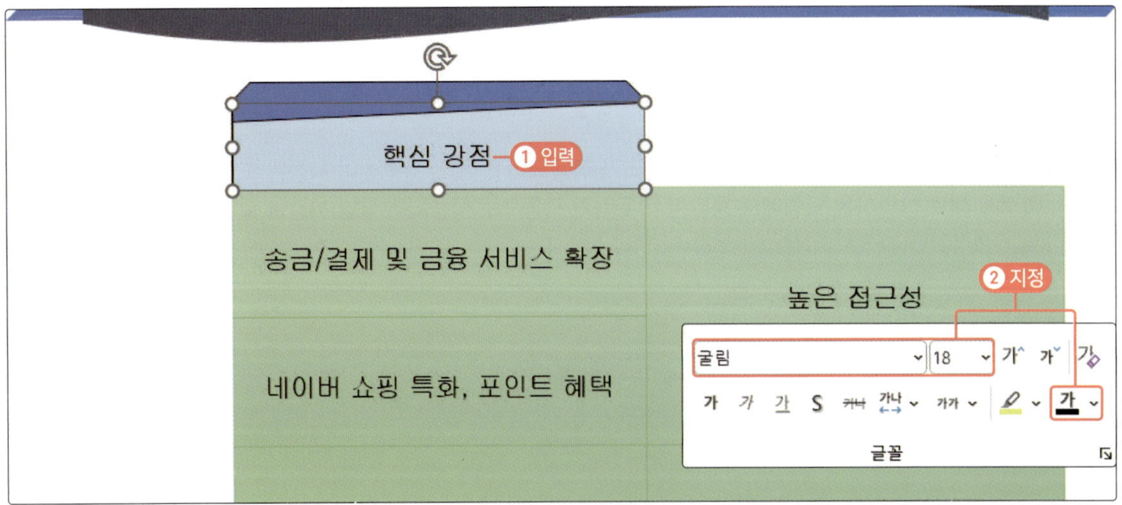

4 [Shift]를 이용하여 겹쳐진 두 개의 도형을 선택한 후 [Ctrl]+[Shift]를 누른 채 오른쪽으로 드래그하여 복사합니다.

5 도형 안의 내용을 수정하여 상단 도형 작업을 완료합니다.

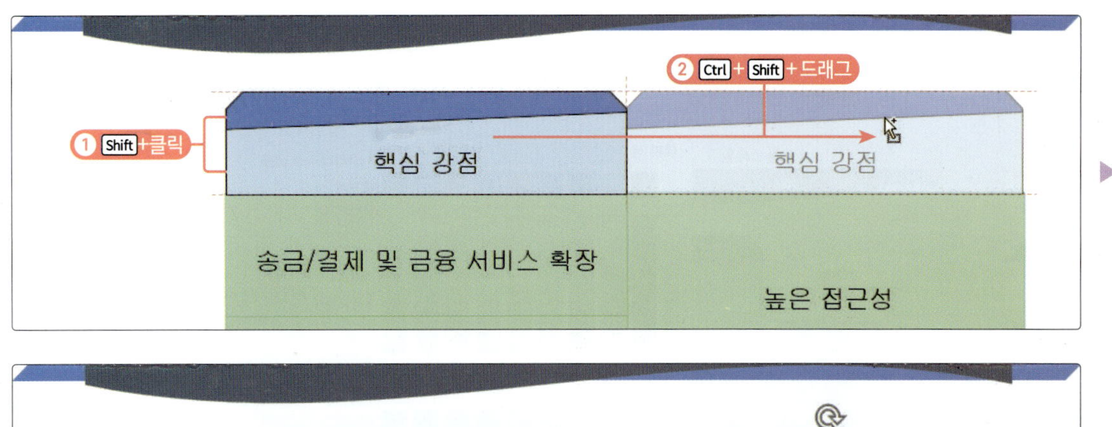

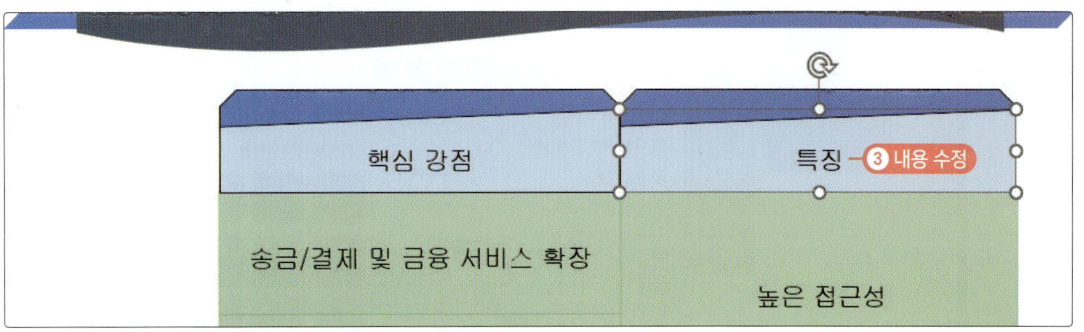

표 좌측의 그라데이션 도형 작성하기

(1) 도형과 표 작성 기능을 이용하여 슬라이드를 작성한다(글꼴 : 굴림, 18pt).
　② 좌측 도형 : 그라데이션 효과(선형 아래쪽)

1 [삽입] 탭-[도형]에서 [순서도]-**[순서도: 수행의 시작/종료(◯)]**를 선택하여 슬라이드에 삽입합니다.

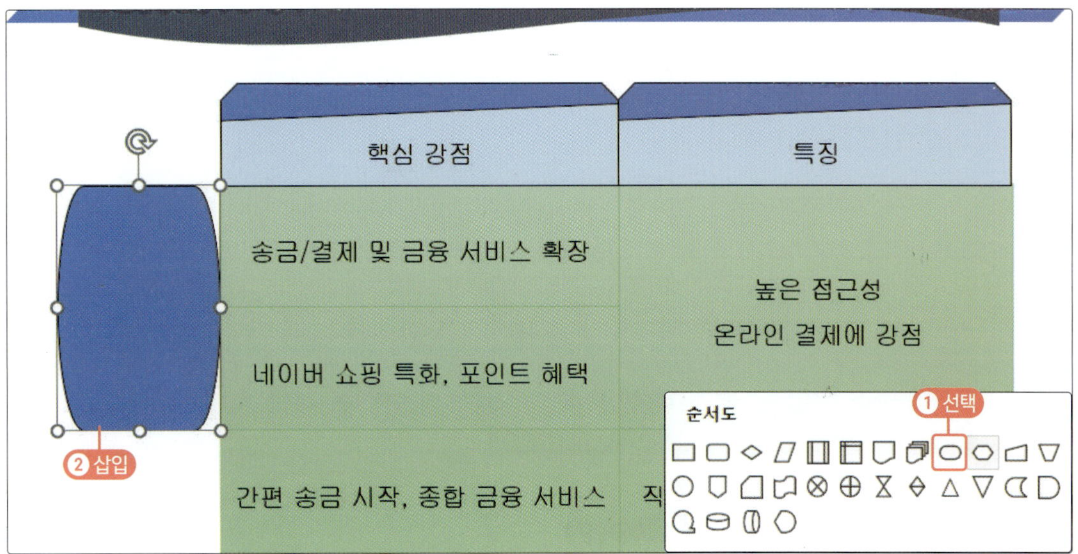

2 [도형 서식] 탭에서 [도형 채우기]를 클릭한 후 [그라데이션]-[밝은 그라데이션]-**[선형 아래쪽]**을 선택합니다.

★ 왼쪽 도형이 선택된 상태에서 그라데이션을 지정하세요.

3 도형에 그라데이션이 적용되면 내용을 입력한 다음 [홈] 탭에서 글꼴 서식을 변경합니다.

★ 도형에 입력된 내용의 글꼴 색은 문제지를 참고하여 '검정' 또는 '흰색'으로 지정해요.

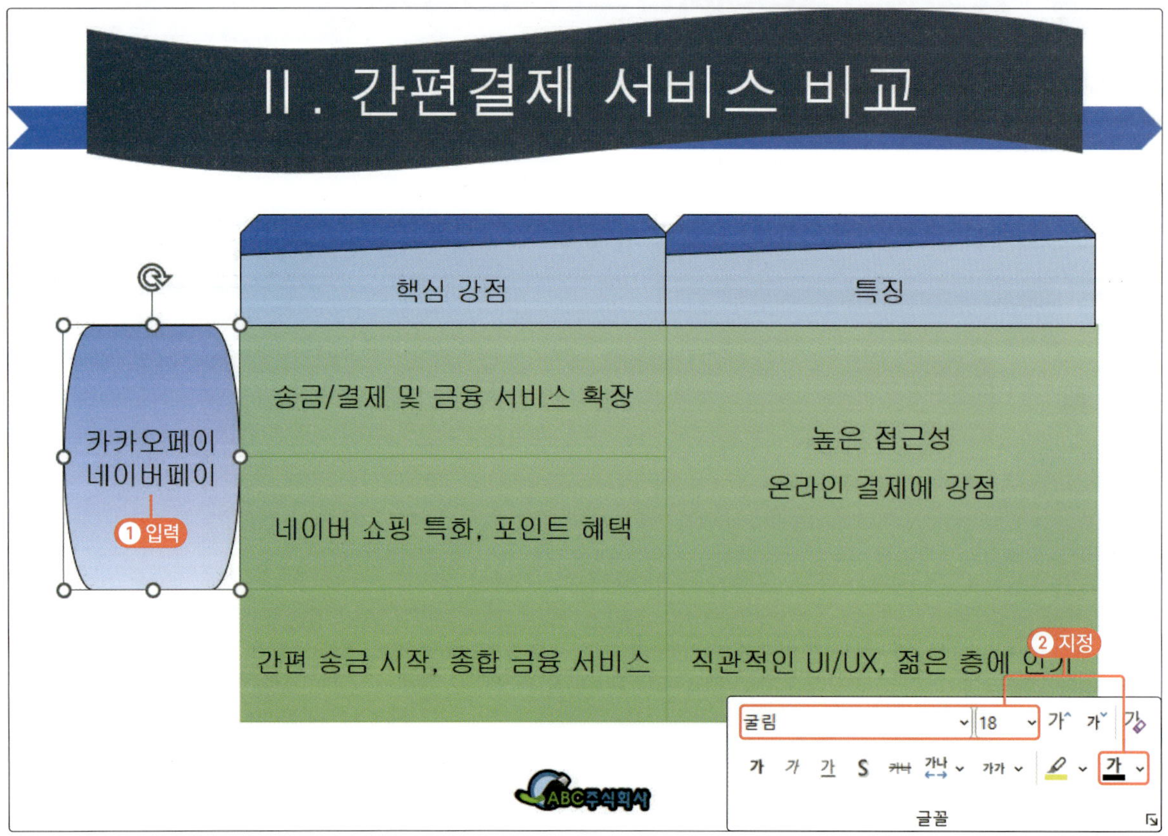

표의 좌측 도형 작성 시 [밝은 그라데이션]과 [어두운 그라데이션]의 구분은 출력형태를 참고하여 작업하세요.

4 [Ctrl]+[Shift]를 누른 채 도형을 아래쪽으로 드래그하여 복사한 다음 높이를 조절하고 내용을 수정합니다.

5 표의 테두리를 우클릭하여 **[맨 앞으로 가져오기]**를 선택합니다.

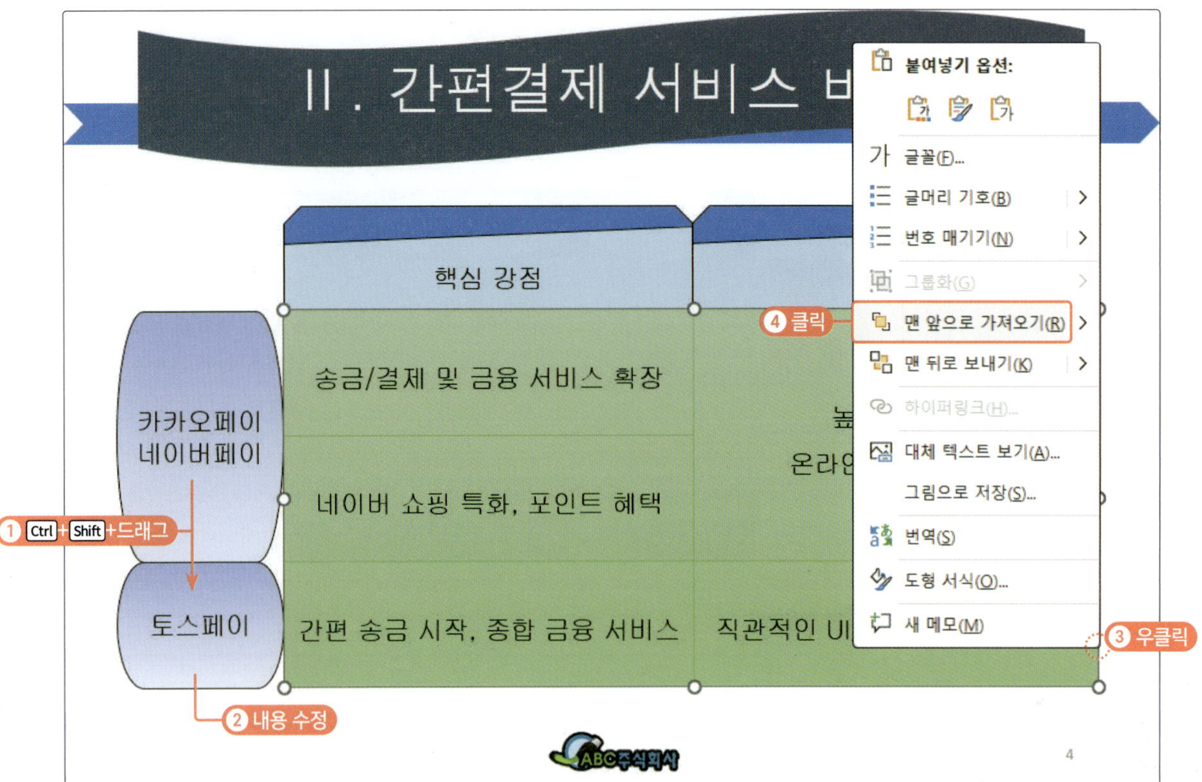

Level UP **도형 이동하기**

· 도형이 선택된 상태에서 방향키([↑][↓][←][→])를 눌러 미세하게 위치를 조정할 수 있어요.
· [Shift]를 누른 채 도형을 드래그하면 '수직' 또는 '수평'으로 반듯하게 이동할 수 있어요.

6 작업이 완료되면 **[저장(****)]**을 클릭하거나, [Ctrl]+[S]를 눌러 답안 파일을 저장합니다.

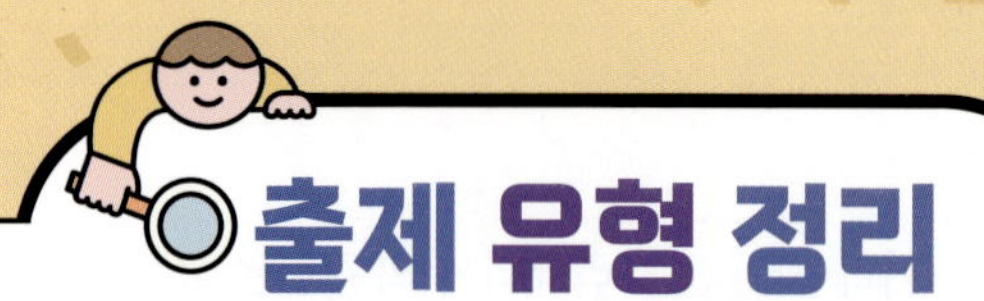

출제 유형 정리

1 《세부조건》에 맞추어 《표 슬라이드》를 작성해 보세요.

⊘ 실습파일 : 유형05-1(문제).pptx
⊘ 완성파일 : 유형05-1(완성).pptx

(1) 도형과 표 작성 기능을 이용하여 슬라이드를 작성한다(글꼴 : 굴림, 18pt).

《세부 조건》
① 상단 도형 :
   2개 도형의 조합으로 작성
② 좌측 도형 :
   그라데이션 효과(선형 아래쪽)
③ 표 스타일 :
   테마 스타일 1 – 강조 1

유형	핵심 키워드	구체적 내용
변혁적 리더십	혁신, 카리스마	구성원의 정서와 가치관 등을 통해 변화를 유도함
서번트 리더십	배려, 희생	타인을 위한 봉사와 헌신에 초점을 맞춤
감성 리더십	공감, 신뢰구축	조직을 우선하는 마음가짐, 규범적이고 상식적인
윤리적 리더십	신념, 솔선수범	행동과 책임감을 실천함

2 《세부조건》에 맞추어 《표 슬라이드》를 작성해 보세요.

⊘ 실습파일 : 유형05-2(문제).pptx
⊘ 완성파일 : 유형05-2(완성).pptx

(1) 도형과 표 작성 기능을 이용하여 슬라이드를 작성한다(글꼴 : 돋움, 18pt).

《세부 조건》
① 상단 도형 :
   2개 도형의 조합으로 작성
② 좌측 도형 :
   그라데이션 효과(선형 아래쪽)
③ 표 스타일 :
   테마 스타일 1 – 강조 5

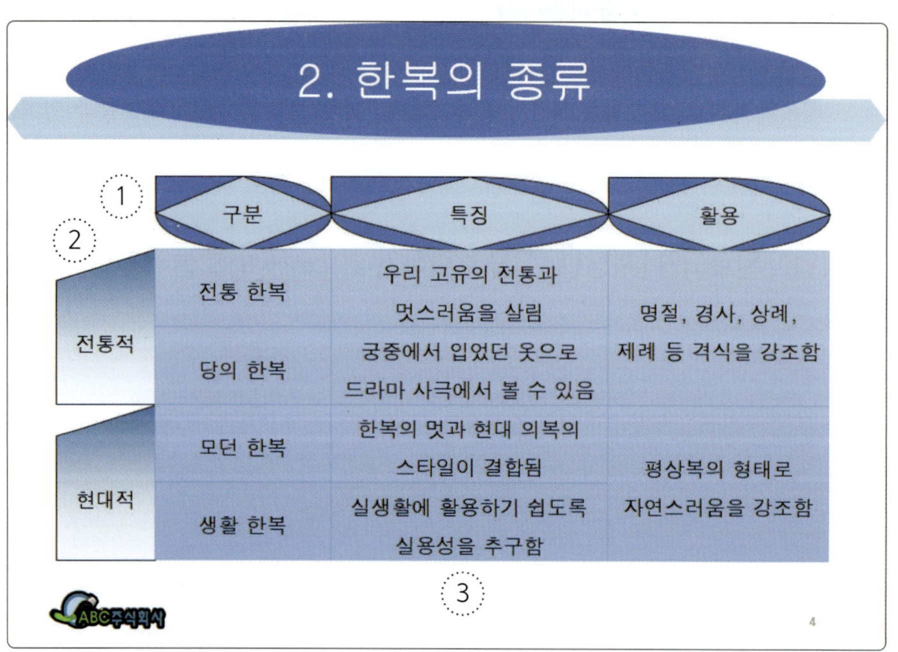

구분	특징	활용
전통 한복	우리 고유의 전통과 멋스러움을 살림	명절, 경사, 상례, 제례 등 격식을 강조함
당의 한복	궁중에서 입었던 옷으로 드라마 사극에서 볼 수 있음	
모던 한복	한복의 멋과 현대 의복의 스타일이 결합됨	평상복의 형태로 자연스러움을 강조함
생활 한복	실생활에 활용하기 쉽도록 실용성을 추구함	

(1) 도형과 표 작성 기능을 이용하여 슬라이드를 작성한다(글꼴 : 굴림, 18pt).

《세부 조건》
① 상단 도형 :
　2개 도형의 조합으로 작성
② 좌측 도형 :
　그라데이션 효과(선형 아래쪽)
③ 표 스타일 :
　테마 스타일 1 – 강조 6

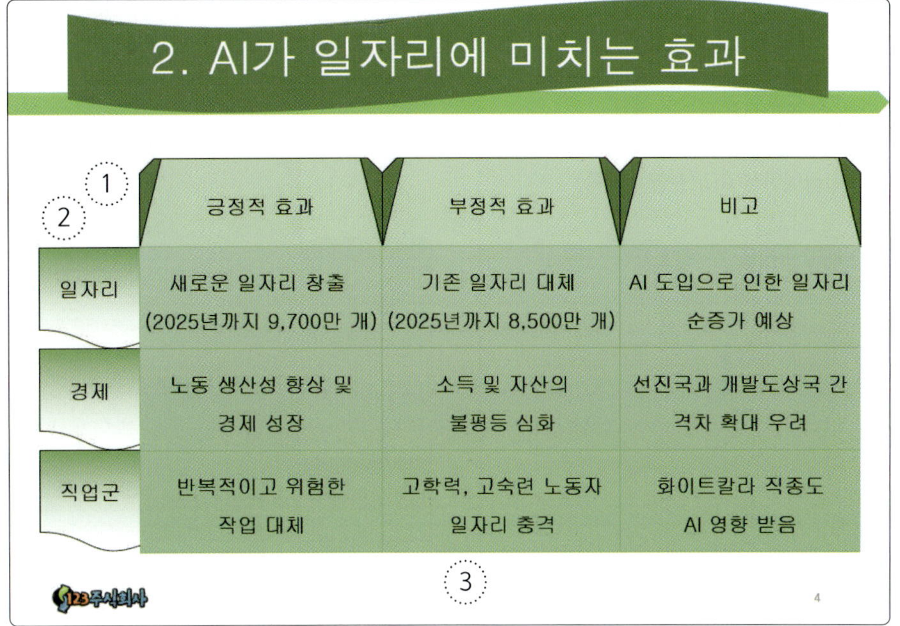

(1) 도형과 표 작성 기능을 이용하여 슬라이드를 작성한다(글꼴 : 돋움, 18pt).

《세부 조건》
① 상단 도형 :
　2개 도형의 조합으로 작성
② 좌측 도형 :
　그라데이션 효과(선형 아래쪽)
③ 표 스타일 :
　테마 스타일 1 – 강조 5

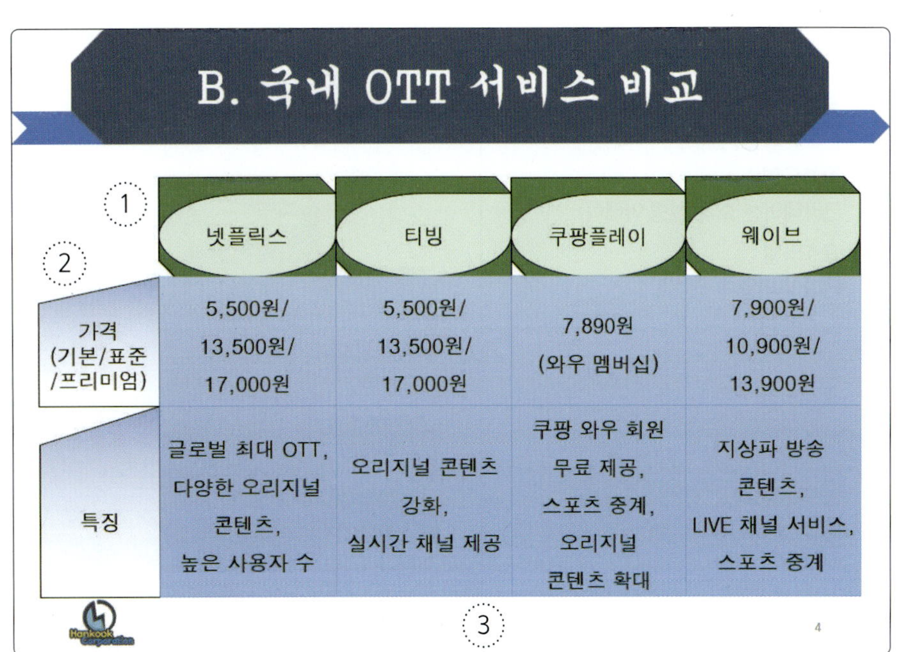

5 《세부조건》에 맞추어 《표 슬라이드》를 작성해 보세요.

⊘ 실습파일 : 유형05-5(문제).pptx
⊘ 완성파일 : 유형05-5(완성).pptx

(1) 도형과 표 작성 기능을 이용하여 슬라이드를 작성한다(글꼴 : 굴림, 18pt).

《세부 조건》
① 상단 도형 :
　2개 도형의 조합으로 작성
② 좌측 도형 :
　그라데이션 효과(선형 아래쪽)
③ 표 스타일 :
　테마 스타일 1 – 강조 6

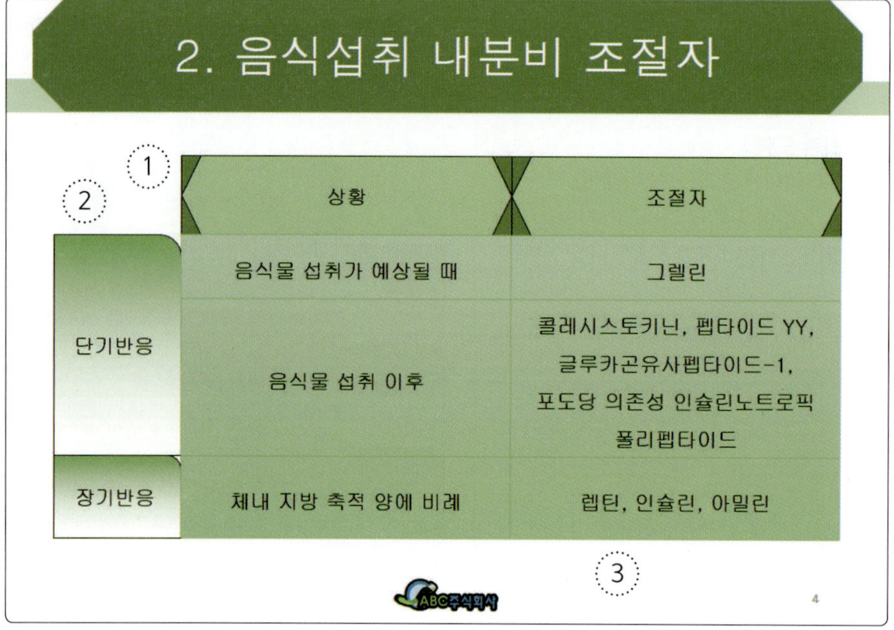

6 《세부조건》에 맞추어 《표 슬라이드》를 작성해 보세요.

⊘ 실습파일 : 유형05-6(문제).pptx
⊘ 완성파일 : 유형05-6(완성).pptx

(1) 도형과 표 작성 기능을 이용하여 슬라이드를 작성한다(글꼴 : 굴림, 18pt).

《세부 조건》
① 상단도형 :
　2개 도형의 조합으로 작성
② 좌측도형 :
　그라데이션 효과(선형 아래쪽)
③ 표스타일 :
　테마 스타일 1 – 강조 1

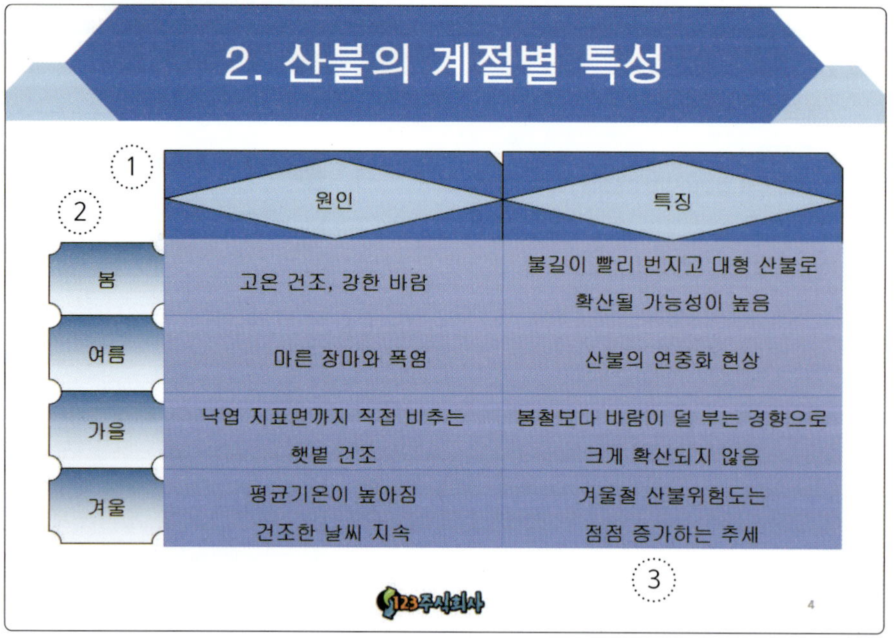

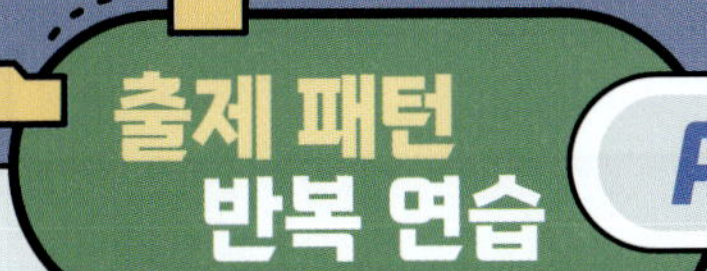

A 조건 맞추어 각 슬라이드에 표와 도형을 작성해 보세요.

✓ 실습파일 : 패턴05-1(문제).pptx ✓ 완성파일 : 패턴05-1(완성).pptx

패턴 01 [삽입]-[도형(⬚)] / [삽입]-[표(⬚)]

❶ 상단 도형(2개 도형 조합) ❷ 좌측 도형(그라데이션 효과 : 선형 아래쪽) ❸ 표 스타일(테마 스타일 1 – 강조 1) ❹ 글꼴(돋움, 18pt)

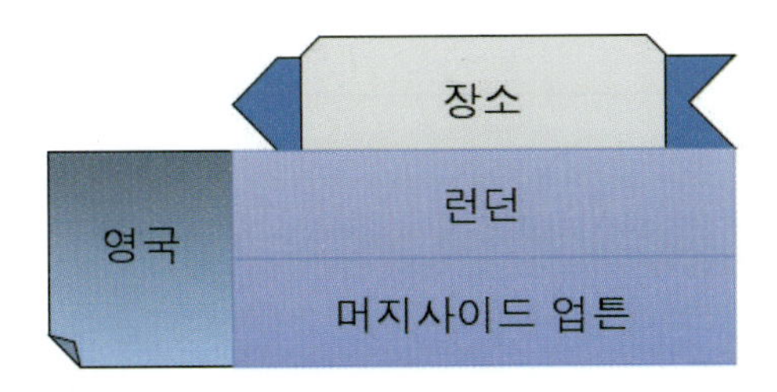

패턴 02 [삽입]-[도형(⬚)] / [삽입]-[표(⬚)]

❶ 상단 도형(2개 도형 조합) ❷ 좌측 도형(그라데이션 효과 : 선형 오른쪽) ❸ 표 스타일(테마 스타일 1 – 강조 4) ❹ 글꼴(돋움, 18pt)

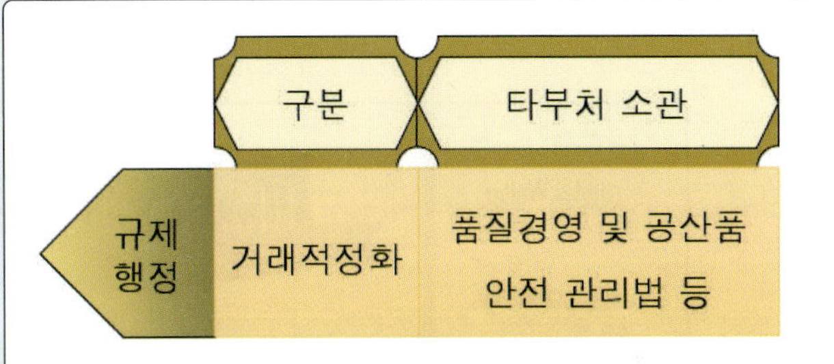

패턴 03 [삽입]-[도형(⬚)] / [삽입]-[표(⬚)]

❶ 상단 도형(2개 도형 조합) ❷ 좌측 도형(그라데이션 효과 : 선형 아래쪽) ❸ 표 스타일(테마 스타일 1 – 강조 1) ❹ 글꼴(돋움, 18pt)

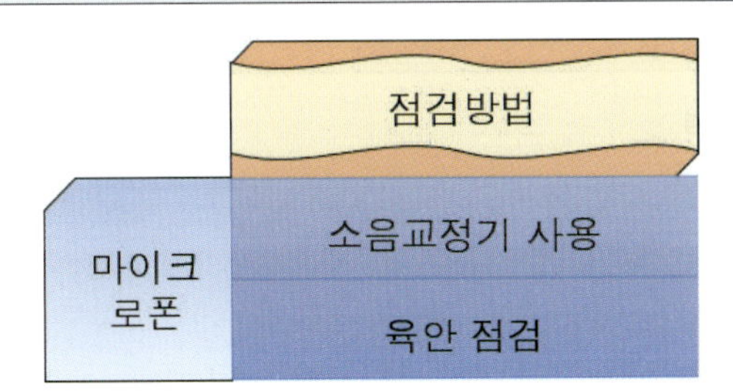

패턴 04 [삽입]-[도형(⬚)] / [삽입]-[표(⬚)]

❶ 상단 도형(2개 도형 조합) ❷ 좌측 도형(그라데이션 효과 : 선형 위쪽) ❸ 표 스타일(테마 스타일 1 – 강조 6) ❹ 글꼴(돋움, 18pt)

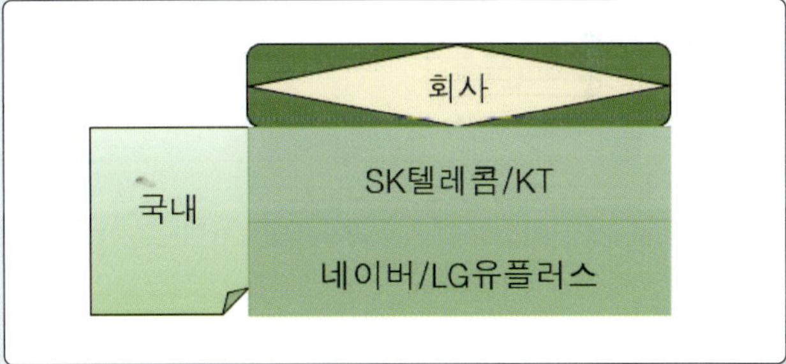

패턴 05 [삽입]-[도형(⬚)] / [삽입]-[표(⬚)]

❶ 상단 도형(2개 도형 조합) ❷ 좌측 도형(그라데이션 효과 : 선형 아래쪽) ❸ 표 스타일(테마 스타일 1 – 강조 4) ❹ 글꼴(돋움, 18pt)

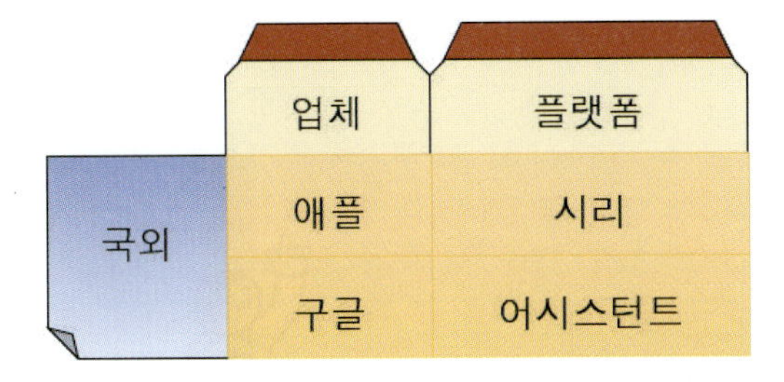

패턴 06 [삽입]-[도형(⬚)] / [삽입]-[표(⬚)]

❶ 상단 도형(2개 도형 조합) ❷ 좌측 도형(그라데이션 효과 : 선형 왼쪽) ❸ 표 스타일(테마 스타일 1 – 강조 1) ❹ 글꼴(돋움, 18pt)

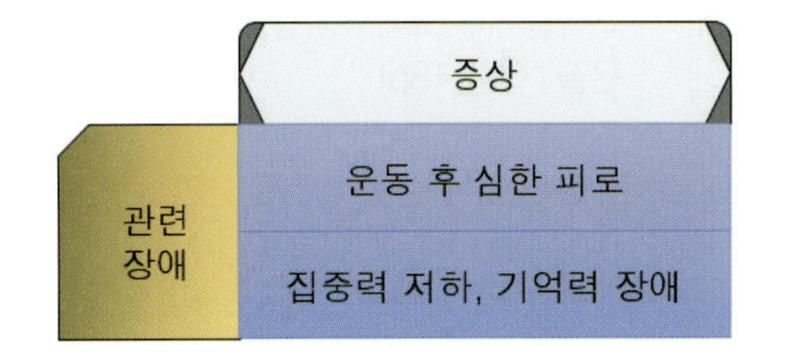

[슬라이드 5] 차트 슬라이드

○ 실습파일 : 06차시(문제).pptx   ○ 완성파일 : 06차시(완성).pptx

[배점] 100점 (500점 만점)

[슬라이드 5]《차트 슬라이드》

(1) 차트 작성 기능을 이용하여 슬라이드를 작성한다.
(2) 차트 : 종류(묶은 세로 막대형), 글꼴(돋움, 16pt), 외곽선

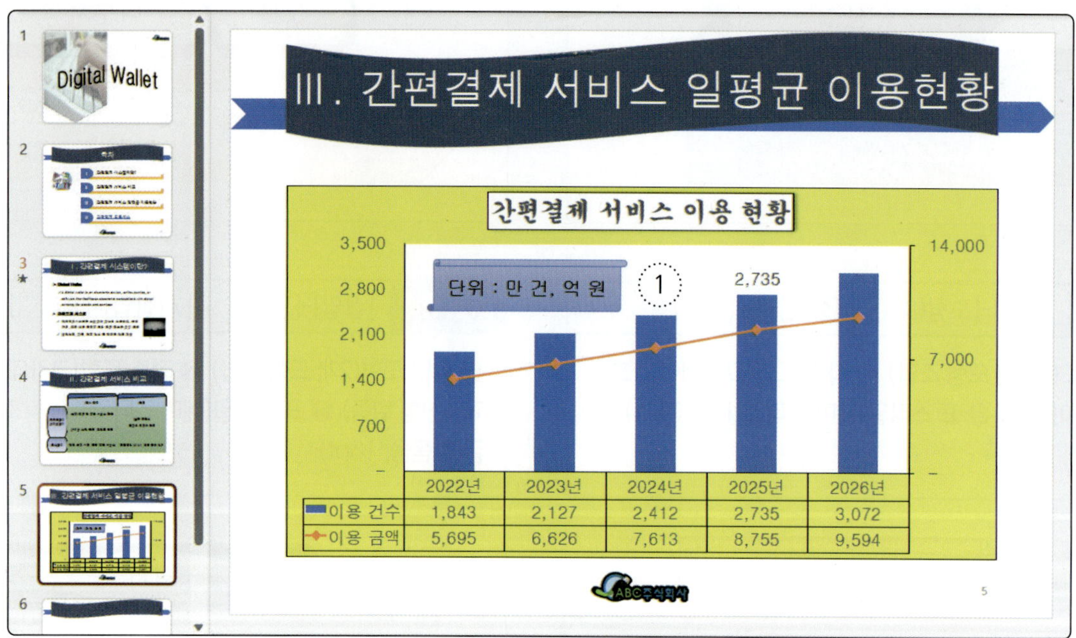

세부 조건

※ 차트설명
- 차트제목 : 궁서, 24pt, 굵게, 채우기(흰색), 테두리, 그림자(오프셋 오른쪽)
- 차트영역 : 채우기(노랑), 그림영역 : 채우기(흰색)
- 데이터 서식 : 이용 금액 계열을 표식(◆)이 있는 꺾은선형으로 변경 후 보조축으로 지정
- 값 표시 : 2025년의 이용 건수 계열만

① 도형 삽입
  - 스타일 : 미세효과 – 파랑, 강조1
  - 글꼴 : 굴림, 18pt

차트 삽입 및 데이터 입력 〉 차트 레이아웃 변경 〉 차트 세부 조건 작업 〉 도형 추가

Check 01 차트 작성 : 필요한 데이터를 입력하여 차트를 삽입하고 편집해요!

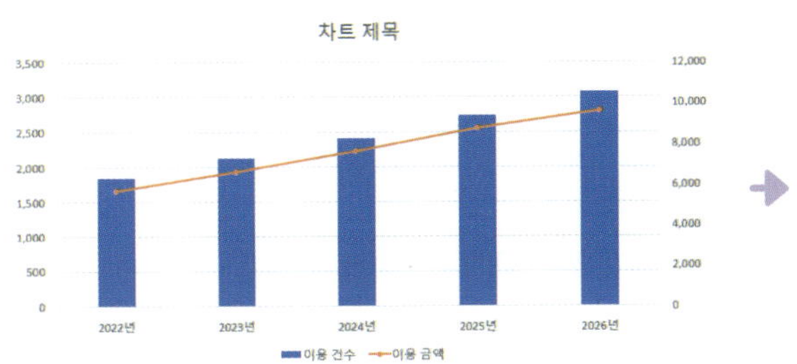

차트 삽입 후 데이터 입력

차트 기본 서식 지정

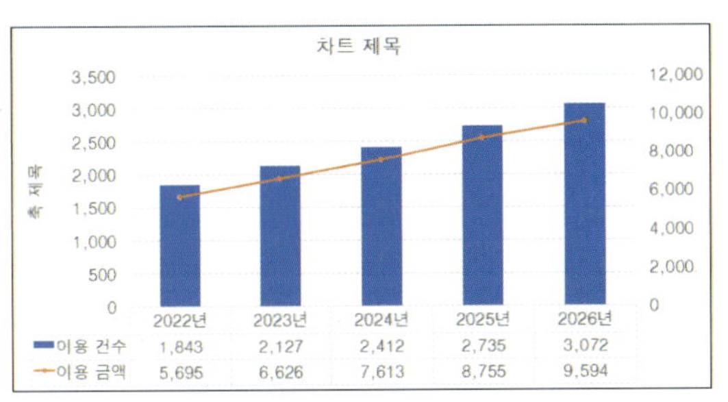

차트 레이아웃 변경

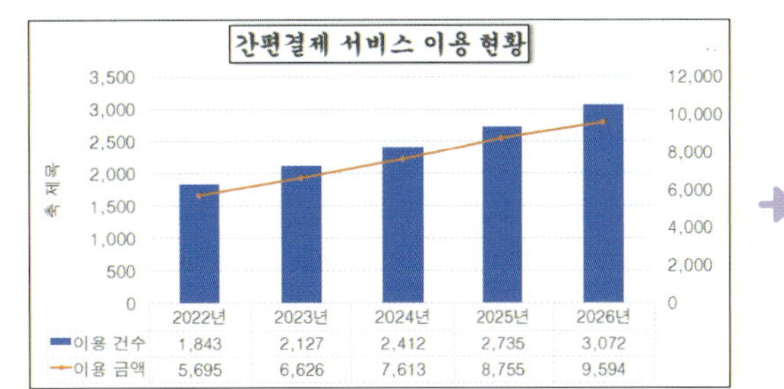

차트 제목 서식 지정

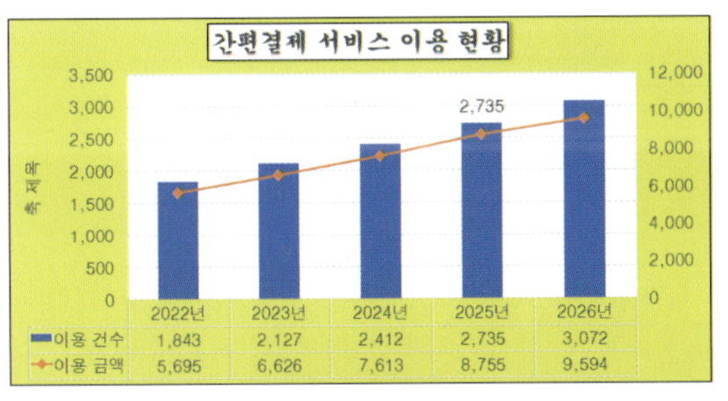

기타 서식 지정

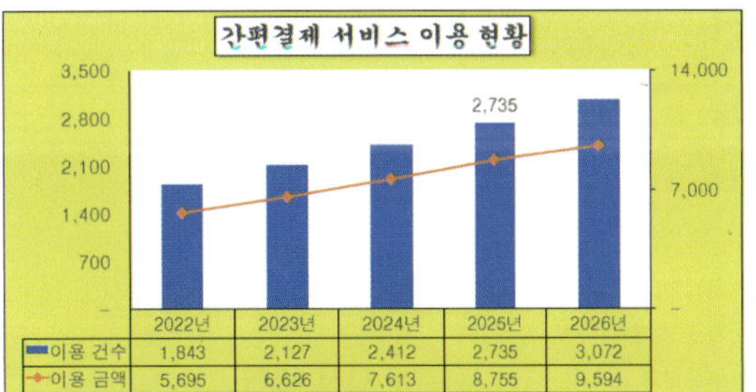

축 서식 지정

Check 02 도형 작성 : 차트 안에 도형을 추가해요!

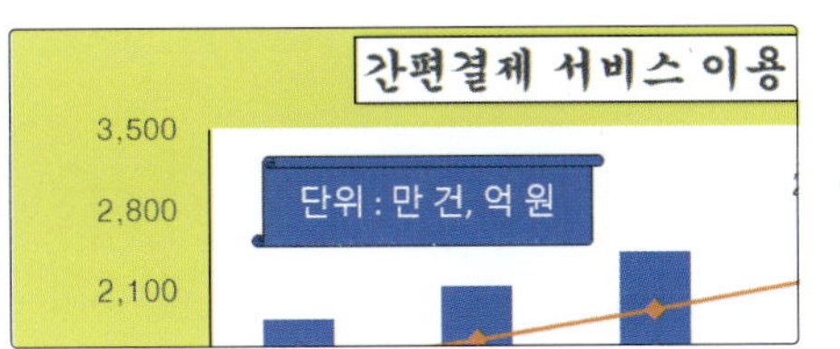

도형 삽입 후 내용 입력

도형 스타일 지정 & 글꼴 서식 변경

 **STEP 01**

차트 삽입 후 데이터 입력하기

(1) 차트 작성 기능을 이용하여 슬라이드를 작성한다.
(2) 차트 : 종류(묶은 세로 막대형), 글꼴(돋움, 16pt), 외곽선
   ■ 데이터 서식 : 이용 금액 계열을 표식(◆)이 있는 꺾은선형으로 변경 후 보조축으로 지정

1 파워포인트 2021 프로그램을 실행한 후 [06차시] 폴더에서 **06차시(문제).pptx** 파일을 불러옵니다.

2 [슬라이드 5]에 제목을 입력한 다음 **차트 삽입 아이콘**을 클릭합니다.

✿ [삽입] 탭에서 [차트]를 클릭해도 결과는 동일해요.

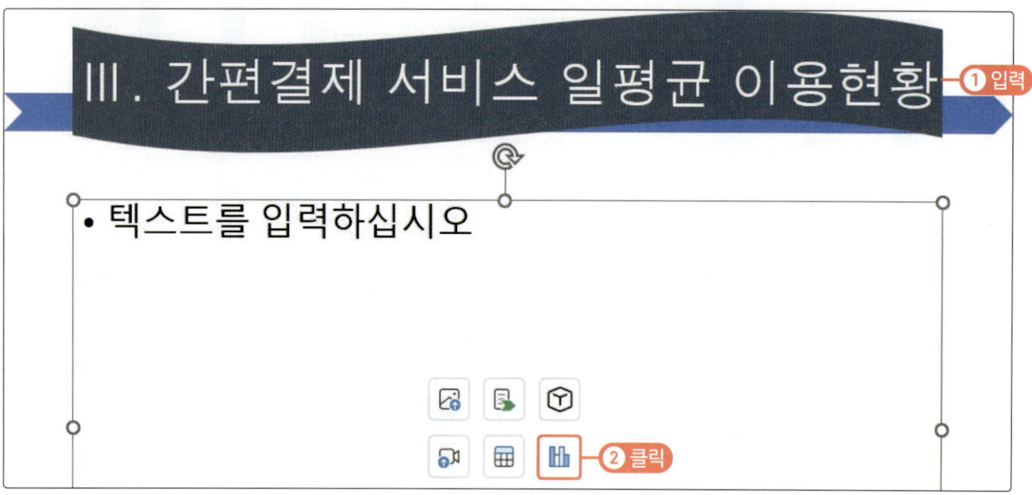

3 [혼합] 차트에서 **계열1**은 **묶은 세로 막대형**, **계열2**는 **표식이 있는 꺾은선형**으로 지정한 후 **보조 축**을 체크합니다.

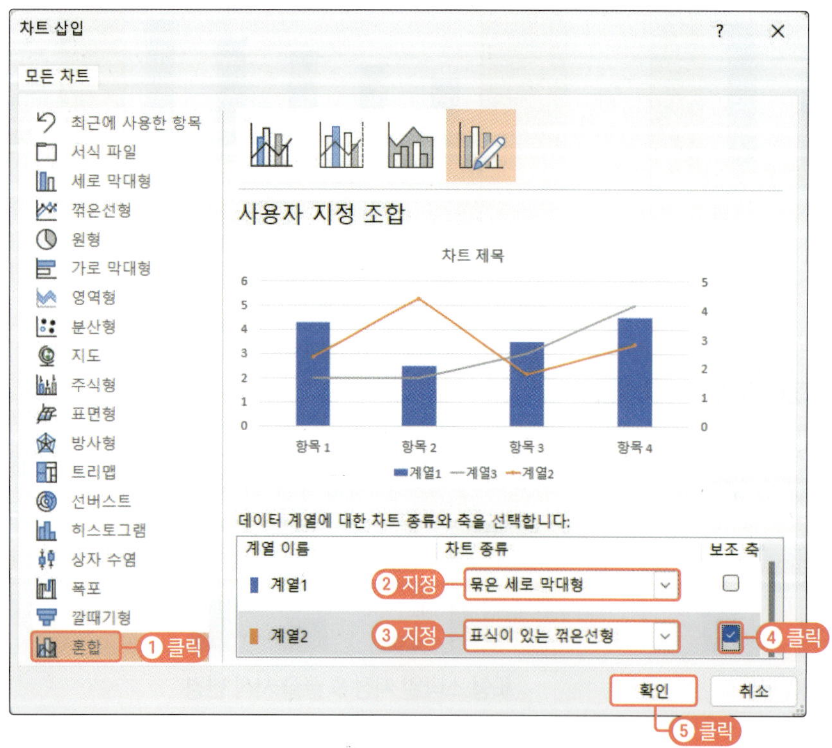

4 차트가 삽입되면서 엑셀 창이 나타나면 **채우기 핸들**( )을 아래쪽으로 드래그하여 **항목을 5개**로 만듭니다.

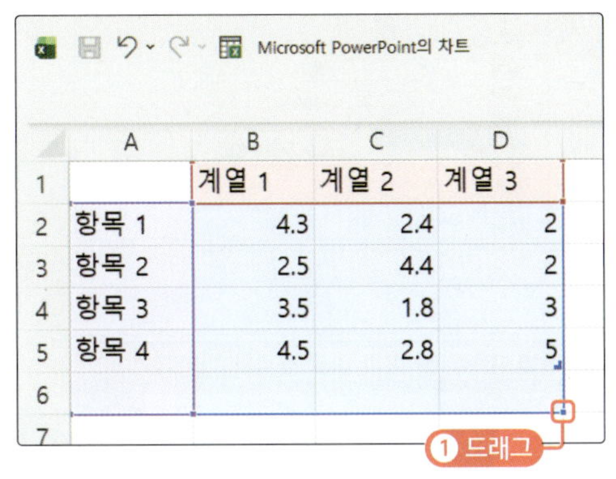
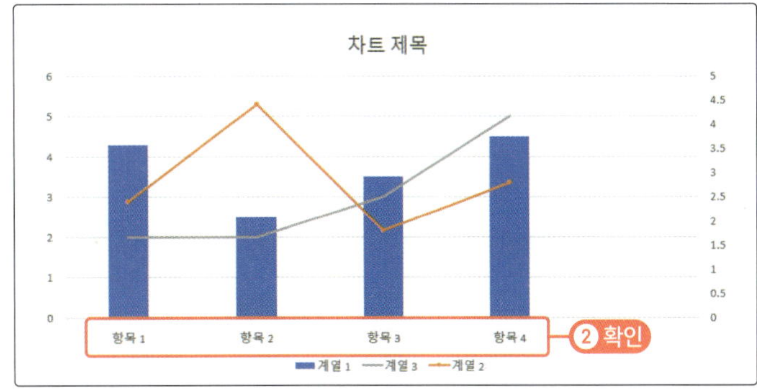

5 계열은 '이용 건수'와 '이용 금액' 뿐이므로 **채우기 핸들**( )을 왼쪽으로 드래그하여 **계열을 2개**로 만듭니다.

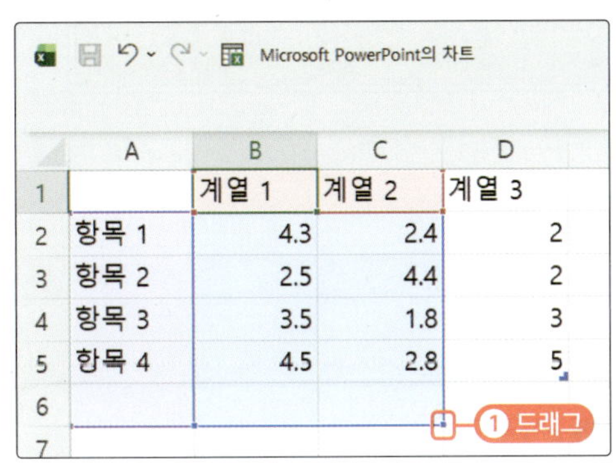
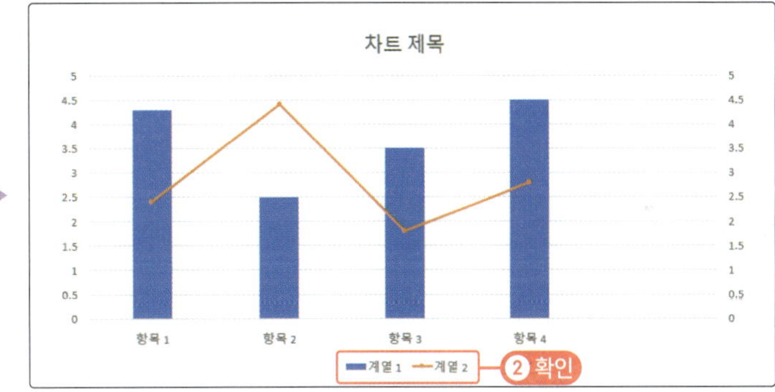

6 아래 그림과 92페이지의 문제지를 참고하여 차트에 필요한 데이터를 입력한 후 엑셀 창을 종료합니다.

★ 출력형태에서 차트 아래 데이터 표를 참고하여 엑셀에 데이터를 입력(천 단위 구분 기호 포함 : 1,843)하며, Tab 또는 방향키(↑ ↓ ← →)를 눌러 다른 셀로 이동할 수 있어요.

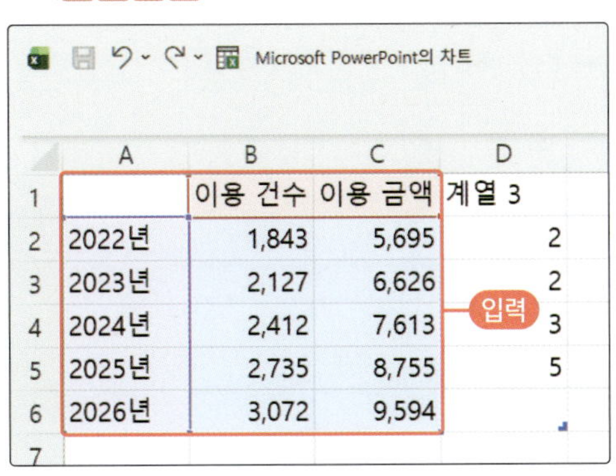
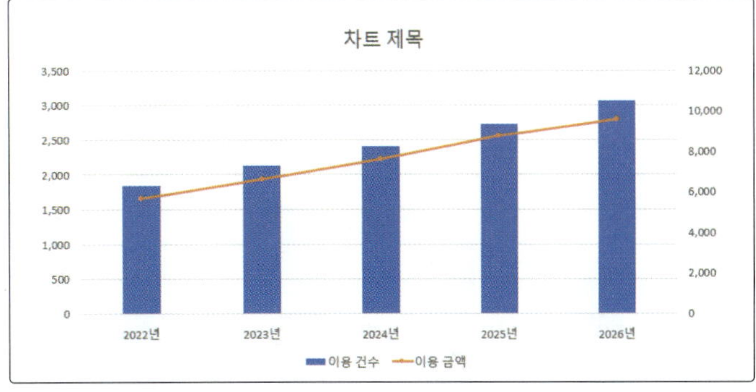

Level UP — **차트에 소수 자릿수 표시하기**

소수 자릿수를 변경하는 유형의 문제가 종종 출제되고 있으니 표시 방법을 숙지하도록 합니다.

❶ 단위(%)를 포함하여 데이터를 입력한 다음 백분율이 입력된 부분을 블록으로 지정하기
❷ 블록으로 지정된 셀 위에서 우클릭하여 [셀 서식] 클릭하기
❸ [표시 형식] 탭의 '백분율' 범주에서 '소수 자릿수' 변경하기

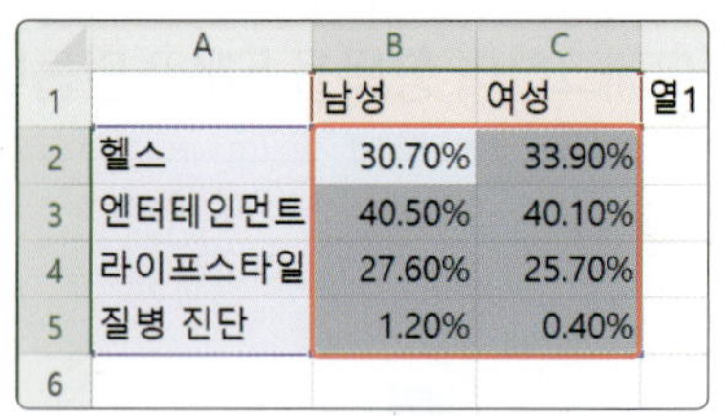
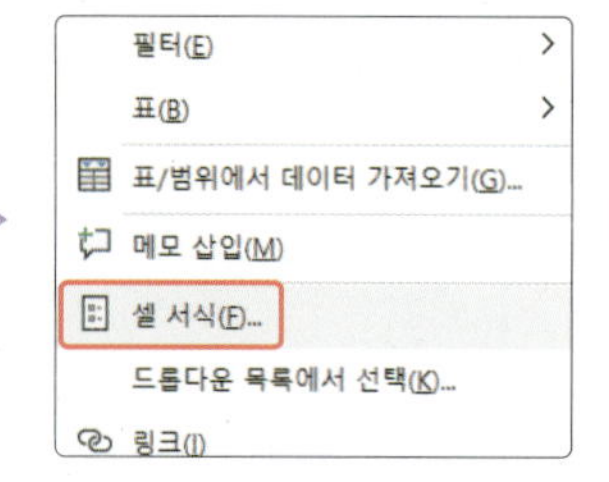
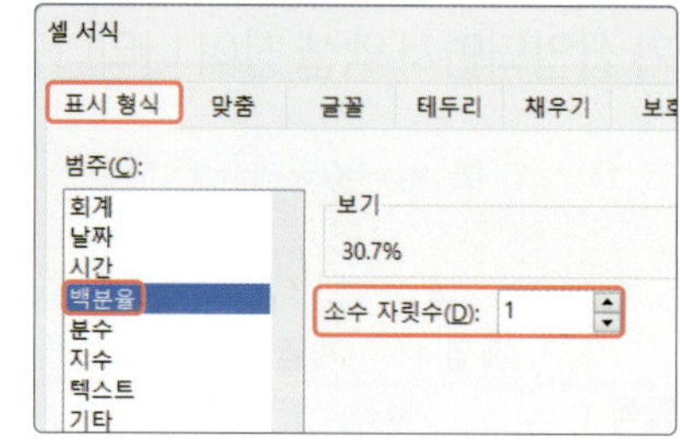

❹ 차트에 표시된 백분율의 소수 자릿수가 변경된 것을 확인하기

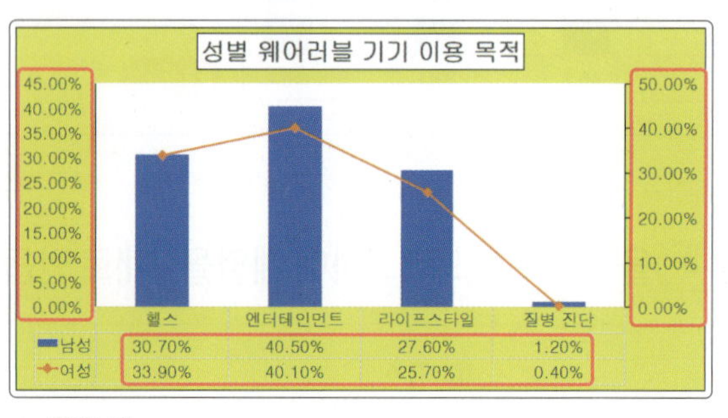

▲ 변경 전

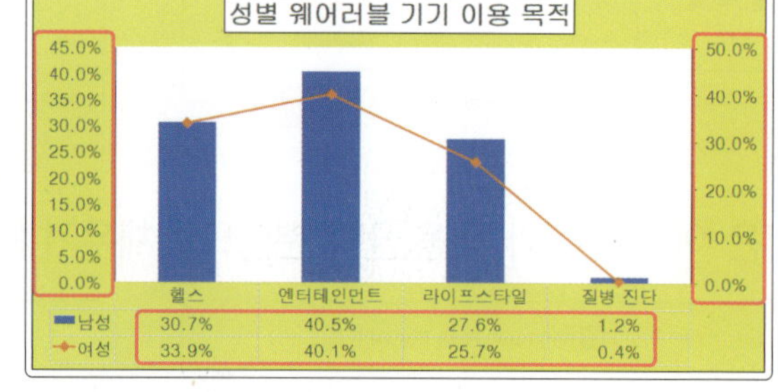

▲ 변경 후

STEP 02 차트 기본 서식과 레이아웃 지정하기

(2) 차트 : 종류(묶은 세로 막대형), 글꼴(돋움, 16pt), 외곽선

1 차트의 바깥쪽 테두리를 선택한 후 [홈] 탭에서 **글꼴 서식(돋움, 16pt)**을 지정합니다.

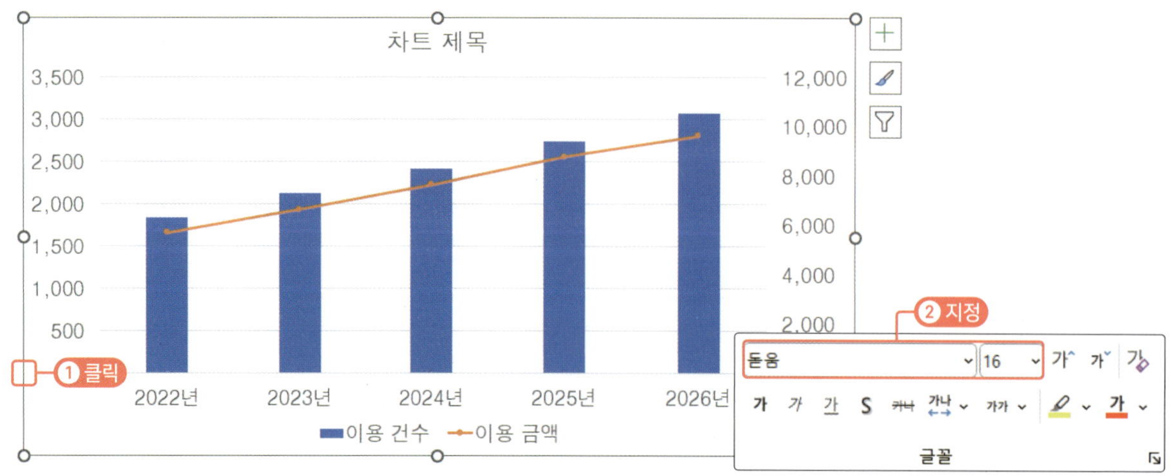

2 외곽선을 적용하기 위해 차트가 선택된 상태에서 [서식] 탭의 [도형 윤곽선]–**[검정, 텍스트 1]**을 선택합니다.

✿ 차트의 테두리 색상은 별도의 지시사항이 없기 때문에 교재에서는 검정색으로 지정했어요.

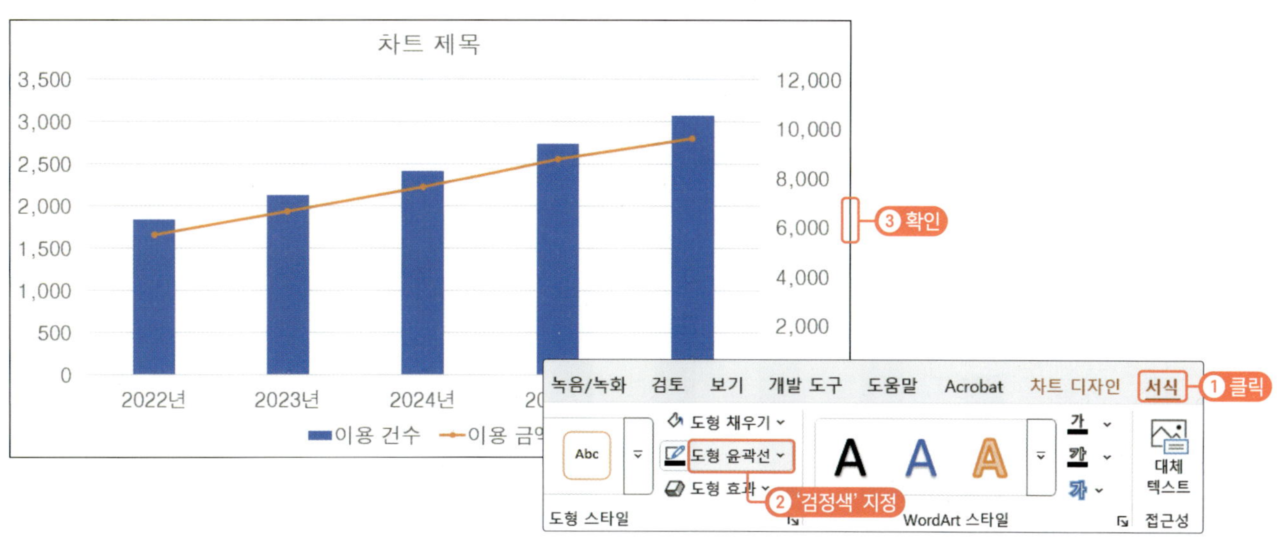

Level UP

차트 구성 요소 알아보기

· 차트를 수월하게 작성하기 위해서는 차트의 구성 요소를 잘 알아두는 것이 좋습니다.

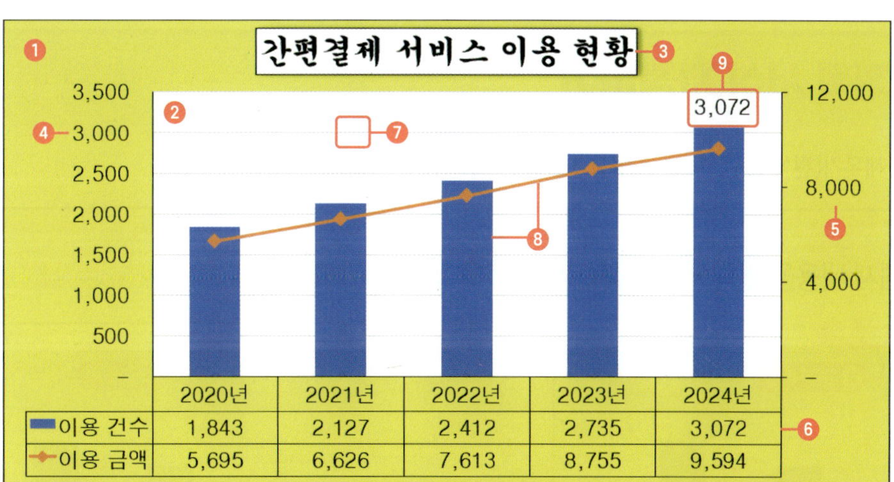

	2020년	2021년	2022년	2023년	2024년
이용 건수	1,843	2,127	2,412	2,735	3,072
이용 금액	5,695	6,626	7,613	8,755	9,594

❶ 차트 영역　　❷ 그림 영역　　❸ 차트 제목　　❹ 세로(값) 축　　❺ 보조 세로(값) 축
❻ 데이터 표　　❼ 눈금선　　❽ 데이터 계열　　❾ 데이터 레이블

· 차트가 선택된 상태에서 [서식] 탭-[현재 선택 영역] 그룹을 이용하면 차트 구성 요소를 빠르게 선택할 수 있습니다.

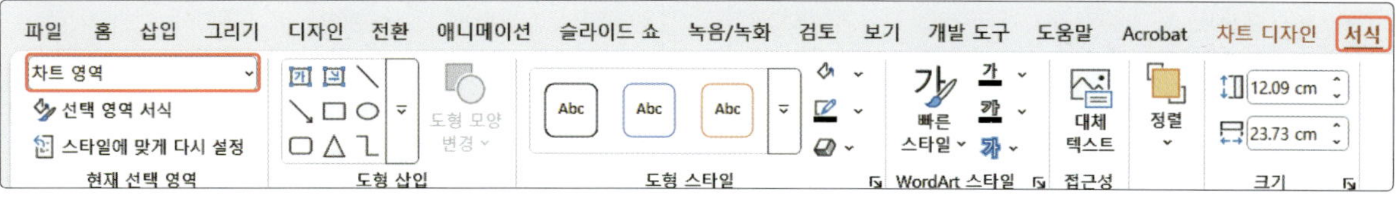

3 차트가 선택된 상태에서 [차트 디자인] 탭의 [빠른 레이아웃]–**[레이아웃 5]**를 선택합니다.

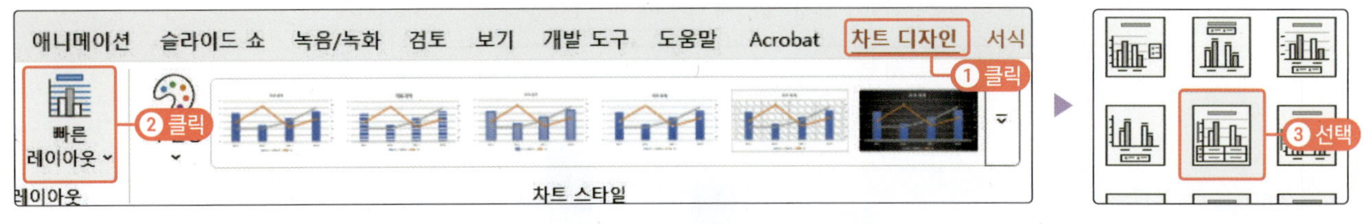

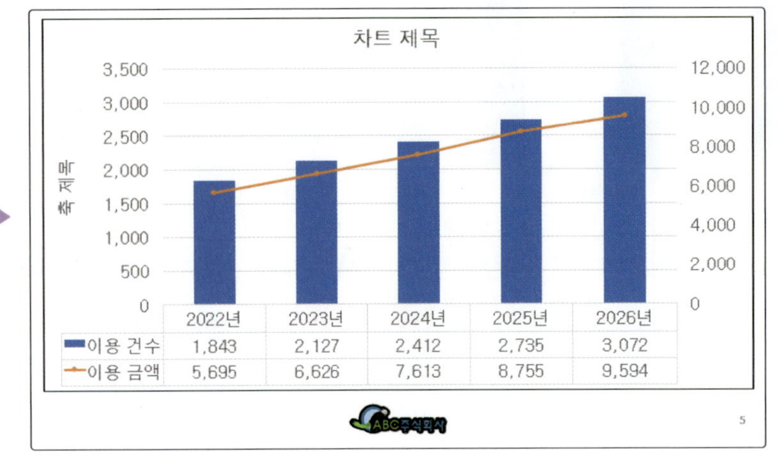

ITQ 꿀팁

차트 아래에 데이터 표를 함께 표시하기 위해 [레이아웃 5]를 선택하는 문제가 꾸준히 출제되고 있어요.

STEP 03 차트 제목 서식 지정하기

- 차트제목 : 궁서, 24pt, 굵게, 채우기(흰색), 테두리, 그림자(오프셋 오른쪽)

1 차트 제목이 선택된 상태에서 내용을 블록으로 지정한 후 제목을 입력합니다.

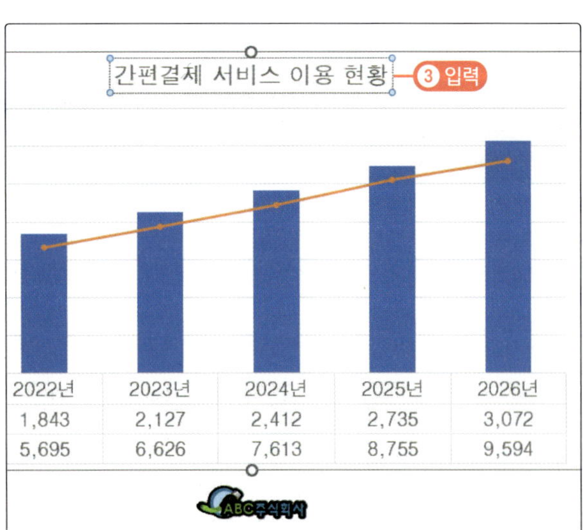

2 차트 제목의 테두리를 선택한 후 [홈] 탭에서 글꼴 서식을 지정합니다.

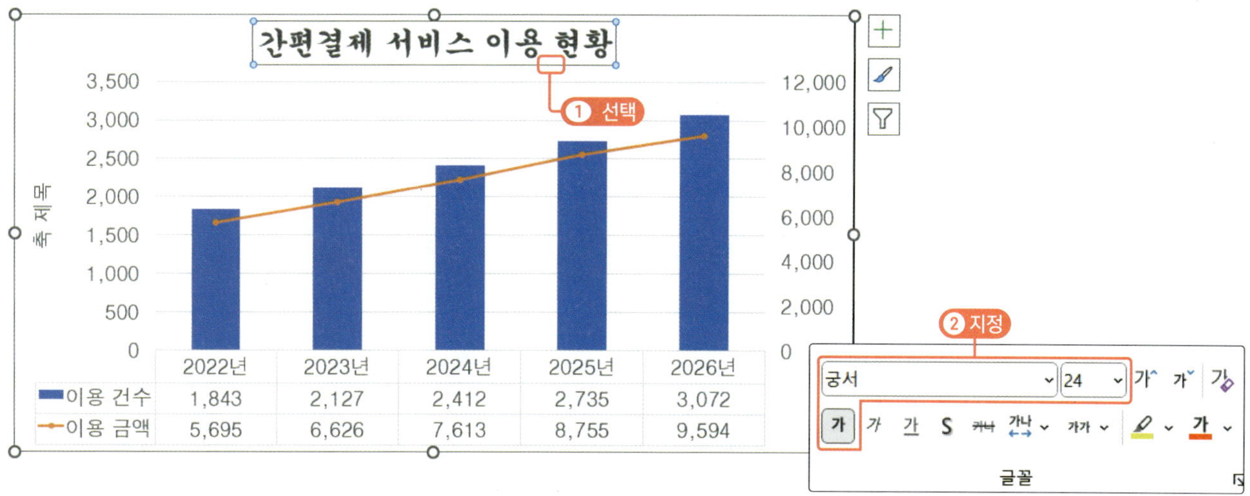

3 제목이 선택된 상태에서 [서식] 탭의 [도형 채우기]-**[흰색, 배경 1]**과 [도형 윤곽선]-**[검정, 텍스트 1]**을 선택합니다.

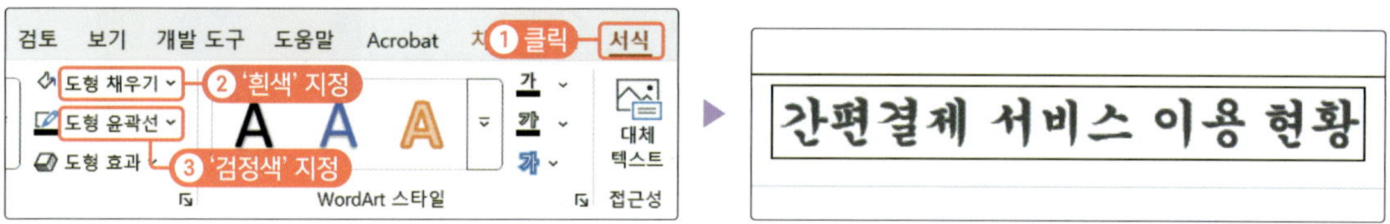

4 차트 제목에 그림자 효과를 적용하기 위해 [서식] 탭에서 [도형 효과]를 클릭한 후 [그림자]-[바깥쪽]-**[오프셋: 오른쪽]**을 선택합니다.

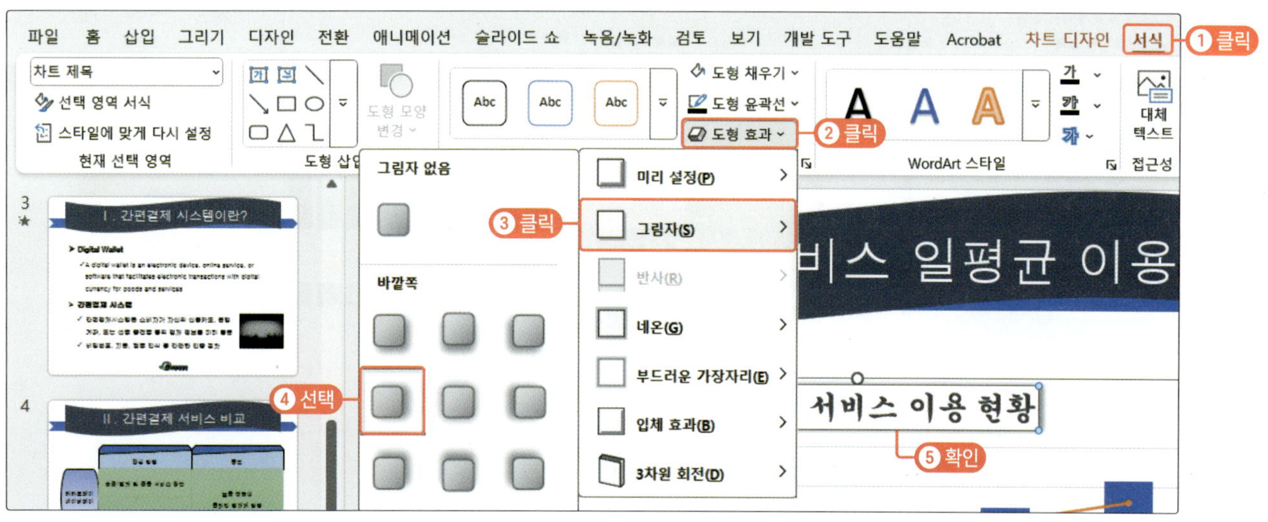

ITQ 꿀팁

차트 제목에 글꼴 서식을 지정한 다음 '채우기(흰색), 테두리, 그림자 효과'를 적용하는 유형이 고정적으로 출제되고 있어요.

STEP 04 기타 서식 변경 후 값(데이터 레이블) 표시하기

- 차트영역 : 채우기(노랑), 그림영역 : 채우기(흰색)
- 데이터 서식 : 이용 금액 계열을 표식(◆)이 있는 꺾은선형으로 변경 후 보조축으로 지정
- 값 표시 : 2025년의 이용 건수 계열만

1 차트의 바깥쪽 테두리를 선택한 후 [서식] 탭에서 [도형 채우기]-**[노랑]**을 선택합니다.

✿ 문제지의 세부 조건에 따라 차트 영역의 색을 선택해 주세요.

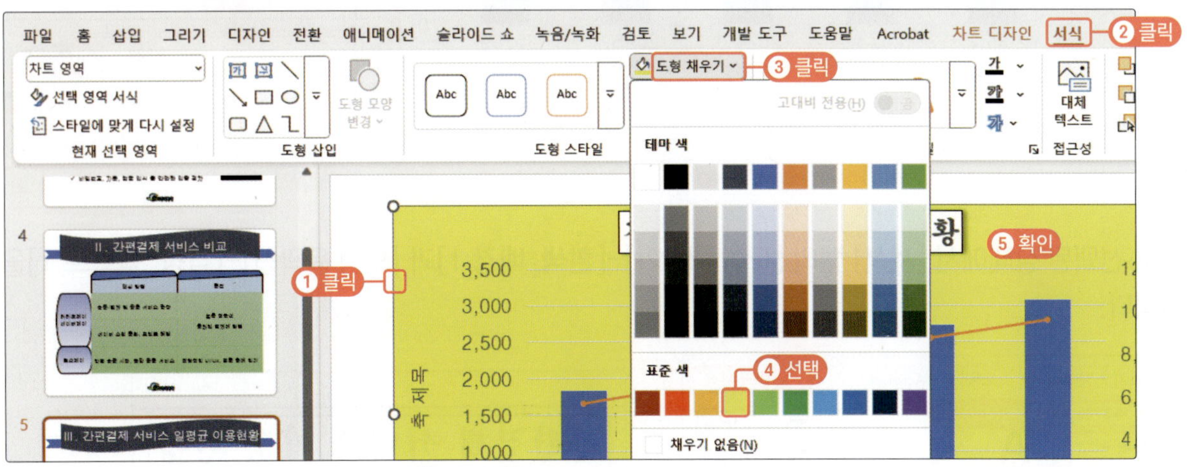

2 그림 영역을 선택한 후 [도형 채우기]-**[흰색, 배경 1]**을 선택합니다.

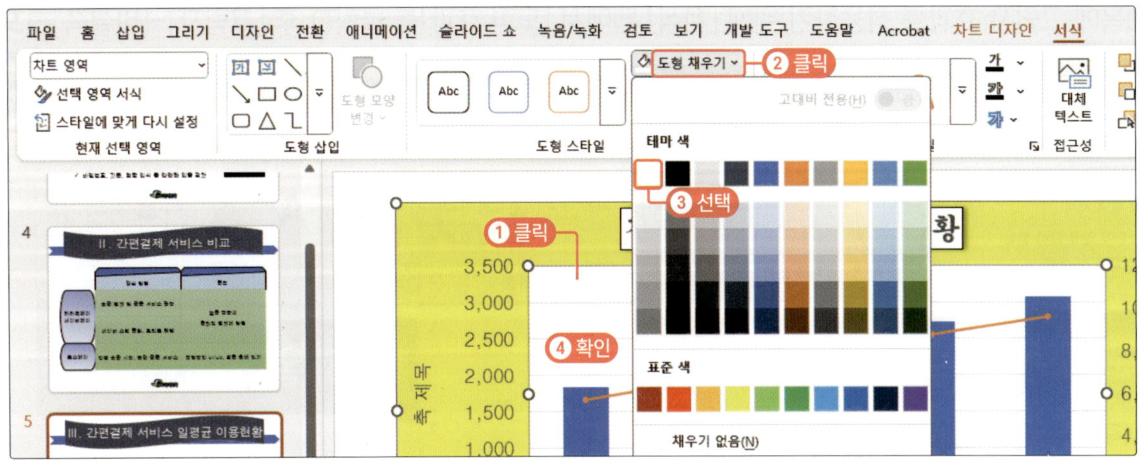

Level UP 차트 제목이 노란색으로 표시된다면?

만약 차트 제목이 노란색으로 표시된다면, 차트 제목의 테두리를 선택한 다음 [도형 채우기]를 [흰색, 배경 1]로 지정합니다.

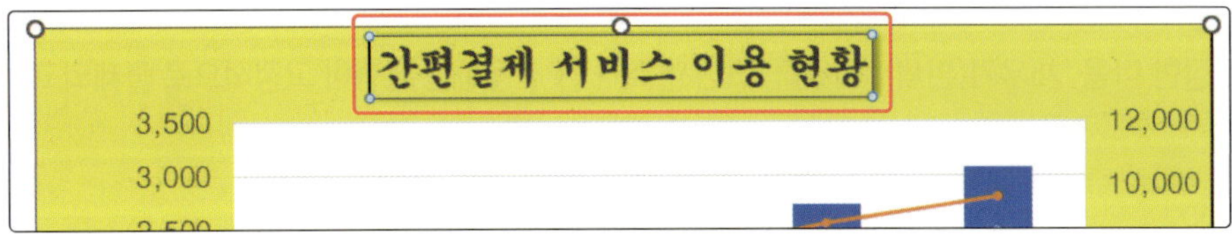

3 꺾은선형 그래프의 표식을 변경하기 위해 표식 위에서 우클릭하여 **[데이터 계열 서식]**을 클릭합니다.

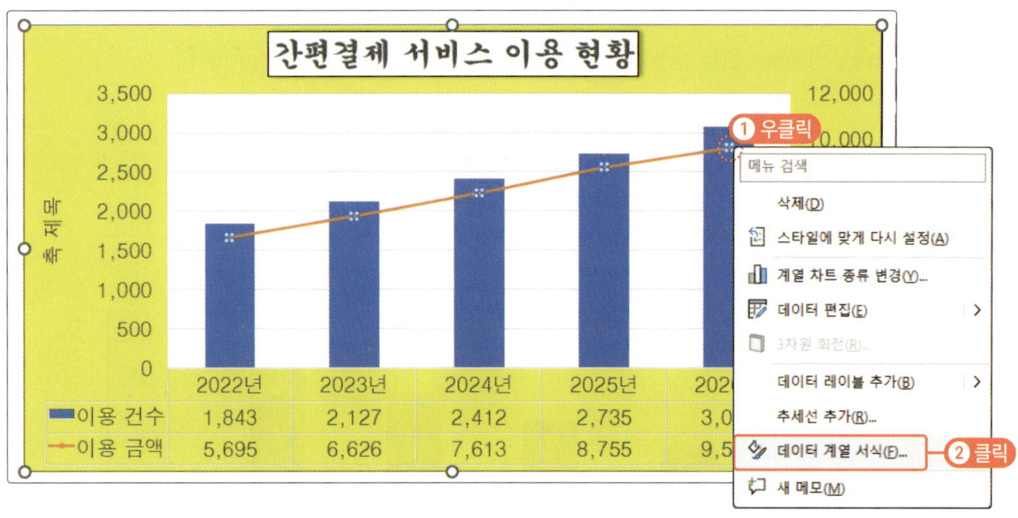

4 오른쪽 창이 활성화되면 [채우기 및 선]-[표식]-**[표식 옵션]**에서 표식의 **형식**과 **크기**를 지정합니다.

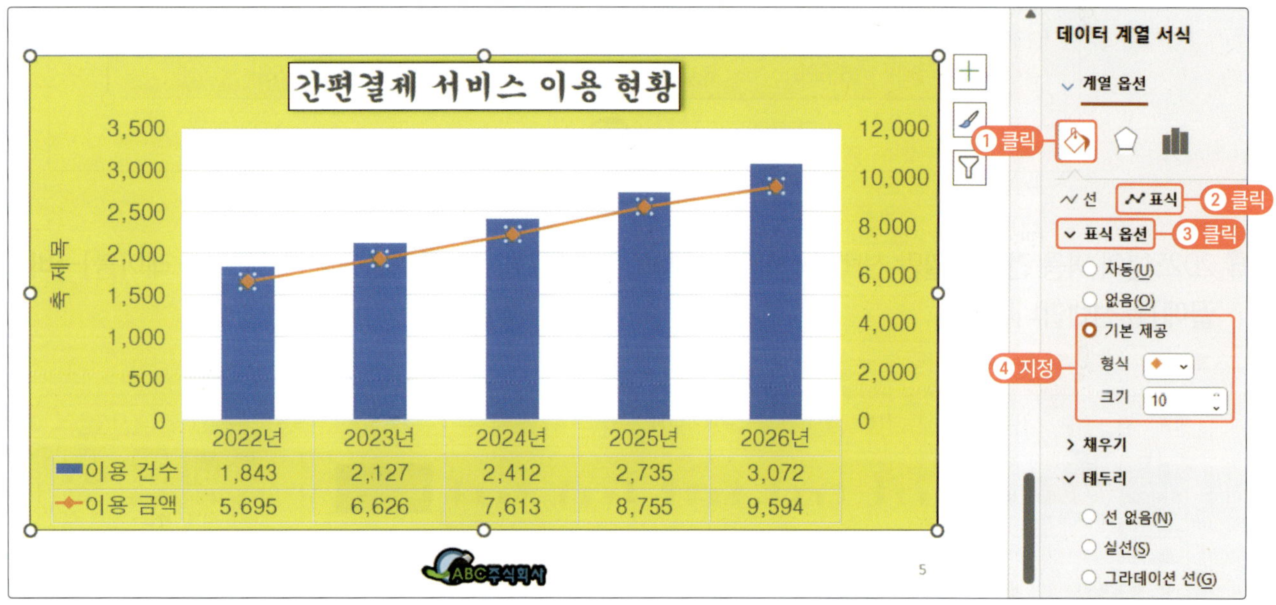

ITQ 꿀팁

표식의 크기는 10 정도로 설정하고, 출력형태를 참고하여 표식의 형식을 선택하세요. 최근 출제 유형에서는 ◆ 모양의 표식이 자주 출제되고 있어요.

5 '2025년의 이용 건수 계열'에만 '값'을 표시하기 위해 **이용 건수** 계열을 클릭하여 전체가 선택되면 **2025년** 요소만 다시 클릭합니다.

6 2025년의 이용 건수 계열만 선택된 상태에서 [차트 디자인] 탭-[차트 요소 추가]-[데이터 레이블]-**[바깥쪽 끝에]**를 선택합니다.

★ 데이터 레이블의 위치는 다양하게 출제되고 있으니 문제지를 참고하여 작업해 주세요.

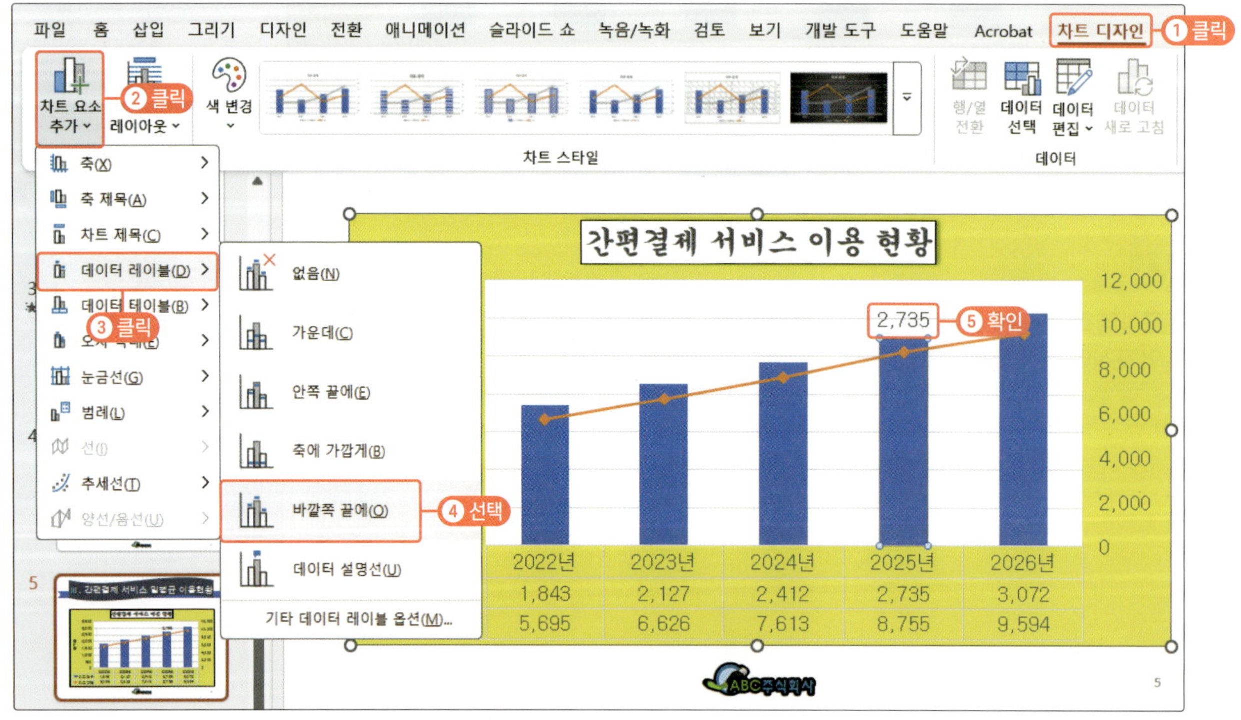

데이터 레이블(값 표시)은 특정 계열의 일부 요소에만 값을 표시하거나, 전체 계열에 값을 표시하는 유형으로 출제되고 있어요.

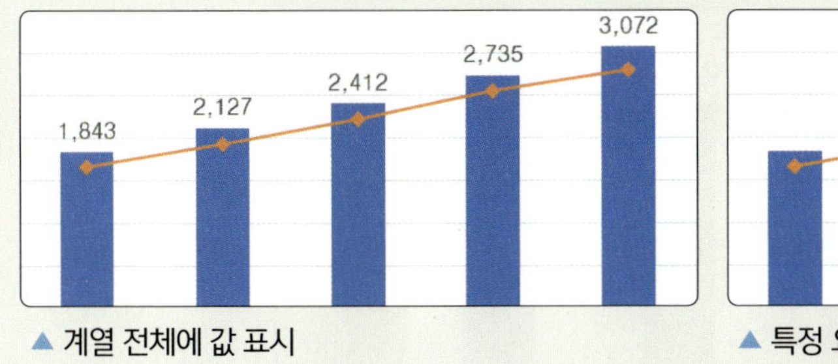

▲ 계열 전체에 값 표시

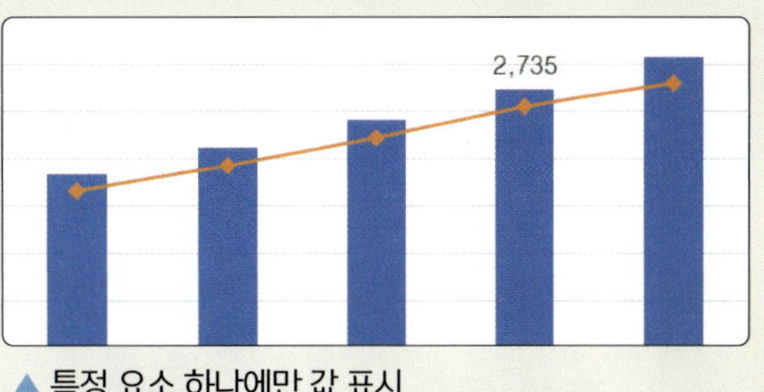

▲ 특정 요소 하나에만 값 표시

STEP 05 축 서식 지정하기

[답안 작성 요령]
별도의 지시사항이 없는 경우 출력형태를 참조하여 글꼴색은 검정 또는 흰색으로 작성하고, 기타사항은 전체적인 균형을 고려하여 작성합니다.

1 차트의 **축 제목**을 선택한 다음 Delete 를 눌러 삭제합니다.

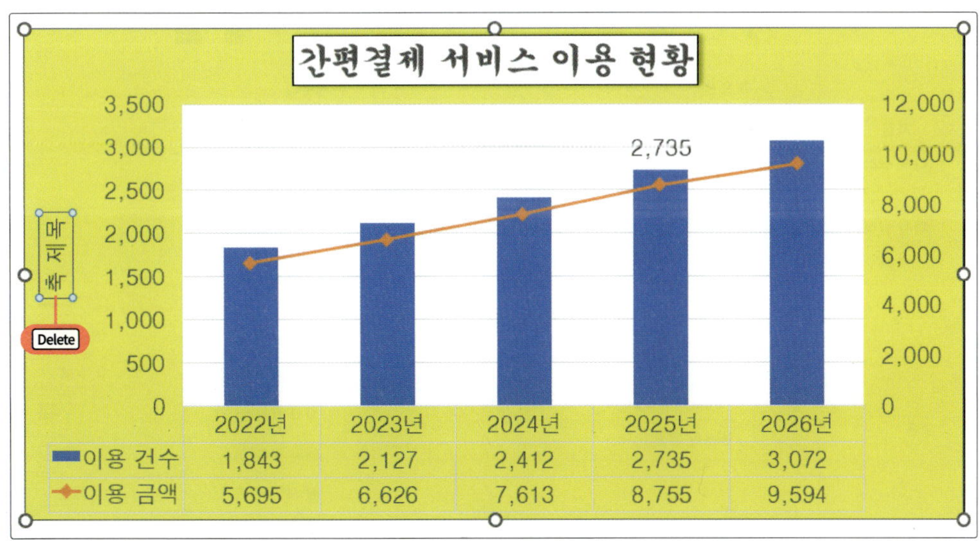

	2022년	2023년	2024년	2025년	2026년
이용 건수	1,843	2,127	2,412	2,735	3,072
이용 금액	5,695	6,626	7,613	8,755	9,594

[슬라이드 5]에서 차트 작업은 문제지의 출력형태가 기준이에요. 세부조건에 별도의 지시사항이 없더라도 '축 제목, 축 간격, 눈금선' 등의 형태를 출력형태와 비교하여 동일하게 작업해 주세요.

2 **세로 축** 위에서 우클릭하여 **[축 서식]**을 클릭합니다.

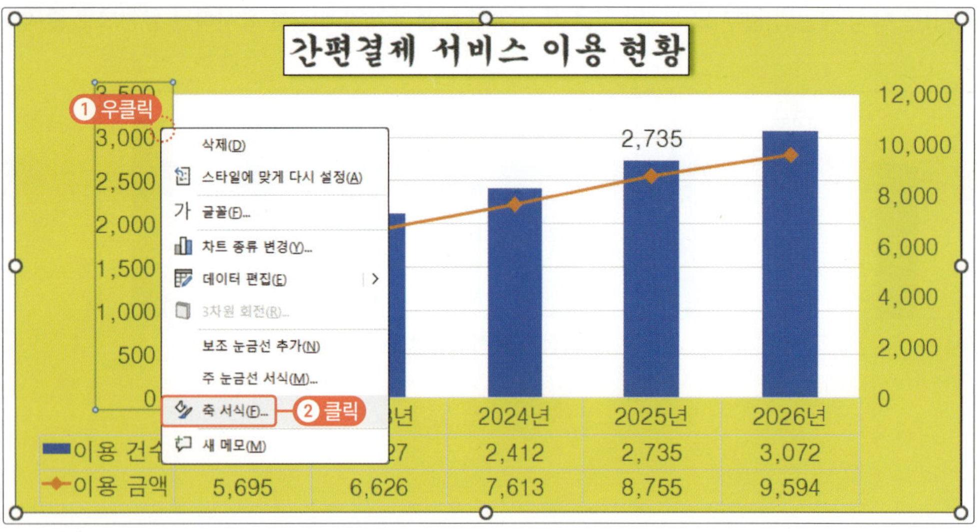

3 오른쪽 창이 활성화되면 [축 옵션]에서 기본 단위에 **700**을 입력합니다.

4 최소값을 −로 표시하기 위해 [표시 형식]에서 **범주**를 **회계**로 지정한 후 **기호**를 **없음**으로 선택합니다.

5 축에 **실선**을 표시하기 위해 [채우기 및 선]−[선]에서 **실선**을 선택한 다음 **색(검정, 텍스트 1)**을 지정합니다.

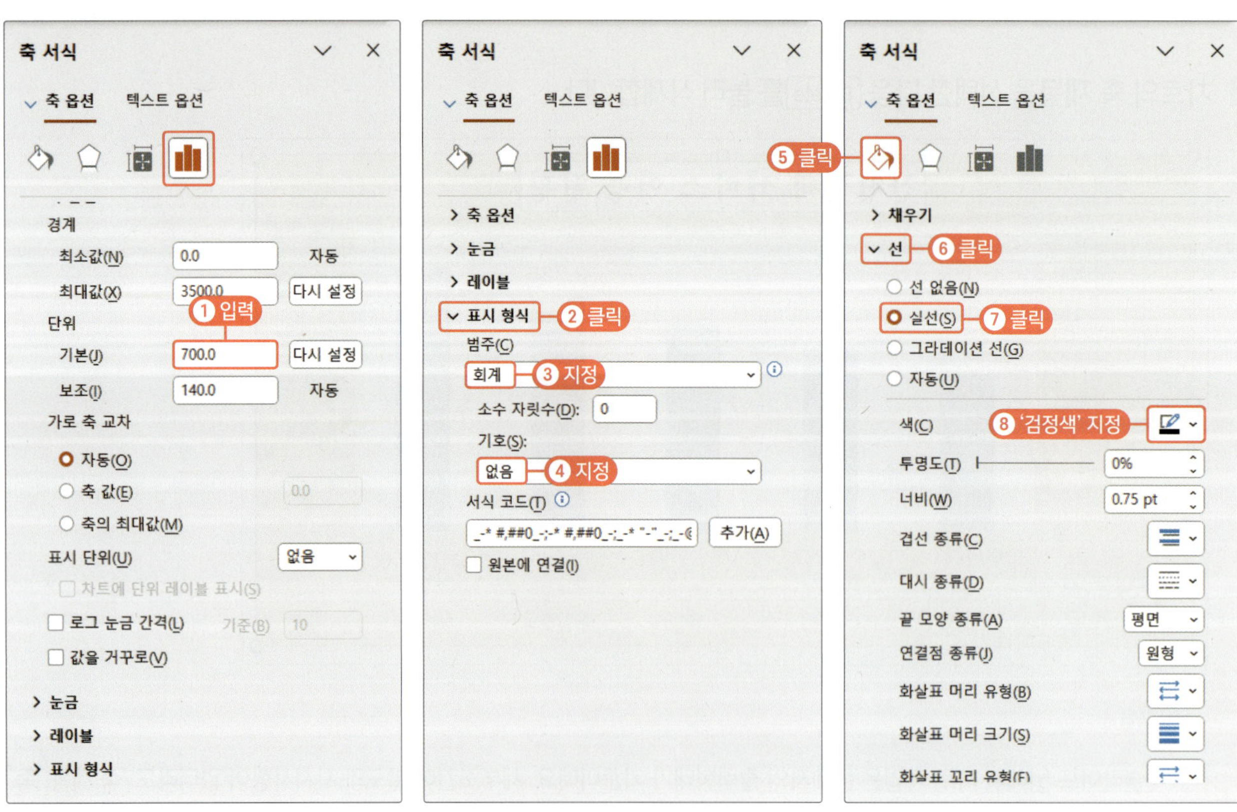

▲ 기본 단위 변경　　　　▲ 표시 형식 변경　　　　▲ 실선 지정 후 색 변경

6 세로 축의 단위가 변경된 것을 확인한 다음 **보조 세로 축** 위에서 우클릭하여 **[축 서식]**을 클릭합니다.

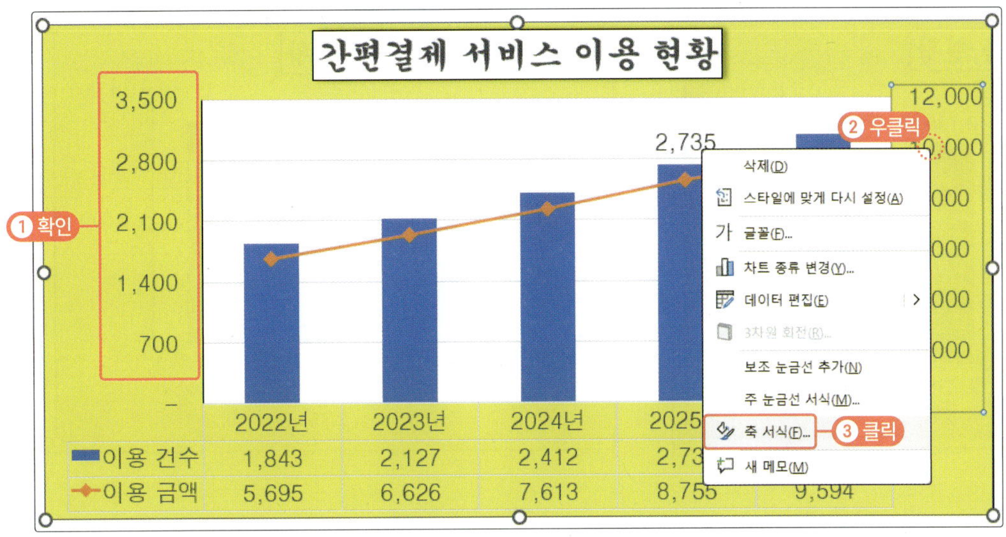

7 오른쪽 창이 활성화되면 [축 옵션]에서 **최대값(14000)**과 **기본 단위(7000)**를 입력합니다.

8 최소값을 −로 표시하기 위해 [표시 형식]에서 **범주**를 회계로 지정한 후 **기호**를 없음으로 선택합니다.

9 축에 **실선**을 표시하기 위해 [채우기 및 선]−[선]에서 **실선**을 선택한 다음 **색(검정, 텍스트 1)**을 지정합니다.

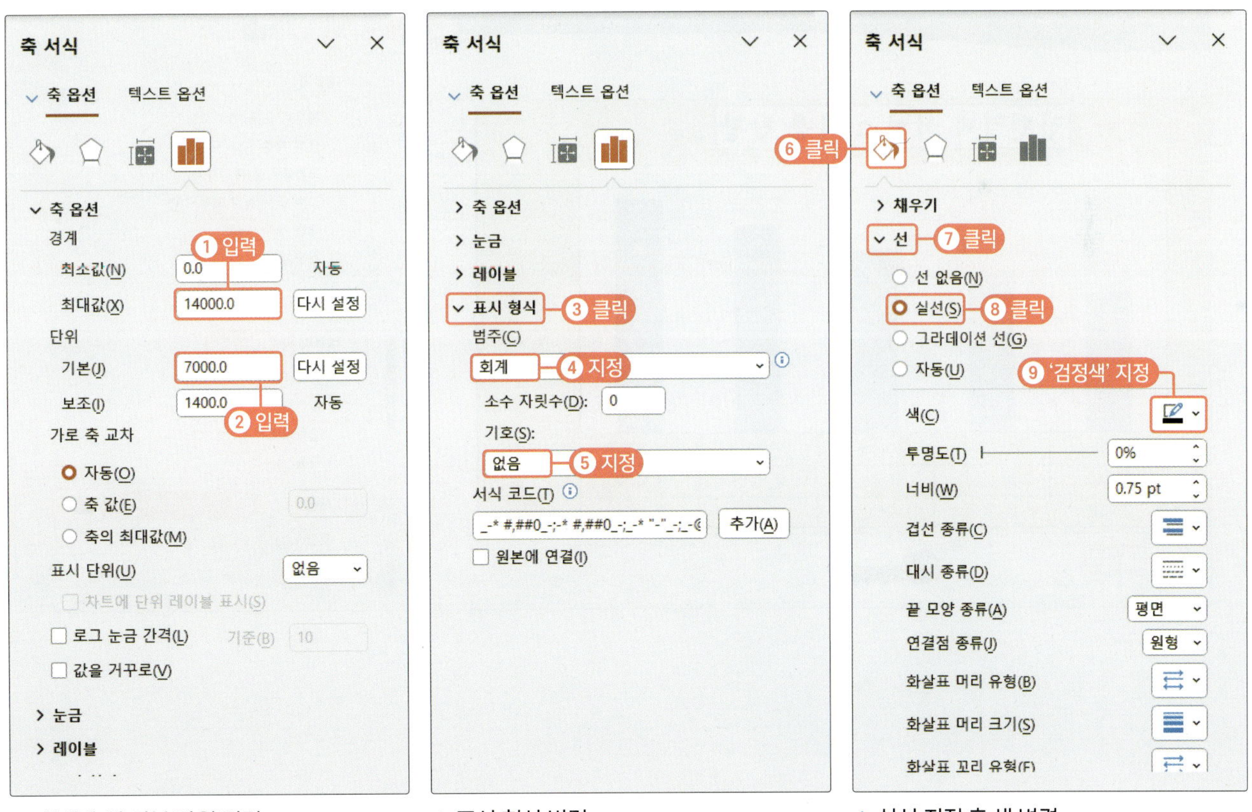

▲ 최대값 및 기본 단위 변경   ▲ 표시 형식 변경   ▲ 실선 지정 후 색 변경

10 보조 세로 축의 단위가 변경된 것을 확인한 후 **주 눈금선**을 선택하여 [Delete]를 눌러 삭제합니다.

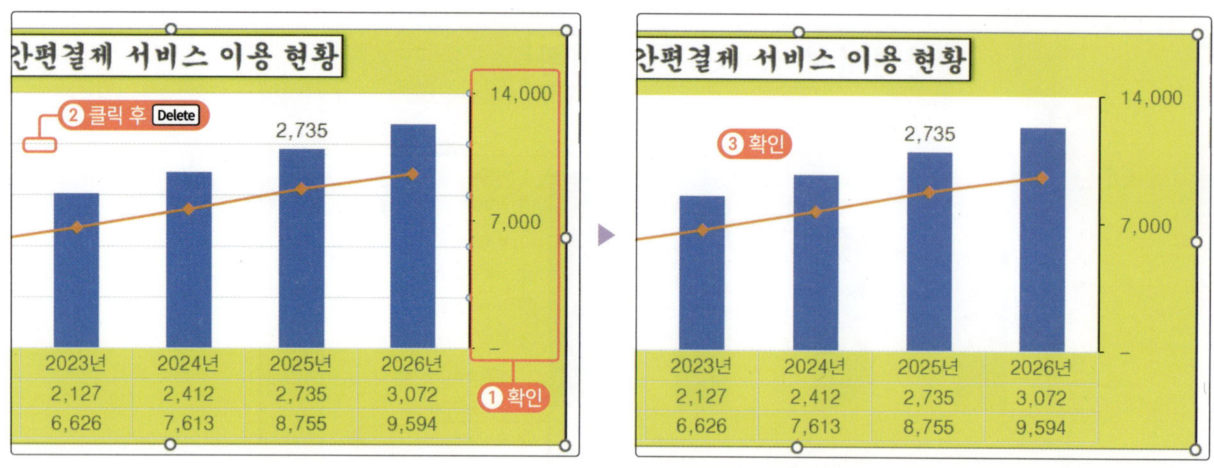

11 차트 아래쪽의 **데이터 표**를 선택한 다음 오른쪽 창의 [표 옵션]-[채우기 및 선]-[테두리]에서 **실선**을 선택한 후 **색(검정, 텍스트 1)**을 지정합니다.

🌸 작업이 완료되면 92페이지의 출력형태와 비교하여 차트 결과가 일치하는지 확인해 보세요.

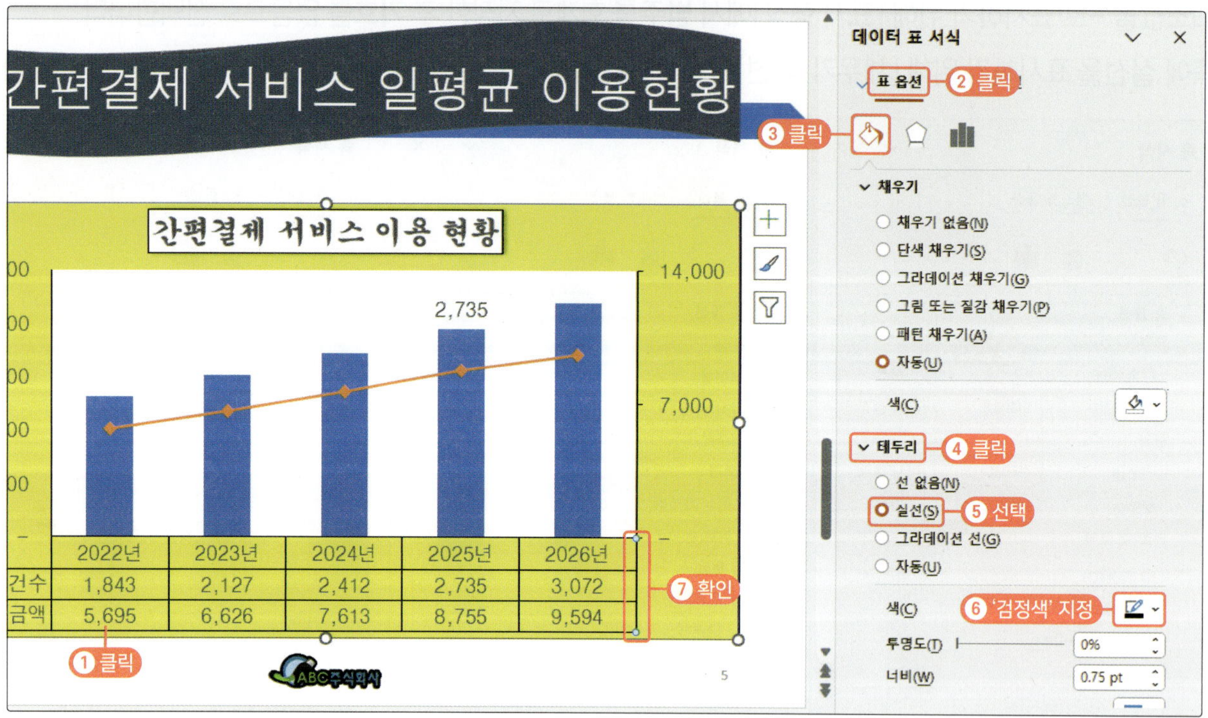

① 도형 삽입
 - 스타일 : 미세효과 – 파랑, 강조1
 - 글꼴 : 굴림, 18pt

1 [삽입] 탭–[도형]에서 [별 및 현수막]–**[두루마리 모양: 세로로 말림( )]**을 선택합니다.

2 그림 영역에 도형을 삽입한 후 도형 안쪽에 내용을 입력합니다.

★ 92페이지의 출력형태를 참고하여 도형의 크기와 위치를 맞춰주세요.

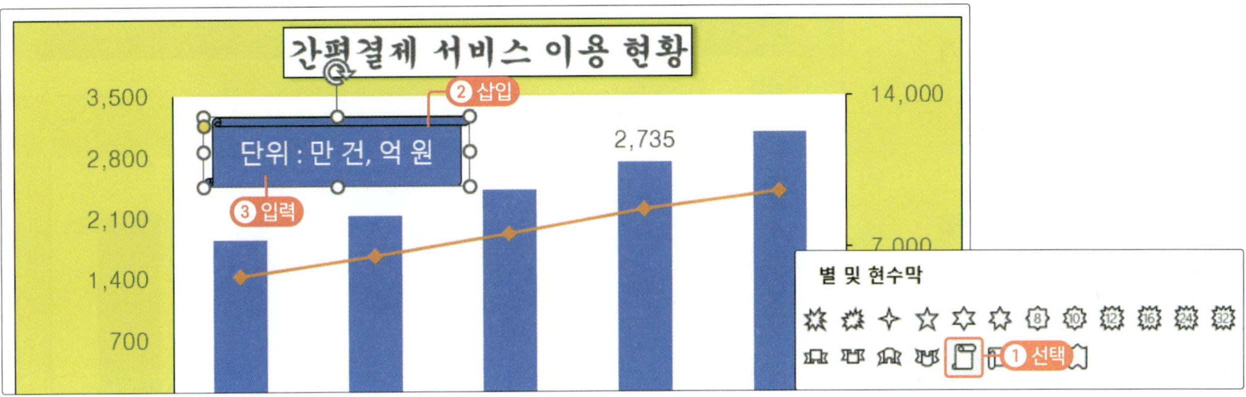

3 도형 스타일을 지정하기 위해 [도형 서식] 탭에서 [도형 스타일]의 빠른 스타일 단추를 눌러 **[미세 효과 – 파랑, 강조 1]**을 선택합니다.

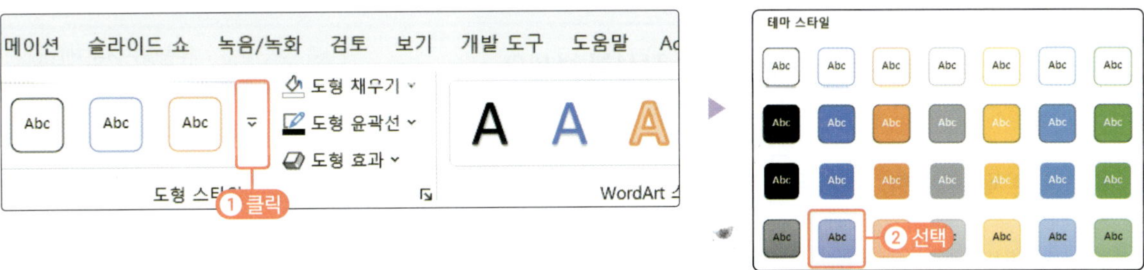

4 [홈] 탭에서 **글꼴 서식(굴림, 18pt)**을 지정한 후 모든 작업이 완료되면 **[저장( )]**을 클릭하거나, Ctrl+S 를 눌러 답안 파일을 저장합니다.

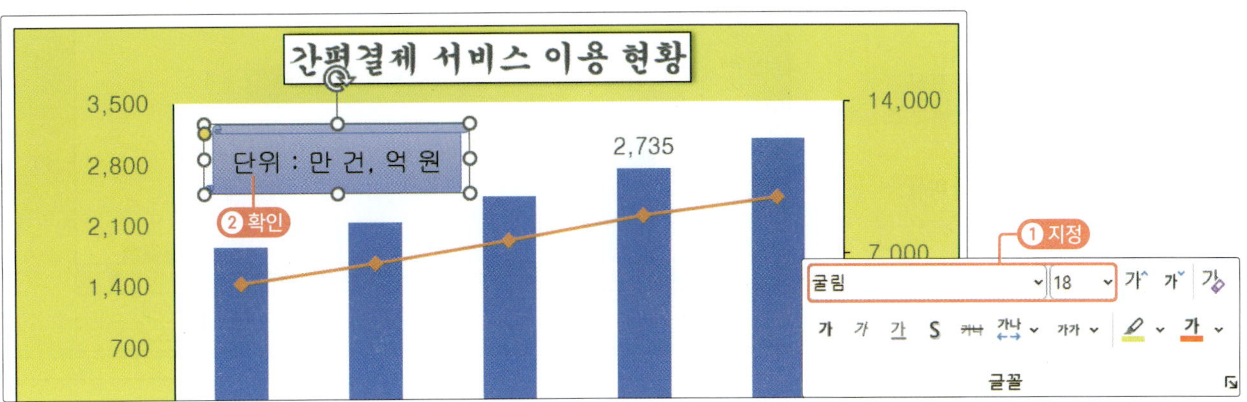

1 《세부조건》에 맞추어 《차트 슬라이드》를 작성해 보세요.

⊘ 실습파일 : 유형06-1(문제).pptx
⊘ 완성파일 : 유형06-1(완성).pptx

(1) 차트 작성 기능을 이용하여 슬라이드를 작성한다.
(2) 차트 : 종류(묶은 세로 막대형), 글꼴(돋움, 16pt), 외곽선

《세부 조건》

※ 차트설명
 · 차트제목 : 궁서, 24pt, 굵게,
  채우기(흰색), 테두리,
  그림자(오프셋 왼쪽)
 · 차트영역 : 채우기(노랑)
  그림영역 : 채우기(흰색)
 · 데이터 서식 : 조직외 계열을
  표식(◆)이 있는 꺾은선형으로
  변경 후 보조축으로 지정
 · 값 표시 : 탁월형의 조직내 계열만

① 도형 삽입
 - 스타일 :
  미세효과 – 파랑, 강조1
 - 글꼴 : 굴림, 18pt

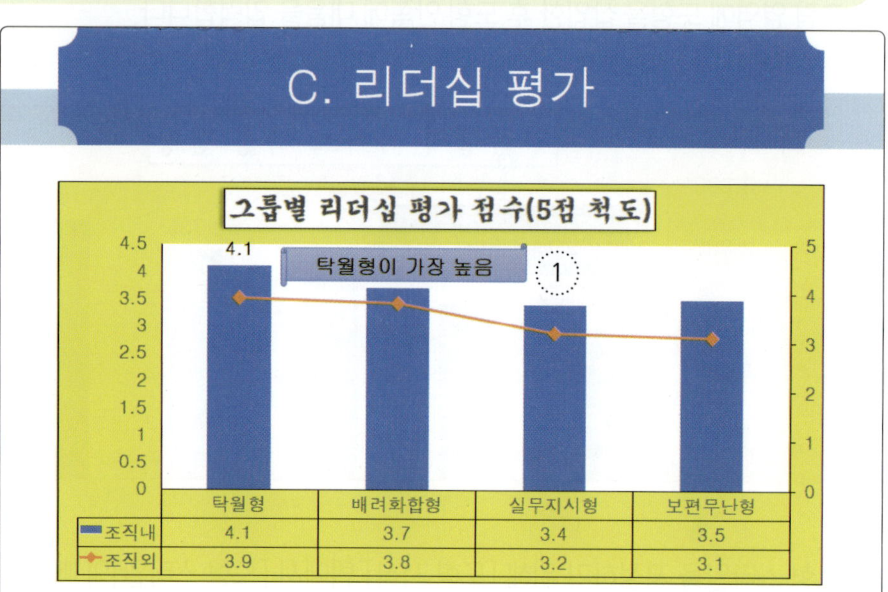

	탁월형	배려화합형	실무지시형	보편무난형
조직내	4.1	3.7	3.4	3.5
조직외	3.9	3.8	3.2	3.1

2 《세부조건》에 맞추어 《차트 슬라이드》를 작성해 보세요.

⊘ 실습파일 : 유형06-2(문제).pptx
⊘ 완성파일 : 유형06-2(완성).pptx

(1) 차트 작성 기능을 이용하여 슬라이드를 작성한다.
(2) 차트 : 종류(묶은 세로 막대형), 글꼴(굴림, 16pt), 외곽선

《세부 조건》

※ 차트설명
 · 차트제목 : 궁서, 24pt, 굵게,
  채우기(흰색), 테두리,
  그림자(오프셋 오른쪽)
 · 차트영역 : 채우기(노랑)
  그림영역 : 채우기(흰색)
 · 데이터 서식 : 여성 계열을 표식
  (◆)이 있는 꺾은선형으로 변경 후
  보조축으로 지정
 · 값 표시 : 활동의 불편성의 여성
  계열만

① 도형 삽입
 - 스타일 :
  미세효과 – 파랑, 강조5
 - 글꼴 : 돋움, 18pt

	활동의 불편성	부담스런 가격	관리의 어려움	멋과 유행성
남성	56.5	20.8	15.8	6.9
여성	60.3	19.7	14.6	5.4

3 《세부조건》에 맞추어 《차트 슬라이드》를 작성해 보세요.

(1) 차트 작성 기능을 이용하여 슬라이드를 작성한다.
(2) 차트 : 종류(묶은 세로 막대형), 글꼴(굴림, 16pt), 외곽선

《세부 조건》

※ 차트설명
- 차트제목 : 돋움, 24pt, 굵게,
  채우기(흰색), 테두리,
  그림자(오프셋 오른쪽)
- 차트영역 : 채우기(노랑)
  그림영역 : 채우기(흰색)
- 데이터 서식 : 부정적 계열을
  표식(◆)이 있는 꺾은선형으로
  변경 후 보조축으로 지정
- 값 표시 : 중국의 긍정적 계열만

① 도형 삽입
- 스타일 :
  미세효과 – 녹색, 강조6
- 글꼴 : 굴림, 18pt

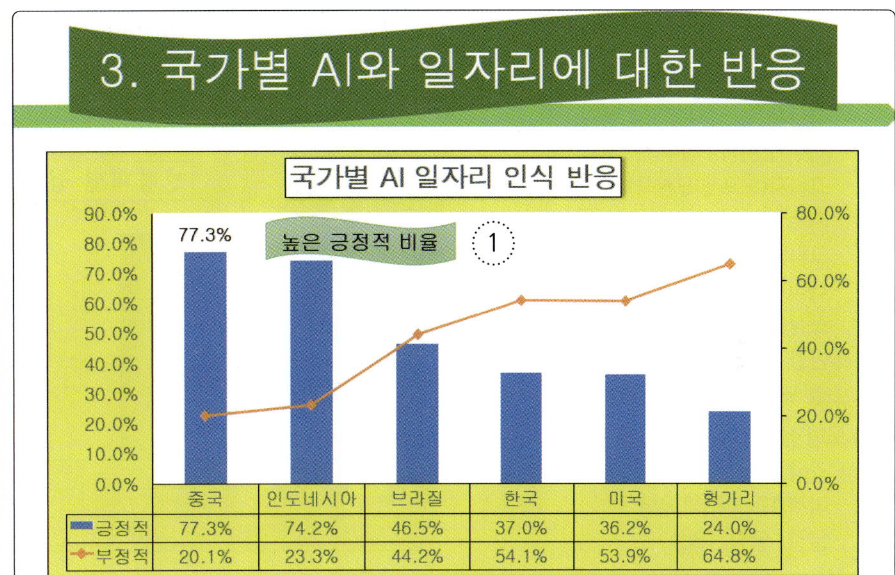

	중국	인도네시아	브라질	한국	미국	헝가리
긍정적	77.3%	74.2%	46.5%	37.0%	36.2%	24.0%
부정적	20.1%	23.3%	44.2%	54.1%	53.9%	64.8%

4 《세부조건》에 맞추어 《차트 슬라이드》를 작성해 보세요.

(1) 차트 작성 기능을 이용하여 슬라이드를 작성한다.
(2) 차트 : 종류(묶은 세로 막대형), 글꼴(돋움, 16pt), 외곽선

《세부 조건》

※ 차트설명
- 차트제목 : 굴림, 24pt, 굵게,
  채우기(흰색), 테두리,
  그림자(오프셋 오른쪽)
- 차트영역 : 채우기(노랑)
  그림영역 : 채우기(흰색)
- 데이터 서식 : 전년대비증감율 계
  열을 표식(●)이 있는 꺾은선형
  으로 변경 후 보조축으로 지정
- 값 표시 : 2024년의 시장규모
  (억 원) 계열만

① 도형 삽입
- 스타일 :
  미세효과 –파랑, 강조1
- 글꼴 : 굴림, 18pt

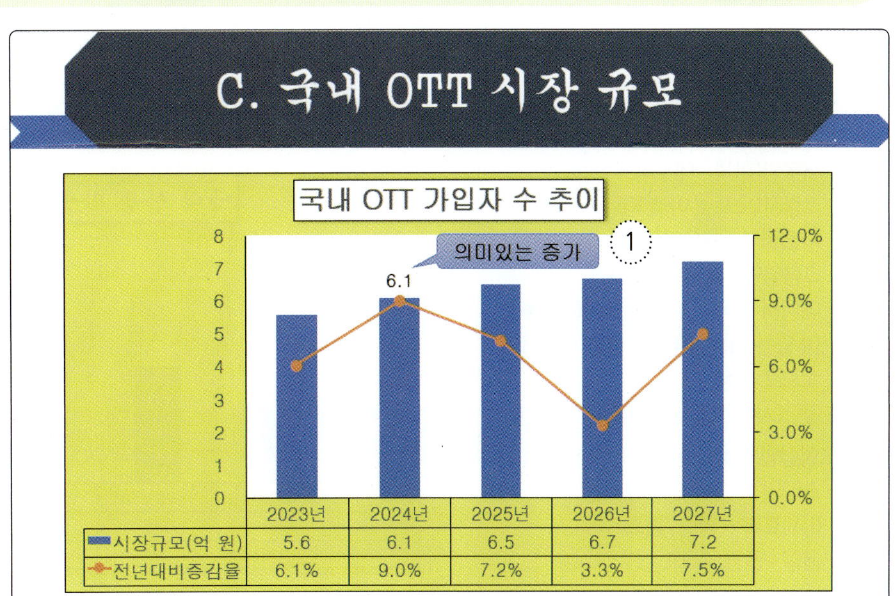

	2023년	2024년	2025년	2026년	2027년
시장규모(억 원)	5.6	6.1	6.5	6.7	7.2
전년대비증감율	6.1%	9.0%	7.2%	3.3%	7.5%

《세부조건》에 맞추어 《차트 슬라이드》를 작성해 보세요.

○ 실습파일 : 유형06-5(문제).pptx
○ 완성파일 : 유형06-5(완성).pptx

(1) 차트 작성 기능을 이용하여 슬라이드를 작성한다.
(2) 차트 : 종류(묶은 세로 막대형), 글꼴(돋움, 16pt), 외곽선

《세부 조건》

※ 차트설명
- 차트제목 : 궁서, 24pt, 굵게,
  채우기(흰색), 테두리,
  그림자(오프셋 오른쪽)
- 차트영역 : 채우기(노랑)
  그림영역 : 채우기(흰색)
- 데이터 서식 : 여자 계열을
  표식(◆)이 있는 꺾은선형으로
  변경 후 보조축으로 지정
- 값 표시 : 30대의 남자 계열만

① 도형 삽입
- 스타일 :
  미세효과 – 회색, 강조3
- 글꼴 : 굴림, 18pt

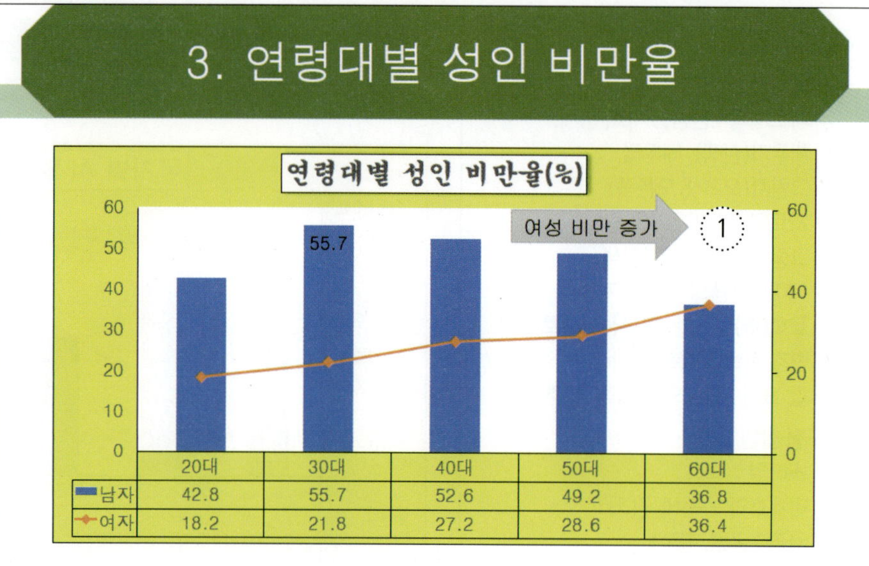

《세부조건》에 맞추어 《차트 슬라이드》를 작성해 보세요.

○ 실습파일 : 유형06-6(문제).pptx
○ 완성파일 : 유형06-6(완성).pptx

(1) 차트 작성 기능을 이용하여 슬라이드를 작성한다.
(2) 차트 : 종류(묶은 세로 막대형), 글꼴(돋움, 16pt), 외곽선

《세부 조건》

※ 차트설명
- 차트제목 : 궁서, 24pt, 굵게,
  채우기(흰색), 테두리,
  그림자(오프셋 아래쪽)
- 차트영역 : 채우기(노랑)
  그림영역 : 채우기(흰색)
- 데이터 서식 : 면적 계열을 표식(◆)
  이 있는 꺾은선형으로 변경 후 보조
  축으로 지정
- 값 표시 : 2020년대의 건수 계열만

① 도형삽입
- 스타일 :
  미세효과 – 파랑, 강조1
- 글꼴 : 굴림, 18pt

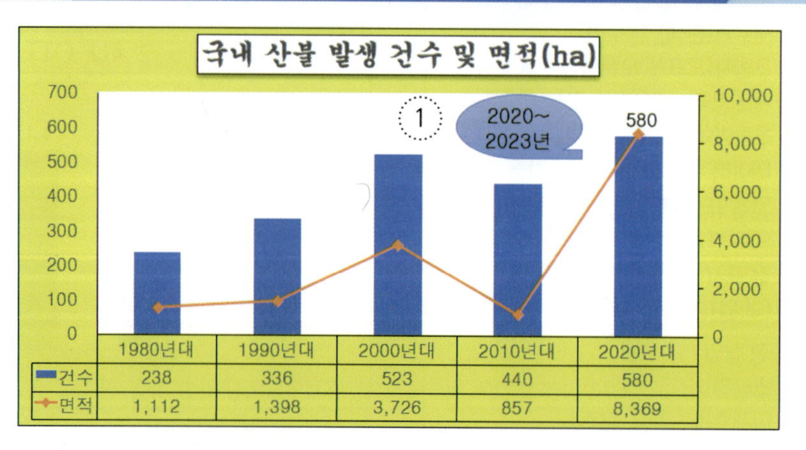

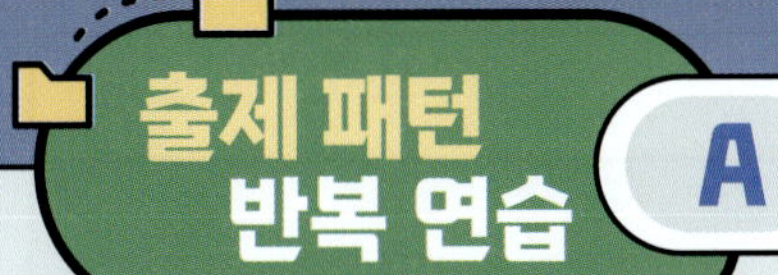

A 조건에 맞추어 각 슬라이드에 작성된 차트를 완성해 보세요.

⊘ **실습파일** : 패턴06-1(문제).pptx ⊘ **완성파일** : 패턴06-1(완성).pptx

패턴 01 · 글꼴(돋움, 16pt), 외곽선

❶ 차트 제목(궁서, 24pt, 굵게, 채우기-흰색, 테두리, 그림자-오프셋 아래쪽) ❷ 차트 영역(채우기-노랑) ❸ 그림 영역(채우기-흰색) ❹ 참가자 계열 표식 모양(■) 변경 ❺ 값 표시(2015년의 참가자 계열만)

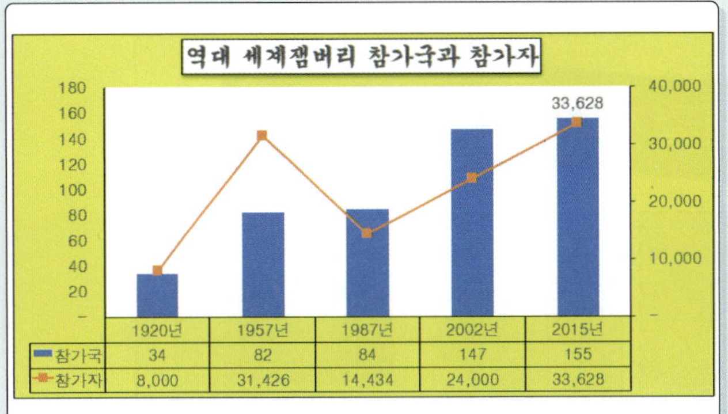

	1920년	1957년	1987년	2002년	2015년
참가국	34	82	84	147	155
참가자	8,000	31,426	14,434	24,000	33,628

패턴 02 · 글꼴(돋움, 16pt), 외곽선

❶ 차트 제목(돋움, 24pt, 굵게, 채우기-흰색, 테두리, 그림자-오프셋 오른쪽) ❷ 차트 영역(채우기-노랑) ❸ 그림 영역(채우기-흰색) ❹ 2024년 계열 표식 모양(■) 변경 ❺ 값 표시(대전의 2024년 계열만)

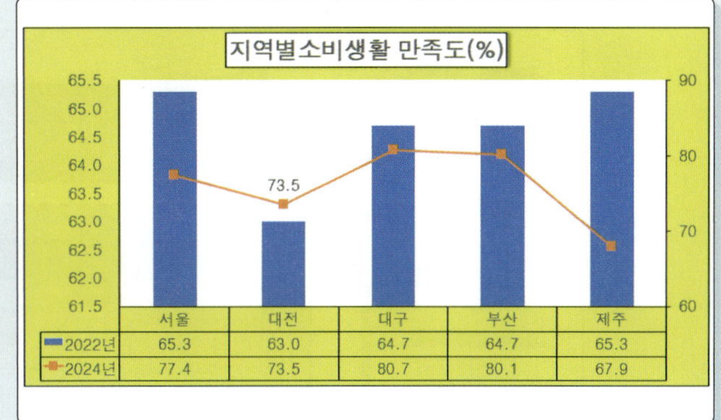

	서울	대전	대구	부산	제주
2022년	65.3	63.0	64.7	64.7	65.3
2024년	77.4	73.5	80.7	80.1	67.9

패턴 03 · 글꼴(돋움, 16pt), 외곽선

❶ 차트 제목(굴림, 24pt, 굵게, 채우기-흰색, 테두리, 그림자-오프셋 오른쪽 위) ❷ 차트 영역(채우기-노랑) ❸ 그림 영역(채우기-흰색) ❹ 밤 계열 표식 모양(◆) 변경 ❺ 값 표시(마 지역의 밤 계열만)

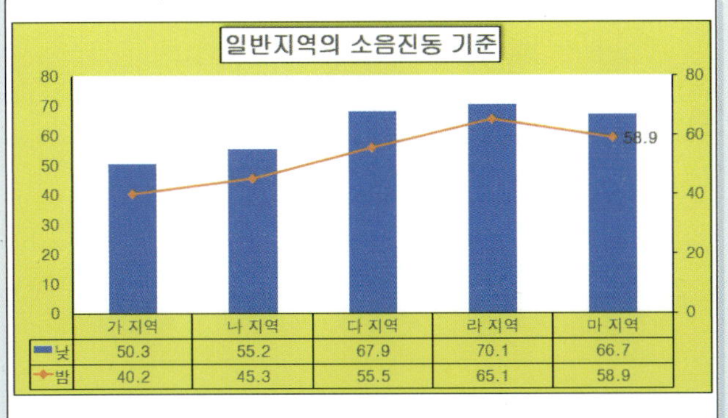

	가 지역	나 지역	다 지역	라 지역	마 지역
낮	50.3	55.2	67.9	70.1	66.7
밤	40.2	45.3	55.5	65.1	58.9

패턴 04 · 글꼴(돋움, 16pt), 외곽선

❶ 차트 제목(궁서, 24pt, 굵게, 채우기-흰색, 테두리, 그림자-오프셋 위쪽) ❷ 차트 영역(채우기-노랑) ❸ 그림 영역(채우기-흰색) ❹ 영상처리 계열 표식 모양(▲) 변경 ❺ 값 표시(2024년의 영상처리 계열만)

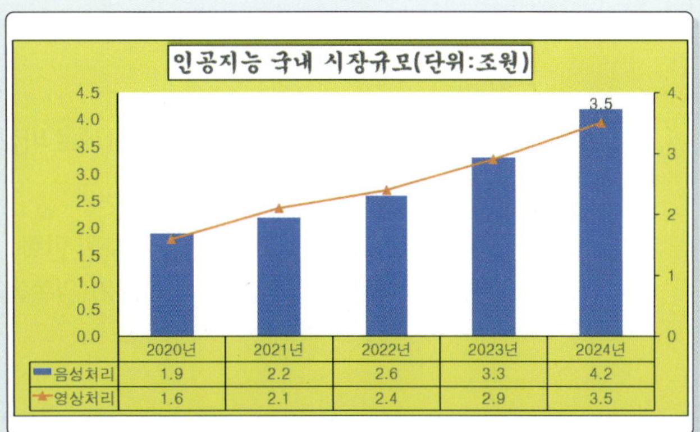

	2020년	2021년	2022년	2023년	2024년
음성처리	1.9	2.2	2.6	3.3	4.2
영상처리	1.6	2.1	2.4	2.9	3.5

[슬라이드 6] 도형 슬라이드

⊘ **실습파일** : 07차시(문제).pptx   ⊘ **완성파일** : 07차시(완성).pptx

[배점] 100점 (500점 만점)

[슬라이드 6]《도형 슬라이드》

(1) 슬라이드와 같이 도형 및 스마트아트를 배치한다(글꼴 : 돋움, 18pt).
(2) 애니메이션 순서 : ① ⇒ ②

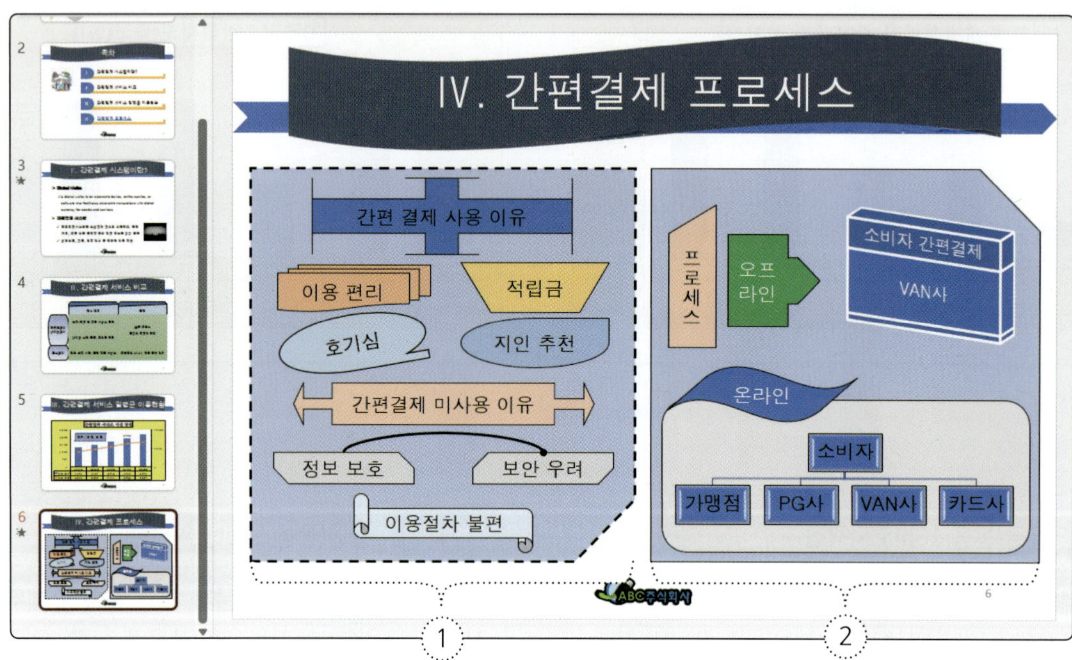

세부 조건

① 도형 편집
   - 그룹화 후 애니메이션 효과 : 나누기(세로 바깥쪽으로)

② 도형 및 스마트아트 편집
   - 스마트아트 디자인 : 3차원 벽돌, 3차원 만화
   - 그룹화 후 애니메이션 효과 : 날아오기(왼쪽에서)

배경 도형 작성 › 왼쪽 도형 작성 › 오른쪽 도형 작성 › 스마트아트 삽입 › 애니메이션 지정

Check 01 도형 작성 : 도형을 삽입하고 조건과 출력 형태에 맞추어 편집해요!

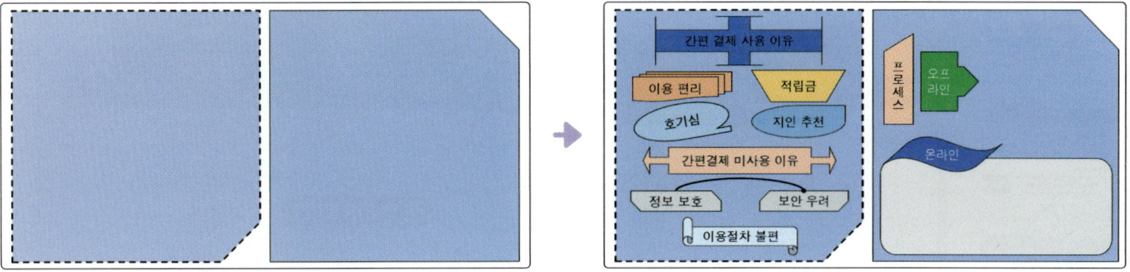

뒤쪽 배경 도형 작업 / 도형 작업

Check 02 스마트아트 작성 : 스마트아트를 삽입하고 편집해요!

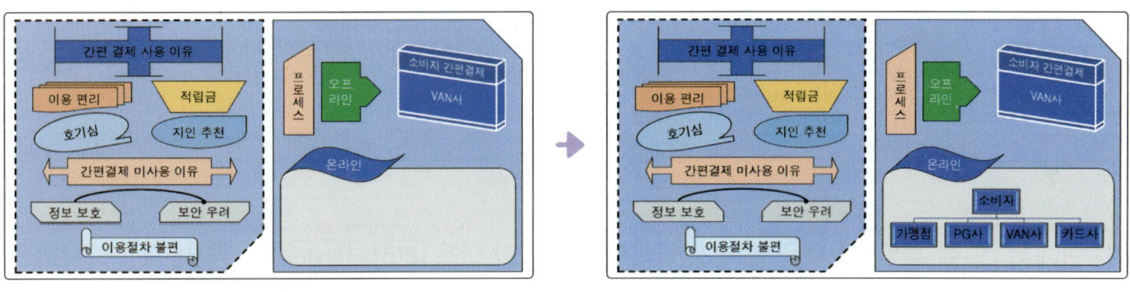

첫 번째 스마트아트 작업 / 두 번째 스마트아트 작업

Check 03 그룹 지정 및 애니메이션 적용 : 개체를 그룹으로 지정한 후 애니메이션을 적용해요.

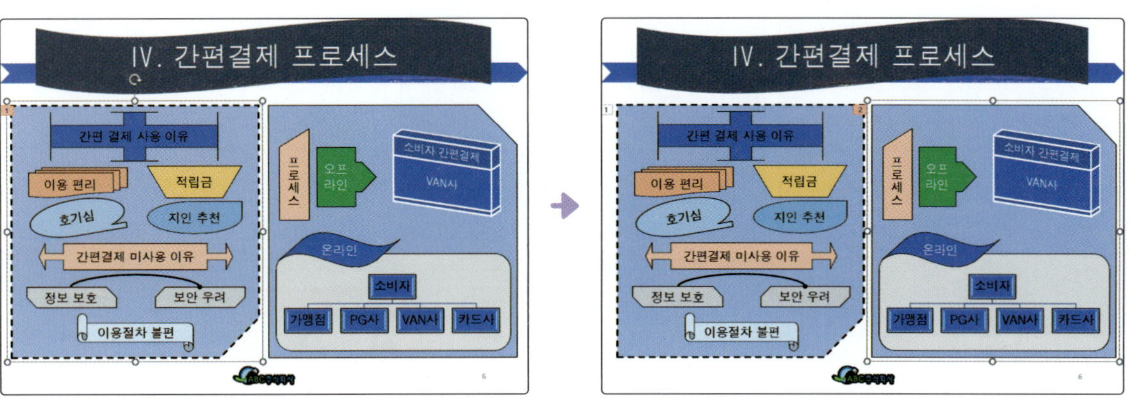

왼쪽 개체 그룹화 & 애니메이션 적용 / 오른쪽 개체 그룹화 & 애니메이션 적용

뒤쪽 배경 도형 작성하기

(1) 슬라이드와 같이 도형 및 스마트아트를 배치한다(글꼴 : 돋움, 18pt).

1 파워포인트 2021 프로그램을 실행한 후 [07차시] 폴더에서 **07차시(문제).pptx** 파일을 불러옵니다.

2 [**슬라이드 6**]에 제목을 입력한 다음 텍스트 상자를 **삭제**합니다.

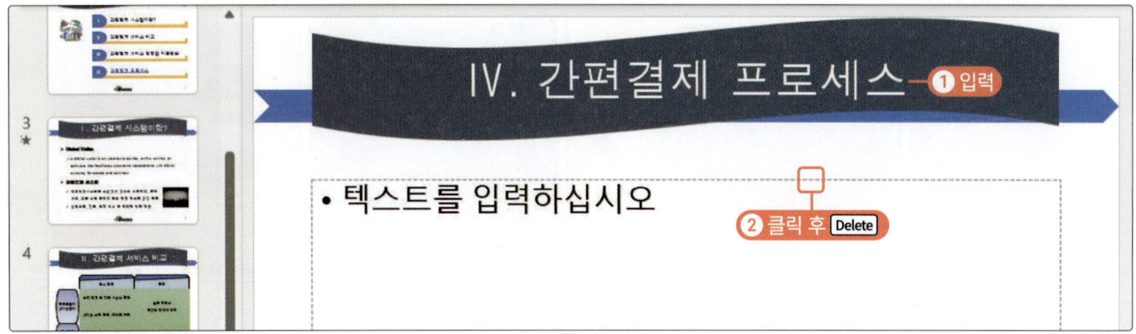

3 [삽입] 탭-[도형]에서 [사각형]-[**사각형: 잘린 한쪽 모서리(◻)**]를 선택한 후 슬라이드에 삽입합니다.

★ 112페이지의 문제지를 참고하여 도형의 크기와 위치를 맞춰주세요.

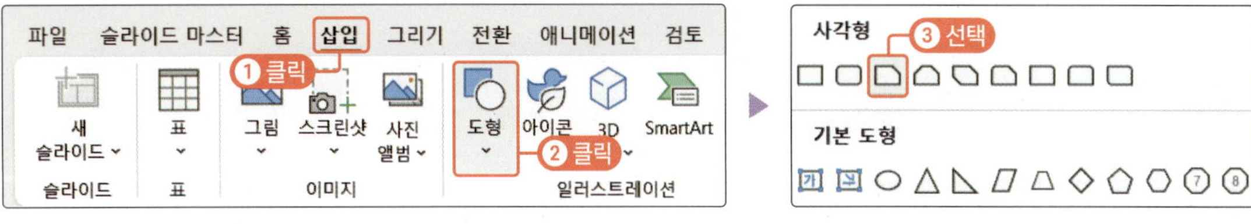

4 [서식] 탭에서 [**도형 채우기**] 색을 **임의의 색상**으로 지정한 다음 Ctrl + Shift 를 누른 채 오른쪽으로 드래그하여 도형을 복사합니다.

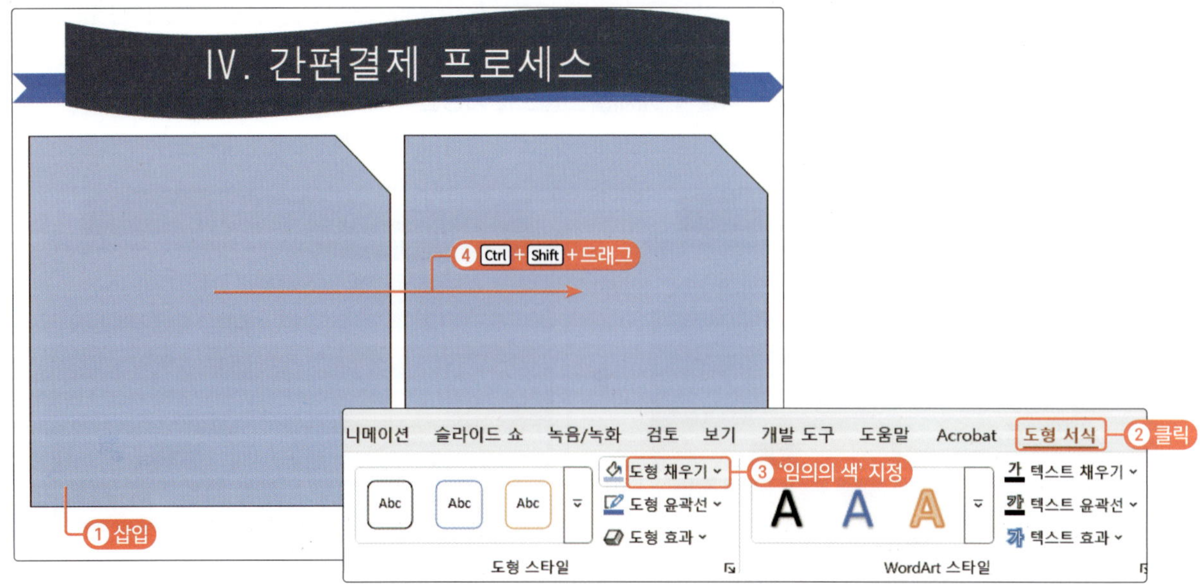

5 왼쪽 도형을 선택한 다음 [도형 서식] 탭–[도형 윤곽선]–[두께]를 **[2¼pt]**로 선택합니다.

6 이번에는 [도형 윤곽선]–[대시]에서 **파선 모양**을 선택합니다.

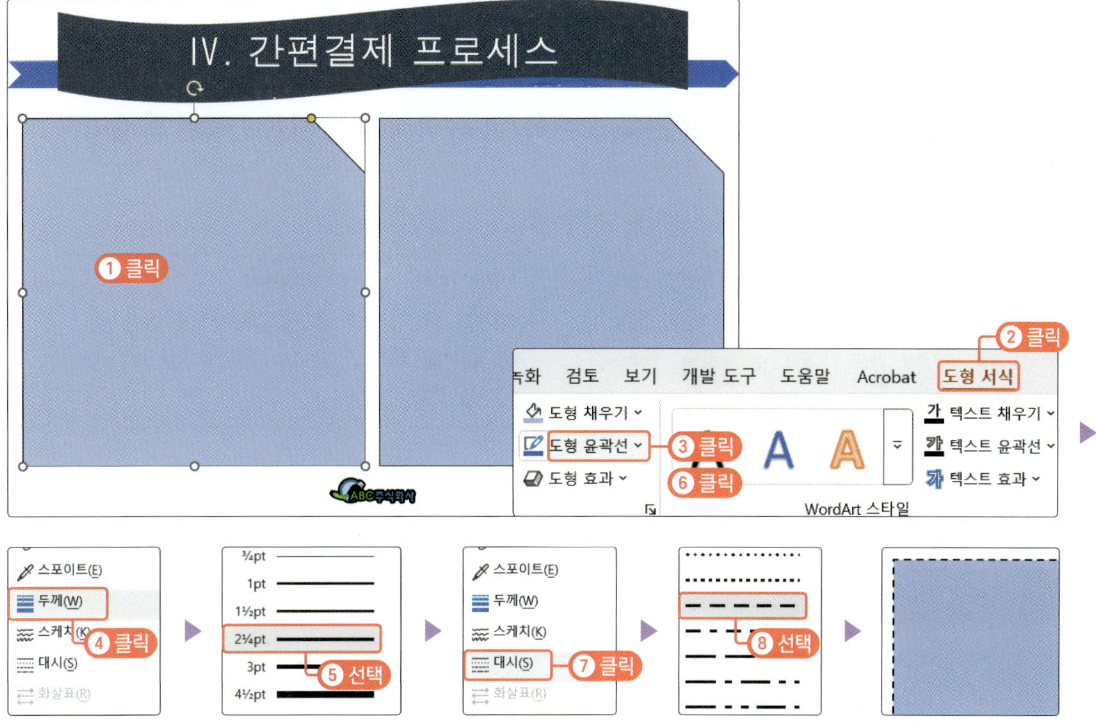

ITQ 꿀팁

· [슬라이드 6]은 뒤쪽의 배경 도형 2개를 먼저 작업하는 것이 편리해요.
· [슬라이드 6]에서 도형을 작성할 때 색과 관련된 별도의 지시사항이 없다면 임의의 색을 선택해 주세요.
· 도형 윤곽선의 두께와 대시 종류는 별도의 지시사항이 없기 때문에 출력형태를 참고하여 작업해 주세요.

7 왼쪽 도형을 선택한 후 [도형 서식] 탭–[회전]–**[상하 대칭]**을 선택합니다.

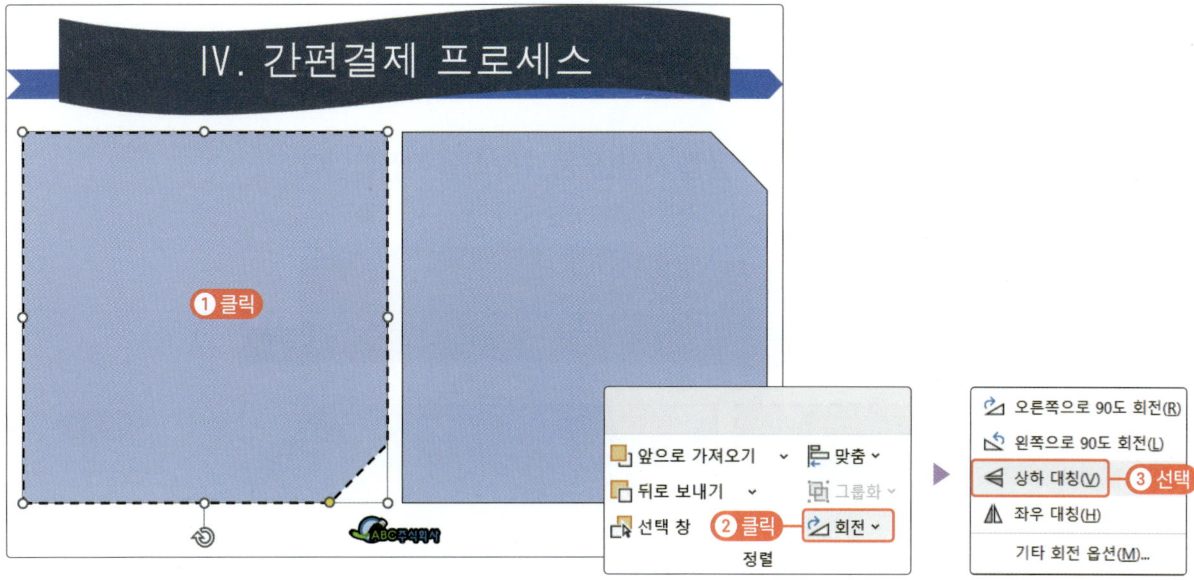

왼쪽 도형 작성하기

(1) 슬라이드와 같이 도형 및 스마트아트를 배치한다(글꼴 : 돋움, 18pt).

1 [삽입] 탭-[도형]에서 [블록 화살표]-**[화살표: 왼쪽/오른쪽/위쪽/아래쪽(✛)]**을 선택한 후 슬라이드에 삽입합니다.

★ 112페이지의 출력형태를 참고하여 도형의 크기와 위치를 맞춰주세요.

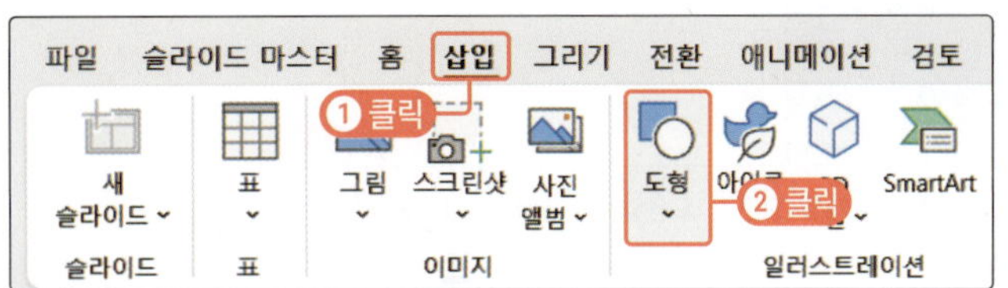
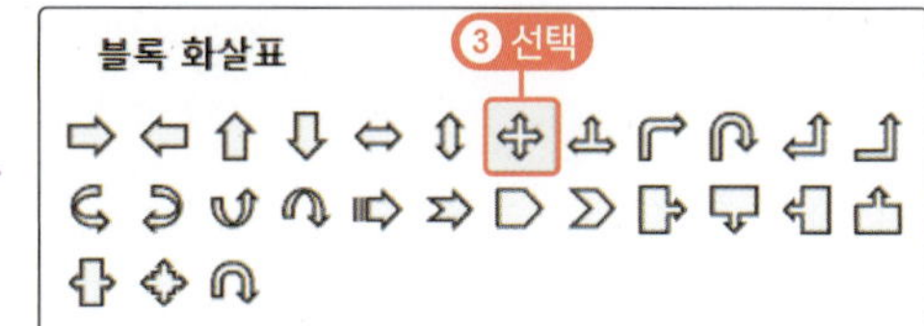

2 도형 주변의 **노란색 조절점(◦)**을 드래그하여 모양을 변형합니다.

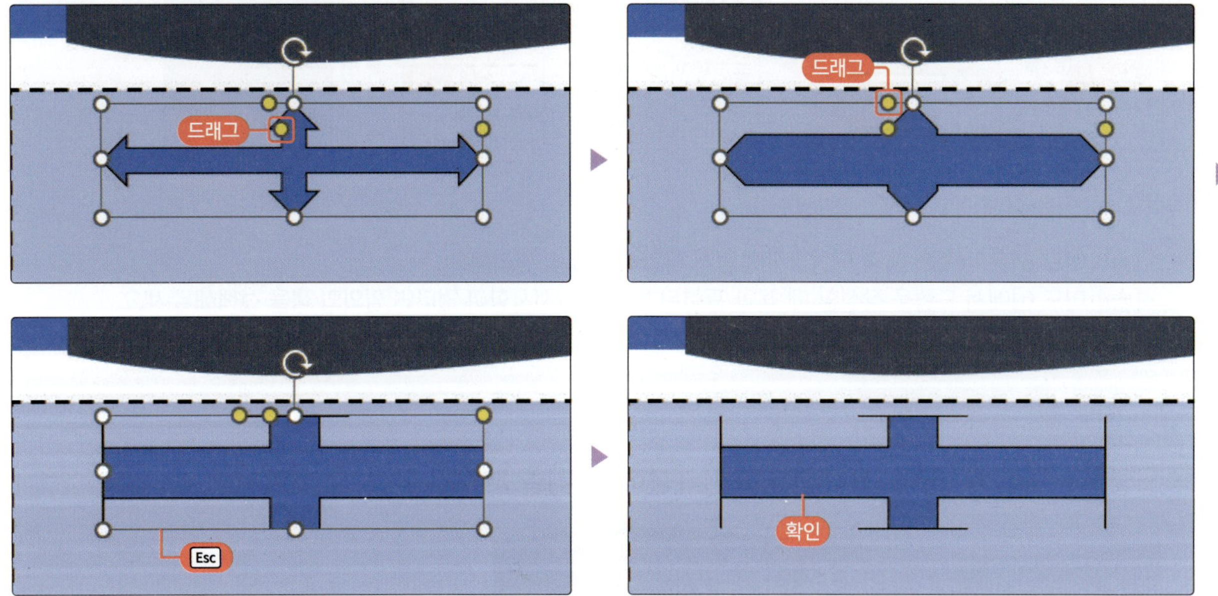

3 도형 안에 내용을 입력한 다음 [홈] 탭에서 **글꼴 서식(돋움, 18pt)**을 지정합니다.

★ 도형에 입력된 텍스트의 글꼴 색은 문제지를 참고하여 '검정' 또는 '흰색'으로 지정해요.

4 도형 위에서 우클릭하여 **[기본 도형으로 설정]**을 클릭합니다.

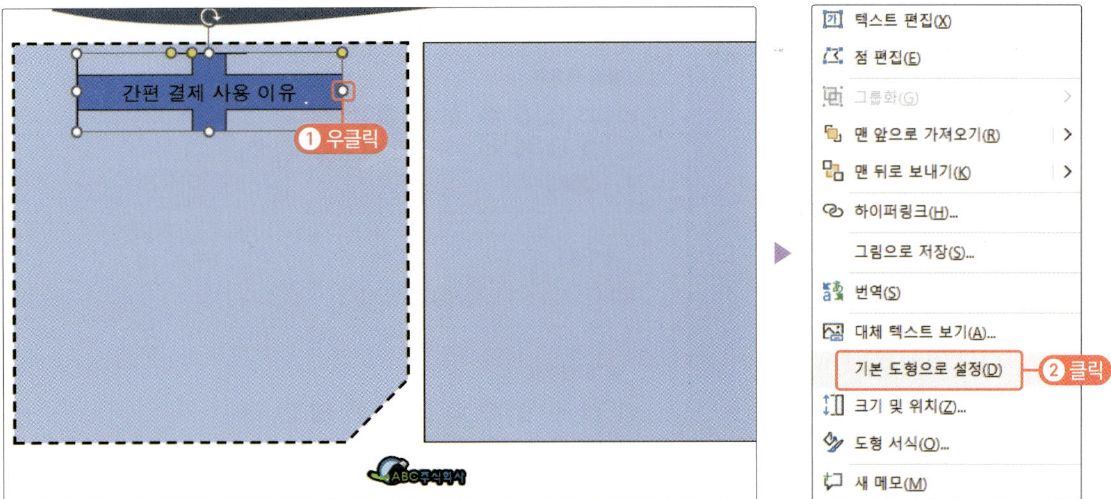

ITQ 꿀팁

[슬라이드 6]의 출력형태를 확인해 보면 도형의 윤곽선이 얇은 검정으로 지정되어 있어요. 세부조건에 따라 글꼴을 '돋움, 18pt'로 지정하고 글꼴 색은 '검정색'으로 변경한 후 [기본 도형으로 설정]을 지정해 주세요. 기본 도형으로 설정되면 이후에 새로 삽입하는 모든 도형에 동일한 서식이 자동으로 적용되어 작업 시간을 줄일 수 있어요.

5 112페이지의 출력형태를 참고하여 4개의 도형을 작성합니다.

★ 도형 삽입 후 내용을 입력하고, 임의의 색으로 도형 색상을 변경해요.

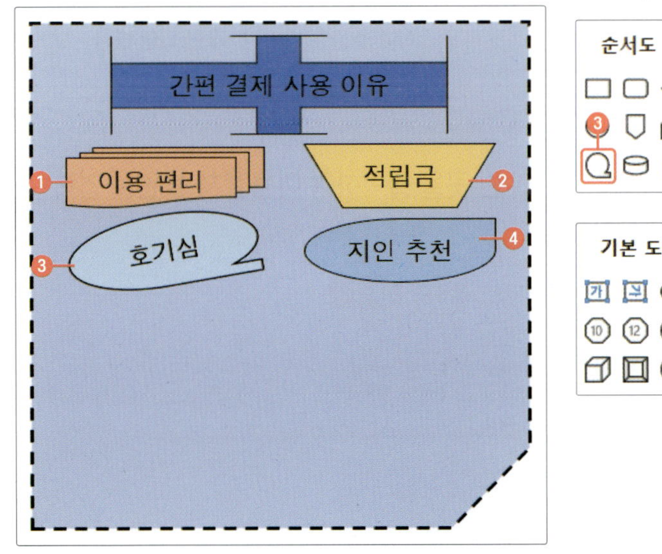

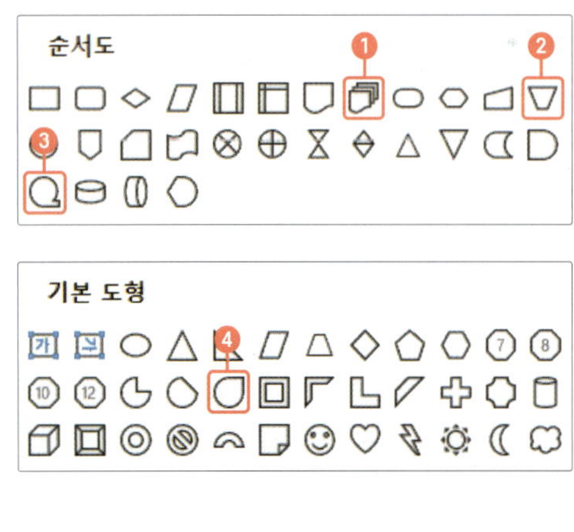

도형 작성 방법

· ❸번 도형 : 회전 핸들(⟲)을 드래그하여 도형을 회전시켜요.

6 112페이지의 출력형태를 참고하여 4개의 도형을 작성합니다.

★ 도형 삽입 후 내용을 입력하고, 임의의 색으로 도형 색상을 변경해요.

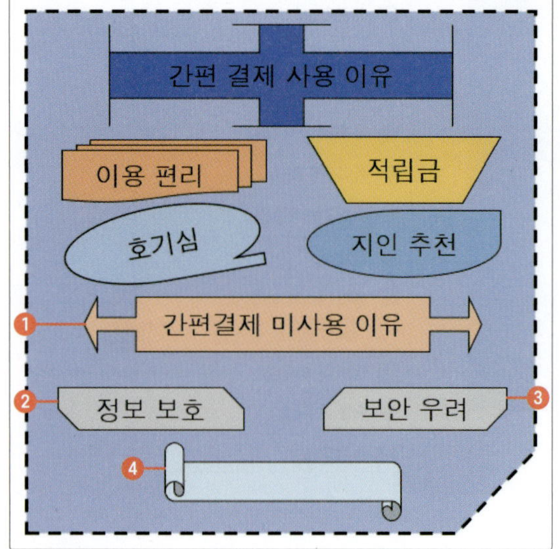

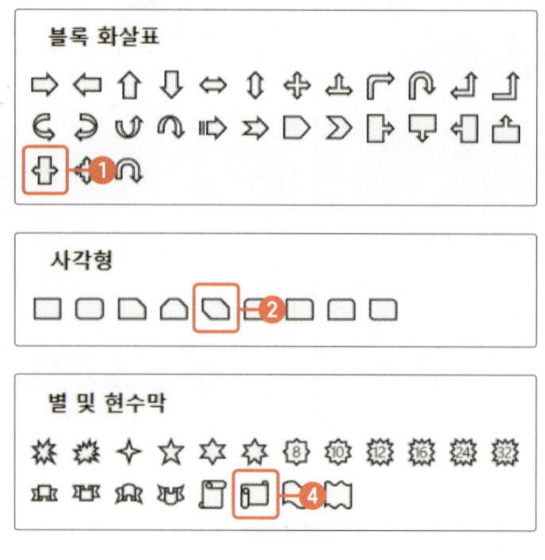

Level UP **도형 작성 방법**

· **1**번 도형 : 도형 중앙과 왼쪽 상단의 노란색 조절점()을 이용하여 모양을 변형해요.
· **2**번 도형 : 도형 우측의 노란색 조절점(○)을 이용하여 모양을 변형해요.
· **3**번 도형 : **2**번 도형을 복사한 후 [도형 서식] 탭-[회전]-[좌우 대칭]을 지정해요.
(Ctrl+Shift를 누른 채 도형을 드래그하면 반듯하게 복사할 수 있습니다.)
· **4**번 도형 : [도형 서식] 탭-[회전]-[상하 대칭]을 지정한 후 노란색 조절점(○)을
이용하여 모양을 변형해요.

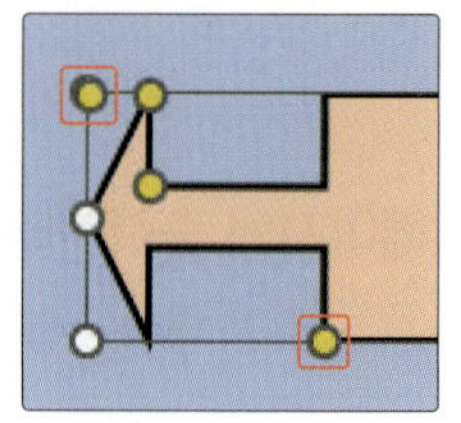

▲ **1**번 도형 변경

---

7 [삽입] 탭-**[가로 텍스트 상자 그리기]**를 선택한 후 슬라이드의 빈 곳을 클릭하여 **이용절차 불편**을 입력합니다.

★ 상하 대칭된 도형에 텍스트를 입력하면 글자가 거꾸로 표시되므로 텍스트 상자를 활용해야 해요.

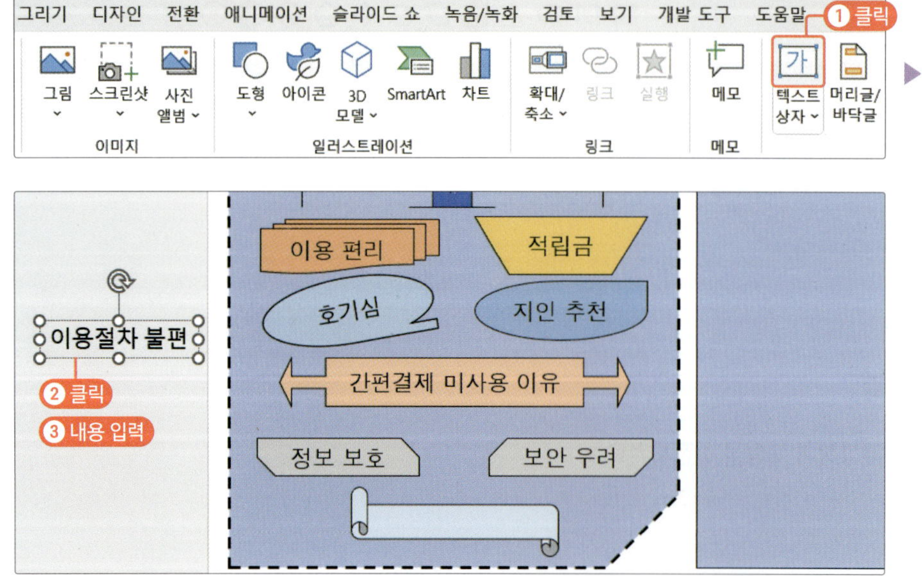

8 [홈] 탭에서 **글꼴 서식(돋움, 18pt)**를 지정한 후 도형 앞쪽에 배치합니다.

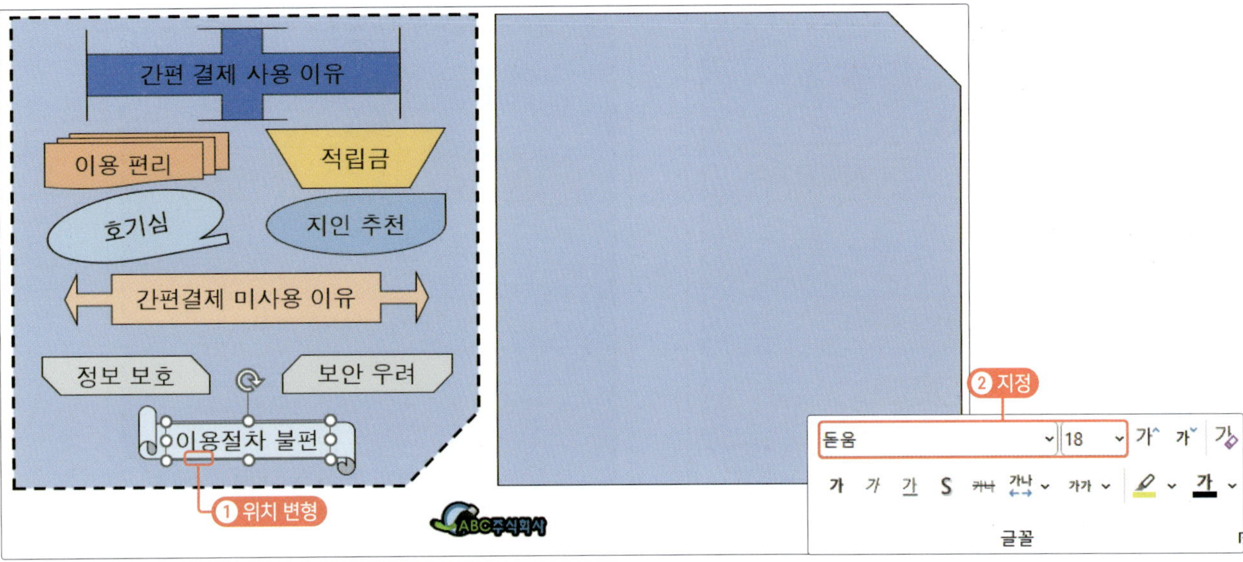

9 [삽입] 탭-[도형]에서 [선]-**[연결선: 구부러진 화살표(↲)]**를 선택합니다.

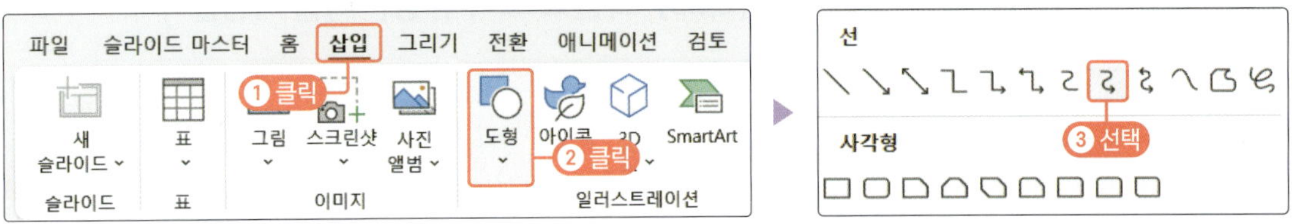

10 **정보 보호** 도형 위쪽의 연결 지점을 클릭하여 선을 삽입합니다.

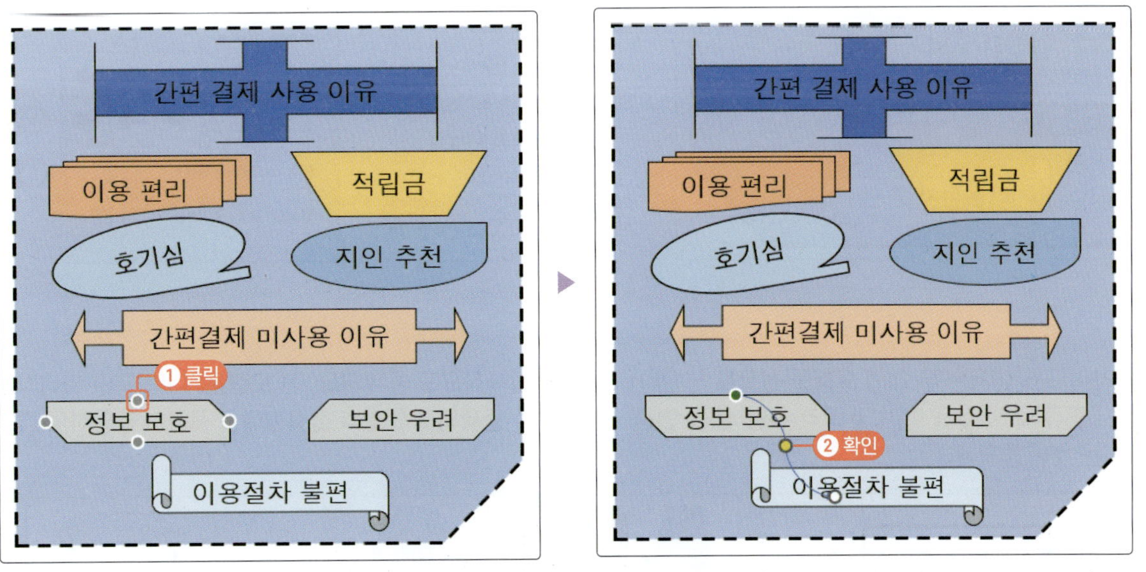

11 연결선 끝 점을 **보안 우려** 도형 위쪽의 연결 지점으로 드래그합니다.

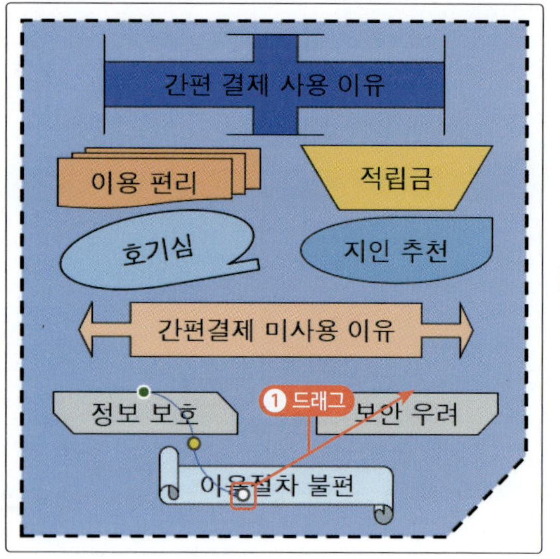

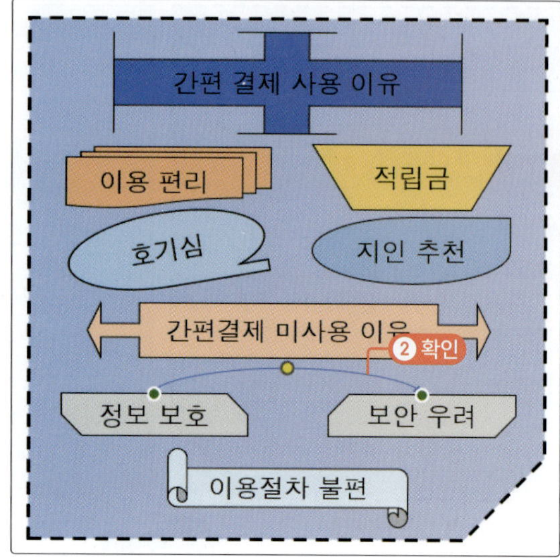

12 선 도형 위에서 우클릭하여 **[도형 서식]**을 클릭합니다.

13 오른쪽 창이 활성화되면 **색(검정, 텍스트 1)**, **너비(2.25)**, **화살표 꼬리 유형(━●)**을 지정합니다.

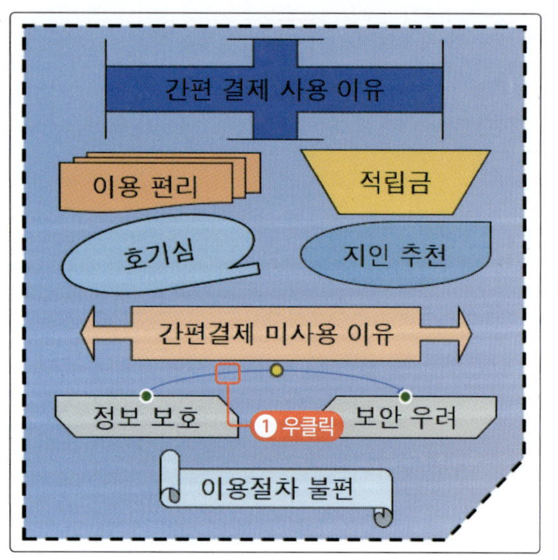

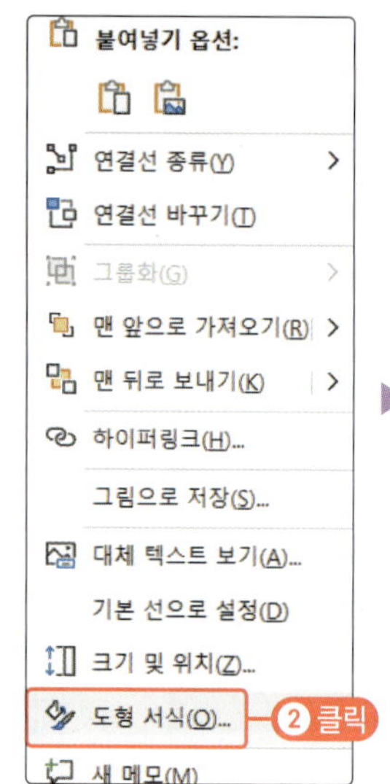

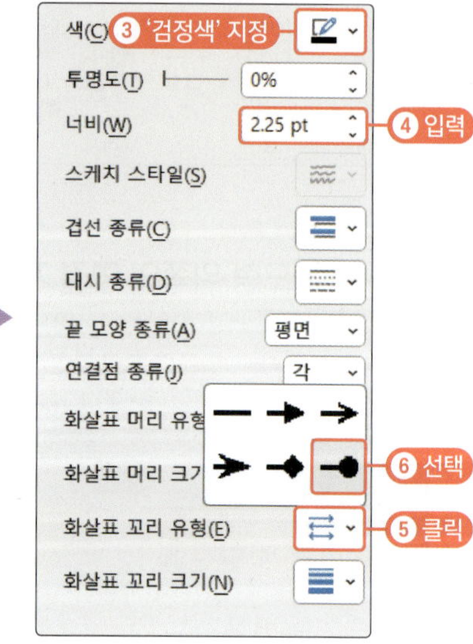

[슬라이드 6]에서는 두 개의 도형을 선으로 연결하는 문제가 반복적으로 출제돼요. 선 도형은 '너비'뿐만 아니라 '대시 종류'나 '화살표 머리 및 꼬리 유형' 등을 변경하는 문제가 출제되고 있으니 출력형태를 꼼꼼히 확인하며 작업하는 것이 중요해요.

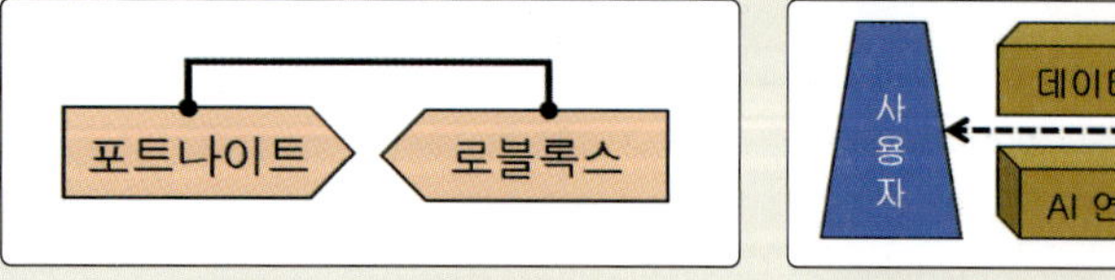

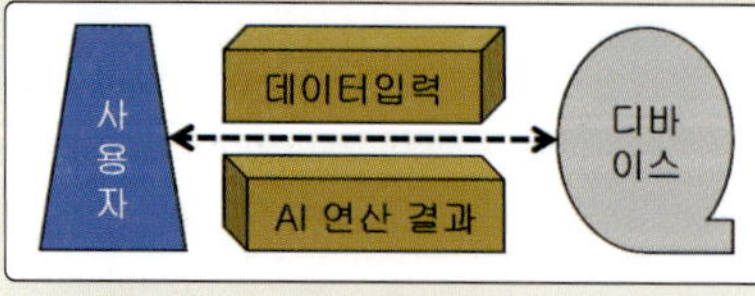

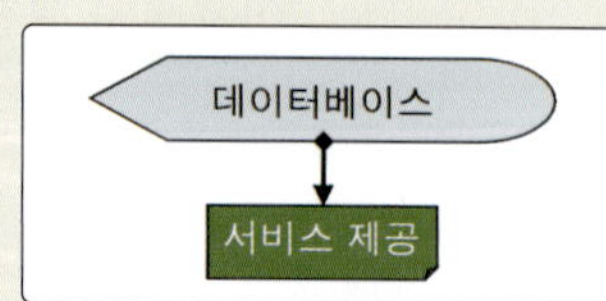

Level UP 슬라이드에 삽입된 도형 이름 확인하기

도형 모양이 변형되었거나 처음 보는 도형이 있을 때 해당 도형에 대한 이름을 알고 싶다면 아래와 같은 방법으로 확인할 수 있습니다.

❶ 정답 파일을 열어서 원하는 슬라이드 선택하기

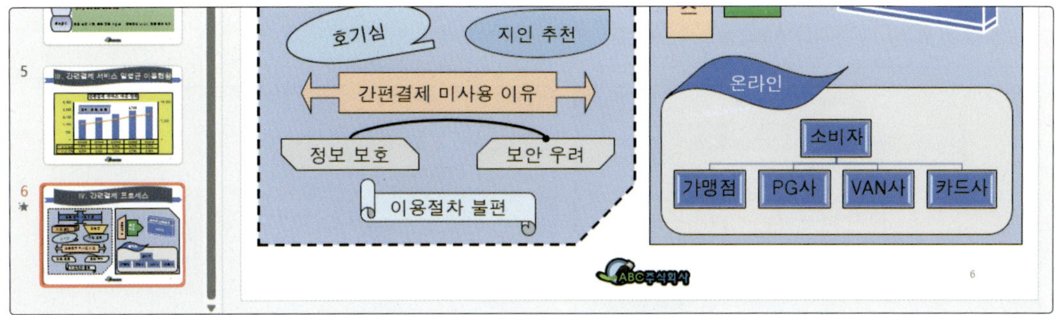

❷ [홈] 탭에서 [선택]-[선택 창] 클릭하기

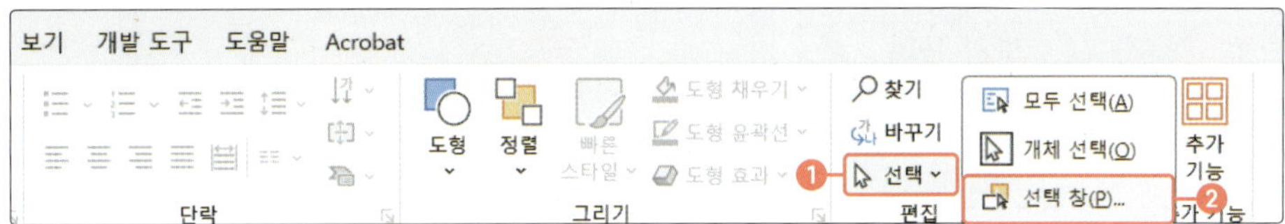

❸ 오른쪽에 [선택] 창이 활성화되면 원하는 도형을 클릭하여 이름 확인하기

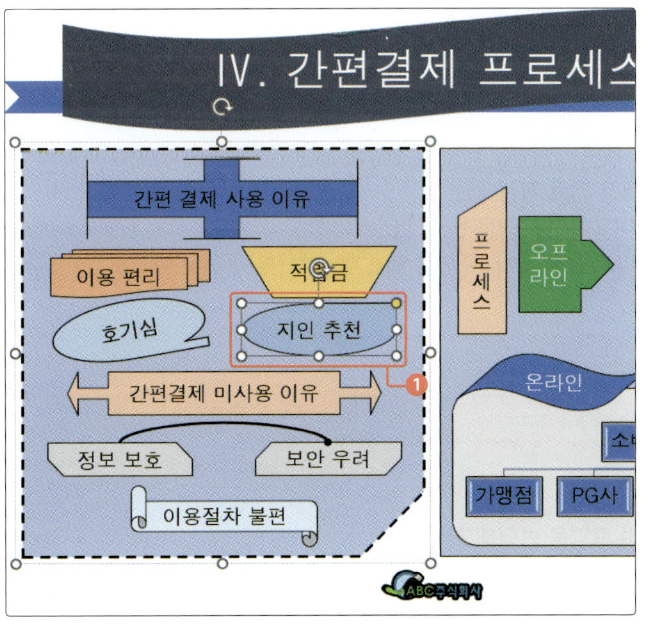

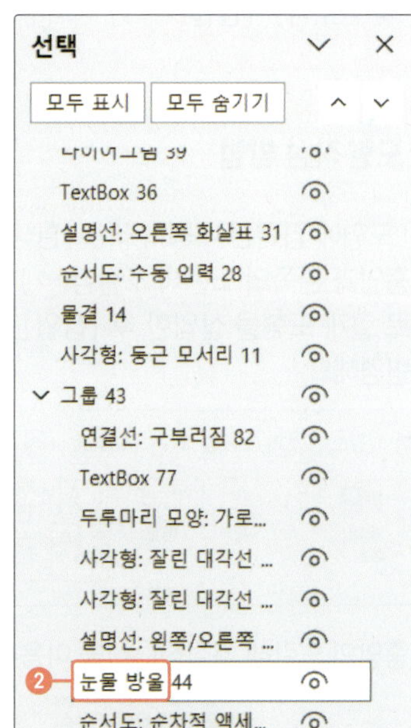

오른쪽 도형 작성하기

(1) 슬라이드와 같이 도형 및 스마트아트를 배치한다(글꼴 : 돋움, 18pt).

1 112페이지의 출력형태를 참고하여 4개의 도형을 작성합니다.

✿ 도형 삽입 후 내용을 입력하고, 임의의 색으로 도형 색상을 변경해요.

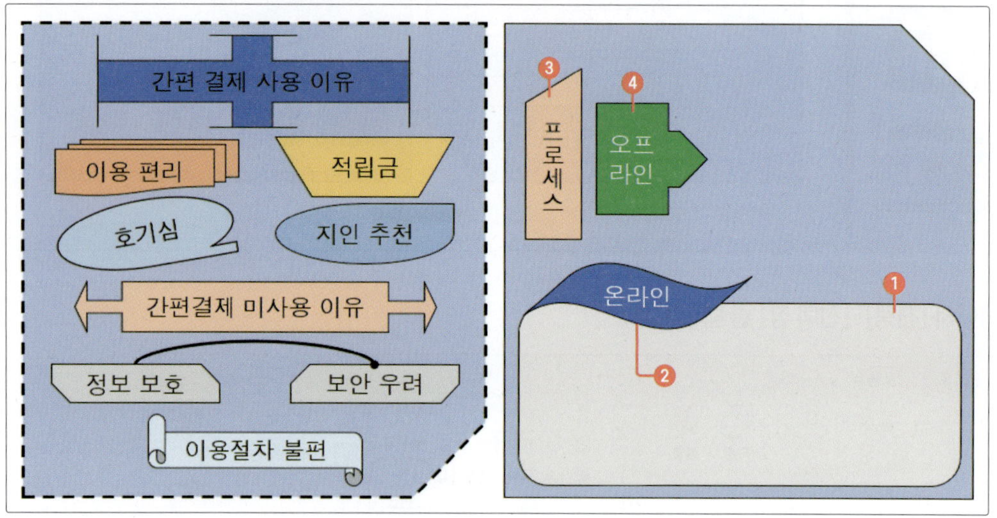

① [사각형]-[사각형: 둥근 모서리( )] 　③ [순서도]-[순서도: 수동 입력( )]
② [별 및 현수막]-[물결( )] 　④ [블록 화살표]-[설명선: 오른쪽 화살표( )]

Level UP　도형 작성 방법

- ❷번 도형과 ❹번 도형에 입력된 내용의 색은 [흰색, 배경 1]로 지정해요.
- ❷번 도형 : 도형 중앙과 왼쪽의 노란색 조절점( )을 이용하여 모양을 변형해요.
- ❸번 도형 : 세로로 길게 도형을 삽입한 후 [삽입] 탭-[텍스트 상자]-[세로 텍스트 상자]로 내용을 입력하고, 글꼴 서식 (돋움, 18pt)을 변경해요.

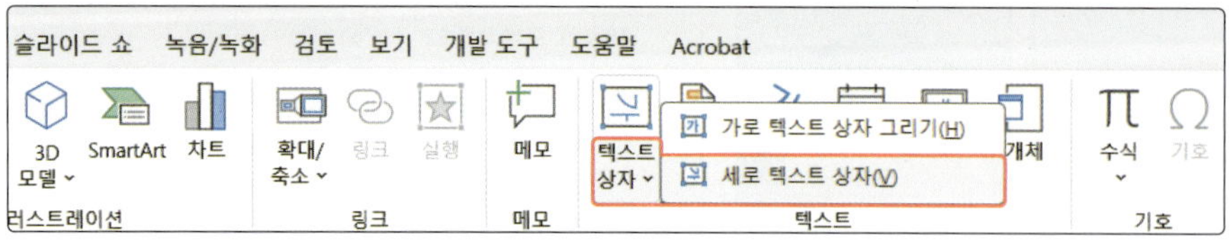

- ❹번 도형 : 도형 중앙의 노란색 조절점( )을 이용하여 모양을 변형해요.

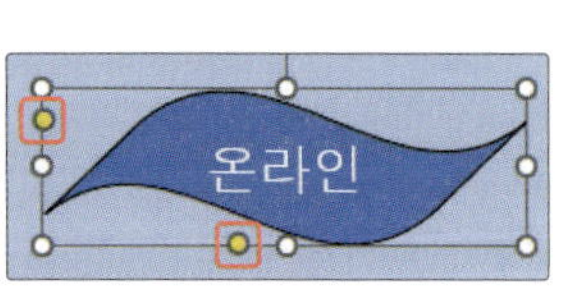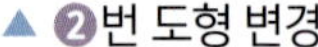

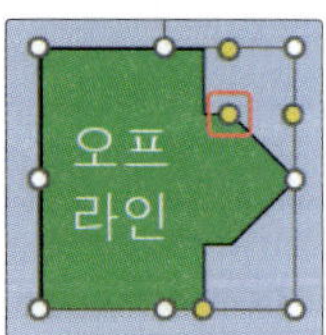

▲ ❷번 도형 변경　　▲ ❹번 도형 변경

ITQ 꿀팁

[슬라이드 6]에서 도형 작성 시 글꼴 색은 문제지의 출력형태를 참고하여 지정해 주세요.

첫 번째 SmartArt 삽입 후 편집하기

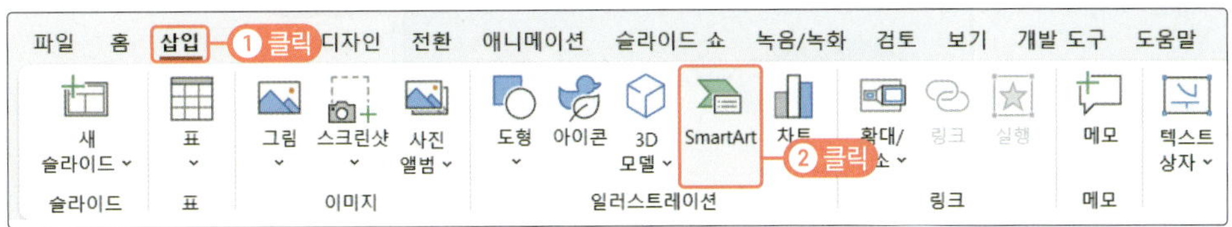

(1) 슬라이드와 같이 도형 및 스마트아트를 배치한다(글꼴 : 돋움, 18pt).
　② 도형 및 스마트아트 편집
　　- 스마트아트 디자인 : 3차원 벽돌, 3차원 만화

1 스마트아트를 추가하기 위해 [삽입] 탭-**[SmartArt]**를 클릭합니다.

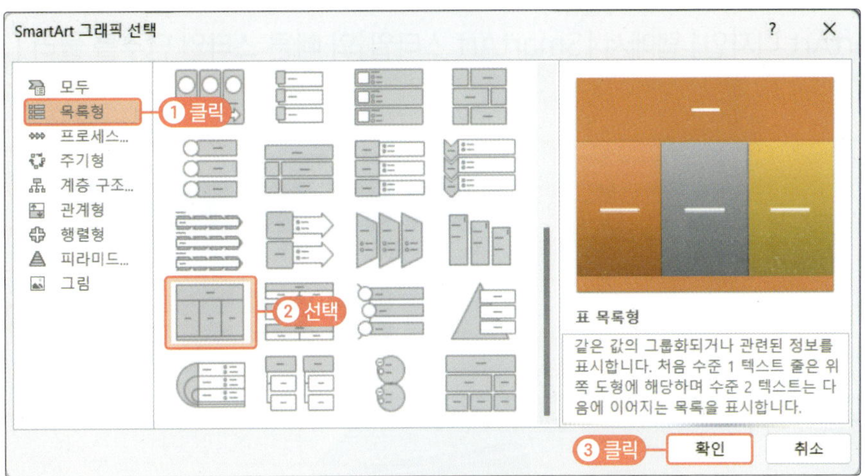

2 [목록형]을 클릭한 후 **[표 목록형]**을 선택합니다.

3 스마트아트가 슬라이드에 삽입되면 불필요한 도형을 Delete로 삭제한 다음 내용을 입력합니다.

★ 112페이지의 출력형태를 참고하여 도형을 삭제해 주세요.

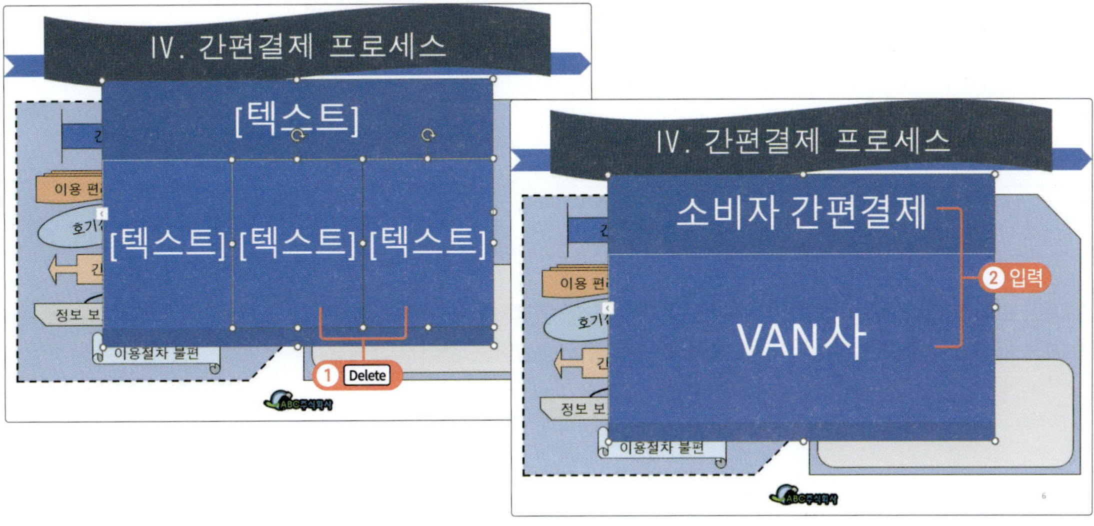

4 스마트아트의 테두리를 선택한 후 [홈] 탭에서 **글꼴 서식(돋움, 18pt)**을 지정합니다.

5 스마트아트 바깥쪽 조절점을 드래그하여 크기를 조절한 후 위치를 변경합니다.

★ 112페이지의 출력형태를 참고하여 크기와 위치를 맞춰주세요.

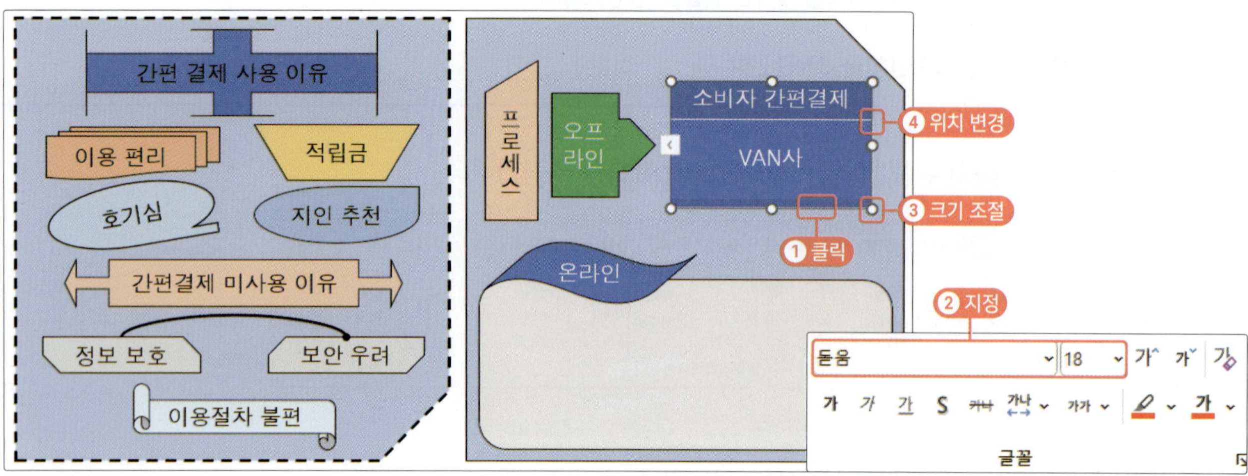

6 스타일을 지정하기 위해 [SmartArt 디자인] 탭에서 [SmartArt 스타일]의 빠른 스타일 단추를 눌러 **[3차원-벽돌]**을 선택합니다.

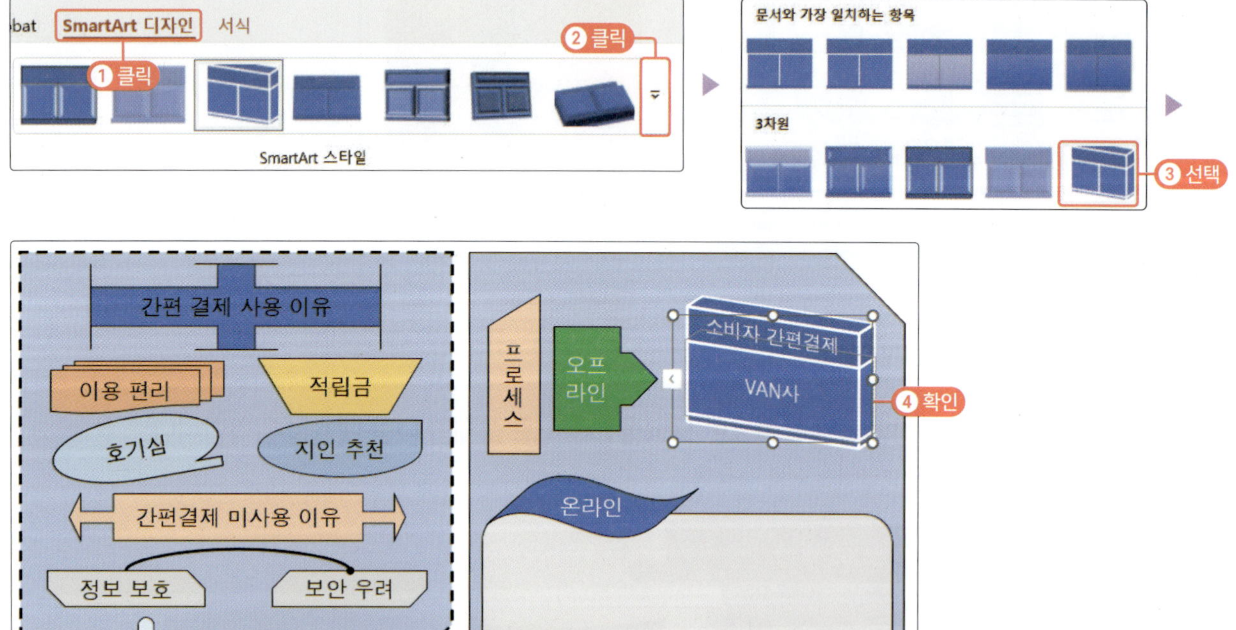

> **ITQ 꿀팁**
>
> · 스마트아트 도형에 입력된 띄어쓰기와 줄 수는 문제지의 출력형태를 기준으로 작업하세요.
> · 스마트아트 모양은 다양하게 출제되므로, 여러 가지 유형을 연습하는 것이 중요해요.

두 번째 SmartArt 삽입 후 편집하기

(1) 슬라이드와 같이 도형 및 스마트아트를 배치한다(글꼴 : 돋움, 18pt).
　②도형 및 스마트아트 편집
　　- 스마트아트 디자인 : 3차원 벽돌, 3차원 만화

1 두번째 스마트아트를 추가하기 위해 [삽입] 탭-**[SmartArt]**를 클릭합니다.

2 [계층 구조형]을 클릭한 후 **[조직도형]**을 선택합니다.

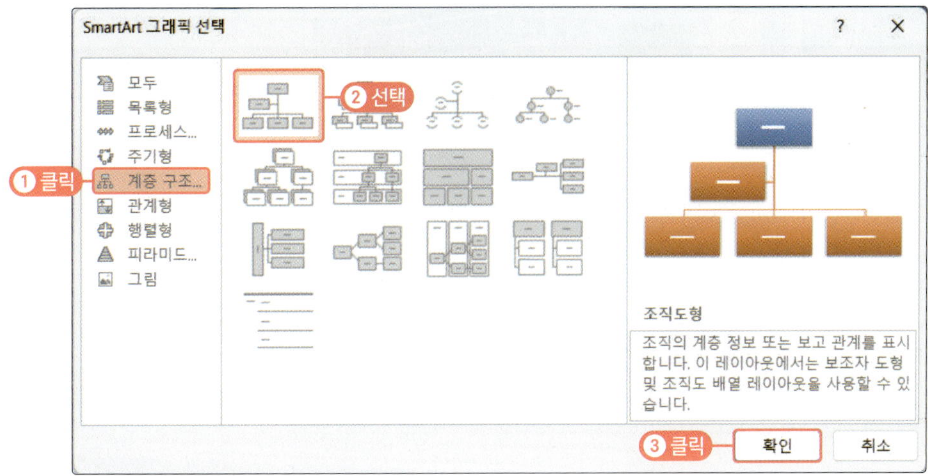

3 스마트아트가 슬라이드에 삽입되면 불필요한 도형을 Delete 로 삭제합니다.

　★ 112페이지의 출력형태를 참고하여 도형을 삭제해 주세요.

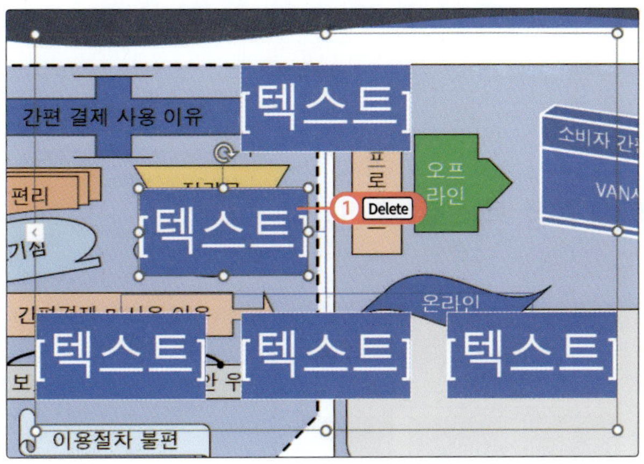

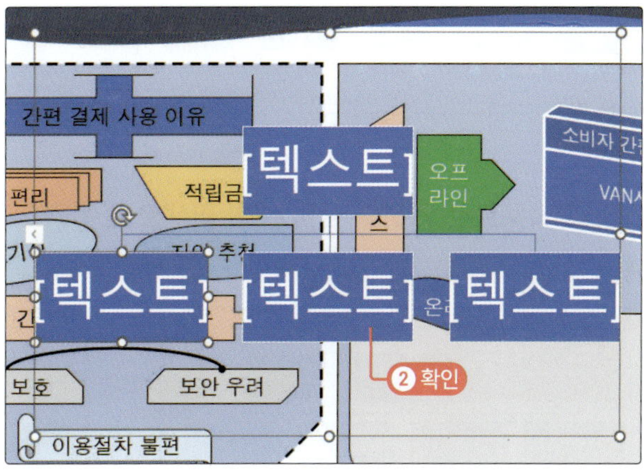

4 하위 계층 도형의 테두리를 우클릭한 후 [도형 추가]-**[뒤에 도형 추가]**를 선택합니다.

5 각 도형에 내용을 입력한 후 스마트아트의 테두리를 선택하여 **글꼴 서식(돋움, 18pt)**과 글꼴 색을 **검정, 텍스트 1**로 지정합니다.

6 스마트아트 바깥쪽 조절점을 드래그하여 크기를 조절한 후 위치를 변경합니다.

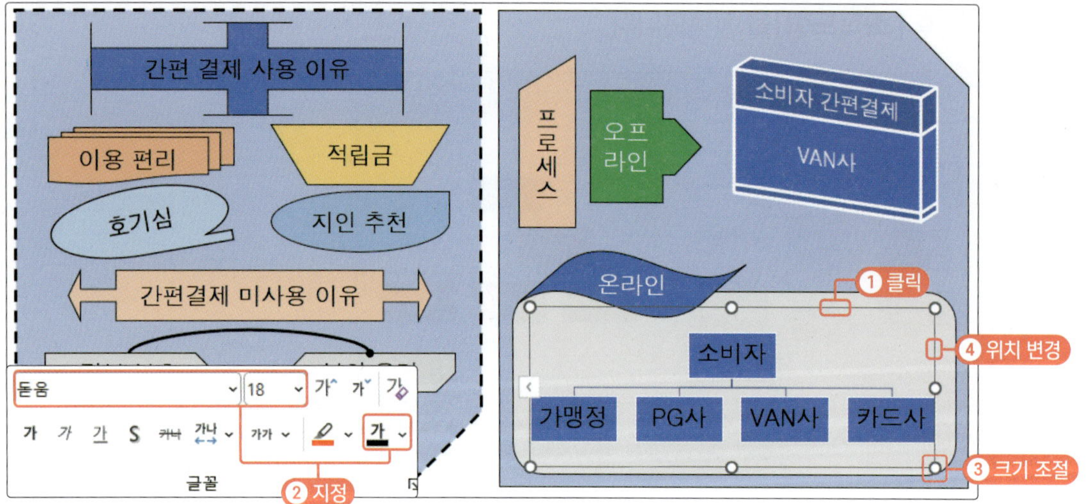

7 [SmartArt 디자인] 탭에서 [SmartArt 스타일]의 빠른 스타일 단추를 눌러 **[3차원-만화]**를 선택합니다.

8 스타일 적용으로 인하여 글꼴 색이 흰색으로 변경되면 다시 **검정, 텍스트1**로 변경합니다.

★ 112페이지의 출력형태를 참고하여 스마트아트의 글꼴 색을 지정합니다.

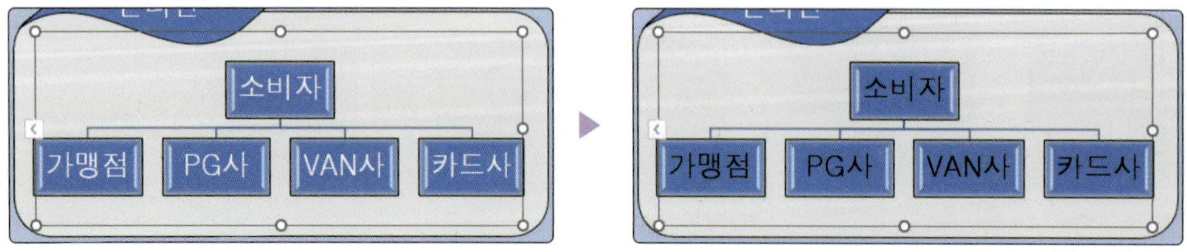

(2) 애니메이션 순서 : ① ⇒ ②
　　① 도형 편집
　　　- 그룹화 후 애니메이션 효과 : 나누기(세로 바깥쪽으로)
　　② 도형 및 스마트아트 편집
　　　- 그룹화 후 애니메이션 효과 : 날아오기(왼쪽에서)

1 슬라이드 왼쪽에 삽입된 모든 개체들이 선택되도록 드래그한 후 우클릭하여 [그룹화]-**[그룹]**을 선택합니다.

★ Ctrl + G 를 눌러 그룹으로 지정할 수도 있어요.

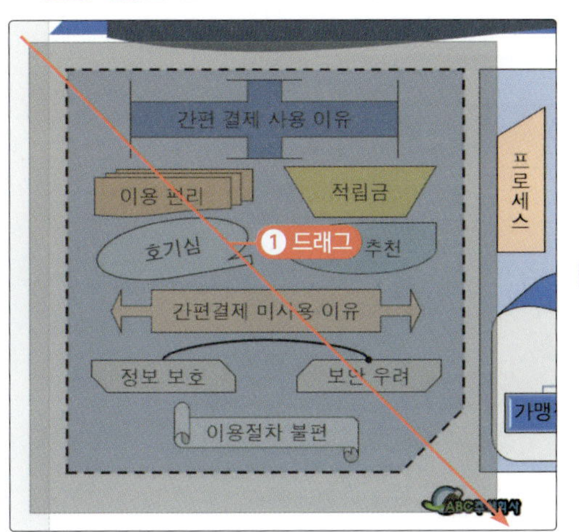

2 [애니메이션] 탭을 클릭한 다음 애니메이션 스타일 단추를 눌러 [나타내기]-**[나누기]**를 선택합니다.

★ 애니메이션 순서 조건(① ⇒ ②)에 따라 왼쪽 도형 그룹에 대한 애니메이션을 먼저 작업해요.

3 [애니메이션] 탭에서 [효과 옵션]을 **[세로 바깥쪽으로]**로 변경합니다.

✿ 애니메이션이 적용된 그룹 개체가 선택된 상태에서 효과 옵션을 변경할 수 있어요.

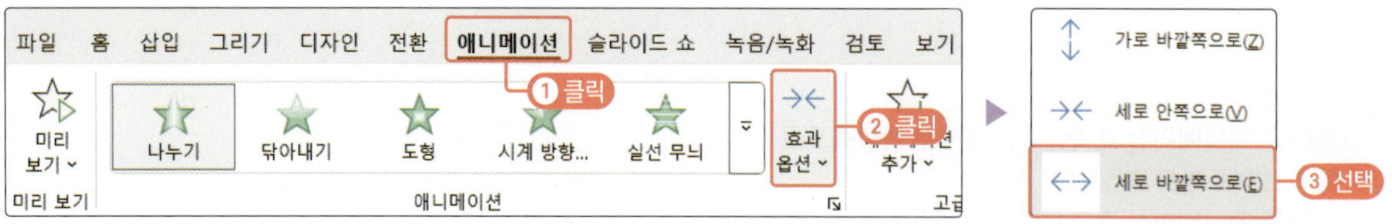

4 이번에는 슬라이드 오른쪽에 삽입된 모든 개체들이 선택되도록 드래그한 후 우클릭하여 [그룹화]−**[그룹]**을 선택합니다.

✿ 개체를 선택할 때 슬라이드 번호가 포함되지 않도록 유의하면서 작업해 주세요.

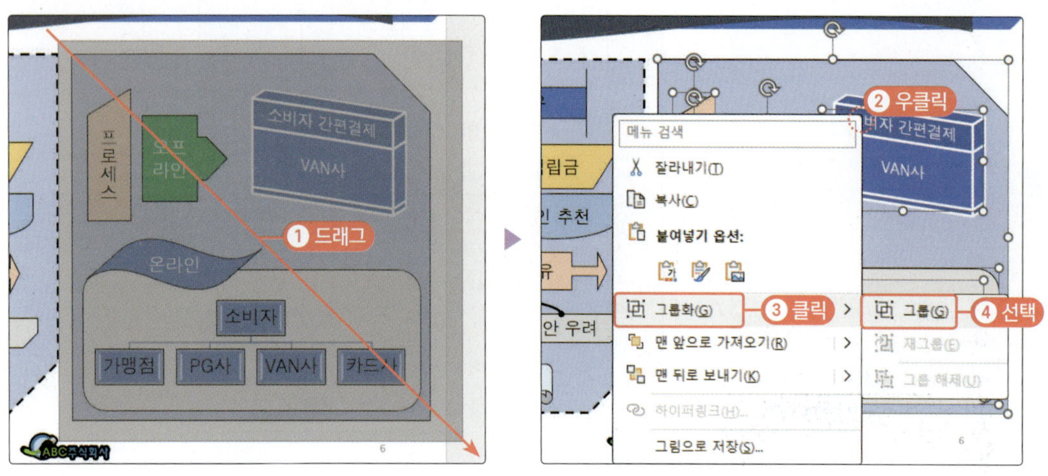

5 [애니메이션] 탭을 클릭한 다음 애니메이션 스타일 단추를 눌러 [나타내기]−**[날아오기]**를 선택하고, [효과 옵션]을 **[왼쪽에서]**로 변경합니다.

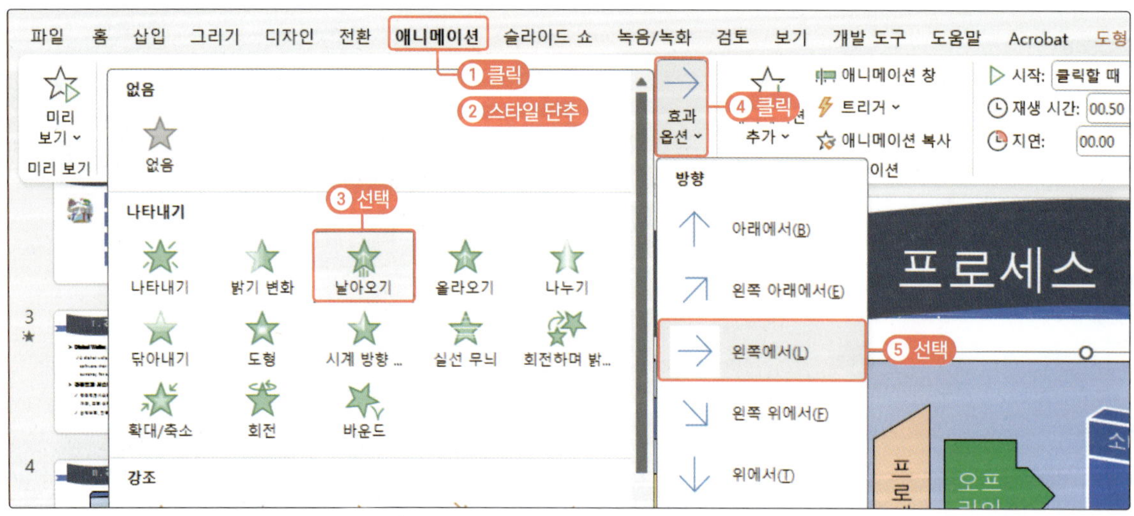

6 모든 작업이 완료되면 **[저장(🖫)]**을 클릭하거나, [Ctrl]+[S]를 눌러 답안 파일을 저장합니다.

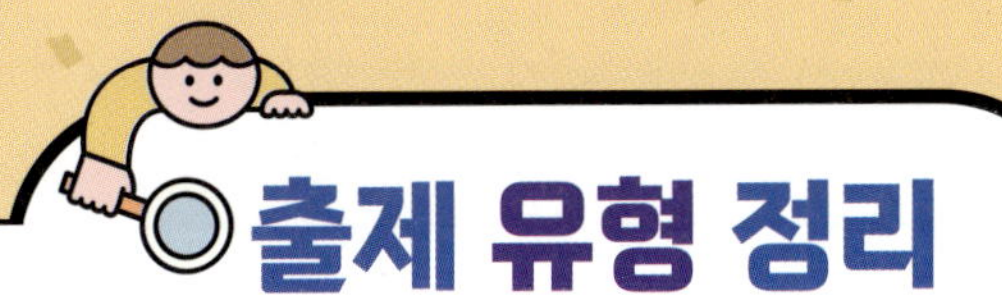

출제 유형 정리

---

1 《세부조건》에 맞추어 《도형 슬라이드》를 작성해 보세요.

⊙ 실습파일 : 유형07-1(문제).pptx
⊙ 완성파일 : 유형07-1(완성).pptx

(1) 슬라이드와 같이 도형 및 스마트아트를 배치한다(글꼴 : 돋움, 18pt).
(2) 애니메이션 순서 : ① ⇒ ②

《세부 조건》
① 도형 및 스마트아트 편집
　- 스마트아트 디자인
　　: 3차원 경사, 3차원 만화
　- 그룹화 후 애니메이션 효과
　　: 날아오기(왼쪽에서)
② 도형 편집
　- 그룹화 후 애니메이션 효과
　　: 밝기 변화

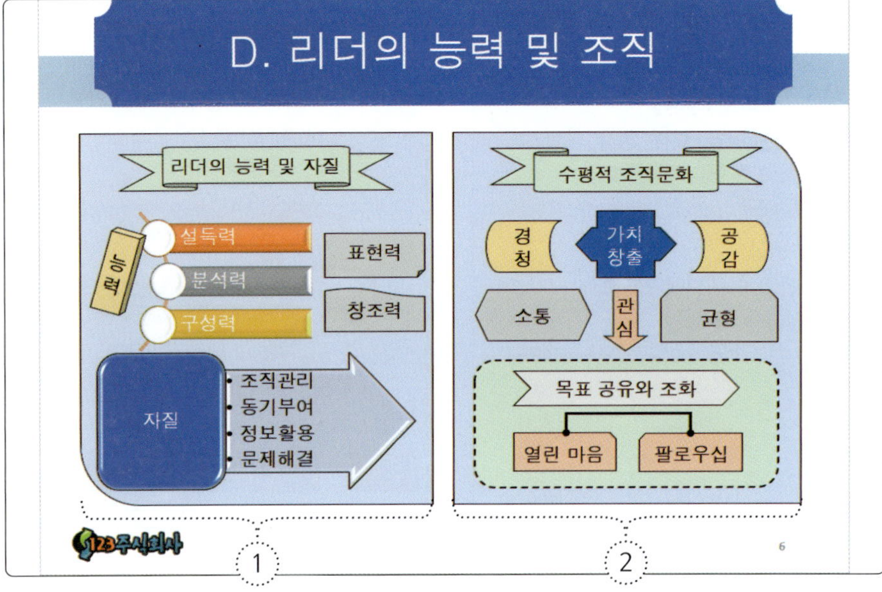

---

2 《세부조건》에 맞추어 《도형 슬라이드》를 작성해 보세요.

⊙ 실습파일 : 유형07-2(문제).pptx
⊙ 완성파일 : 유형07-2(완성).pptx

(1) 슬라이드와 같이 도형 및 스마트아트를 배치한다(글꼴 : 돋움, 18pt).
(2) 애니메이션 순서 : ① ⇒ ②

《세부 조건》
① 도형 및 스마트아트 편집
　- 스마트아트 디자인
　　: 3차원 벽돌, 3차원 만화
　- 그룹화 후 애니메이션 효과
　　: 올라오기(서서히 아래로)
② 도형 편집
　- 그룹화 후 애니메이션 효과
　　: 회전

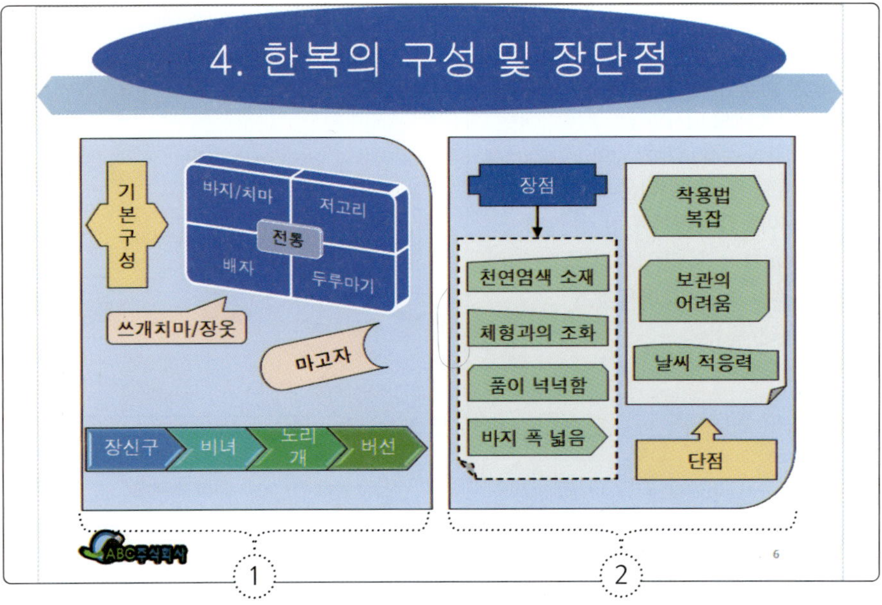

---

3 《세부조건》에 맞추어 《도형 슬라이드》를 작성해 보세요.

⊙ **실습파일** : 유형07-3(문제).pptx
⊙ **완성파일** : 유형07-3(완성).pptx

(1) 슬라이드와 같이 도형 및 스마트아트를 배치한다(글꼴 : 굴림, 18pt).
(2) 애니메이션 순서 : ① ⇒ ②

《세부 조건》
① 도형 및 스마트아트 편집
 - 스마트아트 디자인
  : 3차원 벽돌, 3차원 경사
 - 그룹화 후 애니메이션 효과
  : 바운드
② 도형 편집
 - 그룹화 후 애니메이션 효과
  : 실선 무늬(세로)

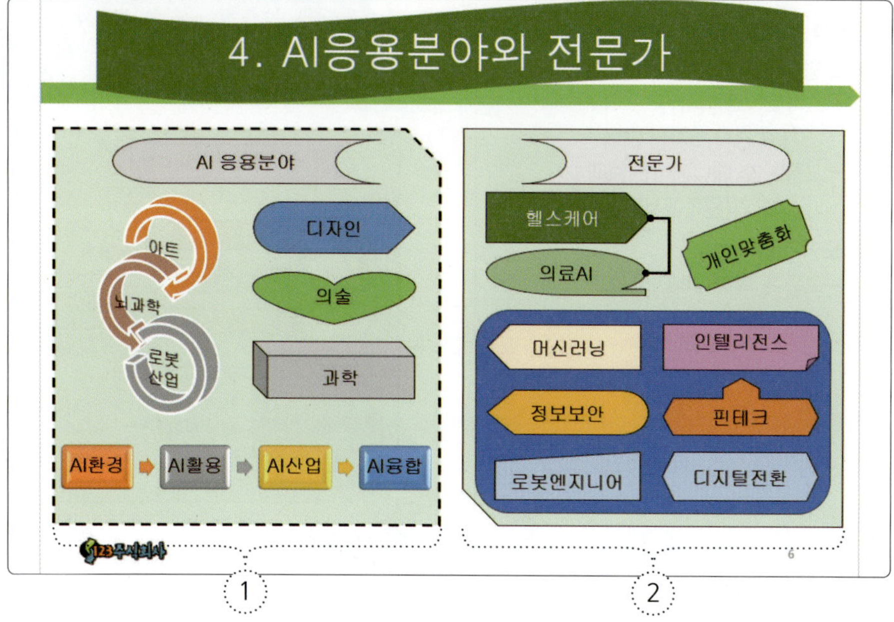

① ②

---

4 《세부조건》에 맞추어 《도형 슬라이드》를 작성해 보세요.

⊙ **실습파일** : 유형07-4(문제).pptx
⊙ **완성파일** : 유형07-4(완성).pptx

(1) 슬라이드와 같이 도형 및 스마트아트를 배치한다(글꼴 : 돋움, 18pt).
(2) 애니메이션 순서 : ① ⇒ ②

《세부 조건》
① 도형 및 스마트아트 편집
 - 스마트아트 디자인
  : 3차원 경사, 3차원 만화
 - 그룹화 후 애니메이션 효과
  : 날아오기(오른쪽에서)
② 도형 편집
 - 그룹화 후 애니메이션 효과
  : 확대/축소

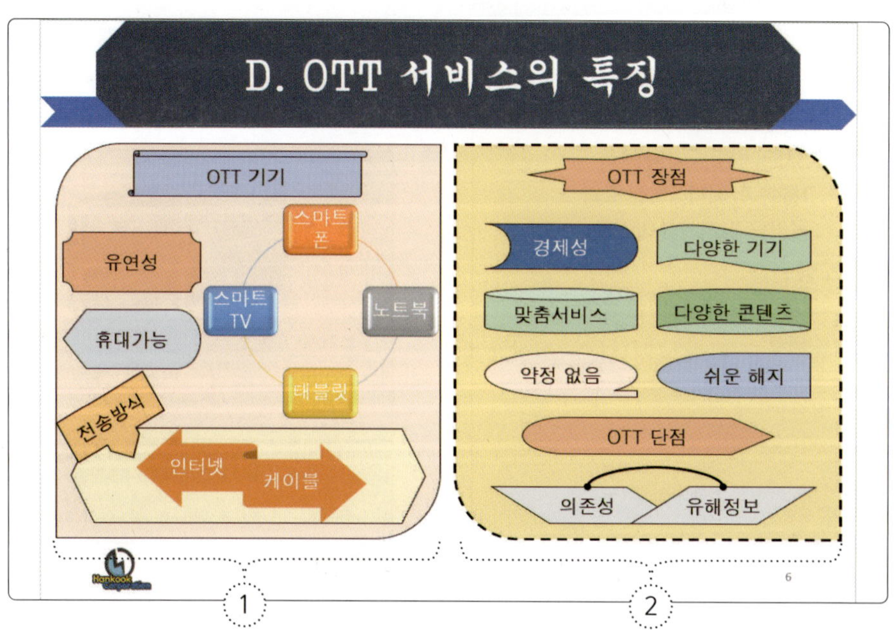

① ②

(1) 슬라이드와 같이 도형 및 스마트아트를 배치한다(글꼴 : 돋움, 18pt).
(2) 애니메이션 순서 : ① ⇒ ②

《세부 조건》

① 도형 및 스마트아트 편집
 - 스마트아트 디자인
  : 3차원 만화, 3차원 벽돌
 - 그룹화 후 애니메이션 효과
  : 나타나기
② 도형 편집
 - 그룹화 후 애니메이션 효과
  : 날아오기(위에서)

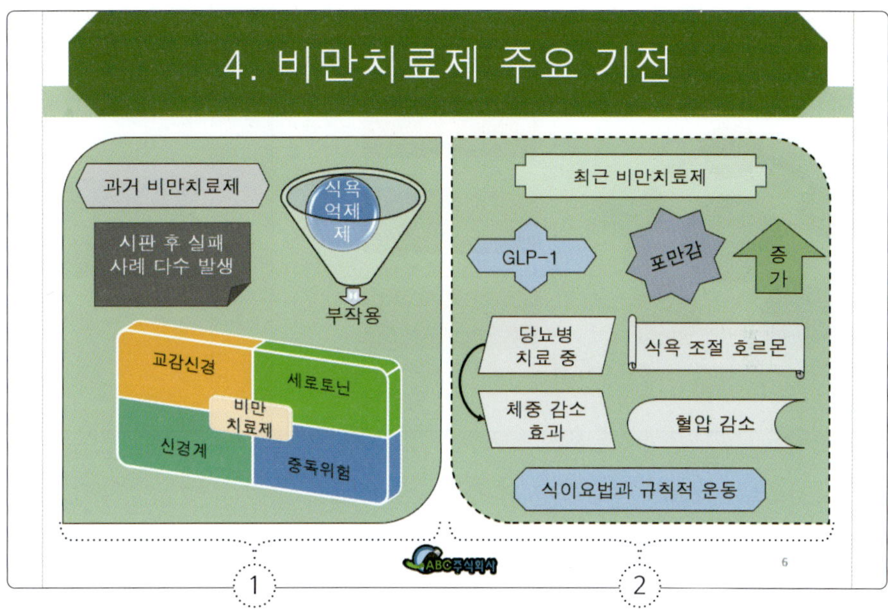

(1) 슬라이드와 같이 도형 및 스마트아트를 배치한다(글꼴 : 돋움, 18pt).
(2) 애니메이션 순서 : ① ⇒ ②

《세부 조건》

① 도형및스마트아트편집
 - 스마트아트 디자인
  : 3차원 만화, 3차원 경사
 - 그룹화 후 애니메이션 효과
  : 회전
② 도형편집
 - 그룹화 후 애니메이션 효과
  : 나누기(가로 안쪽으로)

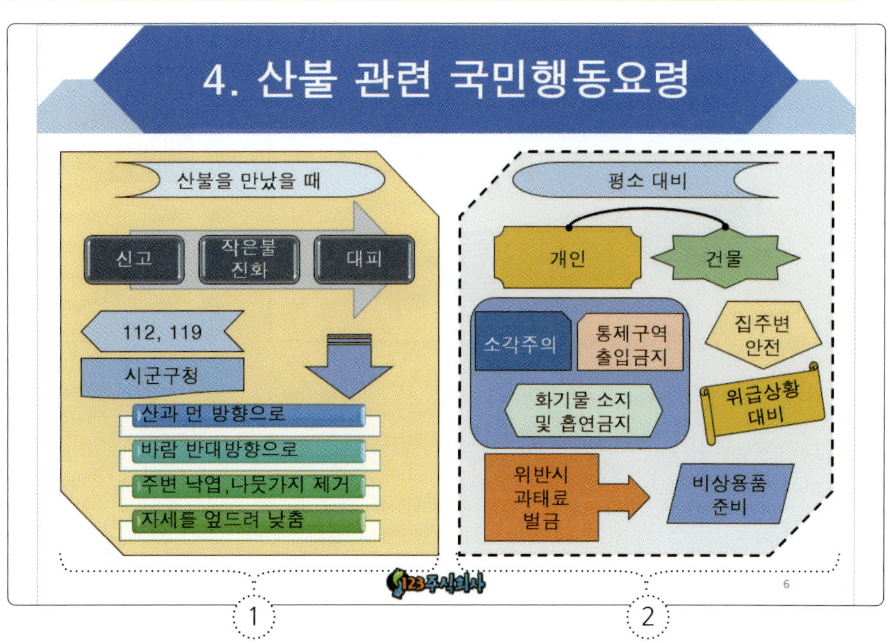

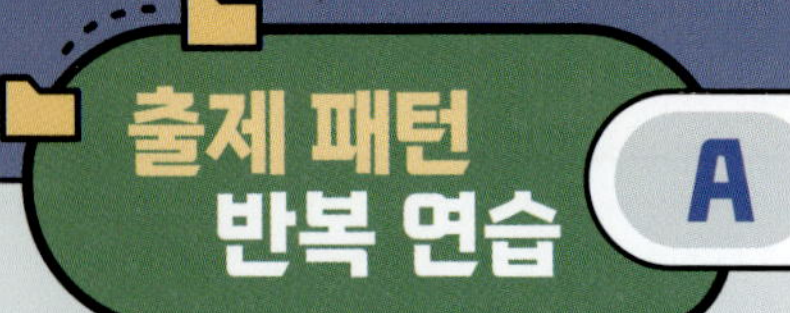

A 조건 맞추어 각 슬라이드에 스마트아트를 작성해 보세요.

⊘ 실습파일 : 패턴07-1(문제).pptx   ⊘ 완성파일 : 패턴07-1(완성).pptx

패턴 01 [삽입]-[SmartArt( )], 글꼴(굴림, 18pt)

❶ 스마트아트 디자인(3차원 평면, 3차원 광택 처리) ❷ 그룹화 후 애니메이션 효과(바운드)

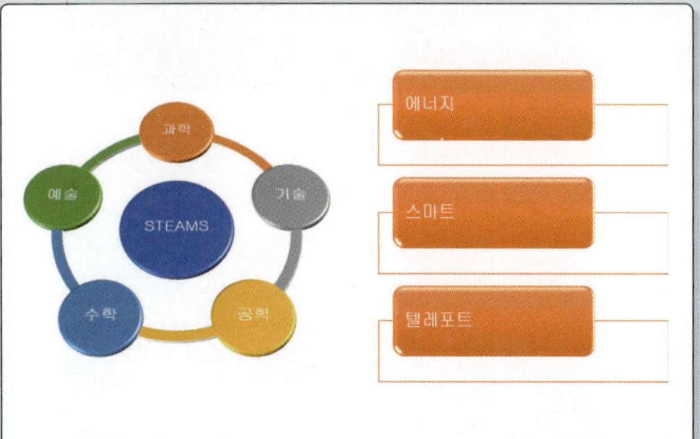

패턴 02 [삽입]-[SmartArt( )], 글꼴(굴림, 18pt)

❶ 스마트아트 디자인(3차원 경사, 3차원 만화) ❷ 그룹화 후 애니메이션 효과(시계 방향 회전)

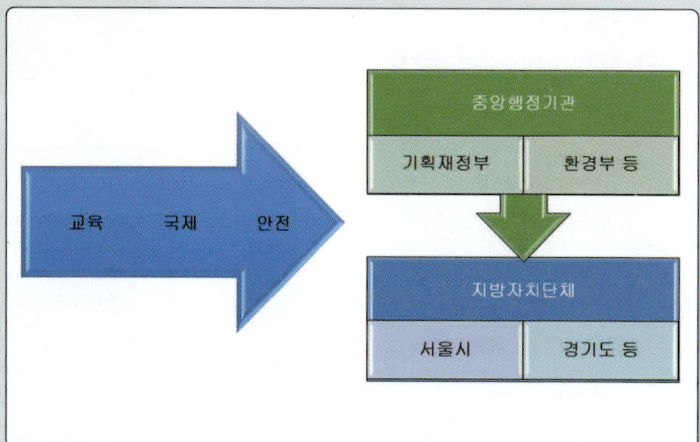

패턴 03 [삽입]-[SmartArt( )], 글꼴(굴림, 18pt)

❶ 스마트아트 디자인(3차원 파우더, 3차원 벽돌) ❷ 그룹화 후 애니메이션 효과(밝기 변화)

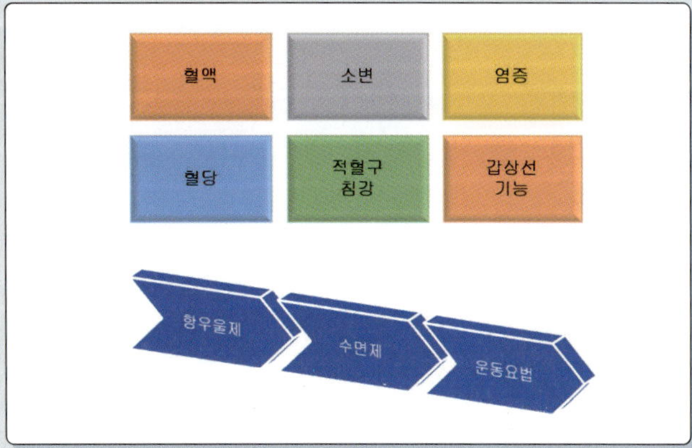

패턴 04 [삽입]-[SmartArt( )], 글꼴(굴림, 18pt)

❶ 스마트아트 디자인(3차원 경사, 강한 효과) ❷ 그룹화 후 애니메이션 효과(나타내기)

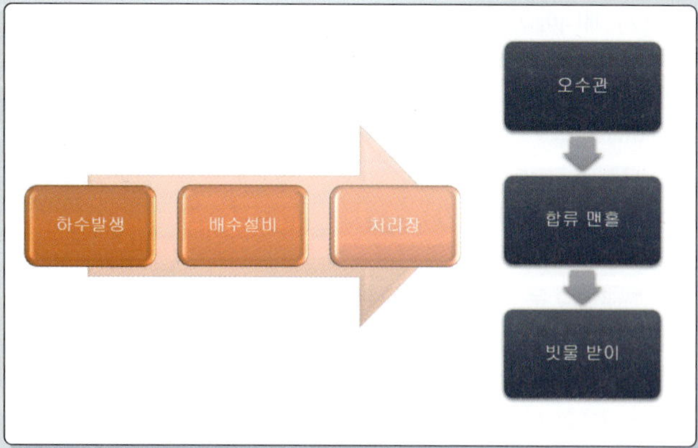

⊘ **실습파일** : 패턴07-2(문제).pptx   ⊘ **완성파일** : 패턴07-2(완성).pptx

패턴 01　[삽입]-[도형(▣)]-모양 변형(◉)

❶ 도형1(설명선: 왼쪽/오른쪽/위쪽/아래쪽) ❷ 도형2(설명선: 오른쪽 화살표) ❸ 도형3(연결선: 구부러짐) ❹ 도형4(설명선: 왼쪽/오른쪽 화살표) ❺ 도형5(설명선: 왼쪽/오른쪽 화살표) ❻ 도형6(연결선: 꺾임)

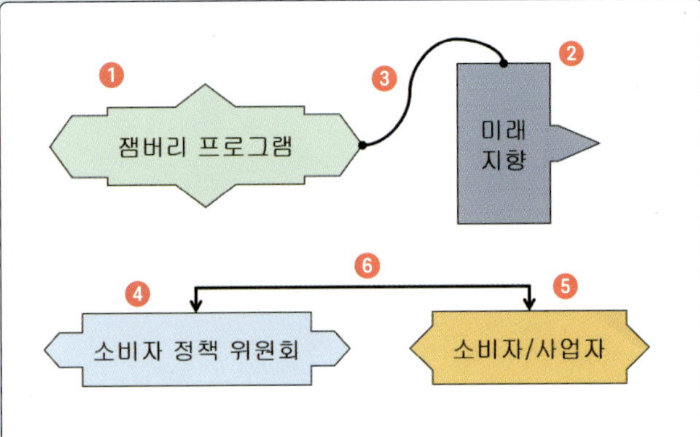

패턴 02　[삽입]-[도형(▣)]-모양 변형(◉)

❶ 도형1(화살표: 왼쪽/오른쪽/위쪽/아래쪽) ❷ 도형2(설명선: 오른쪽 화살표) ❸ 도형3(연결선: 꺾임) ❹ 도형4(설명선: 왼쪽/오른쪽 화살표) ❺ 도형5(설명선: 왼쪽/오른쪽/위쪽/아래쪽) ❻ 도형6(연결선: 꺾임)

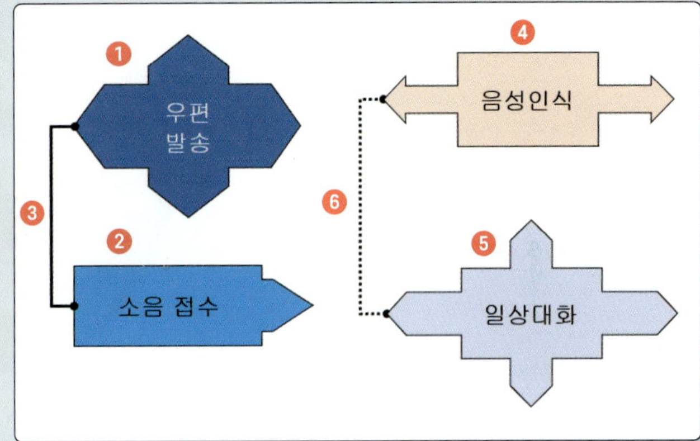

패턴 03　[삽입]-[도형(▣)]-모양 변형(◉)

❶ 도형1(설명선: 왼쪽/오른쪽 화살표) ❷ 도형2(화살표: 아래로 구부러짐) ❸ 도형3(부분 원형) ❹ 도형4(설명선: 왼쪽 화살표) ❺ 도형6(연결선: 구부러짐)

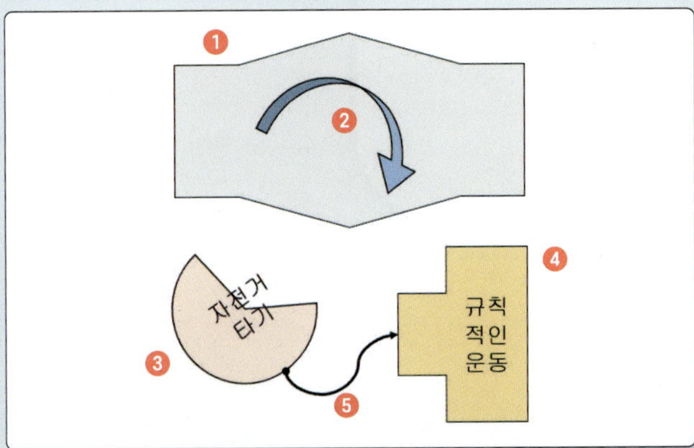

패턴 04　[삽입]-[도형(▣)]-모양 변형(◉)

❶ 도형1(설명선: 위쪽 화살표) ❷ 도형2(설명선: 왼쪽/오른쪽 화살표) ❸ 도형3(연결선: 꺾임) ❹ 도형4(화살표: 왼쪽/오른쪽/위쪽/아래쪽) ❺ 도형5(설명선: 왼쪽/오른쪽/위쪽/아래쪽) ❻ 도형6(연결선: 꺾임)

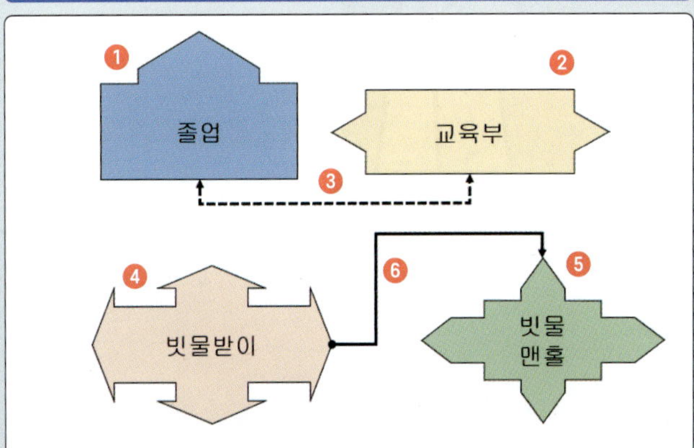

PART
2
실전
모의고사
실전모의고사를 통해 시험을 완벽하게
대비할 수 있습니다.

제 01회 | 실전 모의고사

제 02회 | 실전 모의고사

제 03회 | 실전 모의고사

제 04회 | 실전 모의고사

제 05회 | 실전 모의고사

제 06회 | 실전 모의고사

제 07회 | 실전 모의고사

제 08회 | 실전 모의고사

제 09회 | 실전 모의고사

제 10회 | 실전 모의고사

제 11회 | 실전 모의고사

제 12회 | 실전 모의고사

제 13회 | 실전 모의고사

제 14회 | 실전 모의고사

제 15회 | 실전 모의고사

정보기술자격(ITQ) 실전모의고사

과 목	코 드	문제유형	시험시간	수험번호	성 명
한글파워포인트	1142	A	60분		

수험자 유의사항

◎ 수험자는 문제지를 받는 즉시 문제지와 <u>수험표상의 시험과목(프로그램)이 동일한지 반드시 확인</u>하여야 합니다.

◎ 파일명은 본인의 "수험번호-성명"으로 입력하여 답안폴더(내 PC\문서\ITQ)에 하나의 파일로 저장해야 하며, 답안문서 파일명이 "수험번호-성명"과 일치하지 않거나, 답안 파일을 전송하지 않아 미제출로 처리될 경우 실격 처리합니다 (예:12345678-홍길동.pptx).

◎ 답안 작성을 마치면 파일을 저장하고, '답안 전송' 버튼을 선택하여 감독위원 PC로 답안을 전송하십시오. 수험생 정보와 저장한 파일명이 다를 경우 전송되지 않으므로 주의하시기 바랍니다.

◎ 답안 작성 중에도 <u>주기적으로 저장하고, '답안 전송'</u>하여야 문제 발생을 줄일 수 있습니다. 작업한 내용을 저장하지 않고 전송할 경우 이전에 저장된 내용이 전송되오니 이점 유의하시기 바랍니다.

◎ 답안문서는 지정된 경로 외의 다른 보조기억장치에 저장하는 경우, 지정된 시험 시간 외에 작성된 파일을 활용할 경우, 기타 통신수단(이메일, 메신저, 네트워크 등)을 이용하여 타인에게 전달 또는 외부 반출하는 경우는 부정 처리합니다.

◎ 시험 중 부주의 또는 고의로 시스템을 파손한 경우는 수험자가 변상해야 하며, <수험자 유의사항>에 기재된 방법대로 이행하지 않아 생기는 불이익은 수험생 당사자의 책임임을 알려 드립니다.

◎ 문제의 조건은 MS오피스 2021 버전으로 설정되어 있으니 유의하시기 바랍니다.

◎ 시험을 완료한 수험자는 답안 파일이 전송되었는지 확인한 후 감독위원의 지시에 따라 문제지를 제출하고 퇴실합니다.

답안 작성요령

◎ 온라인 답안 작성 절차

　　수험자 등록 ⇒ 시험 시작 ⇒ 답안 파일 저장 ⇒ 답안 전송 ⇒ 시험 종료

◎ 슬라이드의 크기는 A4 Paper로 설정하여 작성합니다.

◎ 슬라이드의 총 개수는 6개로 구성되어 있으며 슬라이드 1부터 순서대로 작업하고 반드시 문제와 세부 조건대로 합니다.

◎ 별도의 지시사항이 없는 경우 출력형태를 참조하여 글꼴 색은 검정 또는 흰색으로 작성하고, 기타 사항은 전체적인 균형을 고려하여 작성합니다.

◎ 슬라이드 도형 및 개체에 출력형태와 다른 스타일(그림자, 외곽선 등)을 적용했을 경우 감점처리 됩니다.

◎ 슬라이드 번호를 작성합니다(슬라이드 1에는 생략).

◎ 2~6번 슬라이드 제목 도형과 하단 로고는 슬라이드 마스터를 이용하여 출력형태와 동일하게 작성합니다(슬라이드 1에는 생략).

◎ 문제와 세부 조건, 세부 조건 번호 ◌̈(점선원)는 입력하지 않습니다.

◎ 각 개체의 위치는 오른쪽의 슬라이드와 동일하게 구성합니다.

◎ 그림 삽입 문제의 경우 반드시 「내 PC\문서\ITQ\Picture」 폴더에서 정확한 파일을 선택하여 삽입하십시오.

◎ 각 슬라이드를 각각의 파일로 작업해서 저장할 경우 실격 처리됩니다.

kpc 한국생산성본부

(1) 슬라이드 크기 및 순서 : 크기를 A4 용지로 설정하고 슬라이드 순서에 맞게 작성한다.

(2) 슬라이드 마스터 : 2~6슬라이드의 제목, 하단 로고, 슬라이드 번호는 슬라이드 마스터를 이용하여 작성한다.

 - 제목 글꼴(굴림, 40pt, 흰색), 가운데 맞춤, 도형(선 없음)

 - 하단 로고(「내 PC₩문서₩ITQ₩Picture₩로고2.jpg」, 배경(회색) 투명색으로 설정)

슬라이드 1 　 표지 디자인 (40점)

(1) 표지 디자인 : 도형, 워드아트 및 그림을 이용하여 작성한다.

세부 조건

① 도형 편집
 - 도형에 그림 채우기 :
  「내 PC₩문서₩ITQ₩Picture₩
  그림3.jpg」, 투명도 50%
 - 도형 효과 :
  부드러운 가장자리 5포인트
② 워드아트 삽입
 - 변환 : 삼각형, 아래로
 - 글꼴 : 궁서, 굵게
 - 텍스트 반사 :
  1/2 반사, 터치
③ 그림 삽입
 - 「내 PC₩문서₩ITQ₩Picture₩
  로고2.jpg」
 - 배경(회색) 투명색으로 설정

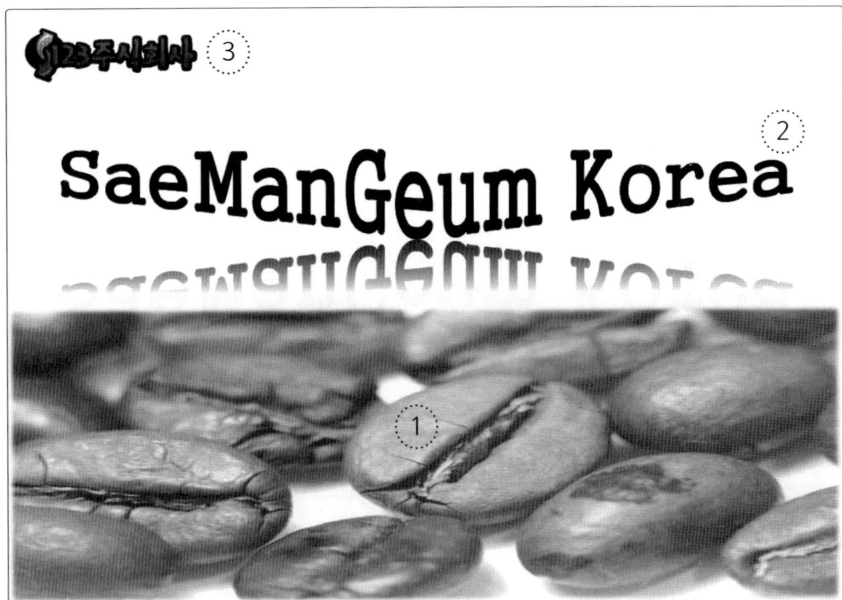

슬라이드 2 　 목차 슬라이드 (60점)

(1) 출력형태와 같이 도형을 이용하여 목차를 작성한다(글꼴 : 굴림, 24pt).

(2) 도형 : 선 없음

세부 조건

① 텍스트에 링크 적용
 → '슬라이드 4'
② 그림 삽입
 - 「내 PC₩문서₩ITQ₩Picture₩
  그림4.jpg」
 - 자르기 기능 이용

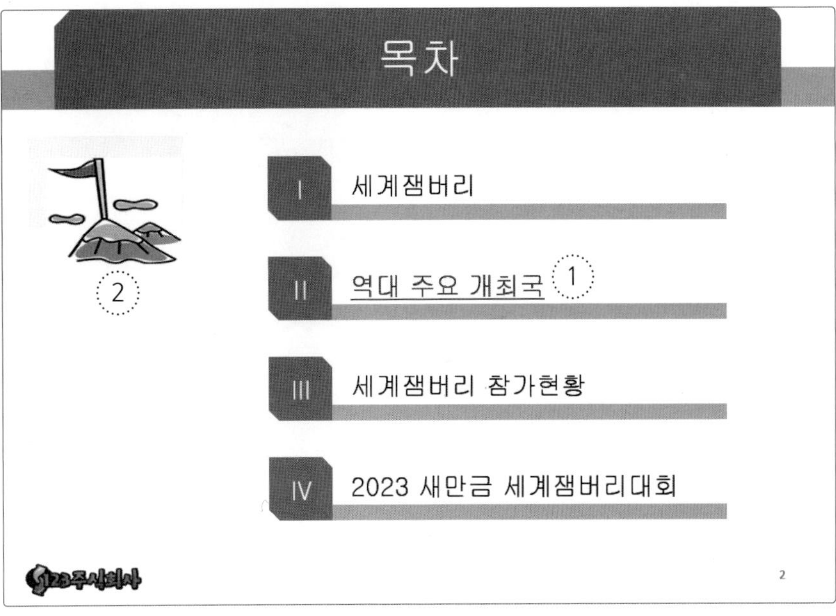

(1) 텍스트 작성 : 글머리 기호 사용(❖, •)

    ❖ 문단(굴림, 24pt, 굵게, 줄 간격 : 1.5줄), • 문단(굴림, 20pt, 줄 간격 : 1.5줄)

세부 조건

① 동영상 삽입 :
- 「내 PC₩문서₩ITQ₩Picture₩동영상.wmv」
- 자동 실행, 반복 재생 설정

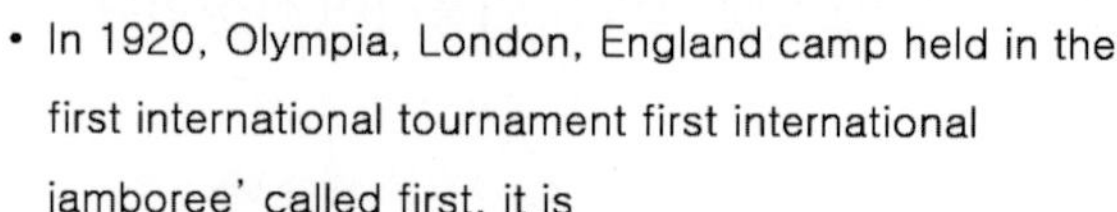

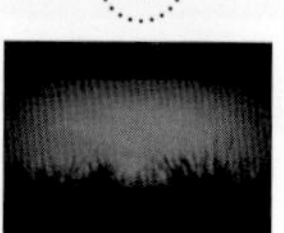

---

(1) 도형과 표 작성 기능을 이용하여 슬라이드를 작성한다(글꼴 : 돋움, 18pt).

세부 조건

① 상단 도형 :
2개 도형의 조합으로 작성
② 좌측 도형 :
그라데이션 효과(선형 아래쪽)
③ 표 스타일 :
테마 스타일 1 – 강조 1

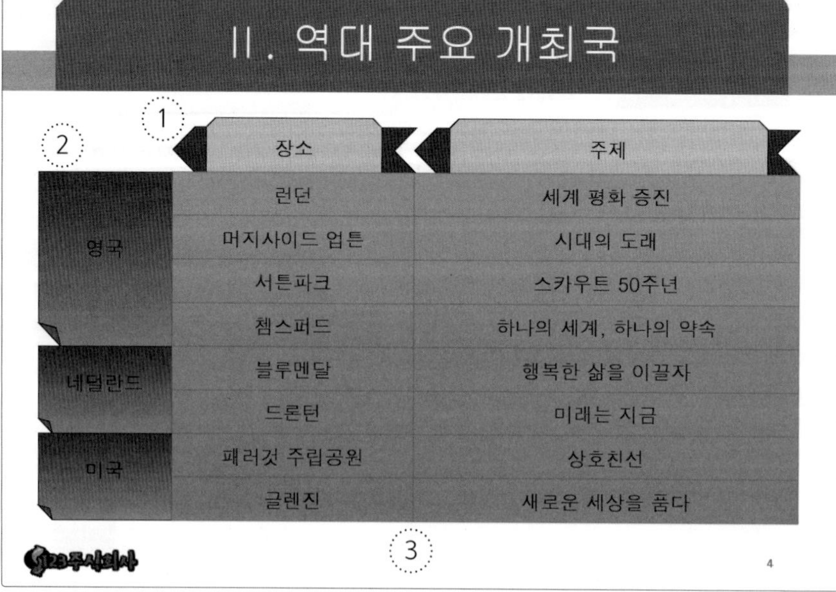

(1) 차트 작성 기능을 이용하여 슬라이드를 작성한다.

(2) 차트 : 종류(묶은 세로 막대형), 글꼴(돋움, 16pt), 외곽선

세부 조건

※ 차트 설명
- 차트 제목 : 궁서, 24pt, 굵게,
  채우기(흰색), 테두리,
  그림자(오프셋 아래쪽)
- 차트 영역 : 채우기(노랑)
  그림 영역 : 채우기(흰색)
- 데이터 서식 : 참가자 계열을
  표식이 있는 꺾은선형으로 변경 후
  보조 축으로 지정
- 값 표시 : 2015년의 참가자 계열만
① 도형 삽입
  - 스타일 :
    미세 효과 – 파랑, 강조 1
  - 글꼴 : 굴림, 18pt

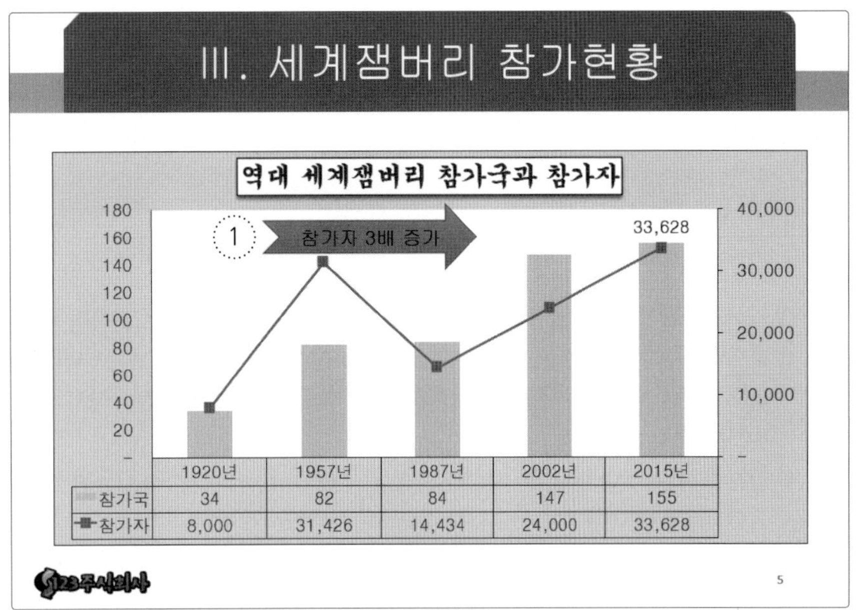

	1920년	1957년	1987년	2002년	2015년
참가국	34	82	84	147	155
참가자	8,000	31,426	14,434	24,000	33,628

---

(1) 슬라이드와 같이 도형 및 스마트아트를 배치한다(글꼴 : 굴림, 18pt).

(2) 애니메이션 순서 : ① ⇒ ②

세부 조건

① 도형 및 스마트아트 편집
  - 스마트아트 디자인 :
    3차원 경사,
    3차원 광택 처리
  - 그룹화 후 애니메이션 효과 :
    바운드
② 도형 편집
  - 그룹화 후 애니메이션 효과 :
    시계 방향 회전

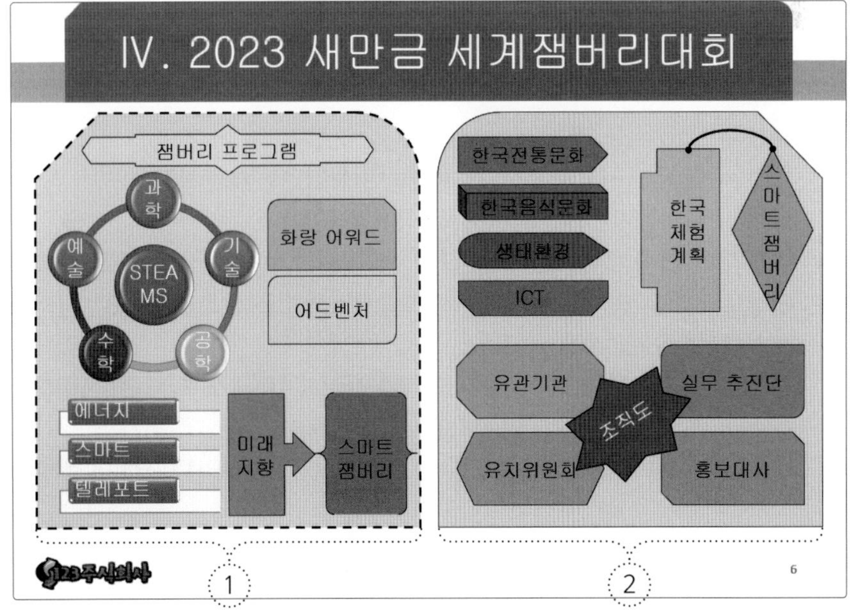

정보기술자격(ITQ) 실전모의고사

과　목	코　드	문제유형	시험시간	수험번호	성　명
한글파워포인트	1142	A	60분		

수험자 유의사항

◎ 수험자는 문제지를 받는 즉시 문제지와 <u>수험표상의 시험과목(프로그램)이 동일한지 반드시 확인</u>하여야 합니다.

◎ 파일명은 본인의 "수험번호-성명"으로 입력하여 답안폴더(내 PC\문서\ITQ)에 하나의 파일로 저장해야 하며, 답안문서 파일명이 "수험번호-성명"과 일치하지 않거나, 답안 파일을 전송하지 않아 미제출로 처리될 경우 실격 처리합니다 (예:12345678-홍길동.pptx).

◎ 답안 작성을 마치면 파일을 저장하고, '답안 전송' 버튼을 선택하여 감독위원 PC로 답안을 전송하십시오. 수험생 정보와 저장한 파일명이 다를 경우 전송되지 않으므로 주의하시기 바랍니다.

◎ 답안 작성 중에도 <u>주기적으로 저장하고, '답안 전송'</u>하여야 문제 발생을 줄일 수 있습니다. 작업한 내용을 저장하지 않고 전송할 경우 이전에 저장된 내용이 전송되오니 이점 유의하시기 바랍니다.

◎ 답안문서는 지정된 경로 외의 다른 보조기억장치에 저장하는 경우, 지정된 시험 시간 외에 작성된 파일을 활용할 경우, 기타 통신수단(이메일, 메신저, 네트워크 등)을 이용하여 타인에게 전달 또는 외부 반출하는 경우는 부정 처리합니다.

◎ 시험 중 부주의 또는 고의로 시스템을 파손한 경우는 수험자가 변상해야 하며, <수험자 유의사항>에 기재된 방법대로 이행하지 않아 생기는 불이익은 수험생 당사자의 책임임을 알려 드립니다.

◎ 문제의 조건은 MS오피스 2021 버전으로 설정되어 있으니 유의하시기 바랍니다.

◎ 시험을 완료한 수험자는 답안 파일이 전송되었는지 확인한 후 감독위원의 지시에 따라 문제지를 제출하고 퇴실합니다.

답안 작성요령

◎ 온라인 답안 작성 절차

　수험자 등록 ⇒ 시험 시작 ⇒ 답안 파일 저장 ⇒ 답안 전송 ⇒ 시험 종료

◎ 슬라이드의 크기는 A4 Paper로 설정하여 작성합니다.

◎ 슬라이드의 총 개수는 6개로 구성되어 있으며 슬라이드 1부터 순서대로 작업하고 반드시 문제와 세부 조건대로 합니다.

◎ 별도의 지시사항이 없는 경우 출력형태를 참조하여 글꼴 색은 검정 또는 흰색으로 작성하고, 기타 사항은 전체적인 균형을 고려하여 작성합니다.

◎ 슬라이드 도형 및 개체에 출력형태와 다른 스타일(그림자, 외곽선 등)을 적용했을 경우 감점처리 됩니다.

◎ 슬라이드 번호를 작성합니다(슬라이드 1에는 생략).

◎ 2~6번 슬라이드 제목 도형과 하단 로고는 슬라이드 마스터를 이용하여 출력형태와 동일하게 작성합니다(슬라이드 1에는 생략).

◎ 문제와 세부 조건, 세부 조건 번호 ⦂(점선원)는 입력하지 않습니다.

◎ 각 개체의 위치는 오른쪽의 슬라이드와 동일하게 구성합니다.

◎ 그림 삽입 문제의 경우 반드시 「내 PC\문서\ITQ\Picture」 폴더에서 정확한 파일을 선택하여 삽입하십시오.

◎ 각 슬라이드를 각각의 파일로 작업해서 저장할 경우 실격 처리됩니다.

kpc 한국생산성본부

(1) 슬라이드 크기 및 순서 : 크기를 A4 용지로 설정하고 슬라이드 순서에 맞게 작성한다.
(2) 슬라이드 마스터 : 2~6슬라이드의 제목, 하단 로고, 슬라이드 번호는 슬라이드 마스터를 이용하여 작성한다.
    – 제목 글꼴(돋움, 40pt, 흰색), 왼쪽 맞춤, 도형(선 없음)
    – 하단 로고(「내 PC₩문서₩ITQ₩Picture₩로고3.jpg」, 배경(연보라) 투명색으로 설정)

슬라이드 1   표지 디자인   (40점)

(1) 표지 디자인 : 도형, 워드아트 및 그림을 이용하여 작성한다.

세부 조건

① 도형 편집
  – 도형에 그림 채우기 :
    「내 PC₩문서₩ITQ₩Picture₩
    그림2.jpg」, 투명도 50%
  – 도형 효과 :
    부드러운 가장자리 5포인트
② 워드아트 삽입
  – 변환 : 기울기, 위로
  – 글꼴 : 돋움, 굵게
  – 텍스트 반사 :
    근접 반사, 4 pt 오프셋
③ 그림 삽입
  – 「내 PC₩문서₩ITQ₩Picture₩
    로고3.jpg」
  – 배경(연보라) 투명색으로 설정

슬라이드 2   목차 슬라이드   (60점)

(1) 출력형태와 같이 도형을 이용하여 목차를 작성한다(글꼴 : 굴림, 24pt).
(2) 도형 : 선 없음

세부 조건

① 텍스트에 링크 적용
  → '슬라이드 6'
② 그림 삽입
  – 「내 PC₩문서₩ITQ₩Picture₩
    그림4.jpg」
  – 자르기 기능 이용

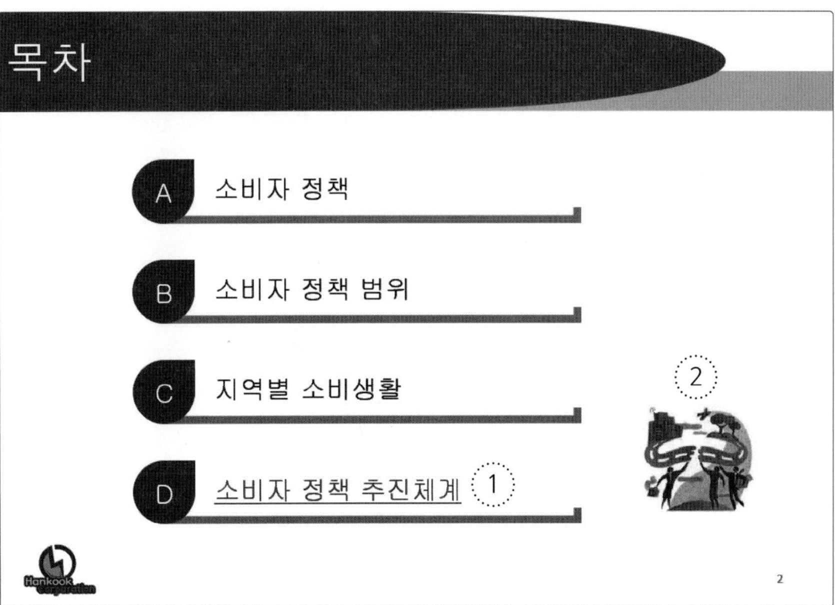

(1) 텍스트 작성 : 글머리 기호 사용(◆, ✓)
  ◆문단(굴림, 24pt, 굵게, 줄 간격 : 1.5줄), ✓문단(굴림, 20pt, 줄 간격 : 1.5줄)

세부 조건

① 동영상 삽입 :
  - 「내 PC₩문서₩ITQ₩Picture₩
    동영상.wmv」
  - 자동 실행, 반복 재생 설정

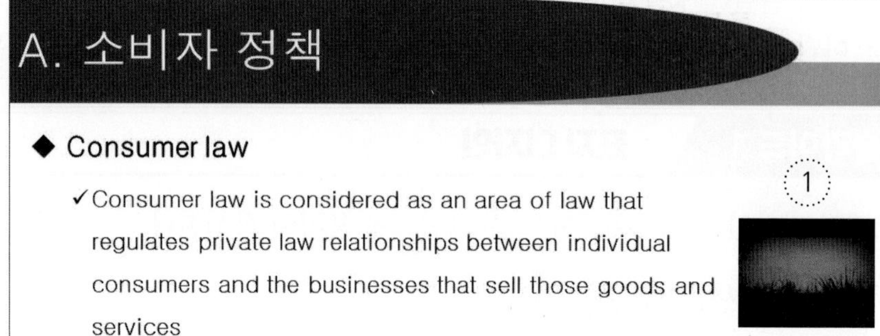

(1) 도형과 표 작성 기능을 이용하여 슬라이드를 작성한다(글꼴 : 돋움, 18pt).

세부 조건

① 상단 도형 :
  2개 도형의 조합으로 작성
② 좌측 도형 :
  그라데이션 효과(선형 오른쪽)
③ 표 스타일 :
  테마 스타일 1 - 강조 4

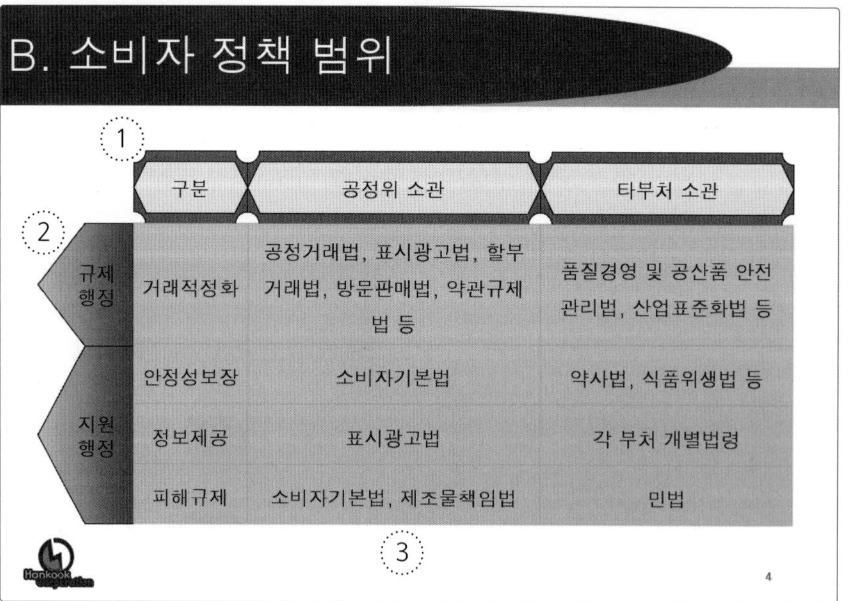

구분		공정위 소관	타부처 소관
규제 행정	거래적정화	공정거래법, 표시광고법, 할부 거래법, 방문판매법, 약관규제 법 등	품질경영 및 공산품 안전 관리법, 산업표준화법 등
	안정성보장	소비자기본법	약사법, 식품위생법 등
지원 행정	정보제공	표시광고법	각 부처 개별법령
	피해규제	소비자기본법, 제조물책임법	민법

(1) 차트 작성 기능을 이용하여 슬라이드를 작성한다.
(2) 차트 : 종류(묶은 세로 막대형), 글꼴(돋움, 16pt), 외곽선

세부 조건

※ 차트 설명
  - 차트 제목 : 궁서, 24pt, 굵게,
    채우기(흰색), 테두리,
    그림자(오프셋 오른쪽)
  - 차트 영역 : 채우기(노랑)
    그림 영역 : 채우기(흰색)
  - 데이터 서식 : 2024년 계열을
    표식이 있는 꺾은선형으로 변경 후
    보조 축으로 지정
  - 값 표시 : 대전의 2024년 계열만
① 도형 삽입
  - 스타일 :
    미세 효과 – 파랑, 강조 1
  - 글꼴 : 돋움, 18pt

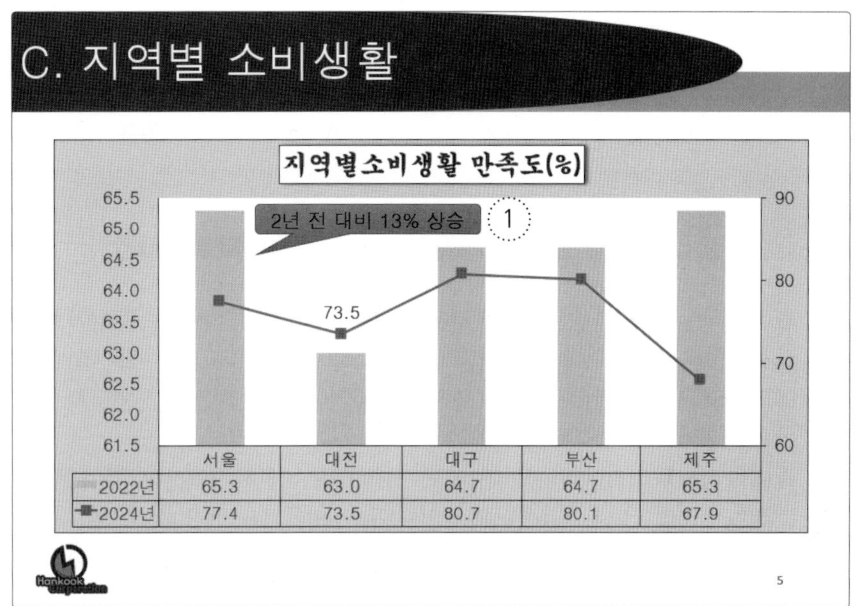

	서울	대전	대구	부산	제주
2022년	65.3	63.0	64.7	64.7	65.3
2024년	77.4	73.5	80.7	80.1	67.9

(1) 슬라이드와 같이 도형 및 스마트아트를 배치한다(글꼴 : 굴림, 18pt).
(2) 애니메이션 순서 : ① ⇒ ②

세부 조건

① 도형 편집
  - 그룹화 후 애니메이션 효과 :
    바운드
② 도형 및 스마트아트 편집
  - 스마트아트 디자인 :
    3차원 경사,
    3차원 만화
  - 그룹화 후 애니메이션 효과 :
    시계 방향 회전

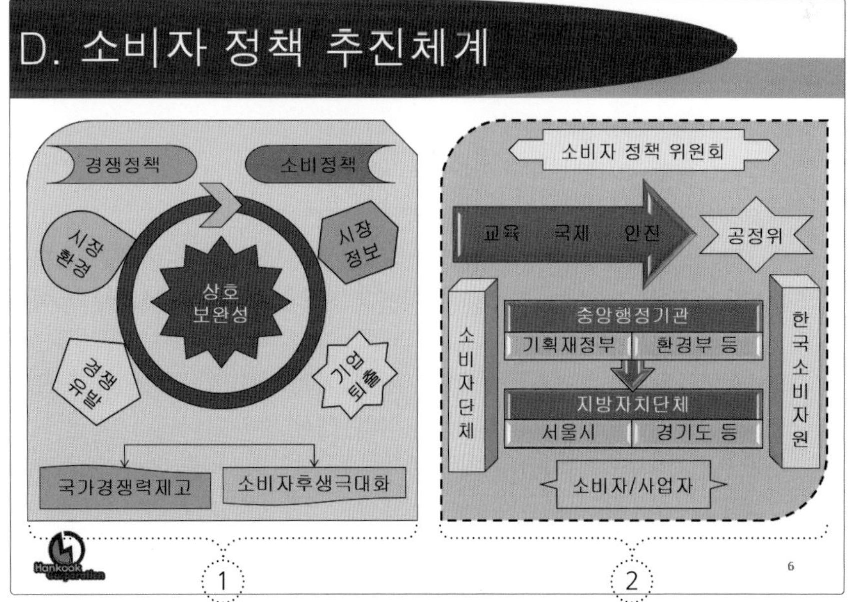

정보기술자격(ITQ) 실전모의고사 

과 목	코 드	문제유형	시험시간	수험번호	성 명
한글파워포인트	1142	A	60분		

수험자 유의사항

◎ 수험자는 문제지를 받는 즉시 문제지와 **수험표상의 시험과목(프로그램)이 동일한지 반드시 확인**하여야 합니다.

◎ 파일명은 본인의 "수험번호-성명"으로 입력하여 답안폴더(내 PC\문서\ITQ)에 하나의 파일로 저장해야 하며, 답안문서 파일명이 "수험번호-성명"과 일치하지 않거나, 답안 파일을 전송하지 않아 미제출로 처리될 경우 실격 처리합니다 (예:12345678-홍길동.pptx).

◎ 답안 작성을 마치면 파일을 저장하고, '답안 전송' 버튼을 선택하여 감독위원 PC로 답안을 전송하십시오. 수험생 정보와 저장한 파일명이 다를 경우 전송되지 않으므로 주의하시기 바랍니다.

◎ 답안 작성 중에도 **주기적으로 저장하고, '답안 전송'**하여야 문제 발생을 줄일 수 있습니다. 작업한 내용을 저장하지 않고 전송할 경우 이전에 저장된 내용이 전송되오니 이점 유의하시기 바랍니다.

◎ 답안문서는 지정된 경로 외의 다른 보조기억장치에 저장하는 경우, 지정된 시험 시간 외에 작성된 파일을 활용할 경우, 기타 통신수단(이메일, 메신저, 네트워크 등)을 이용하여 타인에게 전달 또는 외부 반출하는 경우는 부정 처리합니다.

◎ 시험 중 부주의 또는 고의로 시스템을 파손한 경우는 수험자가 변상해야 하며, <수험자 유의사항>에 기재된 방법대로 이행하지 않아 생기는 불이익은 수험생 당사자의 책임임을 알려 드립니다.

◎ 문제의 조건은 MS오피스 2021 버전으로 설정되어 있으니 유의하시기 바랍니다.

◎ 시험을 완료한 수험자는 답안 파일이 전송되었는지 확인한 후 감독위원의 지시에 따라 문제지를 제출하고 퇴실합니다.

답안 작성요령

◎ 온라인 답안 작성 절차

　수험자 등록 ⇒ 시험 시작 ⇒ 답안 파일 저장 ⇒ 답안 전송 ⇒ 시험 종료

◎ 슬라이드의 크기는 A4 Paper로 설정하여 작성합니다.

◎ 슬라이드의 총 개수는 6개로 구성되어 있으며 슬라이드 1부터 순서대로 작업하고 반드시 문제와 세부 조건대로 합니다.

◎ 별도의 지시사항이 없는 경우 출력형태를 참조하여 글꼴 색은 검정 또는 흰색으로 작성하고, 기타 사항은 전체적인 균형을 고려하여 작성합니다.

◎ 슬라이드 도형 및 개체에 출력형태와 다른 스타일(그림자, 외곽선 등)을 적용했을 경우 감점처리 됩니다.

◎ 슬라이드 번호를 작성합니다(슬라이드 1에는 생략).

◎ 2~6번 슬라이드 제목 도형과 하단 로고는 슬라이드 마스터를 이용하여 출력형태와 동일하게 작성합니다(슬라이드 1에는 생략).

◎ 문제와 세부 조건, 세부 조건 번호 ⋮(점선원)는 입력하지 않습니다.

◎ 각 개체의 위치는 오른쪽의 슬라이드와 동일하게 구성합니다.

◎ 그림 삽입 문제의 경우 반드시 「내 PC\문서\ITQ\Picture」 폴더에서 정확한 파일을 선택하여 삽입하십시오.

◎ 각 슬라이드를 각각의 파일로 작업해서 저장할 경우 실격 처리됩니다.

kpc 한국생산성본부

(1) 슬라이드 크기 및 순서 : 크기를 A4 용지로 설정하고 슬라이드 순서에 맞게 작성한다.
(2) 슬라이드 마스터 : 2~6슬라이드의 제목, 하단 로고, 슬라이드 번호는 슬라이드 마스터를 이용하여 작성한다.
　　- 제목 글꼴(돋움, 40pt, 흰색), 가운데 맞춤, 도형(선 없음)
　　- 하단 로고(「내 PC￦문서￦ITQ￦Picture￦로고1.jpg」, 배경(회색) 투명색으로 설정)

슬라이드 1　　표지 디자인 (40점)

(1) 표지 디자인 : 도형, 워드아트 및 그림을 이용하여 작성한다.

세부 조건

① 도형 편집
 - 도형에 그림 채우기 :
 「내 PC￦문서￦ITQ￦Picture￦
 그림1.jpg」, 투명도 50%
 - 도형 효과 :
 부드러운 가장자리 5포인트
② 워드아트 삽입
 - 변환 : 곡선, 아래로
 - 글꼴 : 맑은 고딕, 굵게
 - 텍스트 반사 :
 근접 반사, 터치
③ 그림 삽입
 - 「내 PC￦문서￦ITQ￦Picture￦
 로고1.jpg」
 - 배경(회색) 투명색으로 설정

슬라이드 2　　목차 슬라이드 (60점)

(1) 출력형태와 같이 도형을 이용하여 목차를 작성한다(글꼴 : 돋움, 24pt).
(2) 도형 : 선 없음

세부 조건

① 텍스트에 링크 적용
 → '슬라이드 5'
② 그림 삽입
 - 「내 PC￦문서￦ITQ￦Picture￦
 그림4.jpg」
 - 자르기 기능 이용

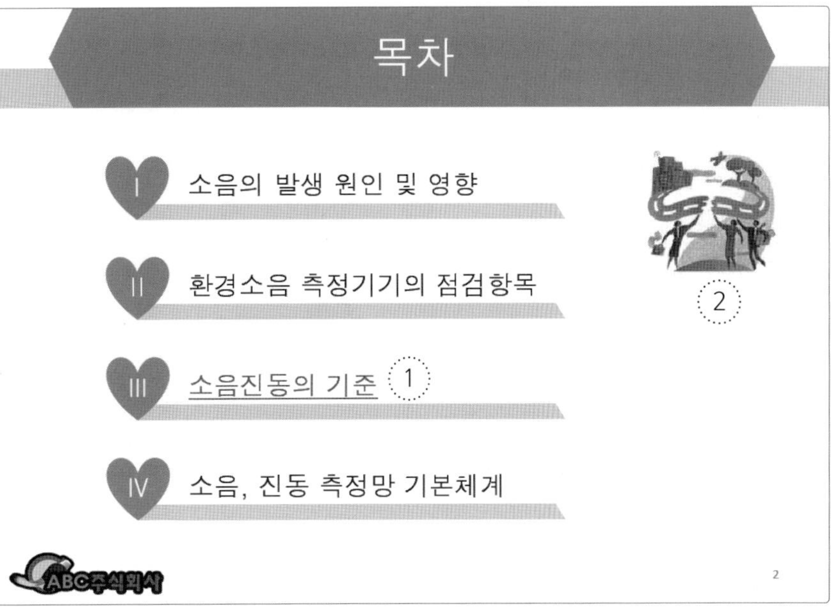

(1) 텍스트 작성 : 글머리 기호 사용(✓, ▪)

    ✓문단(굴림, 24pt, 굵게, 줄 간격 : 1.5줄), ▪ 문단(굴림, 20pt, 줄 간격 : 1.5줄)

세부 조건

① 동영상 삽입 :
 - 「내 PC₩문서₩ITQ₩Picture₩
   동영상.wmv」
 - 자동 실행, 반복 재생 설정

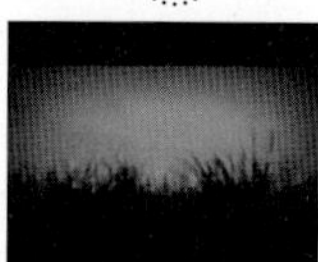

---

(1) 도형과 표 작성 기능을 이용하여 슬라이드를 작성한다(글꼴 : 돋움, 18pt).

세부 조건

① 상단 도형 :
 2개 도형의 조합으로 작성

② 좌측 도형 :
 그라데이션 효과(선형 아래쪽)

③ 표 스타일 :
 테마 스타일 1 – 강조 1

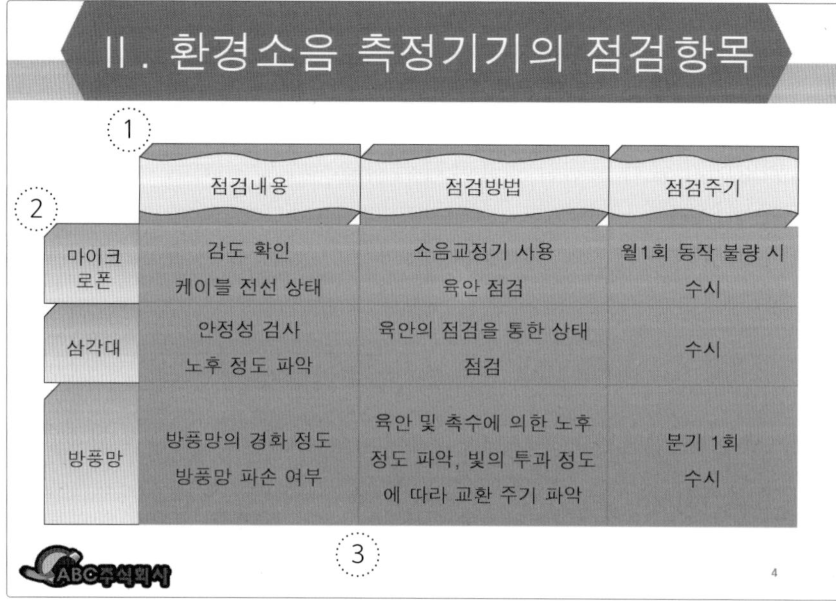

	점검내용	점검방법	점검주기
마이크로폰	감도 확인 케이블 전선 상태	소음교정기 사용 육안 점검	월1회 동작 불량 시 수시
삼각대	안정성 검사 노후 정도 파악	육안의 점검을 통한 상태 점검	수시
방풍망	방풍망의 경화 정도 방풍망 파손 여부	육안 및 촉수에 의한 노후 정도 파악, 빛의 투과 정도에 따라 교환 주기 파악	분기 1회 수시

(1) 차트 작성 기능을 이용하여 슬라이드를 작성한다.
(2) 차트 : 종류(묶은 세로 막대형), 글꼴(돋움, 16pt), 외곽선

세부 조건

※ 차트 설명
  · 차트 제목 : 궁서, 24pt, 굵게,
    채우기(흰색), 테두리,
    그림자(오프셋 오른쪽 위)
  · 차트 영역 : 채우기(노랑)
    그림 영역 : 채우기(흰색)
  · 데이터 서식 :
    밤 계열을 표식이 있는 꺾은선형으로
    변경 후 보조 축으로 지정
  · 값 표시 : 마 지역의 밤 계열만
① 도형 삽입
  – 스타일 :
    미세 효과 – 파랑, 강조 1
  – 글꼴 : 돋움, 18pt

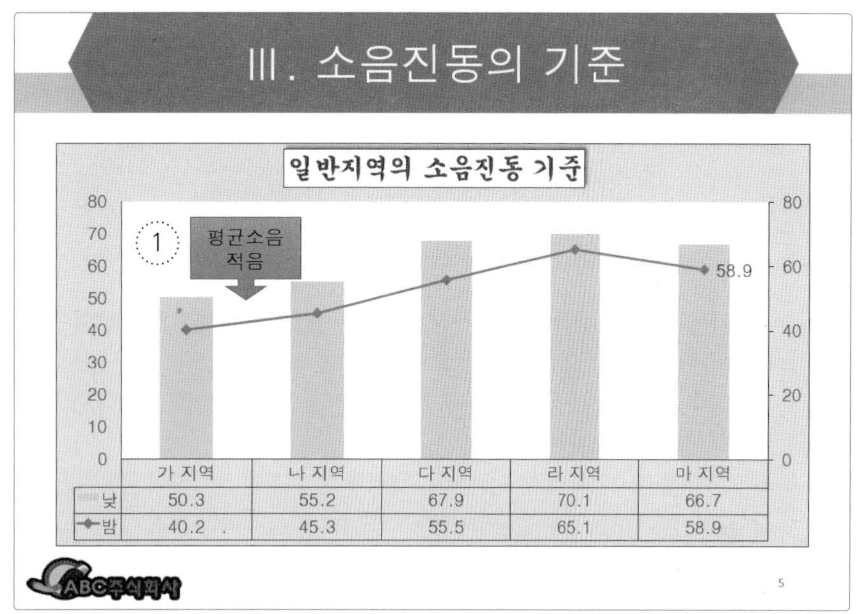

(1) 슬라이드와 같이 도형 및 스마트아트를 배치한다(글꼴 : 굴림, 18pt).
(2) 애니메이션 순서 : ① ⇒ ②

세부 조건

① 도형 및 스마트아트 편집
  – 스마트아트 디자인 :
    3차원 벽돌,
    3차원 경사
  – 그룹화 후 애니메이션 효과 :
    실선 무늬(세로)
② 도형 편집
  – 그룹화 후 애니메이션 효과 :
    회전하며 밝기 변화

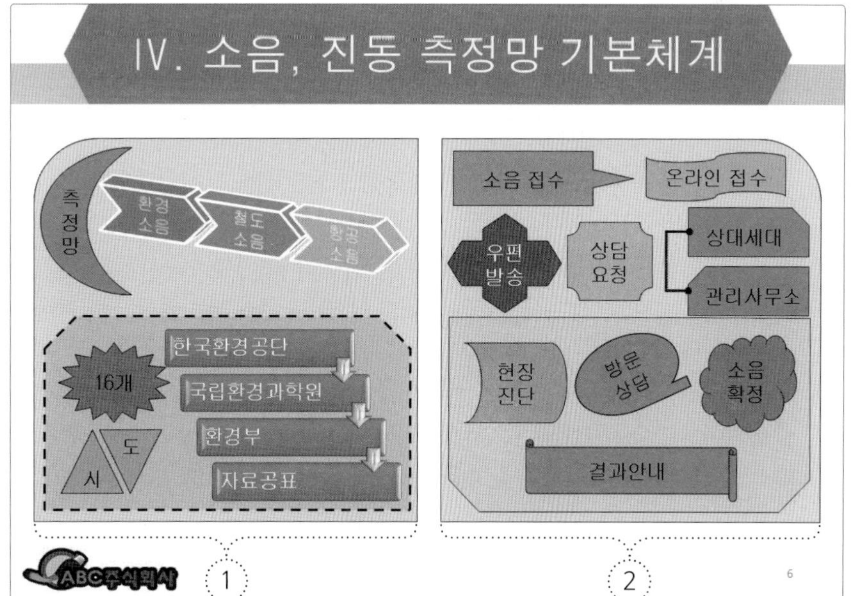

정보기술자격(ITQ) 실전모의고사

과　목	코　드	문제유형	시험시간	수험번호	성　명
한글파워포인트	1142	A	60분		

수험자 유의사항

◎ 수험자는 문제지를 받는 즉시 문제지와 **수험표상의 시험과목(프로그램)이 동일한지 반드시 확인**하여야 합니다.

◎ 파일명은 본인의 "수험번호-성명"으로 입력하여 답안폴더(내 PC\문서\ITQ)에 하나의 파일로 저장해야 하며, 답안문서 파일명이 "수험번호-성명"과 일치하지 않거나, 답안 파일을 전송하지 않아 미제출로 처리될 경우 실격 처리합니다 (예:12345678-홍길동.pptx).

◎ 답안 작성을 마치면 파일을 저장하고, '답안 전송' 버튼을 선택하여 감독위원 PC로 답안을 전송하십시오. 수험생 정보와 저장한 파일명이 다를 경우 전송되지 않으므로 주의하시기 바랍니다.

◎ 답안 작성 중에도 **주기적으로 저장하고, '답안 전송'**하여야 문제 발생을 줄일 수 있습니다. 작업한 내용을 저장하지 않고 전송할 경우 이전에 저장된 내용이 전송되오니 이점 유의하시기 바랍니다.

◎ 답안문서는 지정된 경로 외의 다른 보조기억장치에 저장하는 경우, 지정된 시험 시간 외에 작성된 파일을 활용할 경우, 기타 통신수단(이메일, 메신저, 네트워크 등)을 이용하여 타인에게 전달 또는 외부 반출하는 경우는 부정 처리합니다.

◎ 시험 중 부주의 또는 고의로 시스템을 파손한 경우는 수험자가 변상해야 하며, <수험자 유의사항>에 기재된 방법대로 이행하지 않아 생기는 불이익은 수험생 당사자의 책임임을 알려 드립니다.

◎ 문제의 조건은 MS오피스 2021 버전으로 설정되어 있으니 유의하시기 바랍니다.

◎ 시험을 완료한 수험자는 답안 파일이 전송되었는지 확인한 후 감독위원의 지시에 따라 문제지를 제출하고 퇴실합니다.

답안 작성요령

◎ 온라인 답안 작성 절차

　　수험자 등록 ⇒ 시험 시작 ⇒ 답안 파일 저장 ⇒ 답안 전송 ⇒ 시험 종료

◎ 슬라이드의 크기는 A4 Paper로 설정하여 작성합니다.

◎ 슬라이드의 총 개수는 6개로 구성되어 있으며 슬라이드 1부터 순서대로 작업하고 반드시 문제와 세부 조건대로 합니다.

◎ 별도의 지시사항이 없는 경우 출력형태를 참조하여 글꼴 색은 검정 또는 흰색으로 작성하고, 기타 사항은 전체적인 균형을 고려하여 작성합니다.

◎ 슬라이드 도형 및 개체에 출력형태와 다른 스타일(그림자, 외곽선 등)을 적용했을 경우 감점처리 됩니다.

◎ 슬라이드 번호를 작성합니다(슬라이드 1에는 생략).

◎ 2~6번 슬라이드 제목 도형과 하단 로고는 슬라이드 마스터를 이용하여 출력형태와 동일하게 작성합니다(슬라이드 1에는 생략).

◎ 문제와 세부 조건, 세부 조건 번호 ⁝⁝(점선원)는 입력하지 않습니다.

◎ 각 개체의 위치는 오른쪽의 슬라이드와 동일하게 구성합니다.

◎ 그림 삽입 문제의 경우 반드시 「내 PC\문서\ITQ\Picture」 폴더에서 정확한 파일을 선택하여 삽입하십시오.

◎ 각 슬라이드를 각각의 파일로 작업해서 저장할 경우 실격 처리됩니다.

kpc 한국생산성본부

(1) 슬라이드 크기 및 순서 : 크기를 A4 용지로 설정하고 슬라이드 순서에 맞게 작성한다.
(2) 슬라이드 마스터 : 2~6슬라이드의 제목, 하단 로고, 슬라이드 번호는 슬라이드 마스터를 이용하여 작성한다.
 - 제목 글꼴(돋움, 40pt, 빨강), 가운데 맞춤, 도형(선 없음)
 - 하단 로고(「내 PC\문서\ITQ\Picture\로고1.jpg」, 배경(회색) 투명색으로 설정)

(1) 표지 디자인 : 도형, 워드아트 및 그림을 이용하여 작성한다.

세부 조건

① 도형 편집
 - 도형에 그림 채우기 :
  「내 PC\문서\ITQ\Picture\
  그림1.jpg」, 투명도 50%
 - 도형 효과 :
  부드러운 가장자리 5포인트
② 워드아트 삽입
 - 변환 : 삼각형, 위로
 - 글꼴 : 돋움, 굵게
 - 텍스트 반사 :
  1/2 반사, 터치
③ 그림 삽입
 - 「내 PC\문서\ITQ\Picture\
  로고1.jpg」
 - 배경(회색) 투명색으로 설정

(1) 출력형태와 같이 도형을 이용하여 목차를 작성한다(글꼴 : 굴림, 24pt).
(2) 도형 : 선 없음

세부 조건

① 텍스트에 링크 적용
 → '슬라이드 4'
② 그림 삽입
 - 「내 PC\문서\ITQ\Picture\
  그림5.jpg」
 - 자르기 기능 이용

(1) 텍스트 작성 : 글머리 기호 사용(❖, ✓)

　　❖ 문단(굴림, 24pt, 굵게, 줄 간격 : 1.5줄), ✓ 문단(굴림, 20pt, 줄 간격 : 1.5줄)

세부 조건

① 동영상 삽입 :
- 「내 PC₩문서₩ITQ₩Picture₩ 동영상.wmv」
- 자동 실행, 반복 재생 설정

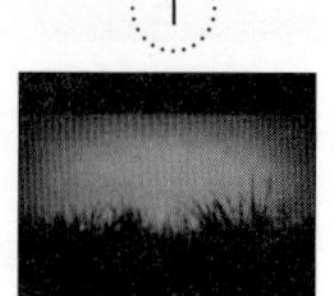

(1) 도형과 표 작성 기능을 이용하여 슬라이드를 작성한다(글꼴 : 돋움, 18pt).

세부 조건

① 상단 도형 :
　2개 도형의 조합으로 작성
② 좌측 도형 :
　그라데이션 효과(선형 위쪽)
③ 표 스타일 :
　테마 스타일 1 – 강조 6

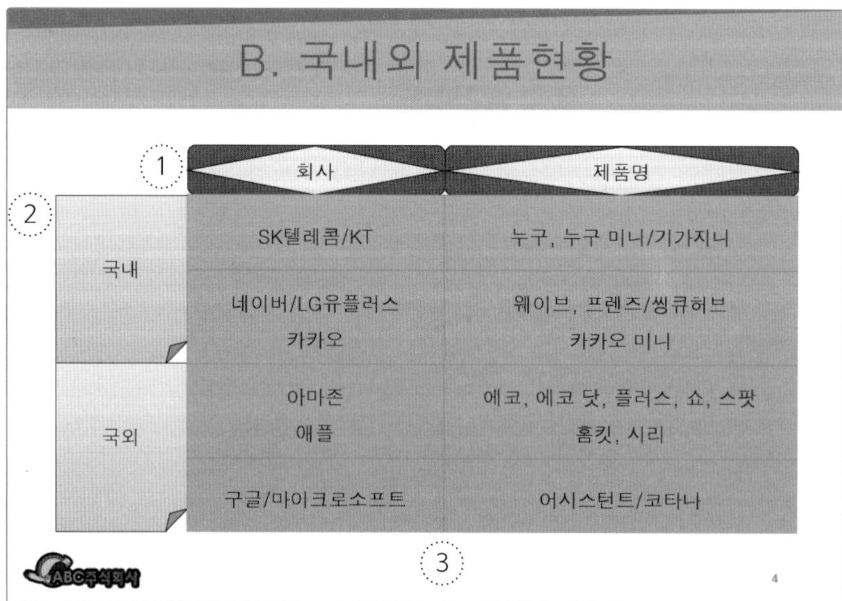

	회사	제품명
국내	SK텔레콤/KT	누구, 누구 미니/기가지니
	네이버/LG유플러스	웨이브, 프렌즈/씽큐허브
	카카오	카카오 미니
국외	아마존	에코, 에코 닷, 플러스, 쇼, 스팟
	애플	홈킷, 시리
	구글/마이크로소프트	어시스턴트/코타나

(1) 차트 작성 기능을 이용하여 슬라이드를 작성한다.

(2) 차트 : 종류(묶은 세로 막대형), 글꼴(돋움, 16pt), 외곽선

세부 조건

※ 차트 설명
- 차트 제목 : 궁서, 24pt, 굵게, 채우기(흰색), 테두리, 그림자(오프셋 위쪽)
- 차트 영역 : 채우기(노랑) 그림 영역 : 채우기(흰색)
- 데이터 서식 : 영상처리 계열을 표식이 있는 꺾은선형으로 변경 후 보조 축으로 지정
- 값 표시 : 2024년의 영상처리 계열만

① 도형 삽입
- 스타일 : 미세 효과 – 주황, 강조 2
- 글꼴 : 굴림, 18pt

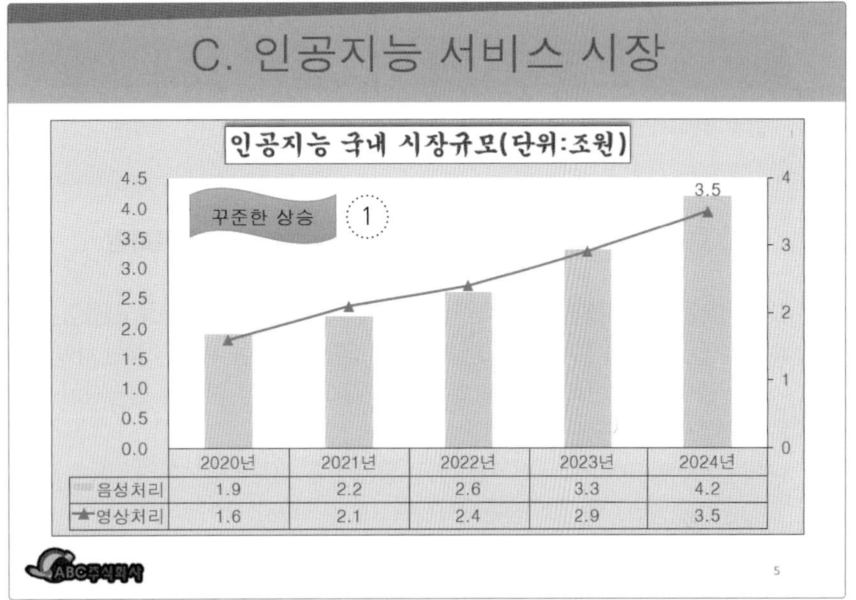

(1) 슬라이드와 같이 도형 및 스마트아트를 배치한다(글꼴 : 굴림, 18pt).

(2) 애니메이션 순서 : ① ⇒ ②

세부 조건

① 도형 및 스마트아트 편집
- 스마트아트 디자인 : 3차원 벽돌, 3차원 광택 처리
- 그룹화 후 애니메이션 효과 : 실선 무늬(세로)

② 도형 편집
- 그룹화 후 애니메이션 효과 : 회전하며 밝기 변화

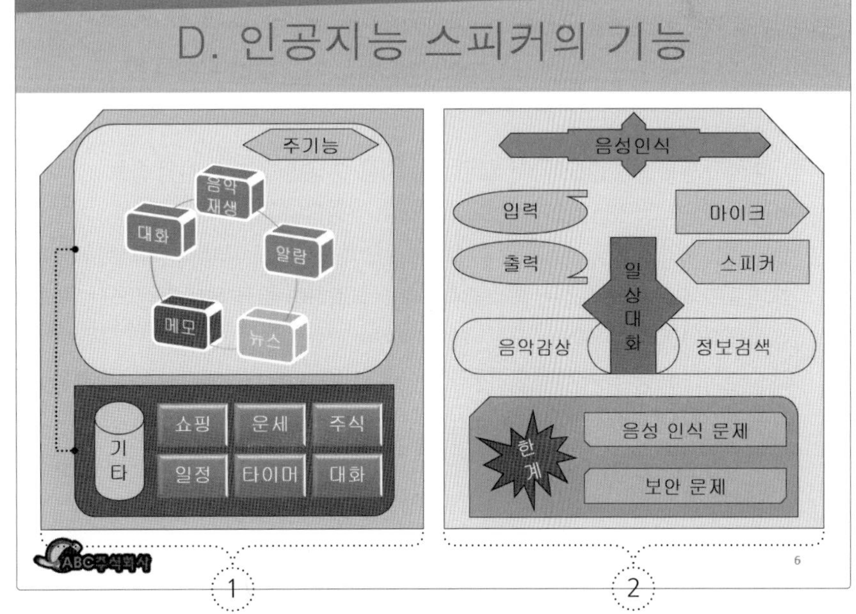

정보기술자격(ITQ) 실전모의고사

과 목	코 드	문제유형	시험시간	수험번호	성 명
한글파워포인트	1142	A	60분		

수험자 유의사항

◎ 수험자는 문제지를 받는 즉시 문제지와 **수험표상의 시험과목(프로그램)이 동일한지 반드시 확인**하여야 합니다.

◎ 파일명은 본인의 "수험번호-성명"으로 입력하여 답안폴더(내 PC\문서\ITQ)에 하나의 파일로 저장해야 하며, 답안문서 파일명이 "수험번호-성명"과 일치하지 않거나, 답안 파일을 전송하지 않아 미제출로 처리될 경우 실격 처리합니다 (예:12345678-홍길동.pptx).

◎ 답안 작성을 마치면 파일을 저장하고, '답안 전송' 버튼을 선택하여 감독위원 PC로 답안을 전송하십시오. 수험생 정보와 저장한 파일명이 다를 경우 전송되지 않으므로 주의하시기 바랍니다.

◎ 답안 작성 중에도 **주기적으로 저장하고, '답안 전송'**하여야 문제 발생을 줄일 수 있습니다. 작업한 내용을 저장하지 않고 전송할 경우 이전에 저장된 내용이 전송되오니 이점 유의하시기 바랍니다.

◎ 답안문서는 지정된 경로 외의 다른 보조기억장치에 저장하는 경우, 지정된 시험 시간 외에 작성된 파일을 활용할 경우, 기타 통신수단(이메일, 메신저, 네트워크 등)을 이용하여 타인에게 전달 또는 외부 반출하는 경우는 부정 처리합니다.

◎ 시험 중 부주의 또는 고의로 시스템을 파손한 경우는 수험자가 변상해야 하며, <수험자 유의사항>에 기재된 방법대로 이행하지 않아 생기는 불이익은 수험생 당사자의 책임임을 알려 드립니다.

◎ 문제의 조건은 MS오피스 2021 버전으로 설정되어 있으니 유의하시기 바랍니다.

◎ 시험을 완료한 수험자는 답안 파일이 전송되었는지 확인한 후 감독위원의 지시에 따라 문제지를 제출하고 퇴실합니다.

답안 작성요령

◎ 온라인 답안 작성 절차

　수험자 등록 ⇒ 시험 시작 ⇒ 답안 파일 저장 ⇒ 답안 전송 ⇒ 시험 종료

◎ 슬라이드의 크기는 A4 Paper로 설정하여 작성합니다.

◎ 슬라이드의 총 개수는 6개로 구성되어 있으며 슬라이드 1부터 순서대로 작업하고 반드시 문제와 세부 조건대로 합니다.

◎ 별도의 지시사항이 없는 경우 출력형태를 참조하여 글꼴 색은 검정 또는 흰색으로 작성하고, 기타 사항은 전체적인 균형을 고려하여 작성합니다.

◎ 슬라이드 도형 및 개체에 출력형태와 다른 스타일(그림자, 외곽선 등)을 적용했을 경우 감점처리 됩니다.

◎ 슬라이드 번호를 작성합니다(슬라이드 1에는 생략).

◎ 2~6번 슬라이드 제목 도형과 하단 로고는 슬라이드 마스터를 이용하여 출력형태와 동일하게 작성합니다(슬라이드 1에는 생략).

◎ 문제와 세부 조건, 세부 조건 번호 ⬡(점선원)는 입력하지 않습니다.

◎ 각 개체의 위치는 오른쪽의 슬라이드와 동일하게 구성합니다.

◎ 그림 삽입 문제의 경우 반드시 「내 PC\문서\ITQ\Picture」 폴더에서 정확한 파일을 선택하여 삽입하십시오.

◎ 각 슬라이드를 각각의 파일로 작업해서 저장할 경우 실격 처리됩니다.

kpc 한국생산성본부

(1) 슬라이드 크기 및 순서 : 크기를 A4 용지로 설정하고 슬라이드 순서에 맞게 작성한다.
(2) 슬라이드 마스터 : 2~6슬라이드의 제목, 하단 로고, 슬라이드 번호는 슬라이드 마스터를 이용하여 작성한다.
　　－ 제목 글꼴(돋움, 40pt, 파랑), 왼쪽 맞춤, 도형(선 없음)
　　－ 하단 로고(「내 PC₩문서₩ITQ₩Picture₩로고2.jpg」, 배경(회색) 투명색으로 설정)

슬라이드 1　　표지 디자인　(40점)

(1) 표지 디자인 : 도형, 워드아트 및 그림을 이용하여 작성한다.

세부 조건

① 도형 편집
　－ 도형에 그림 채우기 :
　　「내 PC₩문서₩ITQ₩Picture₩
　　그림1.jpg」, 투명도 50%
　－ 도형 효과 :
　　부드러운 가장자리 5포인트
② 워드아트 삽입
　－ 변환 : 삼각형, 위로
　－ 글꼴 : 돋움, 굵게
　－ 텍스트 반사 :
　　1/2 반사, 4 pt 오프셋
③ 그림 삽입
　－「내 PC₩문서₩ITQ₩Picture₩
　　로고2.jpg」
　－ 배경(회색) 투명색으로 설정

슬라이드 2　　목차 슬라이드　(60점)

(1) 출력형태와 같이 도형을 이용하여 목차를 작성한다(글꼴 : 굴림, 24pt).
(2) 도형 : 선 없음

세부 조건

① 텍스트에 링크 적용
　→ '슬라이드 6'
② 그림 삽입
　－「내 PC₩문서₩ITQ₩Picture₩
　　그림5.jpg」
　－ 자르기 기능 이용

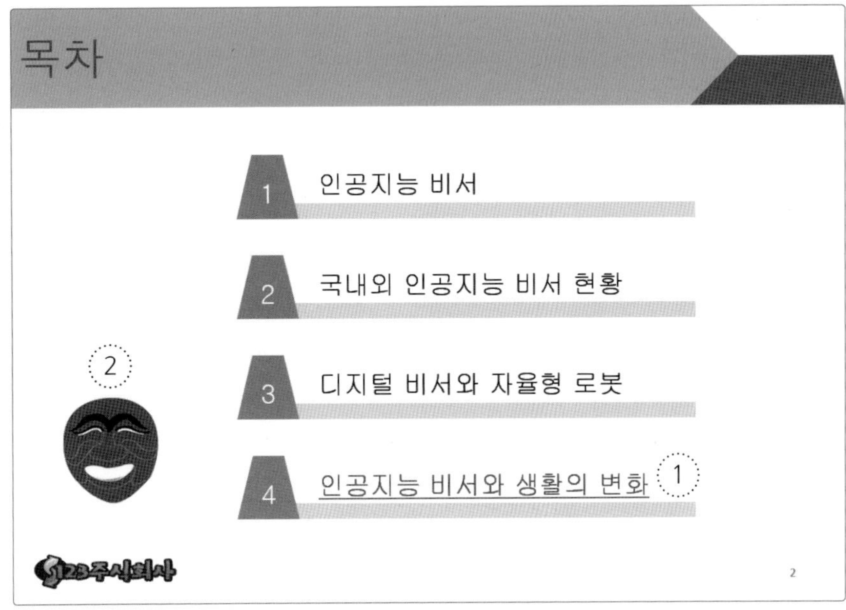

(1) 텍스트 작성 : 글머리 기호 사용(❖, ➢)

  ❖ 문단(굴림, 24pt, 굵게, 줄 간격 : 1.5줄), ➢ 문단(굴림, 20pt, 줄 간격 : 1.5줄)

세부 조건

① 동영상 삽입 :
- 「내 PC₩문서₩ITQ₩Picture₩동영상.wmv」
- 자동 실행, 반복 재생 설정

---

1. 인공지능 비서

❖AI secretary

  ➢A Software that combines artificial intelligence and advanced technology to understand the user's language and perform the instructions that the user wants

❖인공지능 비서

  ➢머신러닝, 음성인식, 문장분석, 상황인지 등 인공지능 기술과 첨단 기술이 결합해 사용자의 언어를 이해

  ➢사용자가 원하는 지시사항을 수행하는 소프트웨어 애플리케이션

---

(1) 도형과 표 작성 기능을 이용하여 슬라이드를 작성한다(글꼴 : 돋움, 18pt).

세부 조건

① 상단 도형 :
  2개 도형의 조합으로 작성

② 좌측 도형 :
  그라데이션 효과(선형 아래쪽)

③ 표 스타일 :
  테마 스타일 1 – 강조 4

2. 국내외 인공지능 비서 현황

	업체	플랫폼	특징
국외	애플	시리	자사 운영체제에서 이용, 문맥파악과 대화가능
	구글	어시스턴트	자사 검색엔진과 연동, 모바일 메신저 스마트폰, 스피커, 자동차 등으로 탑재 확대
국내	네이버	클로바	검색 등 네이버와 연계해 스피커에서 정보검색 및 명령수행
	삼성	빅스비	갤럭시S8에 탑재돼 정보검색 및 명령수행
	KT	기가지니	AI스피커 기가지니에 탑재

(1) 차트 작성 기능을 이용하여 슬라이드를 작성한다.
(2) 차트 : 종류(묶은 세로 막대형), 글꼴(돋움, 16pt), 외곽선

세부 조건

※ 차트 설명
- 차트 제목 : 궁서, 24pt, 굵게,
  채우기(흰색), 테두리,
  그림자(오프셋 위쪽)
- 차트 영역 : 채우기(노랑)
  그림 영역 : 채우기(흰색)
- 데이터 서식 : 자율형 로봇 계열을
  표식이 있는 꺾은선형으로 변경 후
  보조 축으로 지정
- 값 표시 : 2024년의 자율형 로봇 계열만
① 도형 삽입
  - 스타일 :
  미세 효과 – 파랑, 강조 5
  - 글꼴 : 굴림, 18pt

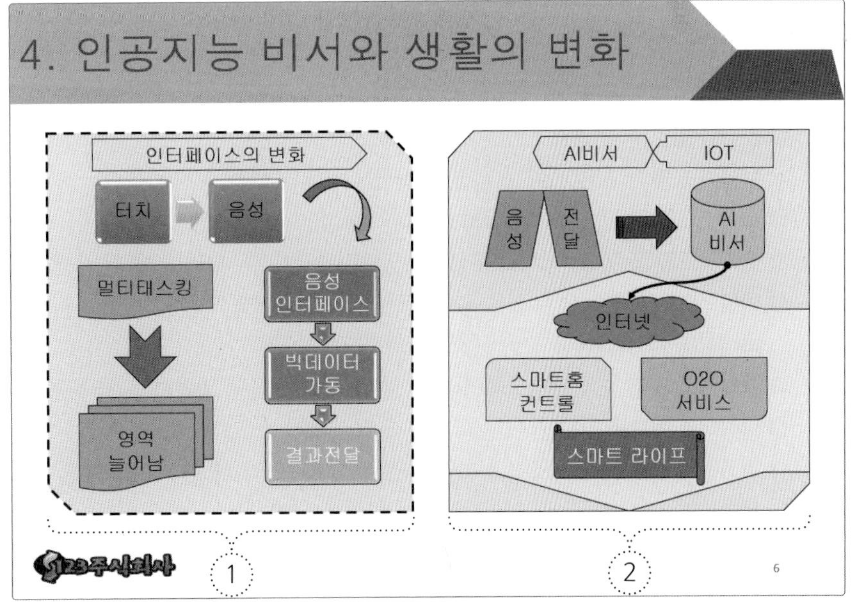

(1) 슬라이드와 같이 도형 및 스마트아트를 배치한다(글꼴 : 굴림, 18pt).
(2) 애니메이션 순서 : ① ⇒ ②

세부 조건

① 도형 및 스마트아트 편집
  - 스마트아트 디자인 :
  3차원 광택 처리,
  3차원 만화
  - 그룹화 후 애니메이션 효과 :
  밝기 변화
② 도형 편집
  - 그룹화 후 애니메이션 효과 :
  나누기(세로 바깥쪽으로)

정보기술자격(ITQ) 실전모의고사

과 목	코 드	문제유형	시험시간	수험번호	성 명
한글파워포인트	1142	A	60분		

수험자 유의사항

◎ 수험자는 문제지를 받는 즉시 문제지와 <u>수험표상의 시험과목(프로그램)이 동일한지 반드시 확인</u>하여야 합니다.

◎ 파일명은 본인의 "수험번호-성명"으로 입력하여 답안폴더(내 PC\문서\ITQ)에 하나의 파일로 저장해야 하며, 답안문서 파일명이 "수험번호-성명"과 일치하지 않거나, 답안 파일을 전송하지 않아 미제출로 처리될 경우 실격 처리합니다 (예:12345678-홍길동.pptx).

◎ 답안 작성을 마치면 파일을 저장하고, '답안 전송' 버튼을 선택하여 감독위원 PC로 답안을 전송하십시오. 수험생 정보와 저장한 파일명이 다를 경우 전송되지 않으므로 주의하시기 바랍니다.

◎ 답안 작성 중에도 <u>주기적으로 저장하고, '답안 전송'</u>하여야 문제 발생을 줄일 수 있습니다. 작업한 내용을 저장하지 않고 전송할 경우 이전에 저장된 내용이 전송되오니 이점 유의하시기 바랍니다.

◎ 답안문서는 지정된 경로 외의 다른 보조기억장치에 저장하는 경우, 지정된 시험 시간 외에 작성된 파일을 활용할 경우, 기타 통신수단(이메일, 메신저, 네트워크 등)을 이용하여 타인에게 전달 또는 외부 반출하는 경우는 부정 처리합니다.

◎ 시험 중 부주의 또는 고의로 시스템을 파손한 경우는 수험자가 변상해야 하며, <수험자 유의사항>에 기재된 방법대로 이행하지 않아 생기는 불이익은 수험생 당사자의 책임임을 알려 드립니다.

◎ 문제의 조건은 MS오피스 2021 버전으로 설정되어 있으니 유의하시기 바랍니다.

◎ 시험을 완료한 수험자는 답안 파일이 전송되었는지 확인한 후 감독위원의 지시에 따라 문제지를 제출하고 퇴실합니다.

답안 작성요령

◎ 온라인 답안 작성 절차

　　수험자 등록 ⇒ 시험 시작 ⇒ 답안 파일 저장 ⇒ 답안 전송 ⇒ 시험 종료

◎ 슬라이드의 크기는 A4 Paper로 설정하여 작성합니다.

◎ 슬라이드의 총 개수는 6개로 구성되어 있으며 슬라이드 1부터 순서대로 작업하고 반드시 문제와 세부 조건대로 합니다.

◎ 별도의 지시사항이 없는 경우 출력형태를 참조하여 글꼴 색은 검정 또는 흰색으로 작성하고, 기타 사항은 전체적인 균형을 고려하여 작성합니다.

◎ 슬라이드 도형 및 개체에 출력형태와 다른 스타일(그림자, 외곽선 등)을 적용했을 경우 감점처리 됩니다.

◎ 슬라이드 번호를 작성합니다(슬라이드 1에는 생략).

◎ 2~6번 슬라이드 제목 도형과 하단 로고는 슬라이드 마스터를 이용하여 출력형태와 동일하게 작성합니다(슬라이드 1에는 생략).

◎ 문제와 세부 조건, 세부 조건 번호 ◌(점선원)는 입력하지 않습니다.

◎ 각 개체의 위치는 오른쪽의 슬라이드와 동일하게 구성합니다.

◎ 그림 삽입 문제의 경우 반드시 「내 PC\문서\ITQ\Picture」 폴더에서 정확한 파일을 선택하여 삽입하십시오.

◎ 각 슬라이드를 각각의 파일로 작업해서 저장할 경우 실격 처리됩니다.

(1) 슬라이드 크기 및 순서 : 크기를 A4 용지로 설정하고 슬라이드 순서에 맞게 작성한다.
(2) 슬라이드 마스터 : 2~6슬라이드의 제목, 하단 로고, 슬라이드 번호는 슬라이드 마스터를 이용하여 작성한다.
　　– 제목 글꼴(굴림, 40pt, 흰색), 가운데 맞춤, 도형(선 없음)
　　– 하단 로고(「내 PC₩문서₩ITQ₩Picture₩로고2.jpg」, 배경(회색) 투명색으로 설정)

슬라이드 1　표지 디자인 (40점)

(1) 표지 디자인 : 도형, 워드아트 및 그림을 이용하여 작성한다.

세부 조건

① 도형 편집
　– 도형에 그림 채우기 :
　　「내 PC₩문서₩ITQ₩Picture₩
　　그림3.jpg」, 투명도 50%
　– 도형 효과 :
　　부드러운 가장자리 5포인트
② 워드아트 삽입
　– 변환 : 수축, 아래쪽
　– 글꼴 : 궁서, 굵게
　– 텍스트 반사 :
　　1/2 반사, 터치
③ 그림 삽입
　– 「내 PC₩문서₩ITQ₩Picture₩
　　로고2.jpg」
　– 배경(회색) 투명색으로 설정

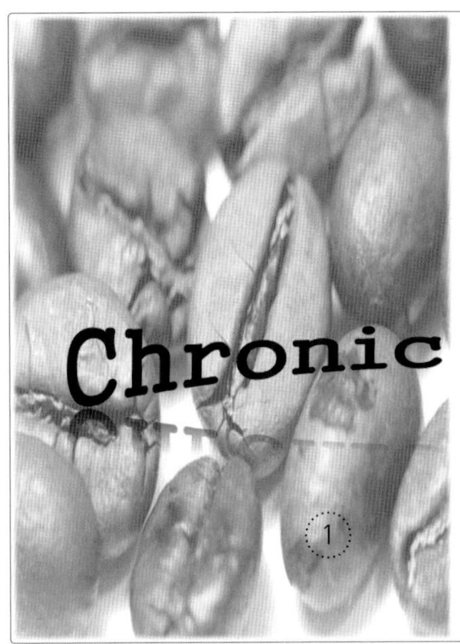

슬라이드 2　목차 슬라이드 (60점)

(1) 출력형태와 같이 도형을 이용하여 목차를 작성한다(글꼴 : 굴림, 24pt).
(2) 도형 : 선 없음

세부 조건

① 텍스트에 링크 적용
　→ '슬라이드 4'
② 그림 삽입
　– 「내 PC₩문서₩ITQ₩Picture₩
　　그림4.jpg」
　– 자르기 기능 이용

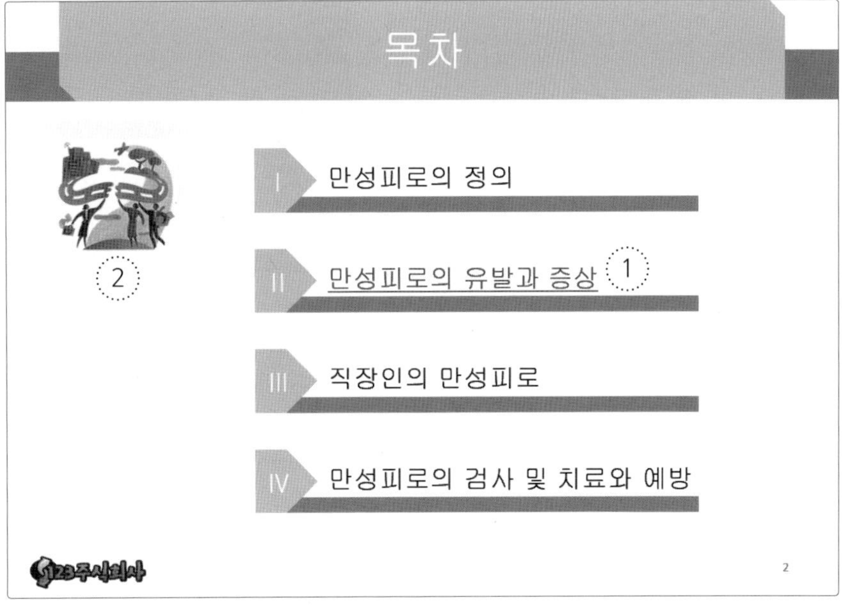

(1) 텍스트 작성 : 글머리 기호 사용(❖, •)

    ❖ 문단(굴림, 24pt, 굵게, 줄 간격 : 1.5줄), • 문단(굴림, 20pt, 줄 간격 : 1.5줄)

세부 조건

① 동영상 삽입 :
- 「내 PC₩문서₩ITQ₩Picture₩ 동영상.wmv」
- 자동 실행, 반복 재생 설정

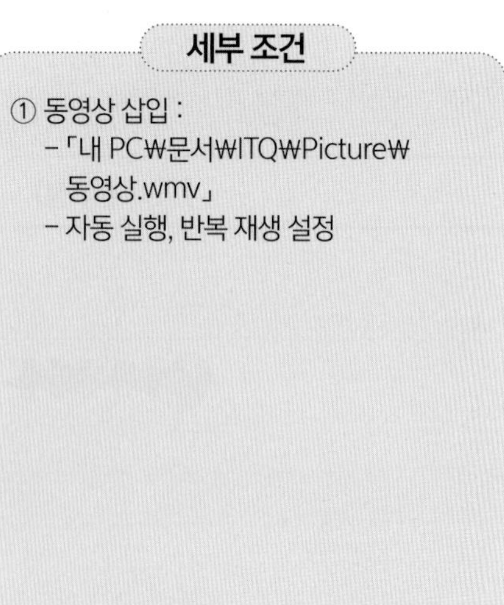

(1) 도형과 표 작성 기능을 이용하여 슬라이드를 작성한다(글꼴 : 돋움, 18pt).

세부 조건

① 상단 도형 :
  2개 도형의 조합으로 작성

② 좌측 도형 :
  그라데이션 효과(선형 왼쪽)

③ 표 스타일 :
  테마 스타일 1 - 강조 1

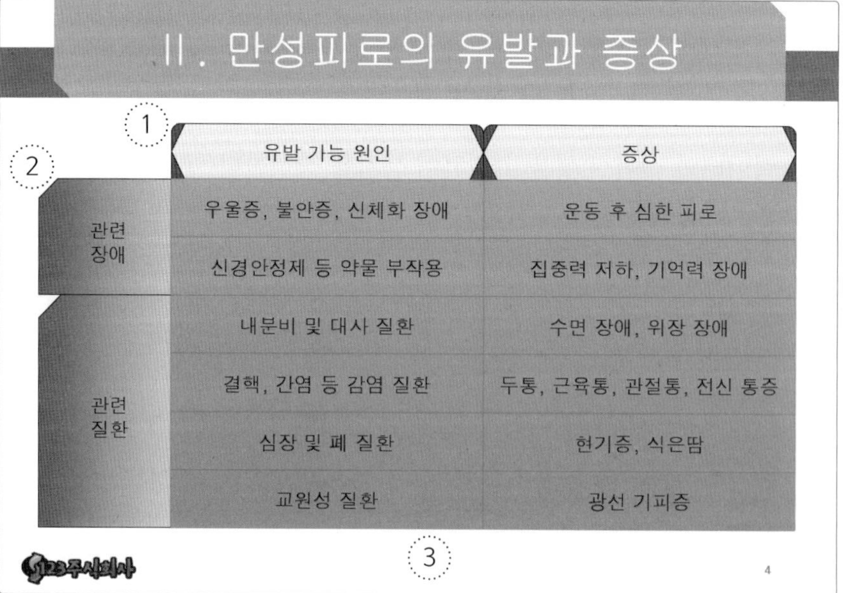

(1) 차트 작성 기능을 이용하여 슬라이드를 작성한다.
(2) 차트 : 종류(묶은 세로 막대형), 글꼴(돋움, 16pt), 외곽선

세부 조건

※ 차트 설명
 · 차트 제목 : 궁서, 24pt, 굵게,
  채우기(흰색), 테두리,
  그림자(오프셋 아래쪽)
 · 차트 영역 : 채우기(노랑)
  그림 영역 : 채우기(흰색)
 · 데이터 서식 : 남자 계열을
  표식이 있는 꺾은선형으로 변경 후
  보조 축으로 지정
 · 값 표시 : 2024년의 남자 계열만
① 도형 삽입
 - 스타일 :
  미세 효과 – 파랑, 강조 1
 - 글꼴 : 굴림, 18pt

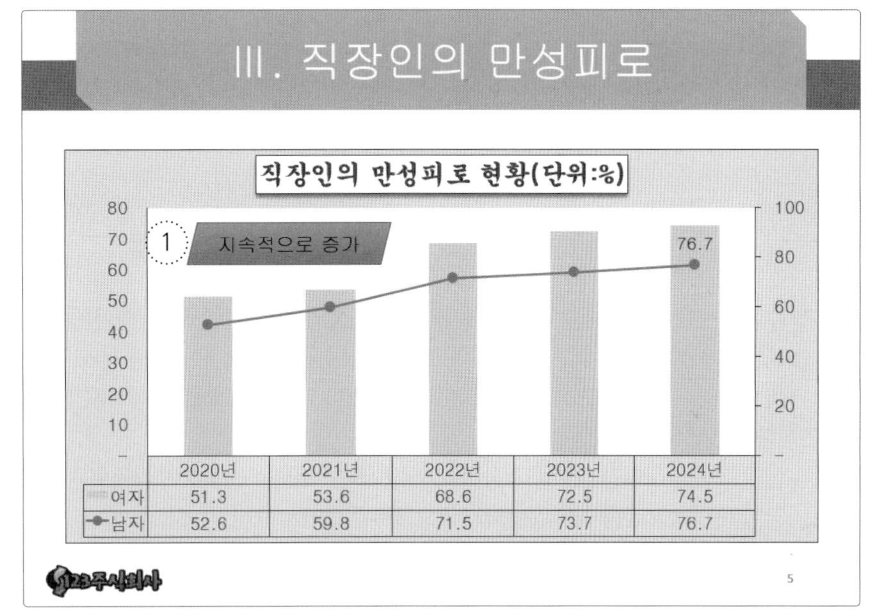

(1) 슬라이드와 같이 도형 및 스마트아트를 배치한다(글꼴 : 굴림, 18pt).
(2) 애니메이션 순서 : ① ⇒ ②

세부 조건

① 도형 및 스마트아트 편집
 - 스마트아트 디자인 :
  3차원 경사,
  3차원 벽돌
 - 그룹화 후 애니메이션 효과 :
  바운드
② 도형 편집
 - 그룹화 후 애니메이션 효과 :
  시계 방향 회전

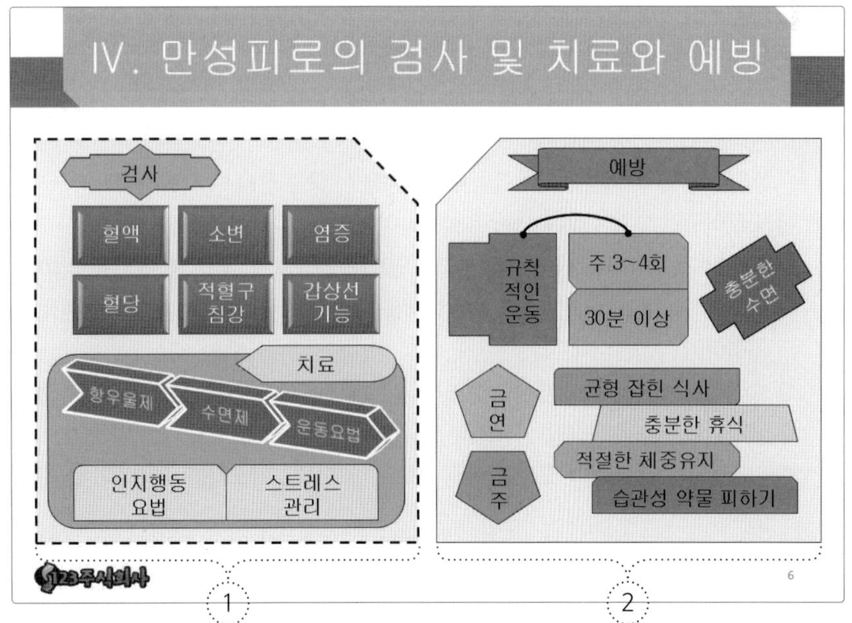

정보기술자격(ITQ) 실전모의고사

과 목	코 드	문제유형	시험시간	수험번호	성 명
한글파워포인트	1142	A	60분		

수험자 유의사항

◎ 수험자는 문제지를 받는 즉시 문제지와 <u>수험표상의 시험과목(프로그램)이 동일한지 반드시 확인</u>하여야 합니다.

◎ 파일명은 본인의 "수험번호–성명"으로 입력하여 답안폴더(내 PC₩문서₩ITQ)에 하나의 파일로 저장해야 하며, 답안문서 파일명이 "수험번호–성명"과 일치하지 않거나, 답안 파일을 전송하지 않아 미제출로 처리될 경우 실격 처리합니다 (예:12345678-홍길동.pptx).

◎ 답안 작성을 마치면 파일을 저장하고, '답안 전송' 버튼을 선택하여 감독위원 PC로 답안을 전송하십시오. 수험생 정보와 저장한 파일명이 다를 경우 전송되지 않으므로 주의하시기 바랍니다.

◎ 답안 작성 중에도 <u>주기적으로 저장하고, '답안 전송'</u>하여야 문제 발생을 줄일 수 있습니다. 작업한 내용을 저장하지 않고 전송할 경우 이전에 저장된 내용이 전송되오니 이점 유의하시기 바랍니다.

◎ 답안문서는 지정된 경로 외의 다른 보조기억장치에 저장하는 경우, 지정된 시험 시간 외에 작성된 파일을 활용할 경우, 기타 통신수단(이메일, 메신저, 네트워크 등)을 이용하여 타인에게 전달 또는 외부 반출하는 경우는 부정 처리합니다.

◎ 시험 중 부주의 또는 고의로 시스템을 파손한 경우는 수험자가 변상해야 하며, <수험자 유의사항>에 기재된 방법대로 이행하지 않아 생기는 불이익은 수험생 당사자의 책임임을 알려 드립니다.

◎ 문제의 조건은 MS오피스 2021 버전으로 설정되어 있으니 유의하시기 바랍니다.

◎ 시험을 완료한 수험자는 답안 파일이 전송되었는지 확인한 후 감독위원의 지시에 따라 문제지를 제출하고 퇴실합니다.

답안 작성요령

◎ 온라인 답안 작성 절차

　수험자 등록 ⇒ 시험 시작 ⇒ 답안 파일 저장 ⇒ 답안 전송 ⇒ 시험 종료

◎ 슬라이드의 크기는 A4 Paper로 설정하여 작성합니다.

◎ 슬라이드의 총 개수는 6개로 구성되어 있으며 슬라이드 1부터 순서대로 작업하고 반드시 문제와 세부 조건대로 합니다.

◎ 별도의 지시사항이 없는 경우 출력형태를 참조하여 글꼴 색은 검정 또는 흰색으로 작성하고, 기타 사항은 전체적인 균형을 고려하여 작성합니다.

◎ 슬라이드 도형 및 개체에 출력형태와 다른 스타일(그림자, 외곽선 등)을 적용했을 경우 감점처리 됩니다.

◎ 슬라이드 번호를 작성합니다(슬라이드 1에는 생략).

◎ 2~6번 슬라이드 제목 도형과 하단 로고는 슬라이드 마스터를 이용하여 출력형태와 동일하게 작성합니다(슬라이드 1에는 생략).

◎ 문제와 세부 조건, 세부 조건 번호 ⦂(점선원)는 입력하지 않습니다.

◎ 각 개체의 위치는 오른쪽의 슬라이드와 동일하게 구성합니다.

◎ 그림 삽입 문제의 경우 반드시 「내 PC₩문서₩ITQ₩Picture」 폴더에서 정확한 파일을 선택하여 삽입하십시오.

◎ 각 슬라이드를 각각의 파일로 작업해서 저장할 경우 실격 처리됩니다.

kpc 한국생산성본부

(1) 슬라이드 크기 및 순서 : 크기를 A4 용지로 설정하고 슬라이드 순서에 맞게 작성한다.
(2) 슬라이드 마스터 : 2~6슬라이드의 제목, 하단 로고, 슬라이드 번호는 슬라이드 마스터를 이용하여 작성한다.
    – 제목 글꼴(돋움, 40pt, 흰색), 가운데 맞춤, 도형(선 없음)
    – 하단 로고(「내 PC₩문서₩ITQ₩Picture₩로고3.jpg」, 배경(연보라) 투명색으로 설정)

슬라이드 1   **표지 디자인** (40점)

(1) 표지 디자인 : 도형, 워드아트 및 그림을 이용하여 작성한다.

세부 조건

① 도형 편집
  – 도형에 그림 채우기 :
    「내 PC₩문서₩ITQ₩Picture₩
    그림2.jpg」, 투명도 50%
  – 도형 효과 :
    부드러운 가장자리 5포인트
② 워드아트 삽입
  – 변환 : 물결, 아래로
  – 글꼴 : 돋움, 굵게
  – 텍스트 반사 :
    근접 반사, 4 pt 오프셋
③ 그림 삽입
  – 「내 PC₩문서₩ITQ₩Picture₩
    로고3.jpg」
  – 배경(연보라) 투명색으로 설정

슬라이드 2   **목차 슬라이드** (60점)

(1) 출력형태와 같이 도형을 이용하여 목차를 작성한다(글꼴 : 굴림, 24pt).
(2) 도형 : 선 없음

세부 조건

① 텍스트에 링크 적용
  → '슬라이드 6'
② 그림 삽입
  – 「내 PC₩문서₩ITQ₩Picture₩
    그림5.jpg」
  – 자르기 기능 이용

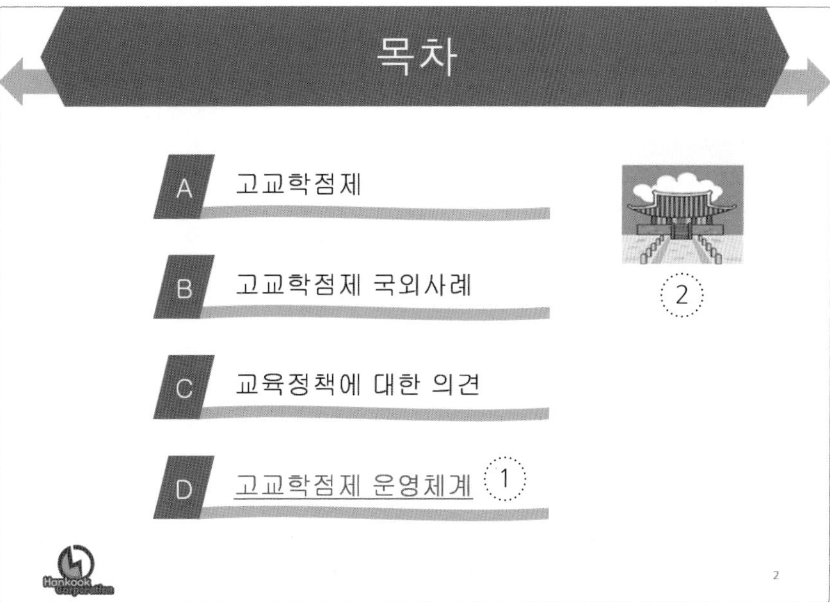

(1) 텍스트 작성 : 글머리 기호 사용(◆, ✓)
　　◆문단(굴림, 24pt, 굵게, 줄 간격 : 1.5줄), ✓문단(굴림, 20pt, 줄 간격 : 1.5줄)

세부 조건

① 동영상 삽입 :
　– 「내 PC￦문서￦ITQ￦Picture￦동영상.wmv」
　– 자동 실행, 반복 재생 설정

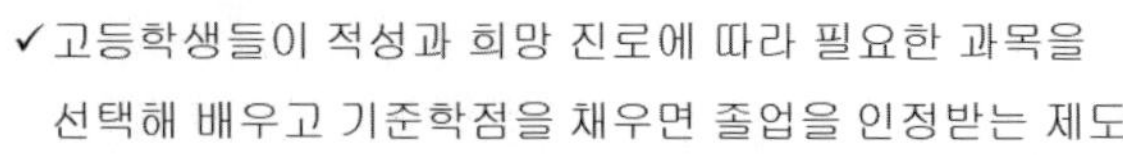

(1) 도형과 표 작성 기능을 이용하여 슬라이드를 작성한다(글꼴 : 돋움, 18pt).

세부 조건

① 상단 도형 :
　2개 도형의 조합으로 작성
② 좌측 도형 :
　그라데이션 효과(선형 아래쪽)
③ 표 스타일 :
　테마 스타일 1 – 강조 5

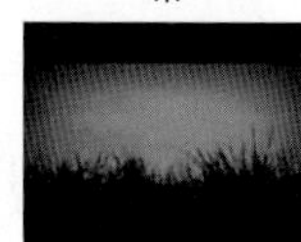

	미국	핀란드	영국	캐나다	한국
졸업 요건	학점이수 졸업시험	학점이수 졸업시험	졸업시험	학점이수 졸업시험	출석일수
내신	절대평가	절대평가	절대평가	절대평가	상대평가
대학 입시	SAT 고교내신	고교내신 졸업시험 대학별시험	고교내신 졸업시험	고교내신 졸업시험	수능시험 고교내신 대학별시험

(1) 차트 작성 기능을 이용하여 슬라이드를 작성한다.
(2) 차트 : 종류(묶은 세로 막대형), 글꼴(돋움, 16pt), 외곽선

세부 조건

※ 차트 설명
 · 차트 제목 : 궁서, 24pt, 굵게,
  채우기(흰색), 테두리,
  그림자(오프셋 왼쪽)
 · 차트 영역 : 채우기(노랑)
  그림 영역 : 채우기(흰색)
 · 데이터 서식 : 고교학점제 계열을
  표식이 있는 꺾은선형으로 변경 후
  보조 축으로 지정
 · 값 표시 : 보통의 고교학점제 계열만
① 도형 삽입
 – 스타일 :
  미세 효과 – 파랑, 강조 1
 – 글꼴 : 돋움, 18pt

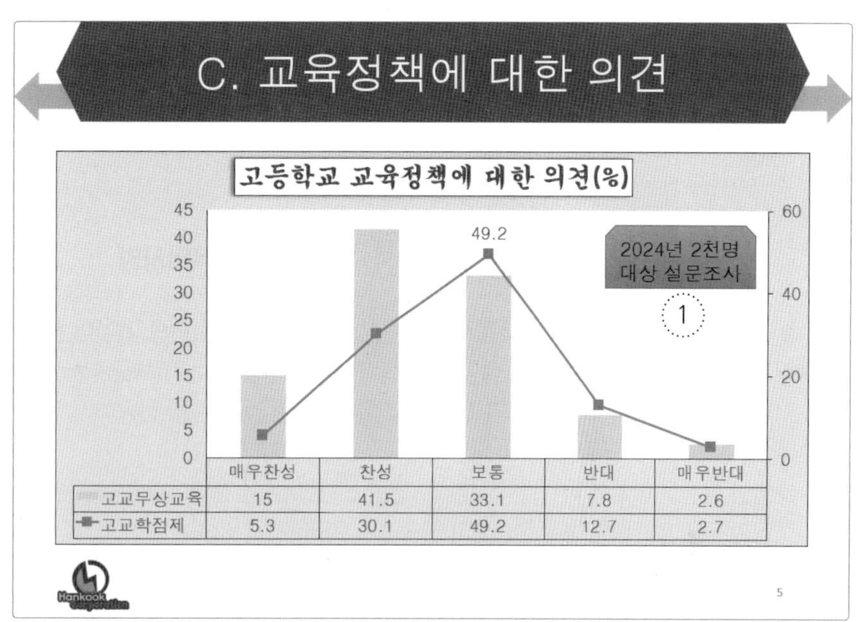

	매우찬성	찬성	보통	반대	매우반대
고교무상교육	15	41.5	33.1	7.8	2.6
고교학점제	5.3	30.1	49.2	12.7	2.7

(1) 슬라이드와 같이 도형 및 스마트아트를 배치한다(글꼴 : 굴림, 18pt).
(2) 애니메이션 순서 : ① ⇒ ②

세부 조건

① 도형 및 스마트아트 편집
 – 스마트아트 디자인 :
  3차원 경사,
  3차원 만화
 – 그룹화 후 애니메이션 효과 :
  바운드
② 도형 편집
 – 그룹화 후 애니메이션 효과 :
  시계 방향 회전

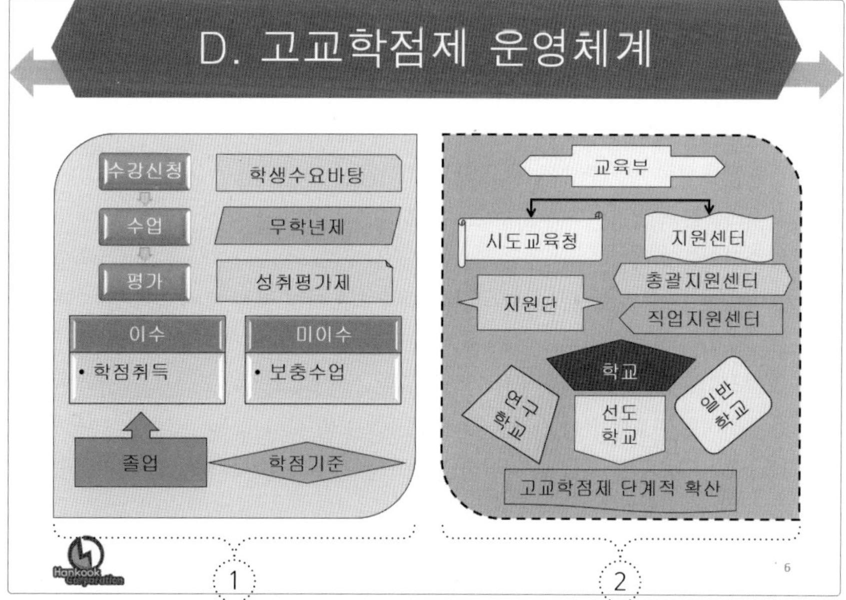

정보기술자격(ITQ) 실전모의고사

과 목	코 드	문제유형	시험시간	수험번호	성 명
한글파워포인트	1142	A	60분		

수험자 유의사항

◎ 수험자는 문제지를 받는 즉시 문제지와 <u>수험표상의 시험과목(프로그램)이 동일한지 반드시 확인</u>하여야 합니다.

◎ 파일명은 본인의 "수험번호−성명"으로 입력하여 답안폴더(내 PC₩문서₩ITQ)에 하나의 파일로 저장해야 하며, 답안문서 파일명이 "수험번호−성명"과 일치하지 않거나, 답안 파일을 전송하지 않아 미제출로 처리될 경우 실격 처리합니다(예:12345678-홍길동.pptx).

◎ 답안 작성을 마치면 파일을 저장하고, '답안 전송' 버튼을 선택하여 감독위원 PC로 답안을 전송하십시오. 수험생 정보와 저장한 파일명이 다를 경우 전송되지 않으므로 주의하시기 바랍니다.

◎ 답안 작성 중에도 <u>주기적으로 저장하고, '답안 전송'</u>하여야 문제 발생을 줄일 수 있습니다. 작업한 내용을 저장하지 않고 전송할 경우 이전에 저장된 내용이 전송되오니 이점 유의하시기 바랍니다.

◎ 답안문서는 지정된 경로 외의 다른 보조기억장치에 저장하는 경우, 지정된 시험 시간 외에 작성된 파일을 활용할 경우, 기타 통신수단(이메일, 메신저, 네트워크 등)을 이용하여 타인에게 전달 또는 외부 반출하는 경우는 부정 처리합니다.

◎ 시험 중 부주의 또는 고의로 시스템을 파손한 경우는 수험자가 변상해야 하며, <수험자 유의사항>에 기재된 방법대로 이행하지 않아 생기는 불이익은 수험생 당사자의 책임임을 알려 드립니다.

◎ 문제의 조건은 MS오피스 2021 버전으로 설정되어 있으니 유의하시기 바랍니다.

◎ 시험을 완료한 수험자는 답안 파일이 전송되었는지 확인한 후 감독위원의 지시에 따라 문제지를 제출하고 퇴실합니다.

답안 작성요령

◎ 온라인 답안 작성 절차

　수험자 등록 ⇒ 시험 시작 ⇒ 답안 파일 저장 ⇒ 답안 전송 ⇒ 시험 종료

◎ 슬라이드의 크기는 A4 Paper로 설정하여 작성합니다.

◎ 슬라이드의 총 개수는 6개로 구성되어 있으며 슬라이드 1부터 순서대로 작업하고 반드시 문제와 세부 조건대로 합니다.

◎ 별도의 지시사항이 없는 경우 출력형태를 참조하여 글꼴 색은 검정 또는 흰색으로 작성하고, 기타 사항은 전체적인 균형을 고려하여 작성합니다.

◎ 슬라이드 도형 및 개체에 출력형태와 다른 스타일(그림자, 외곽선 등)을 적용했을 경우 감점처리 됩니다.

◎ 슬라이드 번호를 작성합니다(슬라이드 1에는 생략).

◎ 2~6번 슬라이드 제목 도형과 하단 로고는 슬라이드 마스터를 이용하여 출력형태와 동일하게 작성합니다(슬라이드 1에는 생략).

◎ 문제와 세부 조건, 세부 조건 번호 ⦙⦙(점선원)는 입력하지 않습니다.

◎ 각 개체의 위치는 오른쪽의 슬라이드와 동일하게 구성합니다.

◎ 그림 삽입 문제의 경우 반드시 「내 PC₩문서₩ITQ₩Picture」 폴더에서 정확한 파일을 선택하여 삽입하십시오.

◎ 각 슬라이드를 각각의 파일로 작업해서 저장할 경우 실격 처리됩니다.

kpc 한국생산성본부

(1) 슬라이드 크기 및 순서 : 크기를 A4 용지로 설정하고 슬라이드 순서에 맞게 작성한다.
(2) 슬라이드 마스터 : 2~6슬라이드의 제목, 하단 로고, 슬라이드 번호는 슬라이드 마스터를 이용하여 작성한다.
  - 제목 글꼴(돋움, 40pt, 흰색), 가운데 맞춤, 도형(선 없음)
  - 하단 로고(「내 PC\문서\ITQ\Picture\로고1.jpg」, 배경(회색) 투명색으로 설정)

슬라이드 1   표지 디자인 (40점)

(1) 표지 디자인 : 도형, 워드아트 및 그림을 이용하여 작성한다.

세부 조건

① 도형 편집
  - 도형에 그림 채우기 :
    「내 PC\문서\ITQ\Picture\
    그림1.jpg」, 투명도 50%
  - 도형 효과 :
    부드러운 가장자리 5포인트
② 워드아트 삽입
  - 변환 : 곡선, 아래로
  - 글꼴 : 맑은 고딕, 굵게
  - 텍스트 반사 :
    근접 반사, 터치
③ 그림 삽입
  - 「내 PC\문서\ITQ\Picture\
    로고1.jpg」
  - 배경(회색) 투명색으로 설정

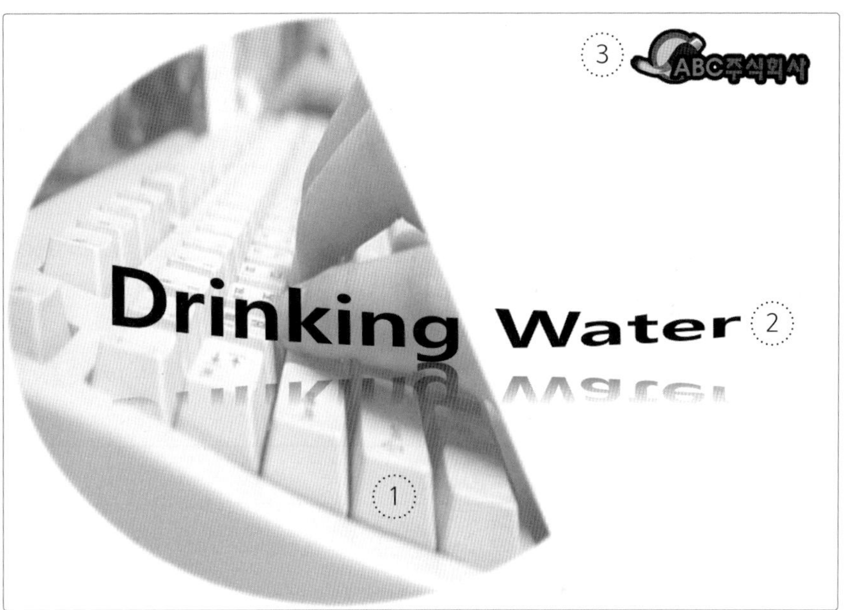

슬라이드 2   목차 슬라이드 (60점)

(1) 출력형태와 같이 도형을 이용하여 목차를 작성한다(글꼴 : 돋움, 24pt).
(2) 도형 : 선 없음

세부 조건

① 텍스트에 링크 적용
  → '슬라이드 5'
② 그림 삽입
  - 「내 PC\문서\ITQ\Picture\
    그림4.jpg」
  - 자르기 기능 이용

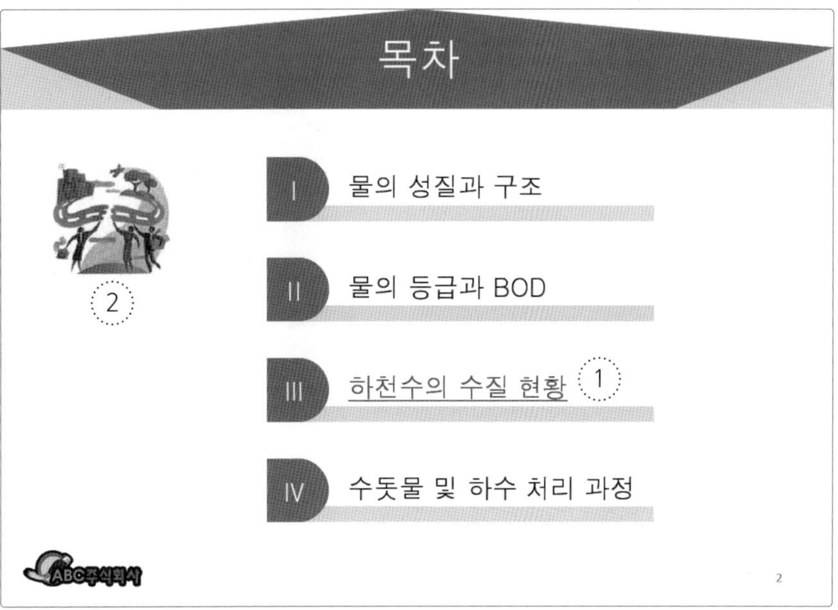

(1) 텍스트 작성 : 글머리 기호 사용(✓, ▪)

　　✓문단(굴림, 24pt, 굵게, 줄 간격 : 1.5줄), ▪문단(굴림, 20pt, 줄 간격 : 1.5줄)

세부 조건

① 동영상 삽입 :
- 「내 PC₩문서₩ITQ₩Picture₩
  동영상.wmv」
- 자동 실행, 반복 재생 설정

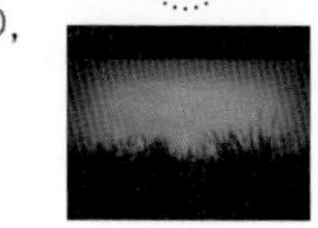

(1) 도형과 표 작성 기능을 이용하여 슬라이드를 작성한다(글꼴 : 돋움, 18pt).

세부 조건

① 상단 도형 :
　2개 도형의 조합으로 작성
② 좌측 도형 :
　그라데이션 효과(선형 위쪽)
③ 표 스타일 :
　테마 스타일 1 - 강조 1

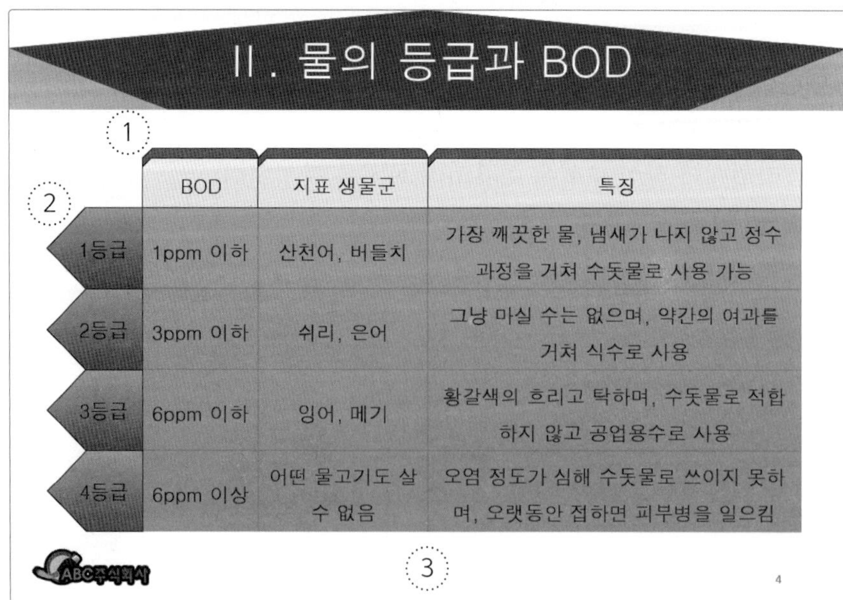

	BOD	지표 생물군	특징
1등급	1ppm 이하	산천어, 버들치	가장 깨끗한 물, 냄새가 나지 않고 정수 과정을 거쳐 수돗물로 사용 가능
2등급	3ppm 이하	쉬리, 은어	그냥 마실 수는 없으며, 약간의 여과를 거쳐 식수로 사용
3등급	6ppm 이하	잉어, 메기	황갈색의 흐리고 탁하며, 수돗물로 적합하지 않고 공업용수로 사용
4등급	6ppm 이상	어떤 물고기도 살 수 없음	오염 정도가 심해 수돗물로 쓰이지 못하며, 오랫동안 접하면 피부병을 일으킴

(1) 차트 작성 기능을 이용하여 슬라이드를 작성한다.
(2) 차트 : 종류(묶은 세로 막대형), 글꼴(돋움, 16pt), 외곽선

세부 조건

※ 차트 설명
 · 차트 제목 : 궁서, 24pt, 굵게,
   채우기(흰색), 테두리,
   그림자(오프셋 오른쪽 위)
 · 차트 영역 : 채우기(노랑)
   그림 영역 : 채우기(흰색)
 · 데이터 서식 :
   수소이온농도(pH) 계열을
   표식이 있는 꺾은선형으로 변경 후
   보조 축으로 지정
 · 값 표시 : 우치의 수온 계열만
 ① 도형 삽입
   - 스타일 : 미세 효과 - 파랑, 강조 1
   - 글꼴 : 돋움, 18pt

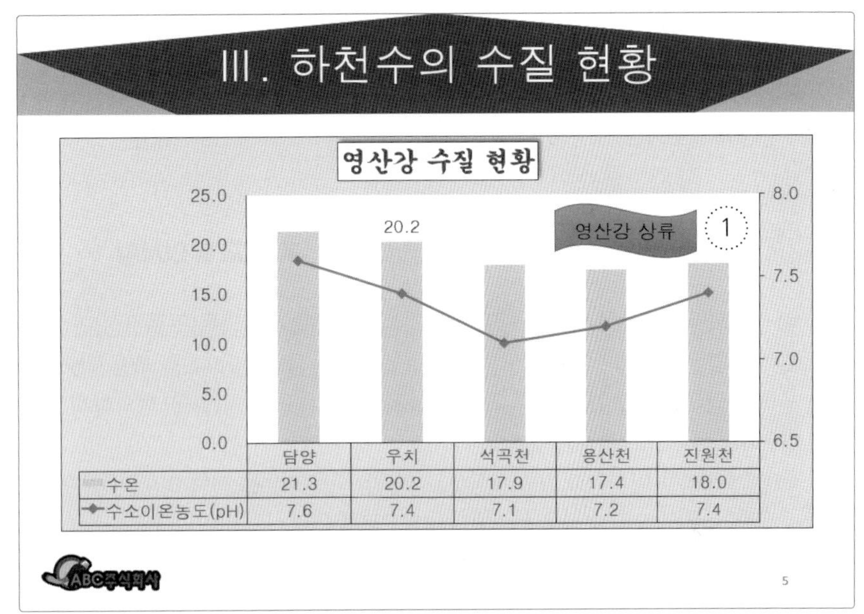

	담양	우치	석곡천	용산천	진원천
수온	21.3	20.2	17.9	17.4	18.0
수소이온농도(pH)	7.6	7.4	7.1	7.2	7.4

(1) 슬라이드와 같이 도형 및 스마트아트를 배치한다(글꼴 : 굴림, 18pt).
(2) 애니메이션 순서 : ① ⇒ ②

세부 조건

① 도형 편집
 - 그룹화 후 애니메이션 효과 :
   실선 무늬(세로)
② 도형 및 스마트아트 편집
 - 스마트아트 디자인 :
   3차원 경사,
   강한 효과
 - 그룹화 후 애니메이션 효과 :
   회전하며 밝기 변화

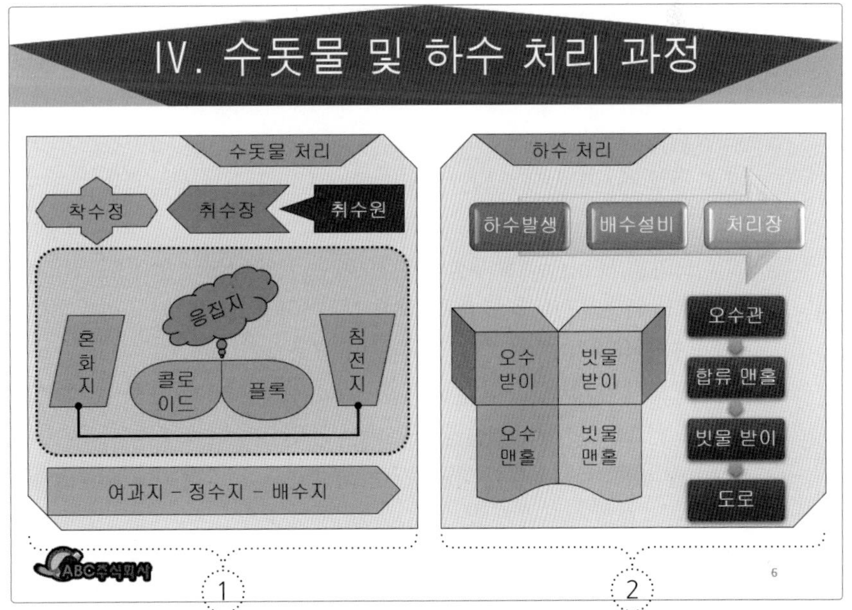

정보기술자격(ITQ) 실전모의고사

과　목	코　드	문제유형	시험시간	수험번호	성　명
한글파워포인트	1142	A	60분		

수험자 유의사항

◎ 수험자는 문제지를 받는 즉시 문제지와 <u>수험표상의 시험과목(프로그램)이 동일한지 반드시 확인</u>하여야 합니다.
◎ 파일명은 본인의 "수험번호-성명"으로 입력하여 답안폴더(내 PC₩문서₩ITQ)에 하나의 파일로 저장해야 하며, 답안문서 파일명이 "수험번호-성명"과 일치하지 않거나, 답안 파일을 전송하지 않아 미제출로 처리될 경우 실격 처리합니다 (예:12345678-홍길동.pptx).
◎ 답안 작성을 마치면 파일을 저장하고, '답안 전송' 버튼을 선택하여 감독위원 PC로 답안을 전송하십시오. 수험생 정보와 저장한 파일명이 다를 경우 전송되지 않으므로 주의하시기 바랍니다.
◎ 답안 작성 중에도 <u>주기적으로 저장하고, '답안 전송'</u>하여야 문제 발생을 줄일 수 있습니다. 작업한 내용을 저장하지 않고 전송할 경우 이전에 저장된 내용이 전송되오니 이점 유의하시기 바랍니다.
◎ 답안문서는 지정된 경로 외의 다른 보조기억장치에 저장하는 경우, 지정된 시험 시간 외에 작성된 파일을 활용할 경우, 기타 통신수단(이메일, 메신저, 네트워크 등)을 이용하여 타인에게 전달 또는 외부 반출하는 경우는 부정 처리합니다.
◎ 시험 중 부주의 또는 고의로 시스템을 파손한 경우는 수험자가 변상해야 하며, <수험자 유의사항>에 기재된 방법대로 이행하지 않아 생기는 불이익은 수험생 당사자의 책임임을 알려 드립니다.
◎ 문제의 조건은 MS오피스 2021 버전으로 설정되어 있으니 유의하시기 바랍니다.
◎ 시험을 완료한 수험자는 답안 파일이 전송되었는지 확인한 후 감독위원의 지시에 따라 문제지를 제출하고 퇴실합니다.

답안 작성요령

◎ 온라인 답안 작성 절차
　수험자 등록 ⇒ 시험 시작 ⇒ 답안 파일 저장 ⇒ 답안 전송 ⇒ 시험 종료
◎ 슬라이드의 크기는 A4 Paper로 설정하여 작성합니다.
◎ 슬라이드의 총 개수는 6개로 구성되어 있으며 슬라이드 1부터 순서대로 작업하고 반드시 문제와 세부 조건대로 합니다.
◎ 별도의 지시사항이 없는 경우 출력형태를 참조하여 글꼴 색은 검정 또는 흰색으로 작성하고, 기타 사항은 전체적인 균형을 고려하여 작성합니다.
◎ 슬라이드 도형 및 개체에 출력형태와 다른 스타일(그림자, 외곽선 등)을 적용했을 경우 감점처리 됩니다.
◎ 슬라이드 번호를 작성합니다(슬라이드 1에는 생략).
◎ 2~6번 슬라이드 제목 도형과 하단 로고는 슬라이드 마스터를 이용하여 출력형태와 동일하게 작성합니다(슬라이드 1에는 생략).
◎ 문제와 세부 조건, 세부 조건 번호 ◌(점선원)는 입력하지 않습니다.
◎ 각 개체의 위치는 오른쪽의 슬라이드와 동일하게 구성합니다.
◎ 그림 삽입 문제의 경우 반드시 「내 PC₩문서₩ITQ₩Picture」 폴더에서 정확한 파일을 선택하여 삽입하십시오.
◎ 각 슬라이드를 각각의 파일로 작업해서 저장할 경우 실격 처리됩니다.

kpc 한국생산성본부

(1) 슬라이드 크기 및 순서 : 크기를 A4 용지로 설정하고 슬라이드 순서에 맞게 작성한다.
(2) 슬라이드 마스터 : 2~6슬라이드의 제목, 하단 로고, 슬라이드 번호는 슬라이드 마스터를 이용하여 작성한다.
    - 제목 글꼴(돋움, 40pt, 빨강), 가운데 맞춤, 도형(선 없음)
    - 하단 로고(「내 PC₩문서₩ITQ₩Picture₩로고1.jpg」, 배경(회색) 투명색으로 설정)

슬라이드 1   표지 디자인   (40점)

(1) 표지 디자인 : 도형, 워드아트 및 그림을 이용하여 작성한다.

세부 조건

① 도형 편집
  - 도형에 그림 채우기 :
   「내 PC₩문서₩ITQ₩Picture₩
   그림1.jpg」, 투명도 50%
  - 도형 효과 :
   부드러운 가장자리 5포인트
② 워드아트 삽입
  - 변환 : 수축, 위쪽
  - 글꼴 : 돋움, 굵게
  - 텍스트 반사 :
   1/2 반사, 터치
③ 그림 삽입
  - 「내 PC₩문서₩ITQ₩Picture₩
   로고1.jpg」
  - 배경(회색) 투명색으로 설정

슬라이드 2   목차 슬라이드   (60점)

(1) 출력형태와 같이 도형을 이용하여 목차를 작성한다(글꼴 : 굴림, 24pt).
(2) 도형 : 선 없음

세부 조건

① 텍스트에 링크 적용
  → '슬라이드 4'
② 그림 삽입
  - 「내 PC₩문서₩ITQ₩Picture₩
   그림5.jpg」
  - 자르기 기능 이용

(1) 텍스트 작성 : 글머리 기호 사용(❖, ✓)

❖ 문단(굴림, 24pt, 굵게, 줄 간격 : 1.5줄), ✓ 문단(굴림, 20pt, 줄 간격 : 1.5줄)

세부 조건

① 동영상 삽입 :
- 「내 PC\문서\ITQ\Picture\ 동영상.wmv」
- 자동 실행, 반복 재생 설정

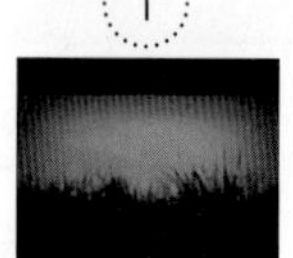

(1) 도형과 표 작성 기능을 이용하여 슬라이드를 작성한다(글꼴 : 돋움, 18pt).

세부 조건

① 상단 도형 :
　2개 도형의 조합으로 작성
② 좌측 도형 :
　그라데이션 효과(선형 아래쪽)
③ 표 스타일 :
　테마 스타일 1 – 강조 6

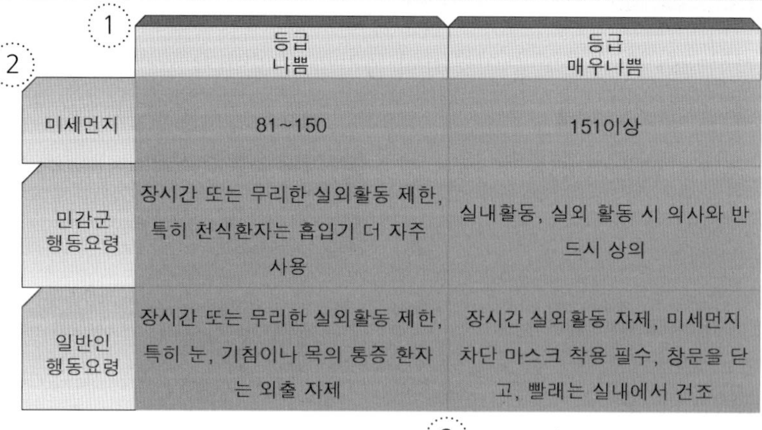

	등급 나쁨	등급 매우나쁨
미세먼지	81~150	151이상
민감군 행동요령	장시간 또는 무리한 실외활동 제한, 특히 천식환자는 흡입기 더 자주 사용	실내활동, 실외 활동 시 의사와 반드시 상의
일반인 행동요령	장시간 또는 무리한 실외활동 제한, 특히 눈, 기침이나 목의 통증 환자는 외출 자제	장시간 실외활동 자제, 미세먼지 차단 마스크 착용 필수, 창문을 닫고, 빨래는 실내에서 건조

(1) 차트 작성 기능을 이용하여 슬라이드를 작성한다.
(2) 차트 : 종류(묶은 세로 막대형), 글꼴(돋움, 16pt), 외곽선

세부 조건

※ 차트 설명
 · 차트 제목 : 궁서, 24pt, 굵게,
   채우기(흰색), 테두리,
   그림자(오프셋 위쪽)
 · 차트 영역 : 채우기(노랑)
   그림 영역 : 채우기(흰색)
 · 데이터 서식 : 초미세먼지 계열을
   표식이 있는 꺾은선형으로 변경 후
   보조 축으로 지정
 · 값 표시 : 영국의 초미세먼지 계열만
① 도형 삽입
 - 스타일 :
   미세 효과 – 주황, 강조 2
 - 글꼴 : 굴림, 18pt

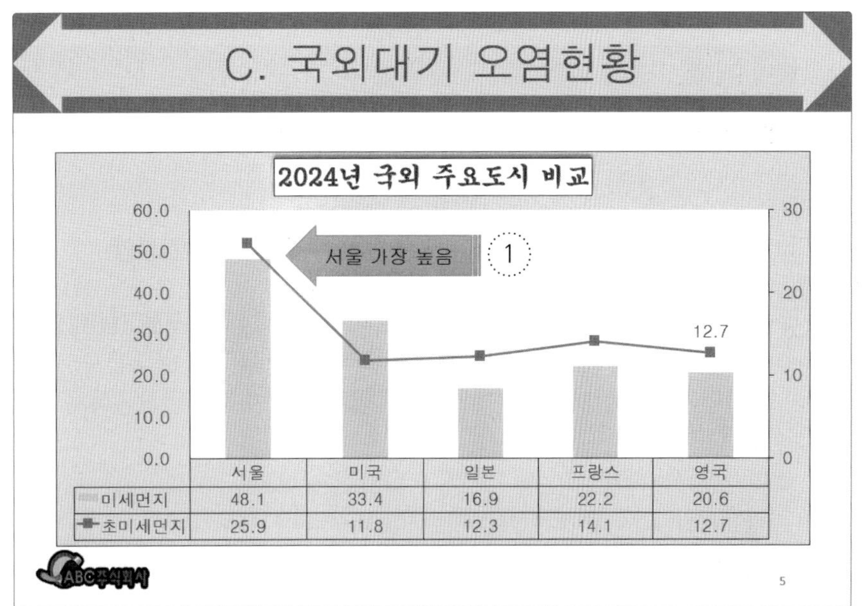

(1) 슬라이드와 같이 도형 및 스마트아트를 배치한다(글꼴 : 굴림, 18pt).
(2) 애니메이션 순서 : ① ⇒ ②

세부 조건

① 도형 편집
 - 그룹화 후 애니메이션 효과 :
   실선 무늬(세로)
② 도형 및 스마트아트 편집
 - 스마트아트 디자인 :
   3차원 만화, 3차원 경사
 - 그룹화 후 애니메이션 효과 :
   회전하며 밝기 변화

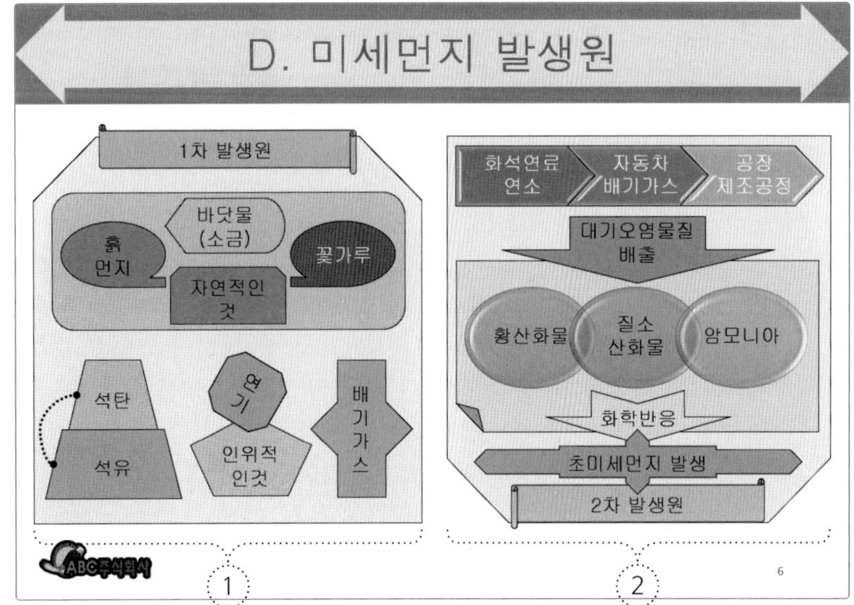

정보기술자격(ITQ) 실전모의고사

과 목	코 드	문제유형	시험시간	수험번호	성 명
한글파워포인트	1142	A	60분		

수험자 유의사항

◎ 수험자는 문제지를 받는 즉시 문제지와 <u>수험표상의 시험과목(프로그램)이 동일한지 반드시 확인</u>하여야 합니다.

◎ 파일명은 본인의 "수험번호-성명"으로 입력하여 답안폴더(내 PC\문서\ITQ)에 하나의 파일로 저장해야 하며, 답안문서 파일명이 "수험번호-성명"과 일치하지 않거나, 답안 파일을 전송하지 않아 미제출로 처리될 경우 실격 처리합니다 (예:12345678-홍길동.pptx).

◎ 답안 작성을 마치면 파일을 저장하고, '답안 전송' 버튼을 선택하여 감독위원 PC로 답안을 전송하십시오. 수험생 정보와 저장한 파일명이 다를 경우 전송되지 않으므로 주의하시기 바랍니다.

◎ 답안 작성 중에도 <u>주기적으로 저장하고, '답안 전송'</u>하여야 문제 발생을 줄일 수 있습니다. 작업한 내용을 저장하지 않고 전송할 경우 이전에 저장된 내용이 전송되오니 이점 유의하시기 바랍니다.

◎ 답안문서는 지정된 경로 외의 다른 보조기억장치에 저장하는 경우, 지정된 시험 시간 외에 작성된 파일을 활용할 경우, 기타 통신수단(이메일, 메신저, 네트워크 등)을 이용하여 타인에게 전달 또는 외부 반출하는 경우는 부정 처리합니다.

◎ 시험 중 부주의 또는 고의로 시스템을 파손한 경우는 수험자가 변상해야 하며, <수험자 유의사항>에 기재된 방법대로 이행하지 않아 생기는 불이익은 수험생 당사자의 책임임을 알려 드립니다.

◎ 문제의 조건은 MS오피스 2021 버전으로 설정되어 있으니 유의하시기 바랍니다.

◎ 시험을 완료한 수험자는 답안 파일이 전송되었는지 확인한 후 감독위원의 지시에 따라 문제지를 제출하고 퇴실합니다.

답안 작성요령

◎ 온라인 답안 작성 절차

　수험자 등록 ⇒ 시험 시작 ⇒ 답안 파일 저장 ⇒ 답안 전송 ⇒ 시험 종료

◎ 슬라이드의 크기는 A4 Paper로 설정하여 작성합니다.

◎ 슬라이드의 총 개수는 6개로 구성되어 있으며 슬라이드 1부터 순서대로 작업하고 반드시 문제와 세부 조건대로 합니다.

◎ 별도의 지시사항이 없는 경우 출력형태를 참조하여 글꼴 색은 검정 또는 흰색으로 작성하고, 기타 사항은 전체적인 균형을 고려하여 작성합니다.

◎ 슬라이드 도형 및 개체에 출력형태와 다른 스타일(그림자, 외곽선 등)을 적용했을 경우 감점처리 됩니다.

◎ 슬라이드 번호를 작성합니다(슬라이드 1에는 생략).

◎ 2~6번 슬라이드 제목 도형과 하단 로고는 슬라이드 마스터를 이용하여 출력형태와 동일하게 작성합니다(슬라이드 1에는 생략).

◎ 문제와 세부 조건, 세부 조건 번호 ⦂(점선원)는 입력하지 않습니다.

◎ 각 개체의 위치는 오른쪽의 슬라이드와 동일하게 구성합니다.

◎ 그림 삽입 문제의 경우 반드시 「내 PC\문서\ITQ\Picture」 폴더에서 정확한 파일을 선택하여 삽입하십시오.

◎ 각 슬라이드를 각각의 파일로 작업해서 저장할 경우 실격 처리됩니다.

kpc 한국생산성본부

(1) 슬라이드 크기 및 순서 : 크기를 A4 용지로 설정하고 슬라이드 순서에 맞게 작성한다.
(2) 슬라이드 마스터 : 2~6슬라이드의 제목, 하단 로고, 슬라이드 번호는 슬라이드 마스터를 이용하여 작성한다.
　　– 제목 글꼴(돋움, 40pt, 파랑), 가운데 맞춤, 도형(선 없음)
　　– 하단 로고(「내 PC\문서\ITQ\Picture\로고2.jpg」, 배경(회색) 투명색으로 설정)

슬라이드 1　　표지 디자인 (40점)

(1) 표지 디자인 : 도형, 워드아트 및 그림을 이용하여 작성한다.

세부 조건

① 도형 편집
　– 도형에 그림 채우기 :
　　「내 PC\문서\ITQ\Picture\
　　그림3.jpg」, 투명도 50%
　– 도형 효과 :
　　부드러운 가장자리 5포인트
② 워드아트 삽입
　– 변환 : 곡선, 아래로
　– 글꼴 : 돋움, 굵게
　– 텍스트 반사 :
　　1/2 반사, 4 pt 오프셋
③ 그림 삽입
　– 「내 PC\문서\ITQ\Picture\
　　로고2.jpg」
　– 배경(회색) 투명색으로 설정

슬라이드 2　　목차 슬라이드 (60점)

(1) 출력형태와 같이 도형을 이용하여 목차를 작성한다(글꼴 : 굴림, 24pt).
(2) 도형 : 선 없음

세부 조건

① 텍스트에 링크 적용
　→ '슬라이드 6'
② 그림 삽입
　– 「내 PC\문서\ITQ\Picture\
　　그림5.jpg」
　– 자르기 기능 이용

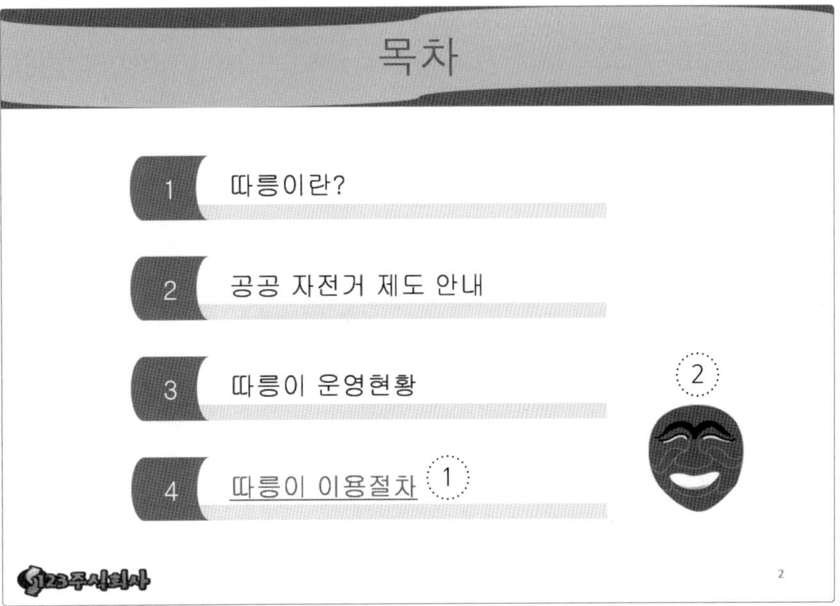

(1) 텍스트 작성 : 글머리 기호 사용(❖, ➢)

　　❖문단(굴림, 24pt, 굵게, 줄 간격 : 1.5줄), ➢문단(굴림, 20pt, 줄 간격 : 1.5줄)

세부 조건

① 동영상 삽입 :
- 「내 PC₩문서₩ITQ₩Picture₩
　동영상.wmv」
- 자동 실행, 반복 재생 설정

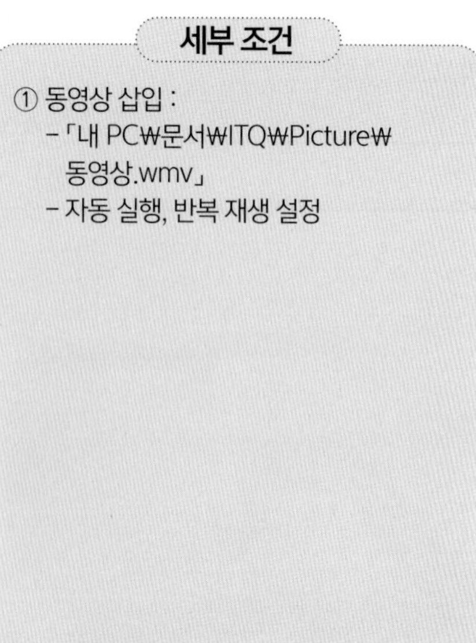

(1) 도형과 표 작성 기능을 이용하여 슬라이드를 작성한다(글꼴 : 돋움, 18pt).

세부 조건

① 상단 도형 :
　2개 도형의 조합으로 작성
② 좌측 도형 :
　그라데이션 효과(선형 아래쪽)
③ 표 스타일 :
　테마 스타일 1 – 강조 4

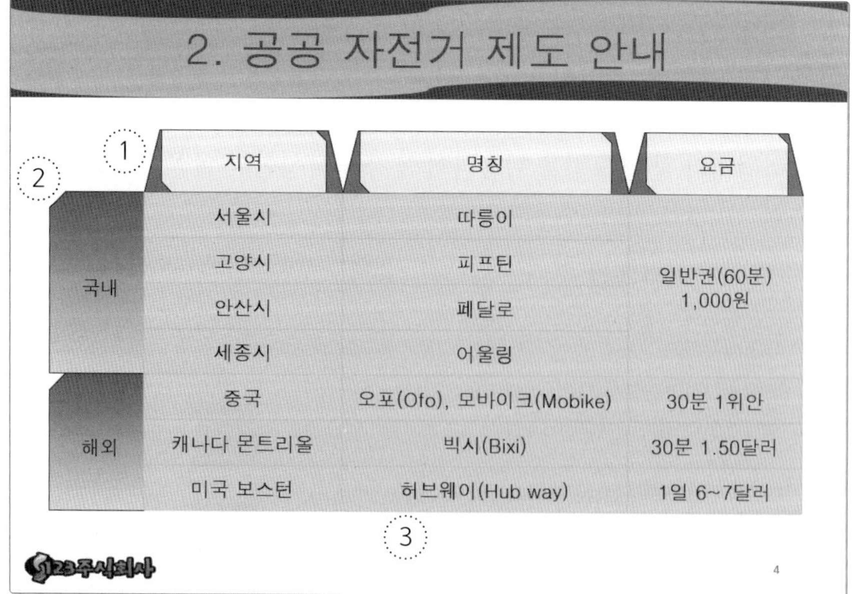

지역		명칭	요금
국내	서울시	따릉이	일반권(60분) 1,000원
	고양시	피프틴	
	안산시	페달로	
	세종시	어울링	
해외	중국	오포(Ofo), 모바이크(Mobike)	30분 1위안
	캐나다 몬트리올	빅시(Bixi)	30분 1.50달러
	미국 보스턴	허브웨이(Hub way)	1일 6~7달러

(1) 차트 작성 기능을 이용하여 슬라이드를 작성한다.
(2) 차트 : 종류(묶은 세로 막대형), 글꼴(돋움, 16pt), 외곽선

세부 조건

※ 차트 설명
- 차트 제목 : 궁서, 24pt, 굵게,
  채우기(흰색), 테두리,
  그림자(오프셋 위쪽)
- 차트 영역 : 채우기(노랑)
  그림 영역 : 채우기(흰색)
- 데이터 서식 : 이용건수(천건) 계열을
  표식이 있는 꺾은선형으로 변경 후
  보조 축으로 지정
- 값 표시 :
  2024년 12월의 이용건수(천건) 계열만
① 도형 삽입
 - 스타일 :
   미세 효과 – 파랑, 강조 5
 - 글꼴 : 굴림, 18pt

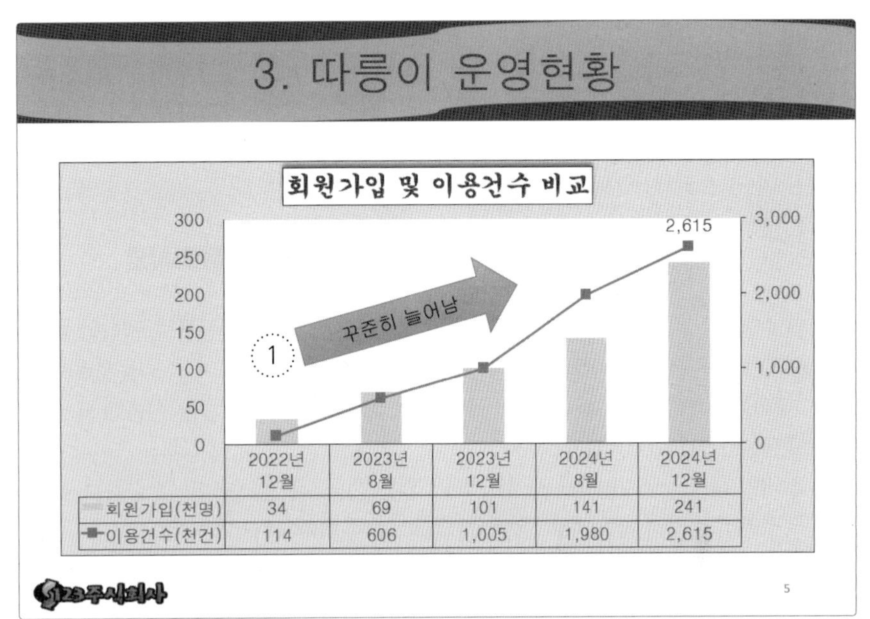

	2022년 12월	2023년 8월	2023년 12월	2024년 8월	2024년 12월
회원가입(천명)	34	69	101	141	241
이용건수(천건)	114	606	1,005	1,980	2,615

(1) 슬라이드와 같이 도형 및 스마트아트를 배치한다(글꼴 : 굴림, 18pt).
(2) 애니메이션 순서 : ① ⇒ ②

세부 조건

① 도형 편집
 - 그룹화 후 애니메이션 효과 :
   밝기 변화
② 도형 및 스마트아트 편집
 - 스마트아트 디자인 :
   3차원 광택 처리,
   강한 효과
 - 그룹화 후 애니메이션 효과 :
   나누기(세로 바깥쪽으로)

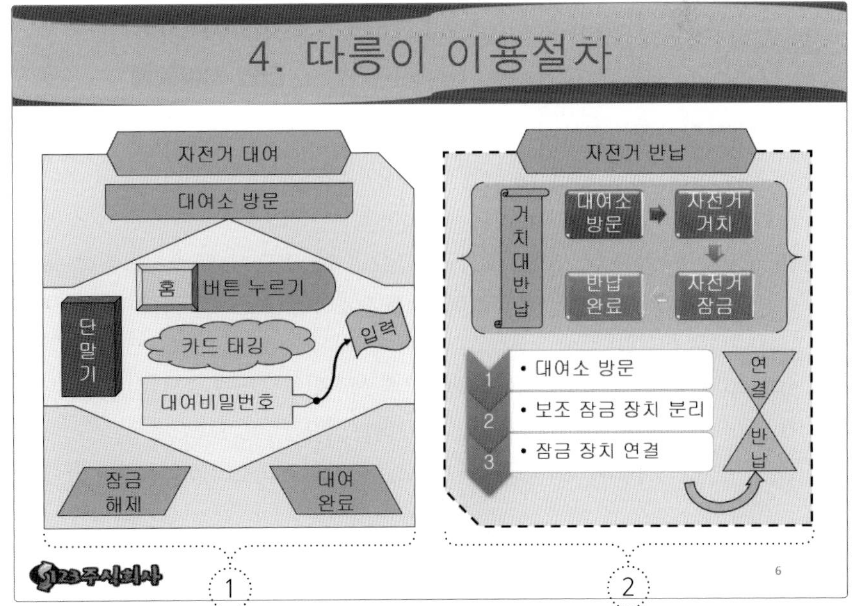

정보기술자격(ITQ) 실전모의고사

과 목	코 드	문제유형	시험시간	수험번호	성 명
한글파워포인트	1142	A	60분		

수험자 유의사항

◎ 수험자는 문제지를 받는 즉시 문제지와 **수험표상의 시험과목(프로그램)이 동일한지 반드시 확인**하여야 합니다.

◎ 파일명은 본인의 "수험번호-성명"으로 입력하여 답안폴더(내 PC\문서\ITQ)에 하나의 파일로 저장해야 하며, 답안문서 파일명이 "수험번호-성명"과 일치하지 않거나, 답안 파일을 전송하지 않아 미제출로 처리될 경우 실격 처리합니다 (예:12345678-홍길동.pptx).

◎ 답안 작성을 마치면 파일을 저장하고, '답안 전송' 버튼을 선택하여 감독위원 PC로 답안을 전송하십시오. 수험생 정보와 저장한 파일명이 다를 경우 전송되지 않으므로 주의하시기 바랍니다.

◎ 답안 작성 중에도 **주기적으로 저장하고, '답안 전송'**하여야 문제 발생을 줄일 수 있습니다. 작업한 내용을 저장하지 않고 전송할 경우 이전에 저장된 내용이 전송되오니 이점 유의하시기 바랍니다.

◎ 답안문서는 지정된 경로 외의 다른 보조기억장치에 저장하는 경우, 지정된 시험 시간 외에 작성된 파일을 활용할 경우, 기타 통신수단(이메일, 메신저, 네트워크 등)을 이용하여 타인에게 전달 또는 외부 반출하는 경우는 부정 처리합니다.

◎ 시험 중 부주의 또는 고의로 시스템을 파손한 경우는 수험자가 변상해야 하며, <수험자 유의사항>에 기재된 방법대로 이행하지 않아 생기는 불이익은 수험생 당사자의 책임임을 알려 드립니다.

◎ 문제의 조건은 MS오피스 2021 버전으로 설정되어 있으니 유의하시기 바랍니다.

◎ 시험을 완료한 수험자는 답안 파일이 전송되었는지 확인한 후 감독위원의 지시에 따라 문제지를 제출하고 퇴실합니다.

답안 작성요령

◎ 온라인 답안 작성 절차

수험자 등록 ⇒ 시험 시작 ⇒ 답안 파일 저장 ⇒ 답안 전송 ⇒ 시험 종료

◎ 슬라이드의 크기는 A4 Paper로 설정하여 작성합니다.

◎ 슬라이드의 총 개수는 6개로 구성되어 있으며 슬라이드 1부터 순서대로 작업하고 반드시 문제와 세부 조건대로 합니다.

◎ 별도의 지시사항이 없는 경우 출력형태를 참조하여 글꼴 색은 검정 또는 흰색으로 작성하고, 기타 사항은 전체적인 균형을 고려하여 작성합니다.

◎ 슬라이드 도형 및 개체에 출력형태와 다른 스타일(그림자, 외곽선 등)을 적용했을 경우 감점처리 됩니다.

◎ 슬라이드 번호를 작성합니다(슬라이드 1에는 생략).

◎ 2~6번 슬라이드 제목 도형과 하단 로고는 슬라이드 마스터를 이용하여 출력형태와 동일하게 작성합니다(슬라이드 1에는 생략).

◎ 문제와 세부 조건, 세부 조건 번호 ◌(점선원)는 입력하지 않습니다.

◎ 각 개체의 위치는 오른쪽의 슬라이드와 동일하게 구성합니다.

◎ 그림 삽입 문제의 경우 반드시 「내 PC\문서\ITQ\Picture」 폴더에서 정확한 파일을 선택하여 삽입하십시오.

◎ 각 슬라이드를 각각의 파일로 작업해서 저장할 경우 실격 처리됩니다.

kpc 한국생산성본부

(1) 슬라이드 크기 및 순서 : 크기를 A4 용지로 설정하고 슬라이드 순서에 맞게 작성한다.
(2) 슬라이드 마스터 : 2~6슬라이드의 제목, 하단 로고, 슬라이드 번호는 슬라이드 마스터를 이용하여 작성한다.
 – 제목 글꼴(굴림, 40pt, 흰색), 가운데 맞춤, 도형(선 없음)
 – 하단 로고(「내 PC\문서\ITQ\Picture\로고2.jpg」, 배경(회색) 투명색으로 설정)

슬라이드 1 표지 디자인 (40점)

(1) 표지 디자인 : 도형, 워드아트 및 그림을 이용하여 작성한다.

세부 조건

① 도형 편집
 – 도형에 그림 채우기 :
  「내 PC\문서\ITQ\Picture\
  그림3.jpg」, 투명도 50%
 – 도형 효과 :
  부드러운 가장자리 5포인트
② 워드아트 삽입
 – 변환 : 페이드, 오른쪽
 – 글꼴 : 궁서, 굵게
 – 텍스트 반사 :
  1/2 반사, 터치
③ 그림 삽입
 – 「내 PC\문서\ITQ\Picture\
  로고2.jpg」
 – 배경(회색) 투명색으로 설정

슬라이드 2 목차 슬라이드 (60점)

(1) 출력형태와 같이 도형을 이용하여 목차를 작성한다(글꼴 : 굴림, 24pt).
(2) 도형 : 선 없음

세부 조건

① 텍스트에 링크 적용
 → '슬라이드 4'
② 그림 삽입
 – 「내 PC\문서\ITQ\Picture\
  그림4.jpg」
 – 자르기 기능 이용

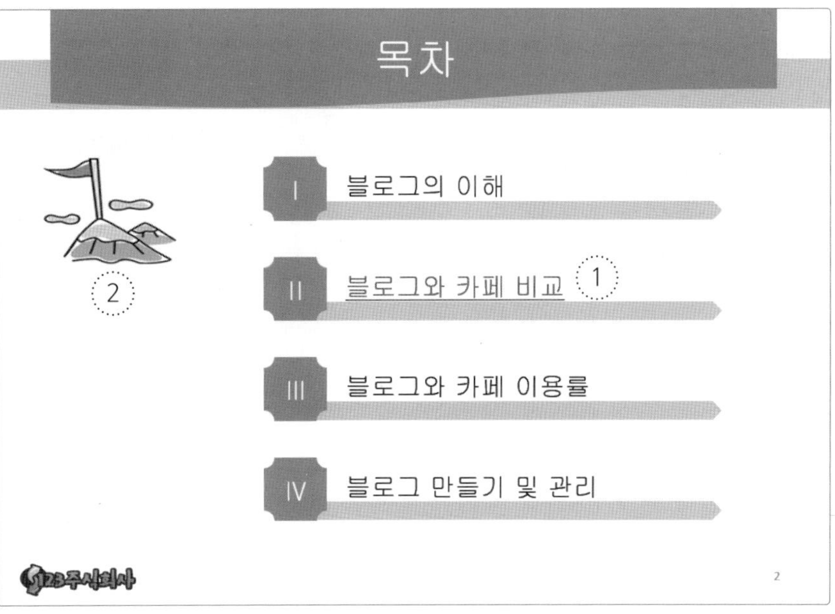

 텍스트/동영상 슬라이드 (60점)

(1) 텍스트 작성 : 글머리 기호 사용(❖, •)

❖ 문단(굴림, 24pt, 굵게, 줄 간격 : 1.5줄), • 문단(굴림, 20pt, 줄 간격 : 1.5줄)

세부 조건

① 동영상 삽입 :
- 「내 PC₩문서₩ITQ₩Picture₩동영상.wmv」
- 자동 실행, 반복 재생 설정

Ⅰ. 블로그의 이해

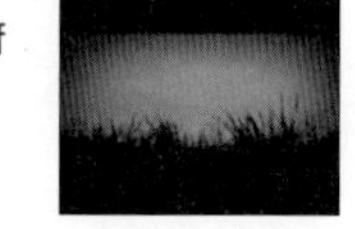

❖What is a weblog?
- A weblog is a Web site that consists of a series of entries arranged in reverse chronological order
- The information can be written by the site owner, gleaned from other Web sites or other sources

❖블로그의 의미
- 블로그란 웹(web)과 항해 일지를 뜻하는 로그(log)의 합성어를 줄인 신조어로 자신의 관심사에 따라 자신의 일상이나 사회적인 이슈까지 글과 사진, 동영상 등을 자유롭게 올릴 수 있는 웹 사이트

3

 표 슬라이드 (80점)

(1) 도형과 표 작성 기능을 이용하여 슬라이드를 작성한다(글꼴 : 돋움, 18pt).

세부 조건

① 상단 도형 :
2개 도형의 조합으로 작성
② 좌측 도형 :
그라데이션 효과(선형 위쪽)
③ 표 스타일 :
테마 스타일 1 – 강조 1

Ⅱ. 블로그와 카페 비교

	블로그	인터넷 카페
특징	개인의 관심사에 따른 기록	사이버 공간의 다양한 만남 주선
	완벽한 자료 관리 가능	포털 사이트에서 제공하는 커뮤니티
	다양한 형태의 커뮤니티 제공	등록한 회원이 다시 카페 개설
형태	기술적/상업적 제약 없이 이용	같은 취지의 사람들이 모여 정보 교환
	실시간으로 콘텐츠 내용 확인	동호회, 향우회, 동창회 등

4

(1) 차트 작성 기능을 이용하여 슬라이드를 작성한다.
(2) 차트 : 종류(묶은 세로 막대형), 글꼴(돋움, 16pt), 외곽선

세부 조건

※ 차트 설명
- 차트 제목 : 궁서, 24pt, 굵게,
  채우기(흰색), 테두리,
  그림자(오프셋 아래쪽)
- 차트 영역 : 채우기(노랑)
  그림 영역 : 채우기(흰색)
- 데이터 서식 : 카페 계열을
  표식이 있는 꺾은선형으로 변경 후
  보조 축으로 지정
- 값 표시 : 2024년의 카페 계열만
① 도형 삽입
- 스타일 :
  미세 효과 – 파랑, 강조 1
- 글꼴 : 굴림, 18pt

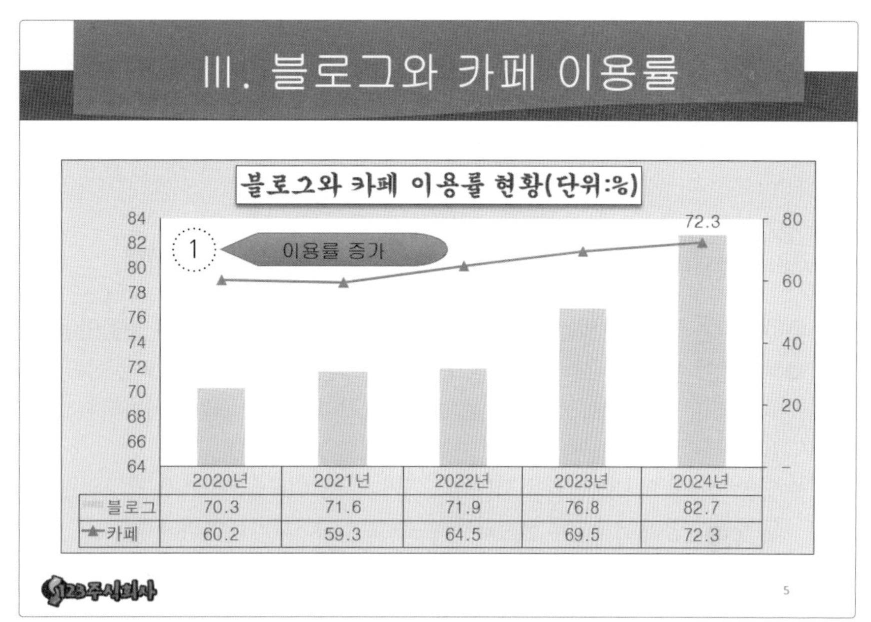

	2020년	2021년	2022년	2023년	2024년
블로그	70.3	71.6	71.9	76.8	82.7
카페	60.2	59.3	64.5	69.5	72.3

---

(1) 슬라이드와 같이 도형 및 스마트아트를 배치한다(글꼴 : 굴림, 18pt).
(2) 애니메이션 순서 : ① ⇒ ②

세부 조건

① 도형 및 스마트아트 편집
- 스마트아트 디자인 :
  3차원 경사,
  3차원 광택 처리
- 그룹화 후 애니메이션 효과 :
  바운드
② 도형 편집
- 그룹화 후 애니메이션 효과 :
  시계 방향 회전

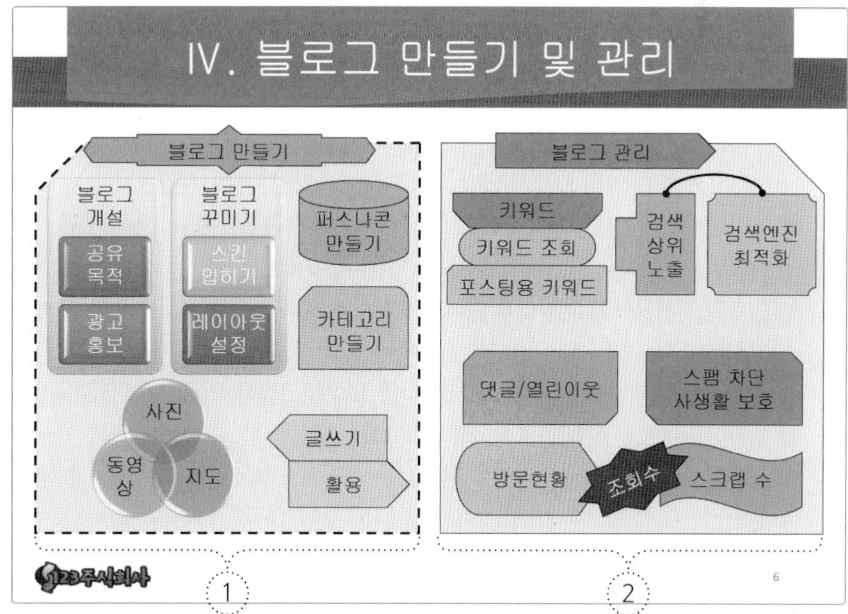

정보기술자격(ITQ) 실전모의고사

과 목	코 드	문제유형	시험시간	수험번호	성 명
한글파워포인트	1142	A	60분		

수험자 유의사항

◎ 수험자는 문제지를 받는 즉시 문제지와 **수험표상의 시험과목(프로그램)이 동일한지 반드시 확인**하여야 합니다.

◎ 파일명은 본인의 "수험번호-성명"으로 입력하여 답안폴더(내 PC₩문서₩ITQ)에 하나의 파일로 저장해야 하며, 답안문서 파일명이 "수험번호-성명"과 일치하지 않거나, 답안 파일을 전송하지 않아 미제출로 처리될 경우 실격 처리합니다 (예:12345678-홍길동.pptx).

◎ 답안 작성을 마치면 파일을 저장하고, '답안 전송' 버튼을 선택하여 감독위원 PC로 답안을 전송하십시오. 수험생 정보와 저장한 파일명이 다를 경우 전송되지 않으므로 주의하시기 바랍니다.

◎ 답안 작성 중에도 **주기적으로 저장하고, '답안 전송'**하여야 문제 발생을 줄일 수 있습니다. 작업한 내용을 저장하지 않고 전송할 경우 이전에 저장된 내용이 전송되오니 이점 유의하시기 바랍니다.

◎ 답안문서는 지정된 경로 외의 다른 보조기억장치에 저장하는 경우, 지정된 시험 시간 외에 작성된 파일을 활용할 경우, 기타 통신수단(이메일, 메신저, 네트워크 등)을 이용하여 타인에게 전달 또는 외부 반출하는 경우는 부정 처리합니다.

◎ 시험 중 부주의 또는 고의로 시스템을 파손한 경우는 수험자가 변상해야 하며, <수험자 유의사항>에 기재된 방법대로 이행하지 않아 생기는 불이익은 수험생 당사자의 책임임을 알려 드립니다.

◎ 문제의 조건은 MS오피스 2021 버전으로 설정되어 있으니 유의하시기 바랍니다.

◎ 시험을 완료한 수험자는 답안 파일이 전송되었는지 확인한 후 감독위원의 지시에 따라 문제지를 제출하고 퇴실합니다.

답안 작성요령

◎ 온라인 답안 작성 절차

　수험자 등록 ⇒ 시험 시작 ⇒ 답안 파일 저장 ⇒ 답안 전송 ⇒ 시험 종료

◎ 슬라이드의 크기는 A4 Paper로 설정하여 작성합니다.

◎ 슬라이드의 총 개수는 6개로 구성되어 있으며 슬라이드 1부터 순서대로 작업하고 반드시 문제와 세부 조건대로 합니다.

◎ 별도의 지시사항이 없는 경우 출력형태를 참조하여 글꼴 색은 검정 또는 흰색으로 작성하고, 기타 사항은 전체적인 균형을 고려하여 작성합니다.

◎ 슬라이드 도형 및 개체에 출력형태와 다른 스타일(그림자, 외곽선 등)을 적용했을 경우 감점처리 됩니다.

◎ 슬라이드 번호를 작성합니다(슬라이드 1에는 생략).

◎ 2~6번 슬라이드 제목 도형과 하단 로고는 슬라이드 마스터를 이용하여 출력형태와 동일하게 작성합니다(슬라이드 1에는 생략).

◎ 문제와 세부 조건, 세부 조건 번호 ⌁(점선원)는 입력하지 않습니다.

◎ 각 개체의 위치는 오른쪽의 슬라이드와 동일하게 구성합니다.

◎ 그림 삽입 문제의 경우 반드시 「내 PC₩문서₩ITQ₩Picture」 폴더에서 정확한 파일을 선택하여 삽입하십시오.

◎ 각 슬라이드를 각각의 파일로 작업해서 저장할 경우 실격 처리됩니다.

kpc 한국생산성본부

(1) 슬라이드 크기 및 순서 : 크기를 A4 용지로 설정하고 슬라이드 순서에 맞게 작성한다.

(2) 슬라이드 마스터 : 2~6슬라이드의 제목, 하단 로고, 슬라이드 번호는 슬라이드 마스터를 이용하여 작성한다.
- 제목 글꼴(돋움, 40pt, 흰색), 가운데 맞춤, 도형(선 없음)
- 하단 로고(「내 PC₩문서₩ITQ₩Picture₩로고3.jpg」, 배경(연보라) 투명색으로 설정

슬라이드 1 표지 디자인 (40점)

(1) 표지 디자인 : 도형, 워드아트 및 그림을 이용하여 작성한다.

세부 조건

① 도형 편집
- 도형에 그림 채우기 :
  「내 PC₩문서₩ITQ₩Picture₩
  그림2.jpg」, 투명도 50%
- 도형 효과 :
  부드러운 가장자리 5포인트
② 워드아트 삽입
- 변환 : 곡선, 위로
- 글꼴 : 돋움, 굵게
- 텍스트 반사 :
  근접 반사, 4pt 오프셋
③ 그림 삽입
- 「내 PC₩문서₩ITQ₩Picture₩
  로고3.jpg」
- 배경(연보라) 투명색으로 설정

슬라이드 2 목차 슬라이드 (60점)

(1) 출력형태와 같이 도형을 이용하여 목차를 작성한다(글꼴 : 굴림, 24pt).

(2) 도형 : 선 없음

세부 조건

① 텍스트에 링크 적용
  → '슬라이드 6'
② 그림 삽입
- 「내 PC₩문서₩ITQ₩Picture₩
  그림4.jpg」
- 자르기 기능 이용

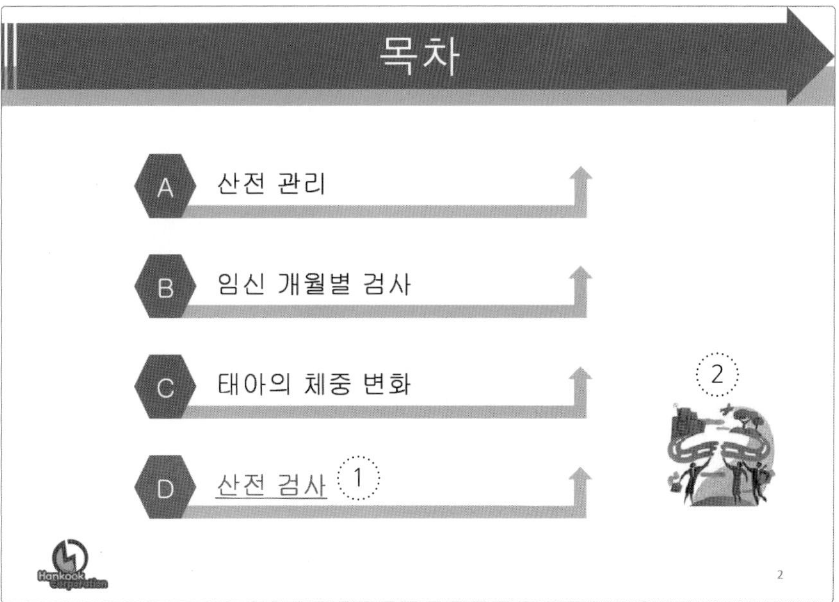

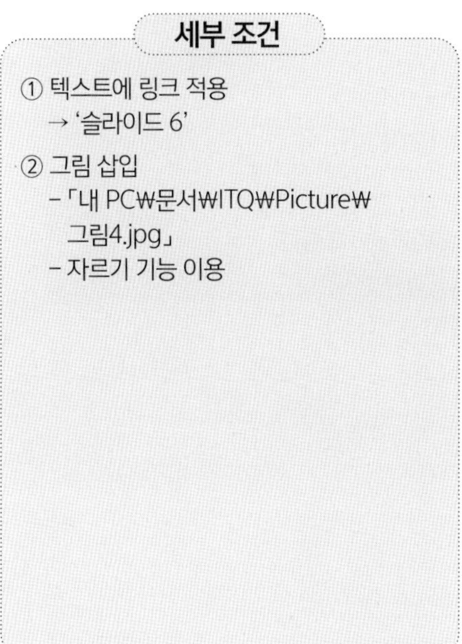

(1) 텍스트 작성 : 글머리 기호 사용(◆, ✓)

◆ 문단(굴림, 24pt, 굵게, 줄 간격 : 1.5줄), ✓ 문단(굴림, 20pt, 줄 간격 : 1.5줄)

세부 조건

① 동영상 삽입 :
- 「내 PC₩문서₩ITQ₩Picture₩
  동영상.wmv」
- 자동 실행, 반복 재생 설정

(1) 도형과 표 작성 기능을 이용하여 슬라이드를 작성한다(글꼴 : 돋움, 18pt).

세부 조건

① 상단 도형 :
  2개 도형의 조합으로 작성
② 좌측 도형 :
  그라데이션 효과(선형 아래쪽)
③ 표 스타일 :
  테마 스타일 1 – 강조 4

	1~3개월	4~7개월	8~10개월
기본 검사	소변검사, 체중, 혈압, 혈액검사	소변, 체중, 혈압, 기형아 선별검사, 당뇨검사	소변검사, 혈압, 분만에 필요한 혈액검사
진찰	복부 진찰, 풍진검사	복부 진찰, 태아 심음 확인	복부 진찰, 내진
기타	초음파 검사, 정신지체 선별검사	초음파 검사, 특수 검사(양수검사, 정밀 초음파 검사)	초음파검사, 태아 심박동 검사

(1) 차트 작성 기능을 이용하여 슬라이드를 작성한다.
(2) 차트 : 종류(묶은 세로 막대형), 글꼴(돋움, 16pt), 외곽선

세부 조건

※ 차트 설명
- 차트 제목 : 궁서, 24pt, 굵게,
  채우기(흰색), 테두리,
  그림자(오프셋 오른쪽)
- 차트 영역 : 채우기(노랑)
  그림 영역 : 채우기(흰색)
- 데이터 서식 : 체중(g) 계열을
  표식이 있는 꺾은선형으로 변경 후
  보조 축으로 지정
- 값 표시 : 10개월의 신장(cm) 계열만
① 도형 삽입
  - 스타일 :
    미세 효과 – 파랑, 강조 1
  - 글꼴 : 돋움, 18pt

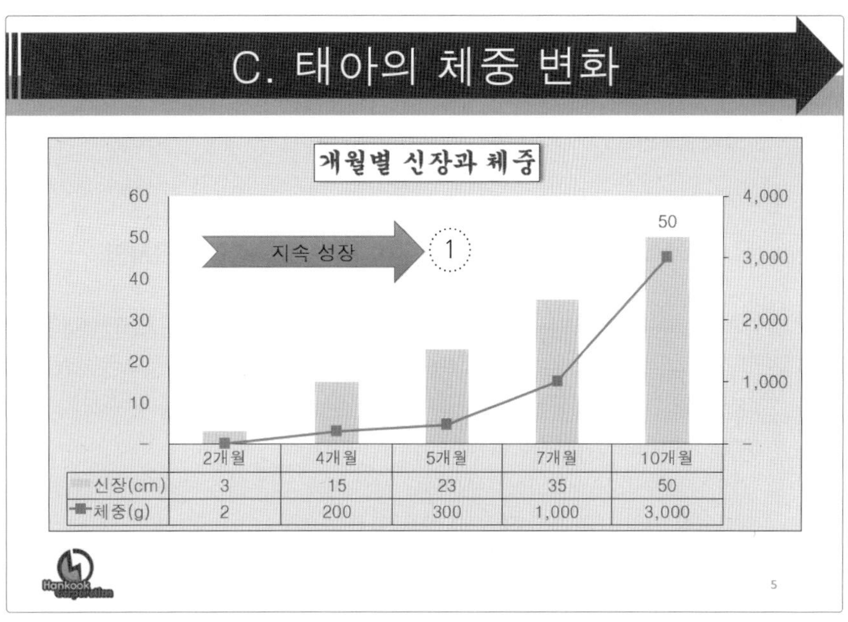

(1) 슬라이드와 같이 도형 및 스마트아트를 배치한다(글꼴 : 굴림, 18pt).
(2) 애니메이션 순서 : ① ⇒ ②

세부 조건

① 도형 편집
  - 그룹화 후 애니메이션 효과 :
    바운드
② 도형 및 스마트아트 편집
  - 스마트아트 디자인 :
    3차원 경사,
    3차원 만화
  - 그룹화 후 애니메이션 효과 :
    시계 방향 회전

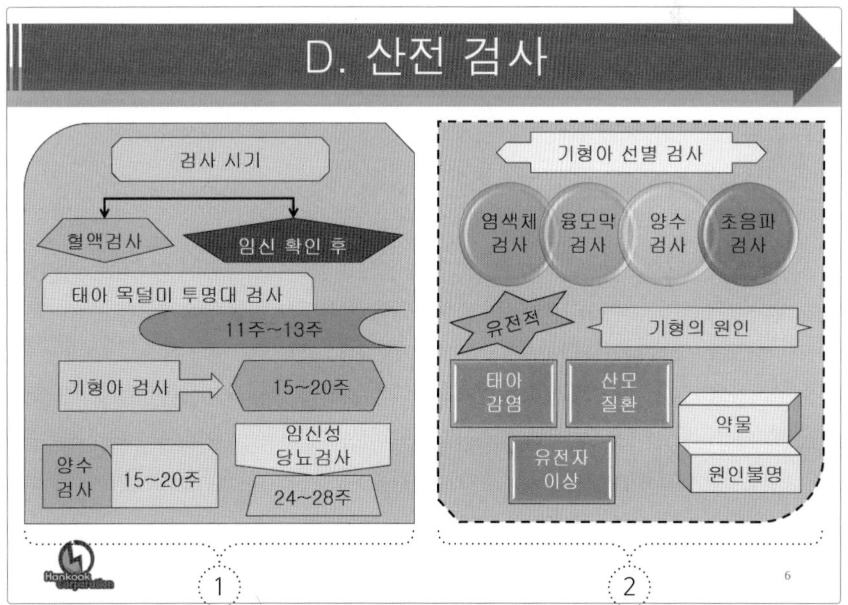

정보기술자격(ITQ) 실전모의고사

과 목	코 드	문제유형	시험시간	수험번호	성 명
한글파워포인트	1142	A	60분		

수험자 유의사항

◎ 수험자는 문제지를 받는 즉시 문제지와 <u>수험표상의 시험과목(프로그램)이 동일한지 반드시 확인</u>하여야 합니다.

◎ 파일명은 본인의 "수험번호-성명"으로 입력하여 답안폴더(내 PC₩문서₩ITQ)에 하나의 파일로 저장해야 하며, 답안문서 파일명이 "수험번호-성명"과 일치하지 않거나, 답안 파일을 전송하지 않아 미제출로 처리될 경우 실격 처리합니다 (예:12345678-홍길동.pptx).

◎ 답안 작성을 마치면 파일을 저장하고, '답안 전송' 버튼을 선택하여 감독위원 PC로 답안을 전송하십시오. 수험생 정보와 저장한 파일명이 다를 경우 전송되지 않으므로 주의하시기 바랍니다.

◎ 답안 작성 중에도 <u>주기적으로 저장하고, '답안 전송'</u>하여야 문제 발생을 줄일 수 있습니다. 작업한 내용을 저장하지 않고 전송할 경우 이전에 저장된 내용이 전송되오니 이점 유의하시기 바랍니다.

◎ 답안문서는 지정된 경로 외의 다른 보조기억장치에 저장하는 경우, 지정된 시험 시간 외에 작성된 파일을 활용할 경우, 기타 통신수단(이메일, 메신저, 네트워크 등)을 이용하여 타인에게 전달 또는 외부 반출하는 경우는 부정 처리합니다.

◎ 시험 중 부주의 또는 고의로 시스템을 파손한 경우는 수험자가 변상해야 하며, <수험자 유의사항>에 기재된 방법대로 이행하지 않아 생기는 불이익은 수험생 당사자의 책임임을 알려 드립니다.

◎ 문제의 조건은 MS오피스 2021 버전으로 설정되어 있으니 유의하시기 바랍니다.

◎ 시험을 완료한 수험자는 답안 파일이 전송되었는지 확인한 후 감독위원의 지시에 따라 문제지를 제출하고 퇴실합니다.

답안 작성요령

◎ 온라인 답안 작성 절차

　　수험자 등록 ⇒ 시험 시작 ⇒ 답안 파일 저장 ⇒ 답안 전송 ⇒ 시험 종료

◎ 슬라이드의 크기는 A4 Paper로 설정하여 작성합니다.

◎ 슬라이드의 총 개수는 6개로 구성되어 있으며 슬라이드 1부터 순서대로 작업하고 반드시 문제와 세부 조건대로 합니다.

◎ 별도의 지시사항이 없는 경우 출력형태를 참조하여 글꼴 색은 검정 또는 흰색으로 작성하고, 기타 사항은 전체적인 균형을 고려하여 작성합니다.

◎ 슬라이드 도형 및 개체에 출력형태와 다른 스타일(그림자, 외곽선 등)을 적용했을 경우 감점처리 됩니다.

◎ 슬라이드 번호를 작성합니다(슬라이드 1에는 생략).

◎ 2~6번 슬라이드 제목 도형과 하단 로고는 슬라이드 마스터를 이용하여 출력형태와 동일하게 작성합니다(슬라이드 1에는 생략).

◎ 문제와 세부 조건, 세부 조건 번호 ◌(점선원)는 입력하지 않습니다.

◎ 각 개체의 위치는 오른쪽의 슬라이드와 동일하게 구성합니다.

◎ 그림 삽입 문제의 경우 반드시 「내 PC₩문서₩ITQ₩Picture」 폴더에서 정확한 파일을 선택하여 삽입하십시오.

◎ 각 슬라이드를 각각의 파일로 작업해서 저장할 경우 실격 처리됩니다.

kpc 한국생산성본부

(1) 슬라이드 크기 및 순서 : 크기를 A4 용지로 설정하고 슬라이드 순서에 맞게 작성한다.

(2) 슬라이드 마스터 : 2~6슬라이드의 제목, 하단 로고, 슬라이드 번호는 슬라이드 마스터를 이용하여 작성한다.
   - 제목 글꼴(돋움, 40pt, 흰색), 가운데 맞춤, 도형(선 없음)
   - 하단 로고(「내 PC₩문서₩ITQ₩Picture₩로고1.jpg」, 배경(회색) 투명색으로 설정)

슬라이드 1   표지 디자인   (40점)

(1) 표지 디자인 : 도형, 워드아트 및 그림을 이용하여 작성한다.

세부 조건

① 도형 편집
   - 도형에 그림 채우기 :
     「내 PC₩문서₩ITQ₩Picture₩
     그림1.jpg」, 투명도 50%
   - 도형 효과 :
     부드러운 가장자리 5포인트
② 워드아트 삽입
   - 변환 : 곡선, 아래로
   - 글꼴 : 맑은 고딕, 굵게
   - 텍스트 반사 :
     근접 반사, 터치
③ 그림 삽입
   - 「내 PC₩문서₩ITQ₩Picture₩
     로고1.jpg」
   - 배경(회색) 투명색으로 설정

슬라이드 2   목차 슬라이드   (60점)

(1) 출력형태와 같이 도형을 이용하여 목차를 작성한다(글꼴 : 돋움, 24pt).
(2) 도형 : 선 없음

세부 조건

① 텍스트에 링크 적용
   → '슬라이드 5'
② 그림 삽입
   - 「내 PC₩문서₩ITQ₩Picture₩
     그림4.jpg」
   - 자르기 기능 이용

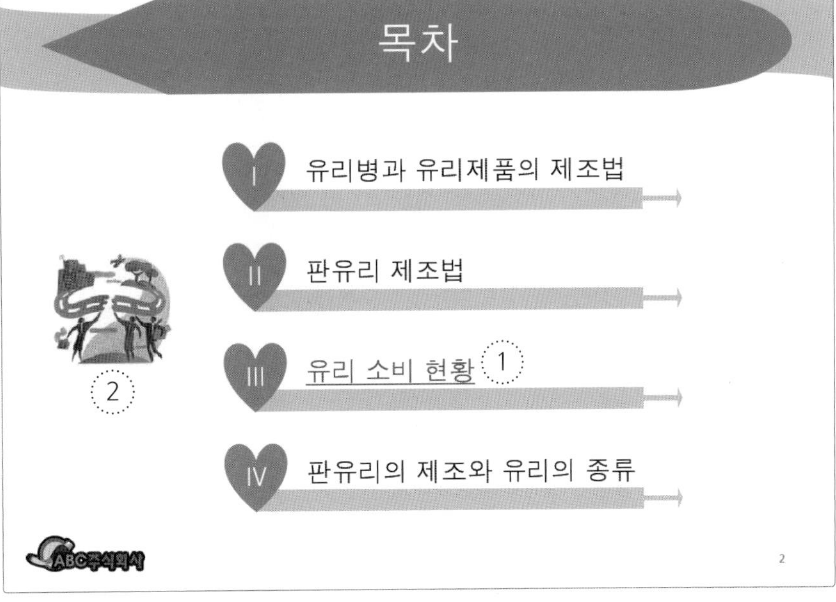

(1) 텍스트 작성 : 글머리 기호 사용(✓, ▪)

　✓문단(굴림, 24pt, 굵게, 줄 간격 : 1.5줄), ▪ 문단(굴림, 20pt, 줄 간격 : 1.5줄)

세부 조건

① 동영상 삽입 :
　– 「내 PC₩문서₩ITQ₩Picture₩
　　동영상.wmv」
　– 자동 실행, 반복 재생 설정

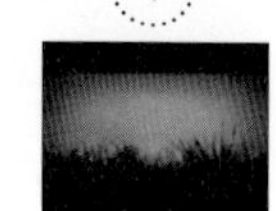

---

(1) 도형과 표 작성 기능을 이용하여 슬라이드를 작성한다(글꼴 : 돋움, 18pt).

세부 조건

① 상단 도형 :
　2개 도형의 조합으로 작성
② 좌측 도형 :
　그라데이션 효과(선형 왼쪽)
③ 표 스타일 :
　테마 스타일 1 – 강조 1

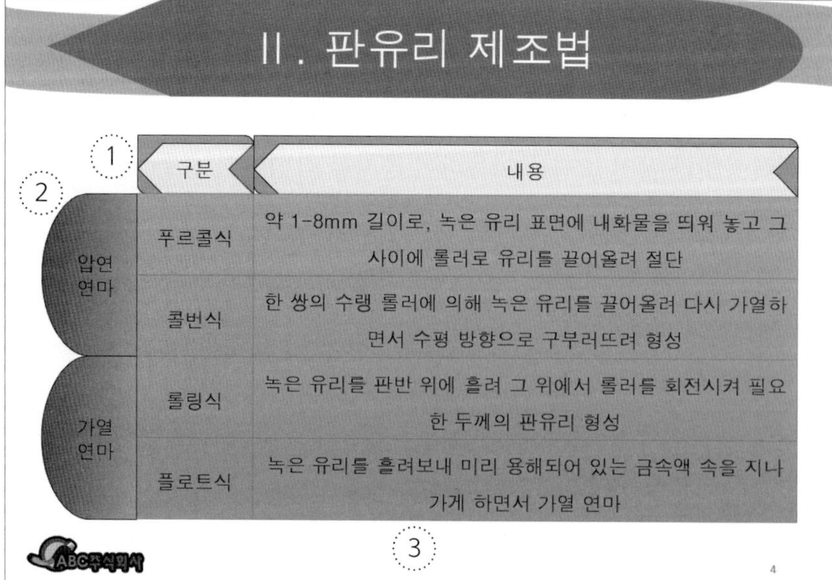

구분		내용
압연 연마	푸르콜식	약 1-8mm 길이로, 녹은 유리 표면에 내화물을 띄워 놓고 그 사이에 롤러로 유리를 끌어올려 절단
	콜번식	한 쌍의 수랭 롤러에 의해 녹은 유리를 끌어올려 다시 가열하면서 수평 방향으로 구부러뜨려 형성
가열 연마	롤링식	녹은 유리를 판반 위에 흘려 그 위에서 롤러를 회전시켜 필요한 두께의 판유리 형성
	플로트식	녹은 유리를 흘려보내 미리 용해되어 있는 금속액 속을 지나가게 하면서 가열 연마

(1) 차트 작성 기능을 이용하여 슬라이드를 작성한다.
(2) 차트 : 종류(묶은 세로 막대형), 글꼴(돋움, 16pt), 외곽선

세부 조건

※ 차트 설명
 · 차트 제목 : 궁서, 24pt, 굵게,
  채우기(흰색), 테두리,
  그림자(오프셋 오른쪽 위)
 · 차트 영역 : 채우기(노랑)
  그림 영역 : 채우기(흰색)
 · 데이터 서식 : 2024년 계열을
  표식이 있는 꺾은선형으로 변경 후
  보조 축으로 지정
 · 값 표시 : 주방용의 2024년 계열만

① 도형 삽입
 – 스타일 :
  미세 효과 – 파랑, 강조 1
 – 글꼴 : 돋움, 18pt

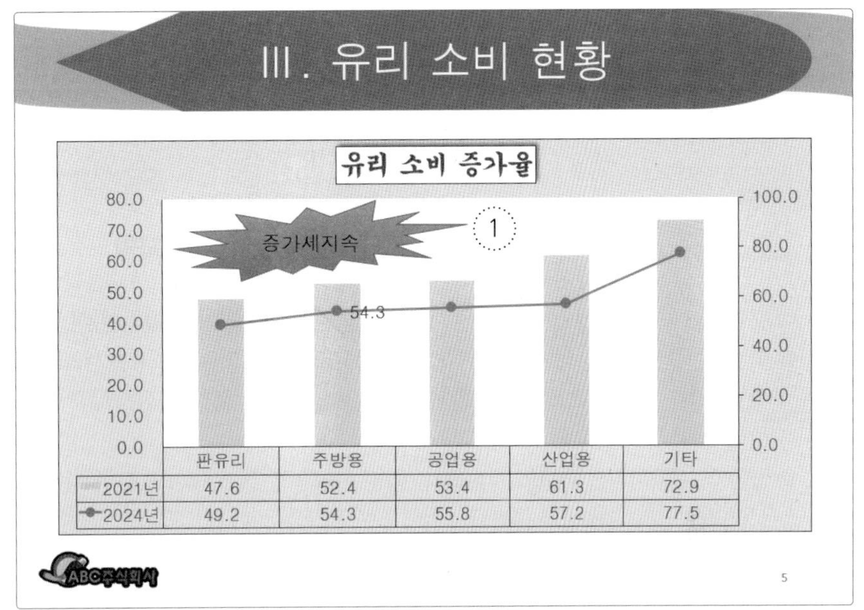

	판유리	주방용	공업용	산업용	기타
2021년	47.6	52.4	53.4	61.3	72.9
2024년	49.2	54.3	55.8	57.2	77.5

---

(1) 슬라이드와 같이 도형 및 스마트아트를 배치한다(글꼴 : 굴림, 18pt).
(2) 애니메이션 순서 : ① ⇒ ②

세부 조건

① 도형 및 스마트아트 편집
 – 스마트아트 디자인 :
  3차원 경사,
  3차원 벽돌
 – 그룹화 후 애니메이션 효과 :
  실선 무늬(세로)
② 도형 편집
 – 그룹화 후 애니메이션 효과 :
  회전하며 밝기 변화

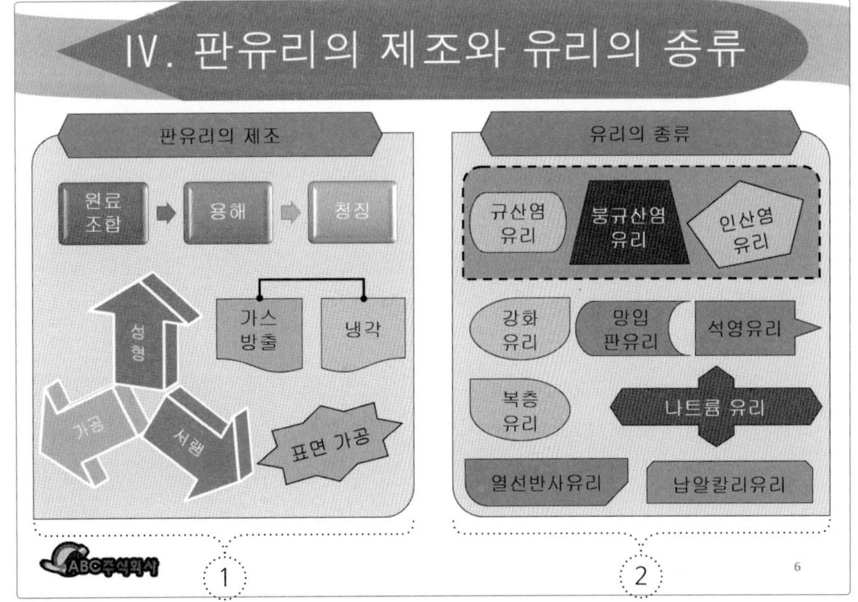

정보기술자격(ITQ) 실전모의고사

과 목	코 드	문제유형	시험시간	수험번호	성 명
한글파워포인트	1142	A	60분		

수험자 유의사항

◎ 수험자는 문제지를 받는 즉시 문제지와 **수험표상의 시험과목(프로그램)이 동일한지 반드시 확인**하여야 합니다.

◎ 파일명은 본인의 "수험번호-성명"으로 입력하여 답안폴더(내 PC\문서\ITQ)에 하나의 파일로 저장해야 하며, 답안문서 파일명이 "수험번호-성명"과 일치하지 않거나, 답안 파일을 전송하지 않아 미제출로 처리될 경우 실격 처리합니다(예:12345678-홍길동.pptx).

◎ 답안 작성을 마치면 파일을 저장하고, '답안 전송' 버튼을 선택하여 감독위원 PC로 답안을 전송하십시오. 수험생 정보와 저장한 파일명이 다를 경우 전송되지 않으므로 주의하시기 바랍니다.

◎ 답안 작성 중에도 **주기적으로 저장하고, '답안 전송'**하여야 문제 발생을 줄일 수 있습니다. 작업한 내용을 저장하지 않고 전송할 경우 이전에 저장된 내용이 전송되오니 이점 유의하시기 바랍니다.

◎ 답안문서는 지정된 경로 외의 다른 보조기억장치에 저장하는 경우, 지정된 시험 시간 외에 작성된 파일을 활용할 경우, 기타 통신수단(이메일, 메신저, 네트워크 등)을 이용하여 타인에게 전달 또는 외부 반출하는 경우는 부정 처리합니다.

◎ 시험 중 부주의 또는 고의로 시스템을 파손한 경우는 수험자가 변상해야 하며, <수험자 유의사항>에 기재된 방법대로 이행하지 않아 생기는 불이익은 수험생 당사자의 책임임을 알려 드립니다.

◎ 문제의 조건은 MS오피스 2021 버전으로 설정되어 있으니 유의하시기 바랍니다.

◎ 시험을 완료한 수험자는 답안 파일이 전송되었는지 확인한 후 감독위원의 지시에 따라 문제지를 제출하고 퇴실합니다.

답안 작성요령

◎ 온라인 답안 작성 절차

　수험자 등록 ⇒ 시험 시작 ⇒ 답안 파일 저장 ⇒ 답안 전송 ⇒ 시험 종료

◎ 슬라이드의 크기는 A4 Paper로 설정하여 작성합니다.

◎ 슬라이드의 총 개수는 6개로 구성되어 있으며 슬라이드 1부터 순서대로 작업하고 반드시 문제와 세부 조건대로 합니다.

◎ 별도의 지시사항이 없는 경우 출력형태를 참조하여 글꼴 색은 검정 또는 흰색으로 작성하고, 기타 사항은 전체적인 균형을 고려하여 작성합니다.

◎ 슬라이드 도형 및 개체에 출력형태와 다른 스타일(그림자, 외곽선 등)을 적용했을 경우 감점처리 됩니다.

◎ 슬라이드 번호를 작성합니다(슬라이드 1에는 생략).

◎ 2~6번 슬라이드 제목 도형과 하단 로고는 슬라이드 마스터를 이용하여 출력형태와 동일하게 작성합니다(슬라이드 1에는 생략).

◎ 문제와 세부 조건, 세부 조건 번호 ○(점선원)는 입력하지 않습니다.

◎ 각 개체의 위치는 오른쪽의 슬라이드와 동일하게 구성합니다.

◎ 그림 삽입 문제의 경우 반드시 「내 PC\문서\ITQ\Picture」 폴더에서 정확한 파일을 선택하여 삽입하십시오.

◎ 각 슬라이드를 각각의 파일로 작업해서 저장할 경우 실격 처리됩니다.

kpc 한국생산성본부

(1) 슬라이드 크기 및 순서 : 크기를 A4 용지로 설정하고 슬라이드 순서에 맞게 작성한다.
(2) 슬라이드 마스터 : 2~6슬라이드의 제목, 하단 로고, 슬라이드 번호는 슬라이드 마스터를 이용하여 작성한다.
 - 제목 글꼴(돋움, 40pt, 빨강), 가운데 맞춤, 도형(선 없음)
 - 하단 로고(「내 PC\문서\ITQ\Picture\로고1.jpg」, 배경(회색) 투명색으로 설정)

슬라이드 1 　표지 디자인 (40점)

(1) 표지 디자인 : 도형, 워드아트 및 그림을 이용하여 작성한다.

세부 조건

① 도형 편집
 - 도형에 그림 채우기 :
 「내 PC\문서\ITQ\Picture\
 그림1.jpg」, 투명도 50%
 - 도형 효과 :
 부드러운 가장자리 5포인트
② 워드아트 삽입
 - 변환 : 팽창
 - 글꼴 : 돋움, 굵게
 - 텍스트 반사 :
 1/2 반사, 터치
③ 그림 삽입
 - 「내 PC\문서\ITQ\Picture\
 로고1.jpg」
 - 배경(회색) 투명색으로 설정

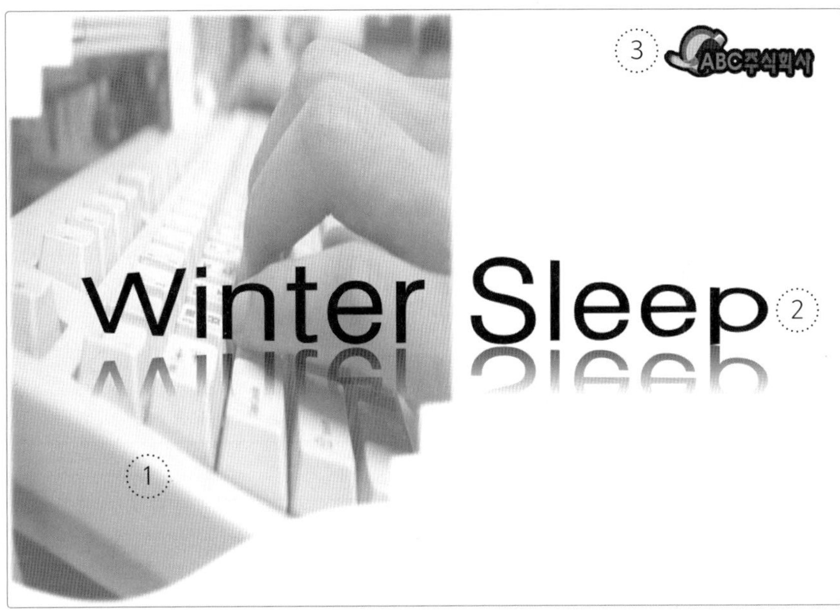

슬라이드 2 　목차 슬라이드 (60점)

(1) 출력형태와 같이 도형을 이용하여 목차를 작성한다(글꼴 : 굴림, 24pt).
(2) 도형 : 선 없음

세부 조건

① 텍스트에 링크 적용
 → '슬라이드 4'
② 그림 삽입
 - 「내 PC\문서\ITQ\Picture\
 그림5.jpg」
 - 자르기 기능 이용

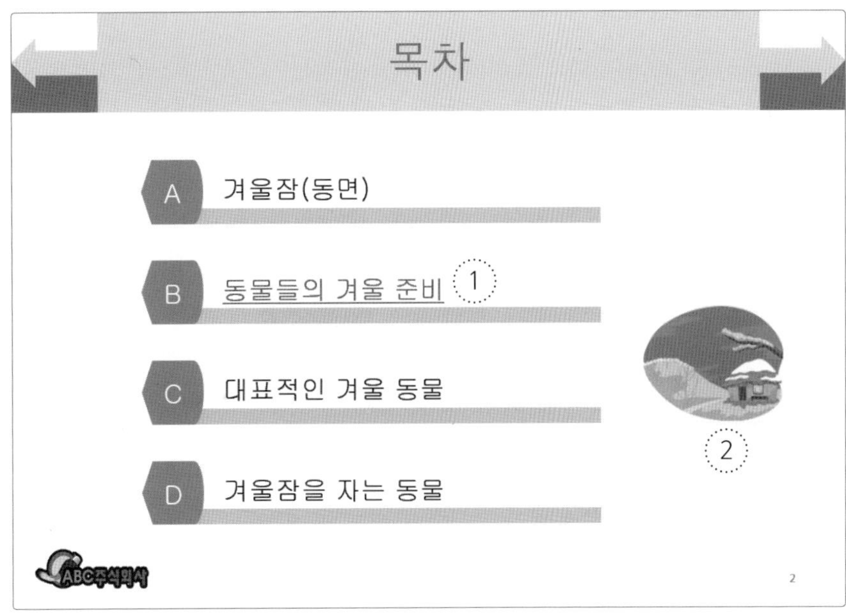

(1) 텍스트 작성 : 글머리 기호 사용(❖, ✓)

❖ 문단(굴림, 24pt, 굵게, 줄 간격 : 1.5줄), ✓ 문단(굴림, 20pt, 줄 간격 : 1.5줄)

세부 조건

① 동영상 삽입 :
– 「내 PC₩문서₩ITQ₩Picture₩
동영상.wmv」
– 자동 실행, 반복 재생 설정

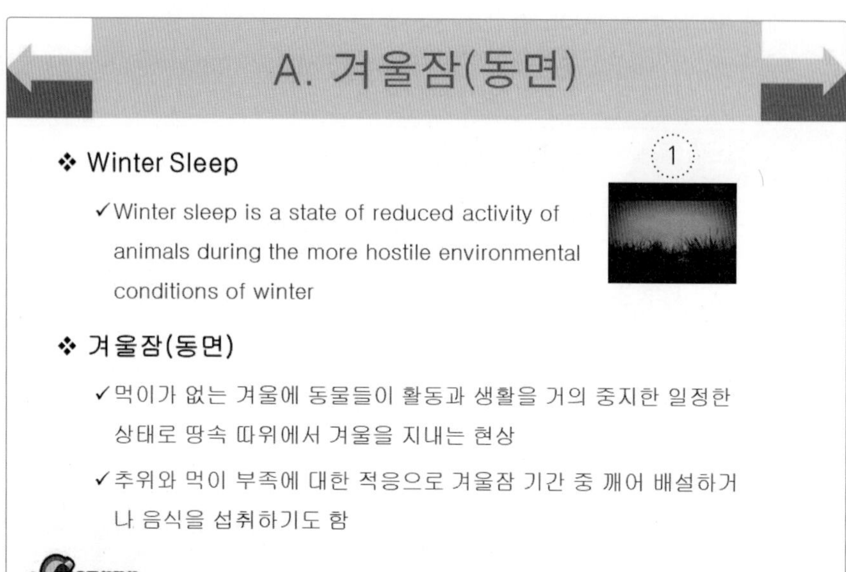

(1) 도형과 표 작성 기능을 이용하여 슬라이드를 작성한다(글꼴 : 돋움, 18pt).

세부 조건

① 상단 도형 :
2개 도형의 조합으로 작성
② 좌측 도형 :
그라데이션 효과(선형 아래쪽)
③ 표 스타일 :
테마 스타일 1 – 강조 6

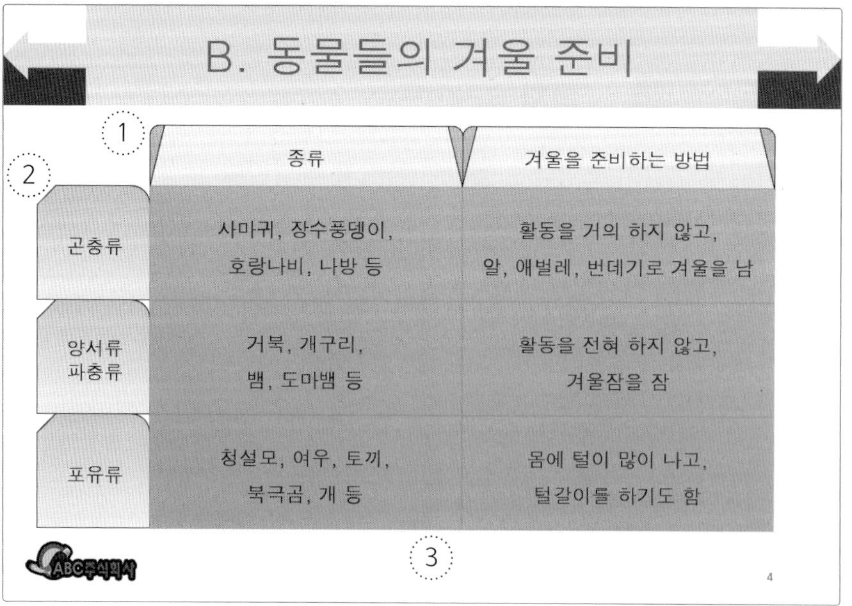

종류		겨울을 준비하는 방법
곤충류	사마귀, 장수풍뎅이, 호랑나비, 나방 등	활동을 거의 하지 않고, 알, 애벌레, 번데기로 겨울을 남
양서류 파충류	거북, 개구리, 뱀, 도마뱀 등	활동을 전혀 하지 않고, 겨울잠을 잠
포유류	청설모, 여우, 토끼, 북극곰, 개 등	몸에 털이 많이 나고, 털갈이를 하기도 함

(1) 차트 작성 기능을 이용하여 슬라이드를 작성한다.
(2) 차트 : 종류(묶은 세로 막대형), 글꼴(돋움, 16pt), 외곽선

세부 조건

※ 차트 설명
 · 차트 제목 : 궁서, 24pt, 굵게,
   채우기(흰색), 테두리,
   그림자(오프셋 위쪽)
 · 차트 영역 : 채우기(노랑)
   그림 영역 : 채우기(흰색)
 · 데이터 서식 : 몸무게(kg) 계열을
   표식이 있는 꺾은선형으로 변경 후
   보조 축으로 지정
 · 값 표시 : 펭귄의 몸무게(kg) 계열만
 ① 도형 삽입
   – 스타일 :
     미세 효과 – 주황, 강조 2
   – 글꼴 : 굴림, 18pt

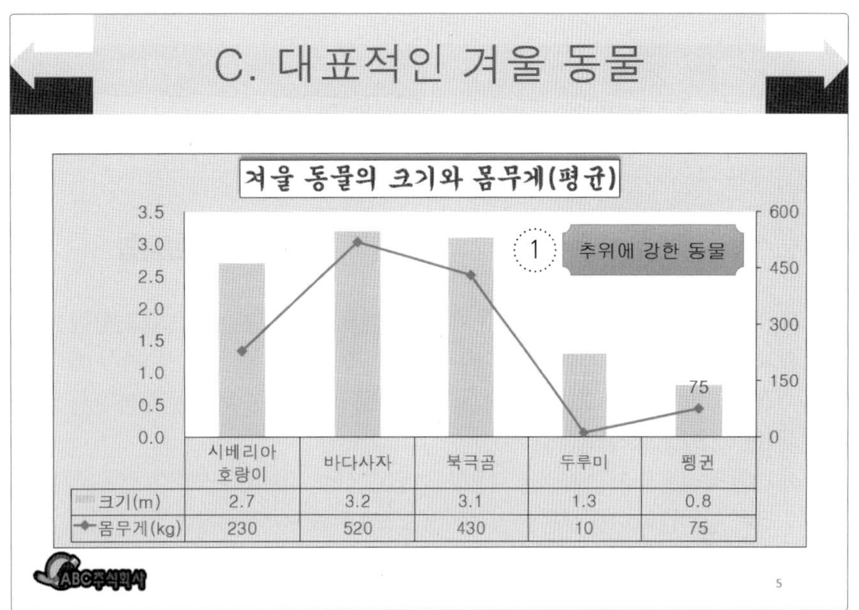

(1) 슬라이드와 같이 도형 및 스마트아트를 배치한다(글꼴 : 굴림, 18pt).
(2) 애니메이션 순서 : ① ⇒ ②

세부 조건

① 도형 및 스마트아트 편집
  – 스마트아트 디자인 :
    강한 효과,
    3차원 광택 처리
  – 그룹화 후 애니메이션 효과 :
    실선 무늬(세로)
② 도형 편집
  – 그룹화 후 애니메이션 효과 :
    회전하며 밝기 변화

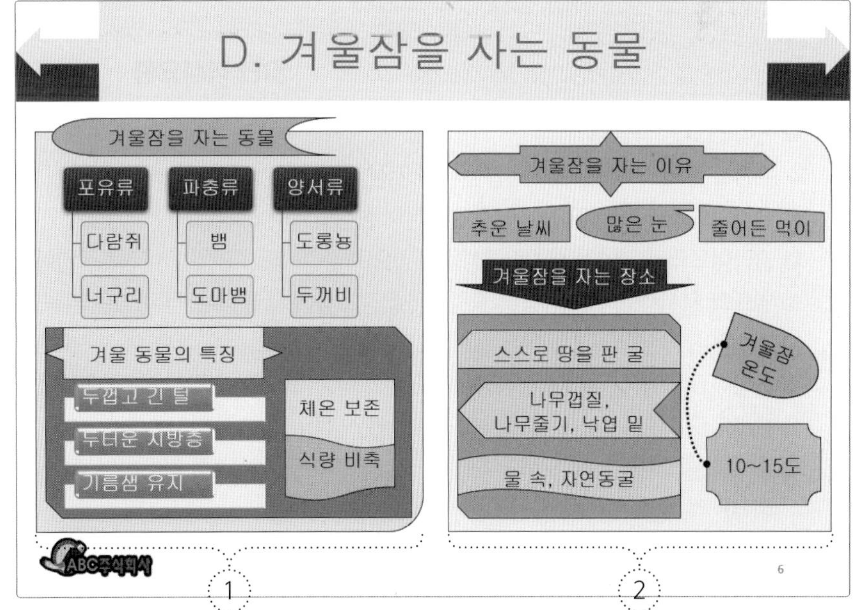

정보기술자격(ITQ) 실전모의고사

과 목	코 드	문제유형	시험시간	수험번호	성 명
한글파워포인트	1142	A	60분		

수험자 유의사항

◎ 수험자는 문제지를 받는 즉시 문제지와 <u>수험표상의 시험과목(프로그램)이 동일한지 반드시 확인</u>하여야 합니다.

◎ 파일명은 본인의 "수험번호−성명"으로 입력하여 답안폴더(내 PC\문서\ITQ)에 하나의 파일로 저장해야 하며, 답안문서 파일명이 "수험번호−성명"과 일치하지 않거나, 답안 파일을 전송하지 않아 미제출로 처리될 경우 실격 처리합니다 (예:12345678-홍길동.pptx).

◎ 답안 작성을 마치면 파일을 저장하고, '답안 전송' 버튼을 선택하여 감독위원 PC로 답안을 전송하십시오. 수험생 정보와 저장한 파일명이 다를 경우 전송되지 않으므로 주의하시기 바랍니다.

◎ 답안 작성 중에도 <u>주기적으로 저장하고, '답안 전송'</u>하여야 문제 발생을 줄일 수 있습니다. 작업한 내용을 저장하지 않고 전송할 경우 이전에 저장된 내용이 전송되오니 이점 유의하시기 바랍니다.

◎ 답안문서는 지정된 경로 외의 다른 보조기억장치에 저장하는 경우, 지정된 시험 시간 외에 작성된 파일을 활용할 경우, 기타 통신수단(이메일, 메신저, 네트워크 등)을 이용하여 타인에게 전달 또는 외부 반출하는 경우는 부정 처리합니다.

◎ 시험 중 부주의 또는 고의로 시스템을 파손한 경우는 수험자가 변상해야 하며, <수험자 유의사항>에 기재된 방법대로 이행하지 않아 생기는 불이익은 수험생 당사자의 책임임을 알려 드립니다.

◎ 문제의 조건은 MS오피스 2021 버전으로 설정되어 있으니 유의하시기 바랍니다.

◎ 시험을 완료한 수험자는 답안 파일이 전송되었는지 확인한 후 감독위원의 지시에 따라 문제지를 제출하고 퇴실합니다.

답안 작성요령

◎ 온라인 답안 작성 절차

　수험자 등록 ⇒ 시험 시작 ⇒ 답안 파일 저장 ⇒ 답안 전송 ⇒ 시험 종료

◎ 슬라이드의 크기는 A4 Paper로 설정하여 작성합니다.

◎ 슬라이드의 총 개수는 6개로 구성되어 있으며 슬라이드 1부터 순서대로 작업하고 반드시 문제와 세부 조건대로 합니다.

◎ 별도의 지시사항이 없는 경우 출력형태를 참조하여 글꼴 색은 검정 또는 흰색으로 작성하고, 기타 사항은 전체적인 균형을 고려하여 작성합니다.

◎ 슬라이드 도형 및 개체에 출력형태와 다른 스타일(그림자, 외곽선 등)을 적용했을 경우 감점처리 됩니다.

◎ 슬라이드 번호를 작성합니다(슬라이드 1에는 생략).

◎ 2~6번 슬라이드 제목 도형과 하단 로고는 슬라이드 마스터를 이용하여 출력형태와 동일하게 작성합니다(슬라이드 1에는 생략).

◎ 문제와 세부 조건, 세부 조건 번호 ◌(점선원)는 입력하지 않습니다.

◎ 각 개체의 위치는 오른쪽의 슬라이드와 동일하게 구성합니다.

◎ 그림 삽입 문제의 경우 반드시 「내 PC\문서\ITQ\Picture」 폴더에서 정확한 파일을 선택하여 삽입하십시오.

◎ 각 슬라이드를 각각의 파일로 작업해서 저장할 경우 실격 처리됩니다.

(1) 슬라이드 크기 및 순서 : 크기를 A4 용지로 설정하고 슬라이드 순서에 맞게 작성한다.

(2) 슬라이드 마스터 : 2~6슬라이드의 제목, 하단 로고, 슬라이드 번호는 슬라이드 마스터를 이용하여 작성한다.
- 제목 글꼴(돋움, 40pt, 파랑), 가운데 맞춤, 도형(선 없음)
- 하단 로고(「내 PC\문서\ITQ\Picture\로고2.jpg」, 배경(회색) 투명색으로 설정)

슬라이드 1   표지 디자인   (40점)

(1) 표지 디자인 : 도형, 워드아트 및 그림을 이용하여 작성한다.

세부 조건

① 도형 편집
- 도형에 그림 채우기 :
「내 PC\문서\ITQ\Picture\
그림3.jpg」, 투명도 50%
- 도형 효과 :
부드러운 가장자리 5포인트

② 워드아트 삽입
- 변환 : 계단식, 위로
- 글꼴 : 돋움, 굵게
- 텍스트 반사 :
1/2 반사, 4pt 오프셋

③ 그림 삽입
- 「내 PC\문서\ITQ\Picture\
로고2.jpg」
- 배경(회색) 투명색으로 설정

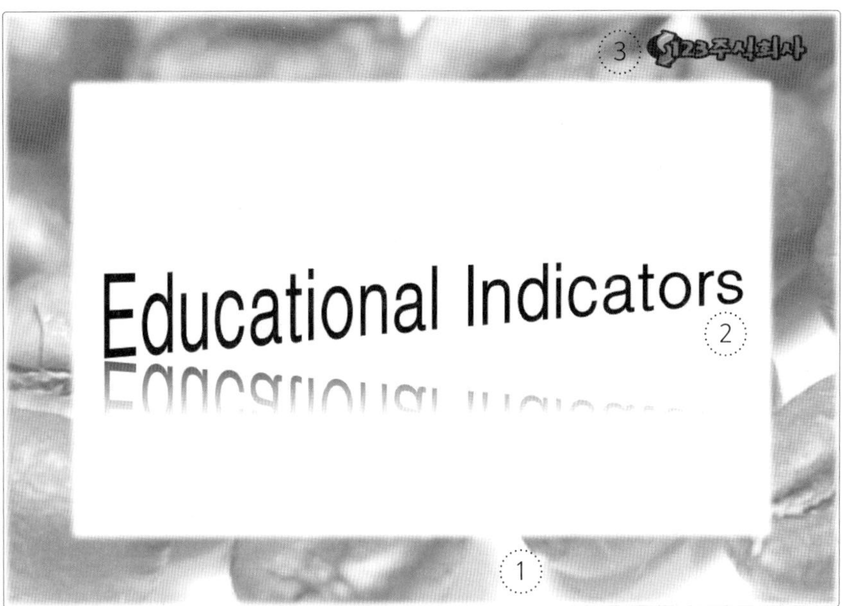

슬라이드 2   목차 슬라이드   (60점)

(1) 출력형태와 같이 도형을 이용하여 목차를 작성한다(글꼴 : 굴림, 24pt).

(2) 도형 : 선 없음

세부 조건

① 텍스트에 링크 적용
→ '슬라이드 6'

② 그림 삽입
- 「내 PC\문서\ITQ\Picture\
그림5.jpg」
- 자르기 기능 이용

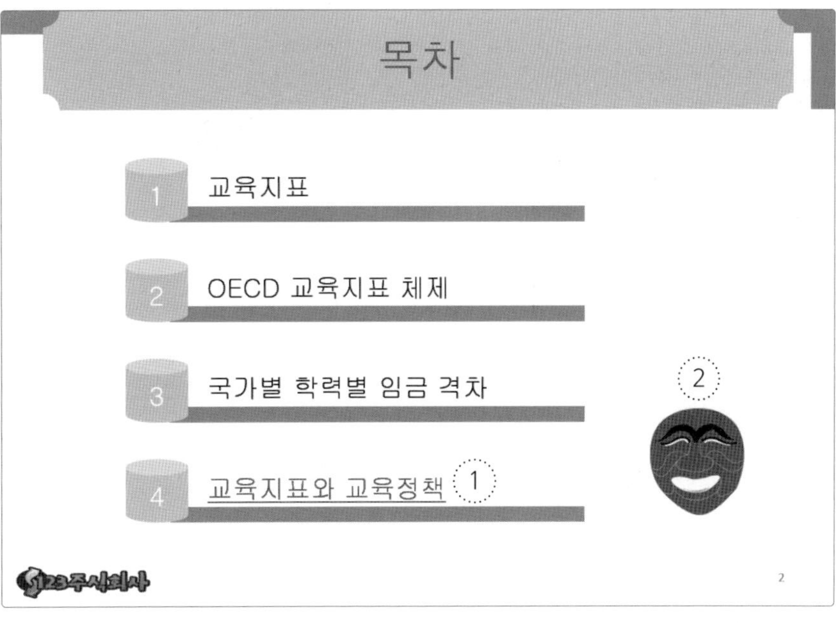

(1) 텍스트 작성 : 글머리 기호 사용(❖, ➢)

    ❖문단(굴림, 24pt, 굵게, 줄 간격 : 1.5줄), ➢문단(굴림, 20pt, 줄 간격 : 1.5줄)

세부 조건

① 동영상 삽입 :
- 「내 PC\문서\ITQ\Picture\ 동영상.wmv」
- 자동 실행, 반복 재생 설정

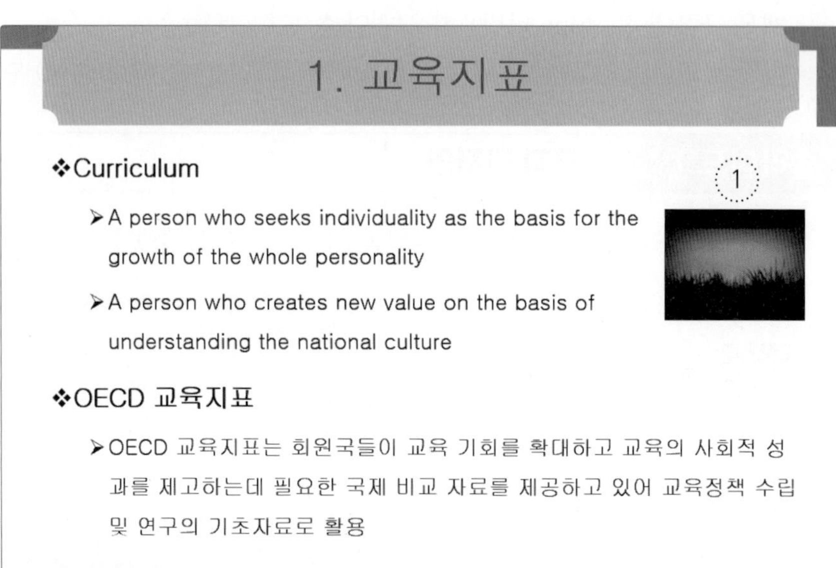

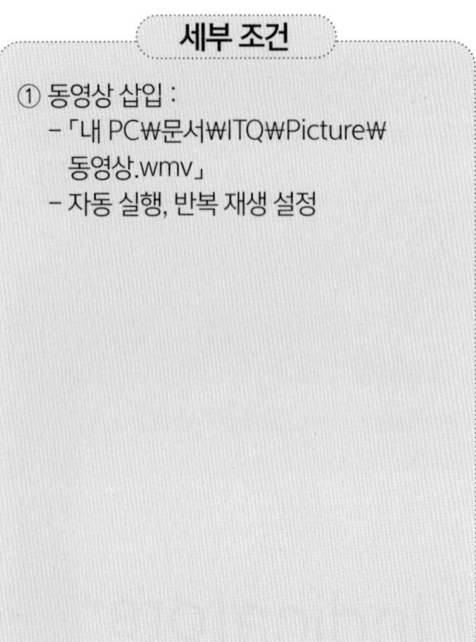

(1) 도형과 표 작성 기능을 이용하여 슬라이드를 작성한다(글꼴 : 돋움, 18pt).

세부 조건

① 상단 도형 :
2개 도형의 조합으로 작성
② 좌측 도형 :
그라데이션 효과(선형 아래쪽)
③ 표 스타일 :
테마 스타일 1 – 강조 4

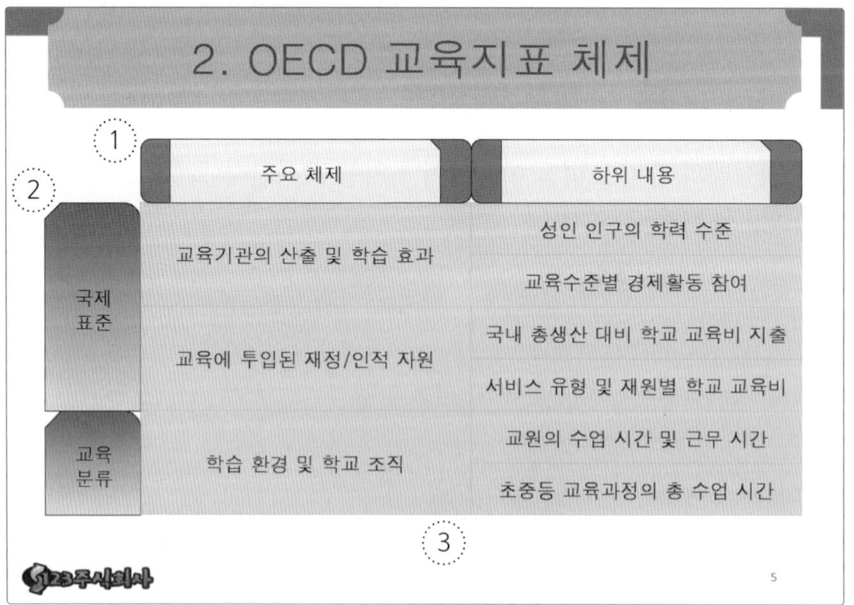

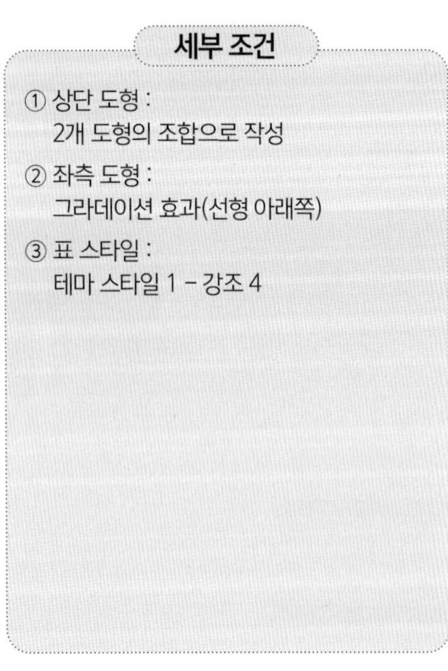

(1) 차트 작성 기능을 이용하여 슬라이드를 작성한다.
(2) 차트 : 종류(묶은 세로 막대형), 글꼴(돋움, 16pt), 외곽선

세부 조건

※ 차트 설명
　・차트 제목 : 궁서, 24pt, 굵게,
　　채우기(흰색), 테두리,
　　그림자(오프셋 위쪽)
　・차트 영역 : 채우기(노랑)
　　그림 영역 : 채우기(흰색)
　・데이터 서식 : 대학원(석박사) 계열을
　　표식이 있는 꺾은선형으로 변경 후
　　보조 축으로 지정
　・값 표시 : 독일의 대학원(석박사) 계열만
① 도형 삽입
　− 스타일 : 미세 효과 − 파랑, 강조 5
　− 글꼴 : 굴림, 18pt

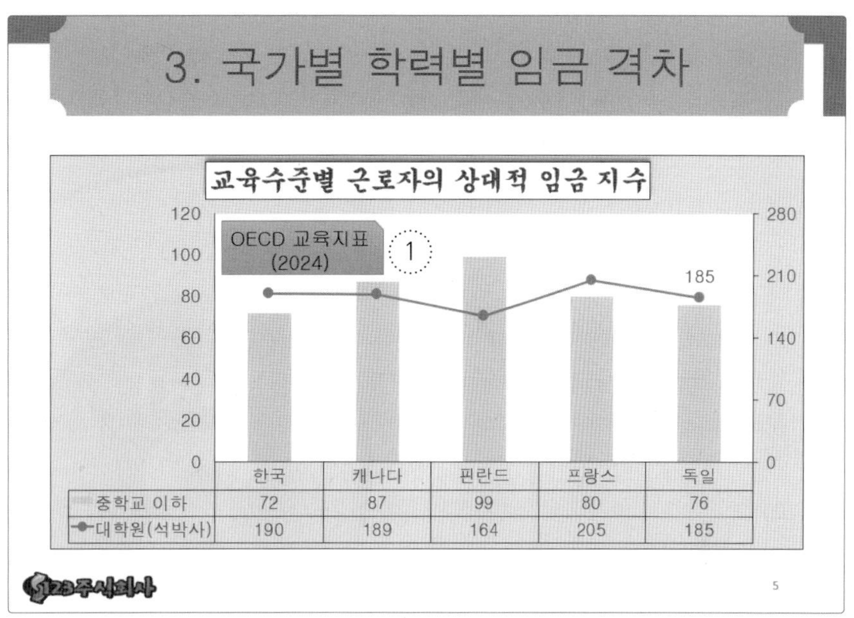

(1) 슬라이드와 같이 도형 및 스마트아트를 배치한다(글꼴 : 굴림, 18pt).
(2) 애니메이션 순서 : ① ⇒ ②

세부 조건

① 도형 편집
　− 그룹화 후 애니메이션 효과 :
　　밝기 변화
② 도형 및 스마트아트 편집
　− 스마트아트 디자인 :
　　3차원 광택 처리,
　　3차원 만화
　− 그룹화 후 애니메이션 효과 :
　　나누기(세로 바깥쪽으로)

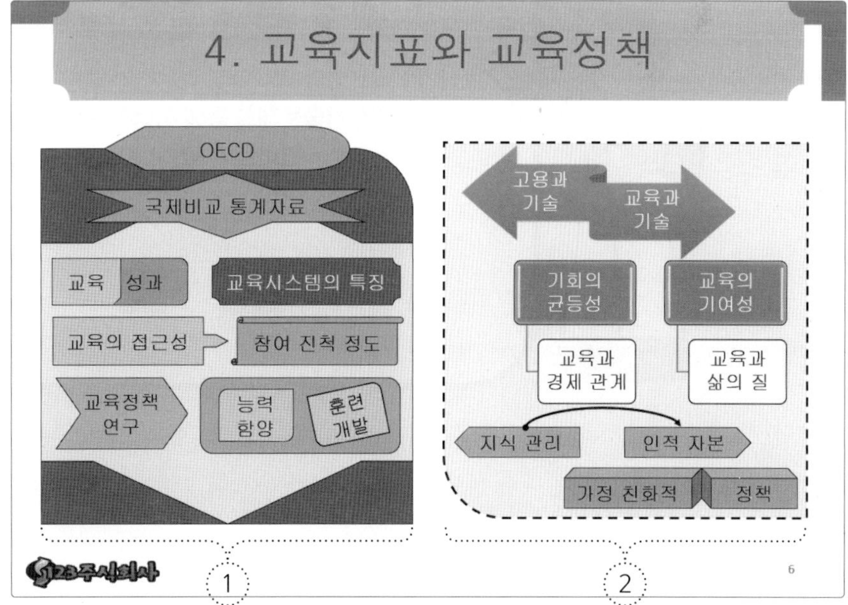

PART
3
최신
기출문제
최신기출문제를 통해 시험을 완벽하게
대비할 수 있습니다.

제 01회 | 최신 기출문제	제 09회 | 최신 기출문제
제 02회 | 최신 기출문제	제 10회 | 최신 기출문제
제 03회 | 최신 기출문제	제 11회 | 최신 기출문제
제 04회 | 최신 기출문제	제 12회 | 최신 기출문제
제 05회 | 최신 기출문제	제 13회 | 최신 기출문제
제 06회 | 최신 기출문제	제 14회 | 최신 기출문제
제 07회 | 최신 기출문제	제 15회 | 최신 기출문제
제 08회 | 최신 기출문제	

정보기술자격(ITQ) 최신기출문제

과 목	코 드	문제유형	시험시간	수험번호	성 명
한글파워포인트	1142	A	60분		

수험자 유의사항

◎ 수험자는 문제지를 받는 즉시 문제지와 **수험표상의 시험과목(프로그램)이 동일한지 반드시 확인**하여야 합니다.

◎ 파일명은 본인의 "수험번호–성명"으로 입력하여 답안폴더(내 PC₩문서₩ITQ)에 하나의 파일로 저장해야 하며, 답안문서 파일명이 "수험번호–성명"과 일치하지 않거나, 답안 파일을 전송하지 않아 미제출로 처리될 경우 실격 처리합니다 (예:12345678–홍길동.pptx).

◎ 답안 작성을 마치면 파일을 저장하고, '답안 전송' 버튼을 선택하여 감독위원 PC로 답안을 전송하십시오. 수험생 정보와 저장한 파일명이 다를 경우 전송되지 않으므로 주의하시기 바랍니다.

◎ 답안 작성 중에도 **주기적으로 저장하고, '답안 전송'**하여야 문제 발생을 줄일 수 있습니다. 작업한 내용을 저장하지 않고 전송할 경우 이전에 저장된 내용이 전송되오니 이점 유의하시기 바랍니다.

◎ 답안문서는 지정된 경로 외의 다른 보조기억장치에 저장하는 경우, 지정된 시험 시간 외에 작성된 파일을 활용할 경우, 기타 통신수단(이메일, 메신저, 네트워크 등)을 이용하여 타인에게 전달 또는 외부 반출하는 경우는 부정 처리합니다.

◎ 시험 중 부주의 또는 고의로 시스템을 파손한 경우는 수험자가 변상해야 하며, <수험자 유의사항>에 기재된 방법대로 이행하지 않아 생기는 불이익은 수험생 당사자의 책임임을 알려 드립니다.

◎ 문제의 조건은 MS오피스 2021 버전으로 설정되어 있으니 유의하시기 바랍니다.

◎ 시험을 완료한 수험자는 답안 파일이 전송되었는지 확인한 후 감독위원의 지시에 따라 문제지를 제출하고 퇴실합니다.

답안 작성요령

◎ 온라인 답안 작성 절차

　수험자 등록 ⇒ 시험 시작 ⇒ 답안 파일 저장 ⇒ 답안 전송 ⇒ 시험 종료

◎ 슬라이드의 크기는 A4 Paper로 설정하여 작성합니다.

◎ 슬라이드의 총 개수는 6개로 구성되어 있으며 슬라이드 1부터 순서대로 작업하고 반드시 문제와 세부 조건대로 합니다.

◎ 별도의 지시사항이 없는 경우 출력형태를 참조하여 글꼴 색은 검정 또는 흰색으로 작성하고, 기타 사항은 전체적인 균형을 고려하여 작성합니다.

◎ 슬라이드 도형 및 개체에 출력형태와 다른 스타일(그림자, 외곽선 등)을 적용했을 경우 감점처리 됩니다.

◎ 슬라이드 번호를 작성합니다(슬라이드 1에는 생략).

◎ 2~6번 슬라이드 제목 도형과 하단 로고는 슬라이드 마스터를 이용하여 출력형태와 동일하게 작성합니다(슬라이드 1에는 생략).

◎ 문제와 세부 조건, 세부 조건 번호 ◌(점선원)는 입력하지 않습니다.

◎ 각 개체의 위치는 오른쪽의 슬라이드와 동일하게 구성합니다.

◎ 그림 삽입 문제의 경우 반드시 「내 PC₩문서₩ITQ₩Picture」 폴더에서 정확한 파일을 선택하여 삽입하십시오.

◎ 각 슬라이드를 각각의 파일로 작업해서 저장할 경우 실격 처리됩니다.

kpc 한국생산성본부

(1) 슬라이드 크기 및 순서 : 크기를 A4 용지로 설정하고 슬라이드 순서에 맞게 작성한다.

(2) 슬라이드 마스터 : 2~6슬라이드의 제목, 하단 로고, 슬라이드 번호는 슬라이드 마스터를 이용하여 작성한다.
  - 제목 글꼴(굴림, 40pt, 흰색), 가운데 맞춤, 도형(선 없음)
  - 하단 로고(「내 PC₩문서₩ITQ₩Picture₩로고3.jpg」, 배경(연보라) 투명색으로 설정)

슬라이드 1 　표지 디자인 (40점)

(1) 표지 디자인 : 도형, 워드아트 및 그림을 이용하여 작성한다.

세부 조건

① 도형 편집
  - 도형에 그림 채우기 :
    「내 PC₩문서₩ITQ₩Picture₩
    그림2.jpg」, 투명도 50%
  - 도형 효과 :
    부드러운 가장자리 5포인트
② 워드아트 삽입
  - 변환 : 페이드, 오른쪽
  - 글꼴 : 돋움, 굵게
  - 텍스트 반사 :
    근접 반사, 터치
③ 그림 삽입
  - 「내 PC₩문서₩ITQ₩Picture₩
    로고3.jpg」
  - 배경(연보라) 투명색으로 설정

슬라이드 2 　목차 슬라이드 (60점)

(1) 출력형태와 같이 도형을 이용하여 목차를 작성한다(글꼴 : 굴림, 24pt).

(2) 도형 : 선 없음

세부 조건

① 텍스트에 링크 적용
  → '슬라이드 6'
② 그림 삽입
  - 「내 PC₩문서₩ITQ₩Picture₩
    그림4.jpg」
  - 자르기 기능 이용

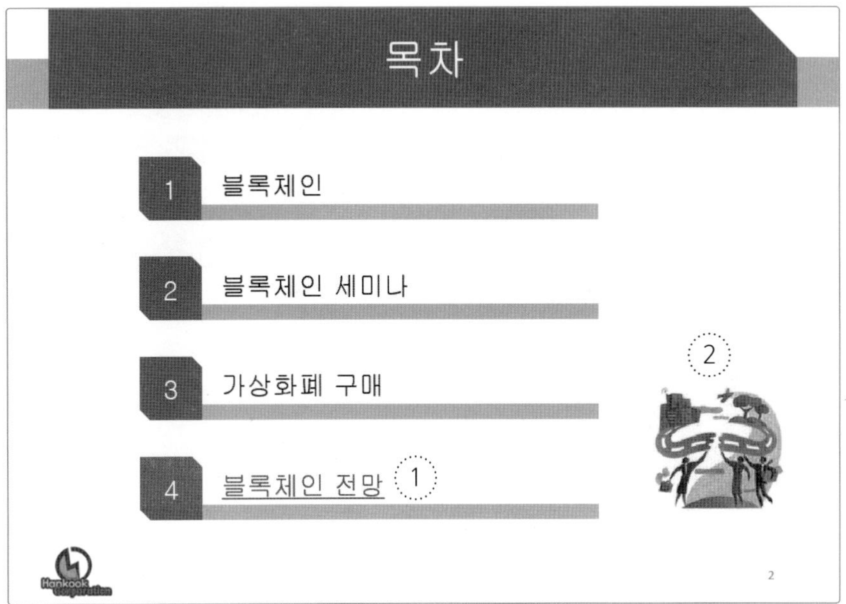

(1) 텍스트 작성 : 글머리 기호 사용(◆, ▪)

◆ 문단(굴림, 24pt, 굵게, 줄 간격 : 1.5줄), ▪ 문단(굴림, 20pt, 줄 간격 : 1.5줄)

세부 조건

① 동영상 삽입 :
- 「내 PC₩문서₩ITQ₩Picture₩
동영상.wmv」
- 자동 실행, 반복 재생 설정

1. 블록체인

◆ **Block Chain**

- A blockchain, originally block chain, is a growing list of records, called blocks, which are linked using cryptography
- Each block contains a cryptographic hash of the previous block, a timestamp, and transaction data

◆ **블록체인 기술**

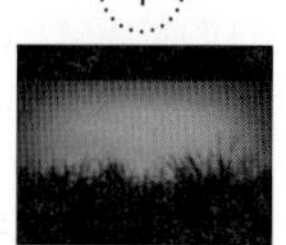

- 비트코인을 비롯한 대부분의 암호화폐 거래에 사용하며 블록체인 소프트웨어를 실행하는 많은 사용자들의 각 컴퓨터에서 서버가 운영되어 중앙은행 없이 개인 간의 자유로운 거래 가능

---

(1) 도형과 표 작성 기능을 이용하여 슬라이드를 작성한다(글꼴 : 돋움, 18pt).

세부 조건

① 상단 도형 :
2개 도형의 조합으로 작성
② 좌측 도형 :
그라데이션 효과(선형 아래쪽)
③ 표 스타일 :
테마 스타일 1 – 강조 5

2. 블록체인 세미나

	시간	내용	비고
10/30	14:00~15:00	등록 및 네트워킹	
	15:00~17:00	기조연설	박술래 원장
10/31	10:00~11:30	블록체인의 역할과 미래	이동희 교수
	13:00~14:30	산업계의 블록체인	김희라 상무
	14:30~16:00	패널토의	진행 : 정지은 교수
	16:00~17:00	폐회식	

(1) 차트 작성 기능을 이용하여 슬라이드를 작성한다.
(2) 차트 : 종류(묶은 세로 막대형), 글꼴(돋움, 16pt), 외곽선

세부 조건

※ 차트 설명
- 차트 제목 : 돋움, 20pt, 굵게,
  채우기(흰색), 테두리,
  그림자(오프셋 오른쪽)
- 차트 영역 : 채우기(노랑)
  그림 영역 : 채우기(흰색)
- 데이터 서식 : 구매경험 있음 계열을
  표식이 있는 꺾은선형으로 변경 후
  보조 축으로 지정
- 값 표시 : 50대의 구매경험 있음 계열만
① 도형 삽입
- 스타일 :
  미세 효과 – 파랑, 강조 1
- 글꼴 : 돋움, 18pt

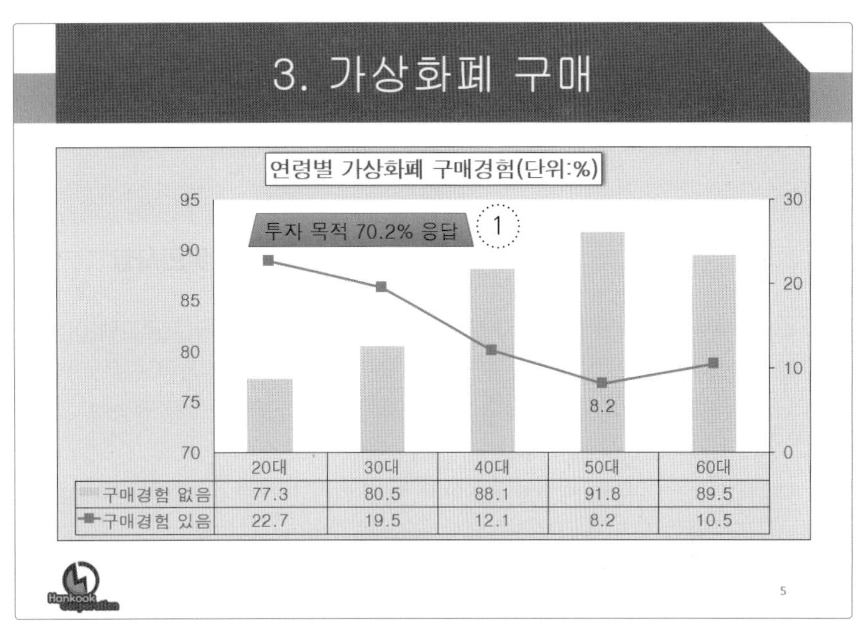

(1) 슬라이드와 같이 도형 및 스마트아트를 배치한다(글꼴 : 굴림, 18pt).
(2) 애니메이션 순서 : ① ⇒ ②

세부 조건

① 도형 편집
- 그룹화 후 애니메이션 효과 :
  닦아내기(위에서)
② 도형 및 스마트아트 편집
- 스마트아트 디자인 :
  3차원 광택 처리,
  강한 효과
- 그룹화 후 애니메이션 효과 :
  시계 방향 회전

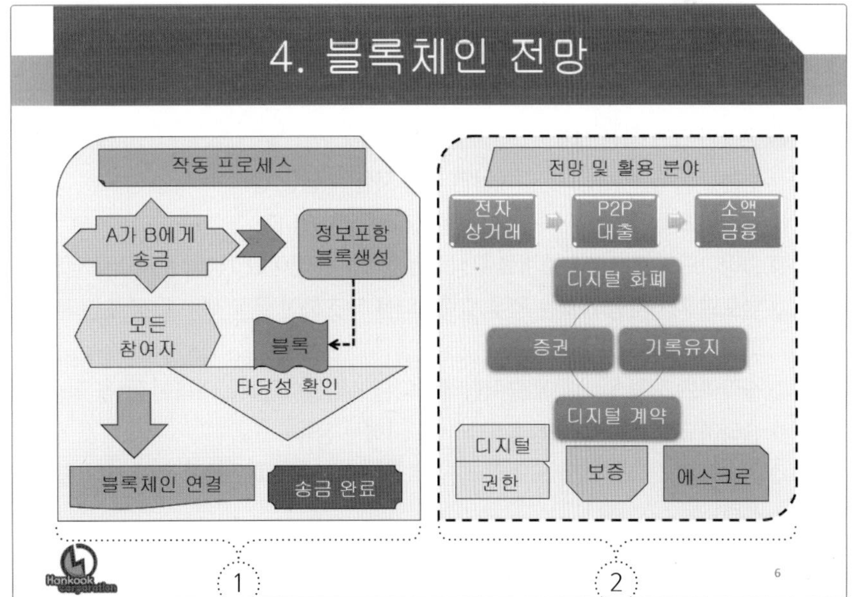

정보기술자격(ITQ) 최신기출문제

과 목	코 드	문제유형	시험시간	수험번호	성 명
한글파워포인트	1142	A	60분		

수험자 유의사항

◎ 수험자는 문제지를 받는 즉시 문제지와 <u>수험표상의 시험과목(프로그램)이 동일한지 반드시 확인</u>하여야 합니다.

◎ 파일명은 본인의 "수험번호-성명"으로 입력하여 답안폴더(내 PC₩문서₩ITQ)에 하나의 파일로 저장해야 하며, 답안문서 파일명이 "수험번호-성명"과 일치하지 않거나, 답안 파일을 전송하지 않아 미제출로 처리될 경우 실격 처리합니다 (예:12345678-홍길동.pptx).

◎ 답안 작성을 마치면 파일을 저장하고, '답안 전송' 버튼을 선택하여 감독위원 PC로 답안을 전송하십시오. 수험생 정보와 저장한 파일명이 다를 경우 전송되지 않으므로 주의하시기 바랍니다.

◎ 답안 작성 중에도 <u>주기적으로 저장하고, '답안 전송'</u>하여야 문제 발생을 줄일 수 있습니다. 작업한 내용을 저장하지 않고 전송할 경우 이전에 저장된 내용이 전송되오니 이점 유의하시기 바랍니다.

◎ 답안문서는 지정된 경로 외의 다른 보조기억장치에 저장하는 경우, 지정된 시험 시간 외에 작성된 파일을 활용할 경우, 기타 통신수단(이메일, 메신저, 네트워크 등)을 이용하여 타인에게 전달 또는 외부 반출하는 경우는 부정 처리합니다.

◎ 시험 중 부주의 또는 고의로 시스템을 파손한 경우는 수험자가 변상해야 하며, <수험자 유의사항>에 기재된 방법대로 이행하지 않아 생기는 불이익은 수험생 당사자의 책임임을 알려 드립니다.

◎ 문제의 조건은 MS오피스 2021 버전으로 설정되어 있으니 유의하시기 바랍니다.

◎ 시험을 완료한 수험자는 답안 파일이 전송되었는지 확인한 후 감독위원의 지시에 따라 문제지를 제출하고 퇴실합니다.

답안 작성요령

◎ 온라인 답안 작성 절차

　수험자 등록 ⇒ 시험 시작 ⇒ 답안 파일 저장 ⇒ 답안 전송 ⇒ 시험 종료

◎ 슬라이드의 크기는 A4 Paper로 설정하여 작성합니다.

◎ 슬라이드의 총 개수는 6개로 구성되어 있으며 슬라이드 1부터 순서대로 작업하고 반드시 문제와 세부 조건대로 합니다.

◎ 별도의 지시사항이 없는 경우 출력형태를 참조하여 글꼴 색은 검정 또는 흰색으로 작성하고, 기타 사항은 전체적인 균형을 고려하여 작성합니다.

◎ 슬라이드 도형 및 개체에 출력형태와 다른 스타일(그림자, 외곽선 등)을 적용했을 경우 감점처리 됩니다.

◎ 슬라이드 번호를 작성합니다(슬라이드 1에는 생략).

◎ 2~6번 슬라이드 제목 도형과 하단 로고는 슬라이드 마스터를 이용하여 출력형태와 동일하게 작성합니다(슬라이드 1에는 생략).

◎ 문제와 세부 조건, 세부 조건 번호 ◌(점선원)는 입력하지 않습니다.

◎ 각 개체의 위치는 오른쪽의 슬라이드와 동일하게 구성합니다.

◎ 그림 삽입 문제의 경우 반드시 「내 PC₩문서₩ITQ₩Picture」 폴더에서 정확한 파일을 선택하여 삽입하십시오.

◎ 각 슬라이드를 각각의 파일로 작업해서 저장할 경우 실격 처리됩니다.

kpc 한국생산성본부

(1) 슬라이드 크기 및 순서 : 크기를 A4 용지로 설정하고 슬라이드 순서에 맞게 작성한다.

(2) 슬라이드 마스터 : 2~6슬라이드의 제목, 하단 로고, 슬라이드 번호는 슬라이드 마스터를 이용하여 작성한다.
- 제목 글꼴(돋움, 40pt, 흰색), 왼쪽 맞춤, 도형(선 없음)
- 하단 로고(「내 PC₩문서₩ITQ₩Picture₩로고2.jpg」, 배경(회색) 투명색으로 설정)

슬라이드 1   표지 디자인 (40점)

(1) 표지 디자인 : 도형, 워드아트 및 그림을 이용하여 작성한다.

세부 조건

① 도형 편집
- 도형에 그림 채우기 :
「내 PC₩문서₩ITQ₩Picture₩
그림1.jpg」, 투명도 50%
- 도형 효과 :
부드러운 가장자리 5포인트
② 워드아트 삽입
- 변환 : 삼각형, 위로
- 글꼴 : 돋움, 굵게
- 텍스트 반사 :
근접 반사, 4pt 오프셋
③ 그림 삽입
- 「내 PC₩문서₩ITQ₩Picture₩
로고2.jpg」
- 배경(회색) 투명색으로 설정

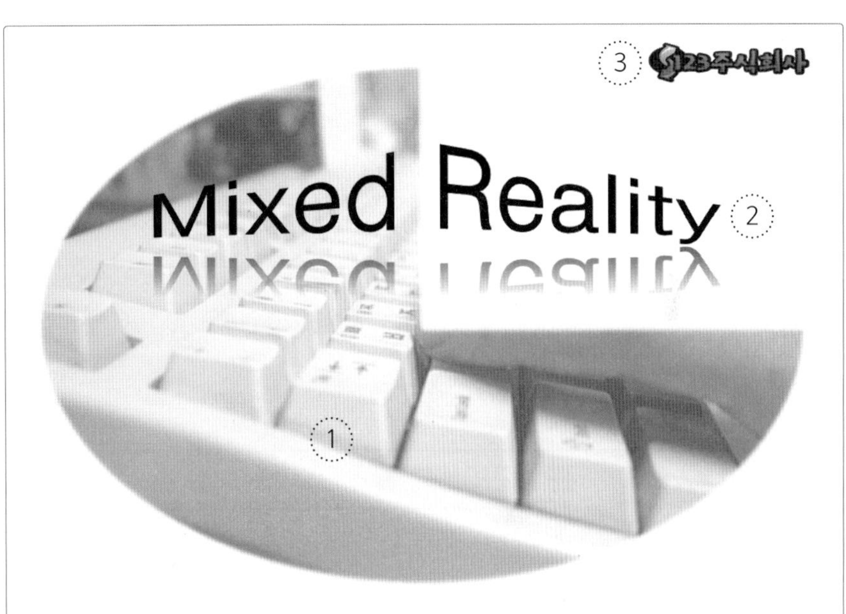

슬라이드 2   목차 슬라이드 (60점)

(1) 출력형태와 같이 도형을 이용하여 목차를 작성한다(글꼴 : 굴림, 24pt).
(2) 도형 : 선 없음

세부 조건

① 텍스트에 링크 적용
→ '슬라이드 6'
② 그림 삽입
- 「내 PC₩문서₩ITQ₩Picture₩
그림5.jpg」
- 자르기 기능 이용

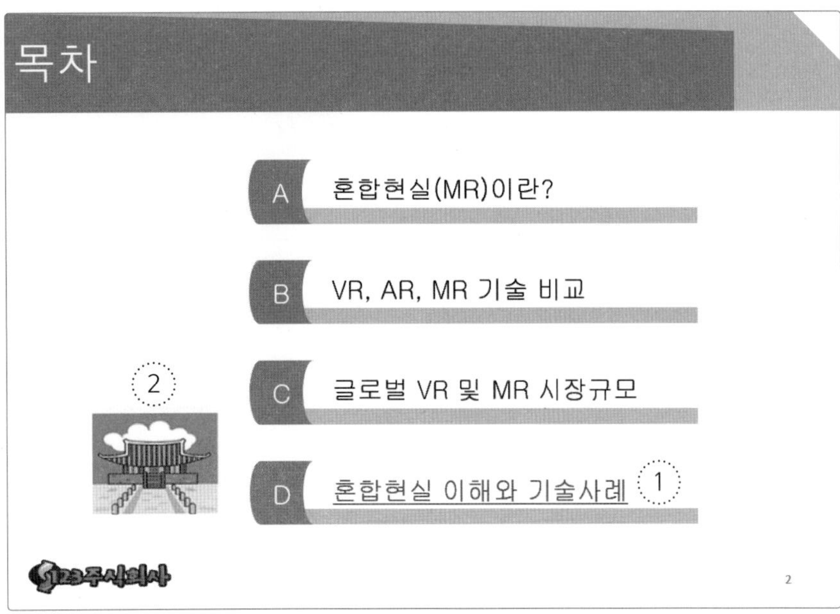

(1) 텍스트 작성 : 글머리 기호 사용(❖, ▪)

　　❖ 문단(굴림, 24pt, 굵게, 줄 간격 : 1.5줄), ▪ 문단(굴림, 20pt, 줄 간격 : 1.5줄)

세부 조건

① 동영상 삽입 :
- 「내 PC₩문서₩ITQ₩Picture₩
  동영상.wmv」
- 자동 실행, 반복 재생 설정

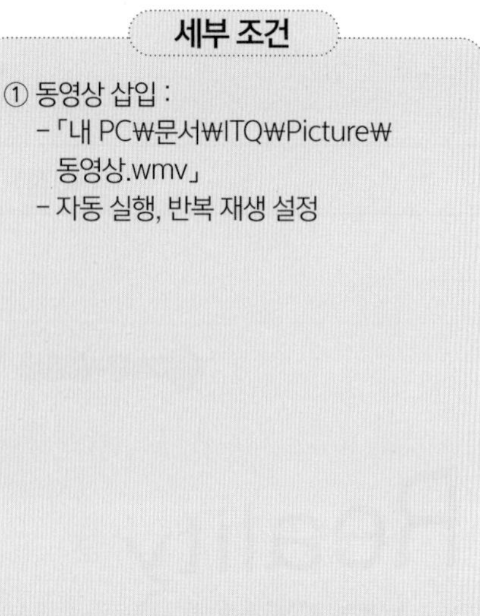

(1) 도형과 표 작성 기능을 이용하여 슬라이드를 작성한다(글꼴 : 돋움, 18pt).

세부 조건

① 상단 도형 :
　2개 도형의 조합으로 작성
② 좌측 도형 :
　그라데이션 효과(선형 아래쪽)
③ 표 스타일 :
　테마 스타일 1 – 강조 1

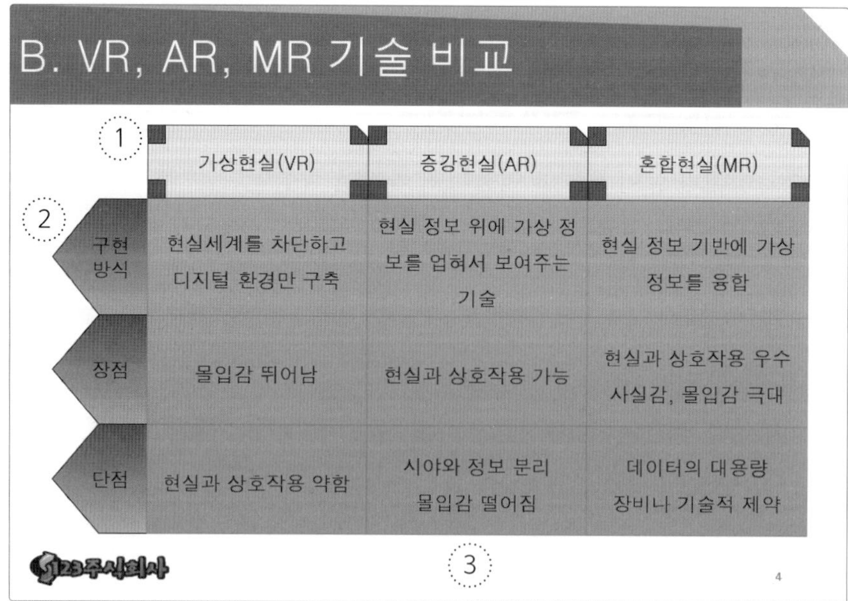

	가상현실(VR)	증강현실(AR)	혼합현실(MR)
구현 방식	현실세계를 차단하고 디지털 환경만 구축	현실 정보 위에 가상 정보를 덮어서 보여주는 기술	현실 정보 기반에 가상 정보를 융합
장점	몰입감 뛰어남	현실과 상호작용 가능	현실과 상호작용 우수 사실감, 몰입감 극대
단점	현실과 상호작용 약함	시야와 정보 분리 몰입감 떨어짐	데이터의 대용량 장비나 기술적 제약

(1) 차트 작성 기능을 이용하여 슬라이드를 작성한다.

(2) 차트 : 종류(묶은 세로 막대형), 글꼴(돋움, 16pt), 외곽선

세부 조건

※ 차트 설명
  · 차트 제목 : 궁서, 24pt, 굵게,
    채우기(흰색), 테두리,
    그림자(오프셋 오른쪽)
  · 차트 영역 : 채우기(노랑)
    그림 영역 : 채우기(흰색)
  · 데이터 서식 : MR 계열을
    표식이 있는 꺾은선형으로 변경 후
    보조 축으로 지정
  · 값 표시 : 2024년의 MR 계열만
 ① 도형 삽입
  - 스타일 :
    미세 효과 – 주황, 강조 2
  - 글꼴 : 굴림, 18pt

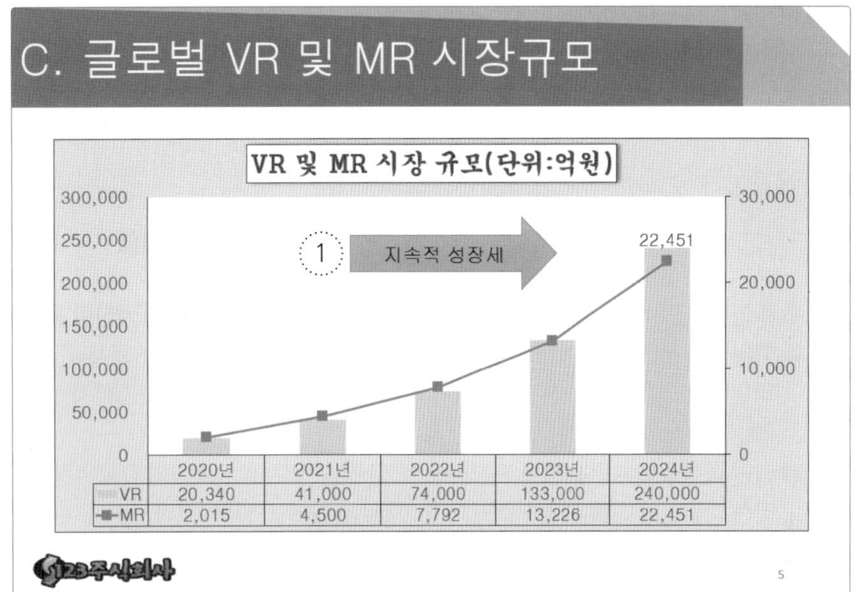

(1) 슬라이드와 같이 도형 및 스마트아트를 배치한다(글꼴 : 굴림, 18pt).

(2) 애니메이션 순서 : ① ⇒ ②

세부 조건

① 도형 및 스마트아트 편집
  - 스마트아트 디자인 :
    3차원 광택 처리,
    3차원 만화
  - 그룹화 후 애니메이션 효과 :
    닦아내기(위에서)
② 도형 편집
  - 그룹화 후 애니메이션 효과 :
    바운드

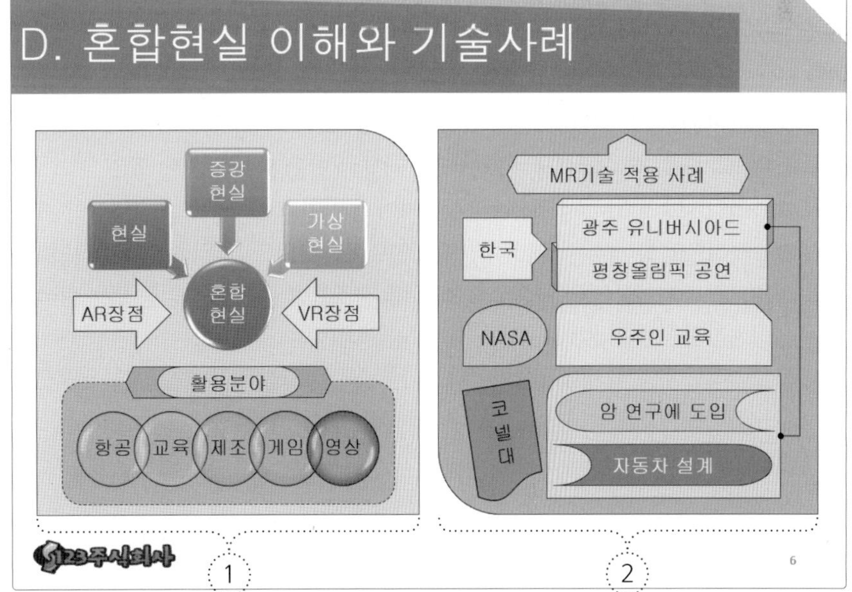

정보기술자격(ITQ) 최신기출문제

과　목	코　드	문제유형	시험시간	수험번호	성　명
한글파워포인트	1142	A	60분		

수험자 유의사항

◎ 수험자는 문제지를 받는 즉시 문제지와 <u>수험표상의 시험과목(프로그램)이 동일한지 반드시 확인</u>하여야 합니다.

◎ 파일명은 본인의 "수험번호-성명"으로 입력하여 답안폴더(내 PC₩문서₩ITQ)에 하나의 파일로 저장해야 하며, 답안문서 파일명이 "수험번호-성명"과 일치하지 않거나, 답안 파일을 전송하지 않아 미제출로 처리될 경우 실격 처리합니다 (예:12345678-홍길동.pptx).

◎ 답안 작성을 마치면 파일을 저장하고, '답안 전송' 버튼을 선택하여 감독위원 PC로 답안을 전송하십시오. 수험생 정보와 저장한 파일명이 다를 경우 전송되지 않으므로 주의하시기 바랍니다.

◎ 답안 작성 중에도 <u>주기적으로 저장하고, '답안 전송'</u>하여야 문제 발생을 줄일 수 있습니다. 작업한 내용을 저장하지 않고 전송할 경우 이전에 저장된 내용이 전송되오니 이점 유의하시기 바랍니다.

◎ 답안문서는 지정된 경로 외의 다른 보조기억장치에 저장하는 경우, 지정된 시험 시간 외에 작성된 파일을 활용할 경우, 기타 통신수단(이메일, 메신저, 네트워크 등)을 이용하여 타인에게 전달 또는 외부 반출하는 경우는 부정 처리합니다.

◎ 시험 중 부주의 또는 고의로 시스템을 파손한 경우는 수험자가 변상해야 하며, <수험자 유의사항>에 기재된 방법대로 이행하지 않아 생기는 불이익은 수험생 당사자의 책임임을 알려 드립니다.

◎ 문제의 조건은 MS오피스 2021 버전으로 설정되어 있으니 유의하시기 바랍니다.

◎ 시험을 완료한 수험자는 답안 파일이 전송되었는지 확인한 후 감독위원의 지시에 따라 문제지를 제출하고 퇴실합니다.

답안 작성요령

◎ 온라인 답안 작성 절차

　수험자 등록 ⇒ 시험 시작 ⇒ 답안 파일 저장 ⇒ 답안 전송 ⇒ 시험 종료

◎ 슬라이드의 크기는 A4 Paper로 설정하여 작성합니다.

◎ 슬라이드의 총 개수는 6개로 구성되어 있으며 슬라이드 1부터 순서대로 작업하고 반드시 문제와 세부 조건대로 합니다.

◎ 별도의 지시사항이 없는 경우 출력형태를 참조하여 글꼴 색은 검정 또는 흰색으로 작성하고, 기타 사항은 전체적인 균형을 고려하여 작성합니다.

◎ 슬라이드 도형 및 개체에 출력형태와 다른 스타일(그림자, 외곽선 등)을 적용했을 경우 감점처리 됩니다.

◎ 슬라이드 번호를 작성합니다(슬라이드 1에는 생략).

◎ 2~6번 슬라이드 제목 도형과 하단 로고는 슬라이드 마스터를 이용하여 출력형태와 동일하게 작성합니다(슬라이드 1에는 생략).

◎ 문제와 세부 조건, 세부 조건 번호 ⚬(점선원)는 입력하지 않습니다.

◎ 각 개체의 위치는 오른쪽의 슬라이드와 동일하게 구성합니다.

◎ 그림 삽입 문제의 경우 반드시 「내 PC₩문서₩ITQ₩Picture」 폴더에서 정확한 파일을 선택하여 삽입하십시오.

◎ 각 슬라이드를 각각의 파일로 작업해서 저장할 경우 실격 처리됩니다.

kpc 한국생산성본부

(1) 슬라이드 크기 및 순서 : 크기를 A4 용지로 설정하고 슬라이드 순서에 맞게 작성한다.
(2) 슬라이드 마스터 : 2~6슬라이드의 제목, 하단 로고, 슬라이드 번호는 슬라이드 마스터를 이용하여 작성한다.
    – 제목 글꼴(굴림, 40pt, 흰색), 가운데 맞춤, 도형(선 없음)
    – 하단 로고(「내 PC₩문서₩ITQ₩Picture₩로고3.jpg」, 배경(연보라) 투명색으로 설정)

슬라이드 1   표지 디자인   (40점)

(1) 표지 디자인 : 도형, 워드아트 및 그림을 이용하여 작성한다.

세부 조건

① 도형 편집
  – 도형에 그림 채우기 :
    「내 PC₩문서₩ITQ₩Picture₩
    그림1.jpg」, 투명도 50%
  – 도형 효과 :
    부드러운 가장자리 5포인트
② 워드아트 삽입
  – 변환 : 팽창, 위쪽
  – 글꼴 : 굴림, 굵게
  – 텍스트 반사 :
    근접 반사, 터치
③ 그림 삽입
  – 「내 PC₩문서₩ITQ₩Picture₩
    로고3.jpg」
  – 배경(연보라) 투명색으로 설정

슬라이드 2   목차 슬라이드   (60점)

(1) 출력형태와 같이 도형을 이용하여 목차를 작성한다(글꼴 : 굴림, 24pt).
(2) 도형 : 선 없음

세부 조건

① 텍스트에 링크 적용
  → '슬라이드 3'
② 그림 삽입
  – 「내 PC₩문서₩ITQ₩Picture₩
    그림4.jpg」
  – 자르기 기능 이용

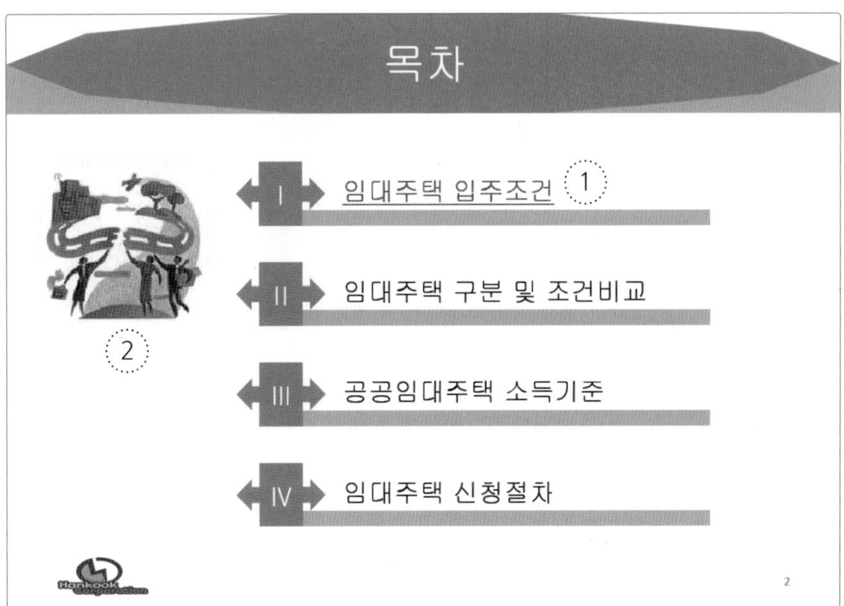

(1) 텍스트 작성 : 글머리 기호 사용(✓, ❖)
　　✓문단(굴림, 24pt, 굵게, 줄 간격 : 1.5줄), ❖문단(굴림, 20pt, 줄 간격 : 1.5줄)

세부 조건

① 동영상 삽입 :
　– 「내 PC₩문서₩ITQ₩Picture₩
　　동영상.wmv」
　– 자동 실행, 반복 재생 설정

(1) 도형과 표 작성 기능을 이용하여 슬라이드를 작성한다(글꼴 : 돋움, 18pt).

세부 조건

① 상단 도형 :
　2개 도형의 조합으로 작성
② 좌측 도형 :
　그라데이션 효과(선형 아래쪽)
③ 표 스타일 :
　테마 스타일 1 – 강조 1

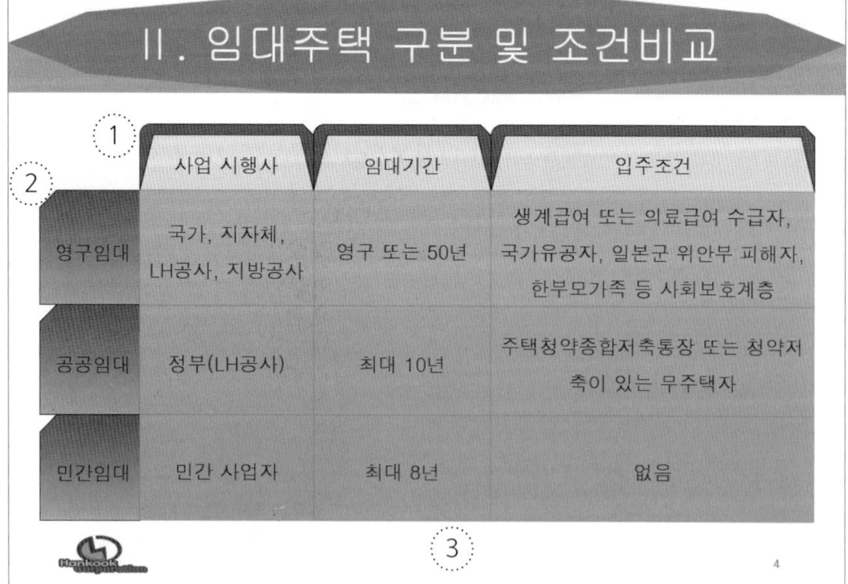

	사업 시행사	임대기간	입주조건
영구임대	국가, 지자체, LH공사, 지방공사	영구 또는 50년	생계급여 또는 의료급여 수급자, 국가유공자, 일본군 위안부 피해자, 한부모가족 등 사회보호계층
공공임대	정부(LH공사)	최대 10년	주택청약종합저축통장 또는 청약저축이 있는 무주택자
민간임대	민간 사업자	최대 8년	없음

(1) 차트 작성 기능을 이용하여 슬라이드를 작성한다.
(2) 차트 : 종류(묶은 세로 막대형), 글꼴(굴림, 16pt), 외곽선

세부 조건

※ 차트 설명
  • 차트 제목 : 굴림, 24pt, 굵게,
     채우기(흰색), 테두리,
     그림자(오프셋 오른쪽)
  • 차트 영역 : 채우기(노랑)
     그림 영역 : 채우기(흰색)
  • 데이터 서식 : 노부모, 다자녀 계열을
     표식이 있는 꺾은선형으로 변경 후
     보조 축으로 지정
  • 값 표시 : 노부모, 다자녀 계열만
  ① 도형 삽입
     - 스타일 :
       미세 효과 - 파랑, 강조 1
     - 글꼴 : 돋움, 18pt

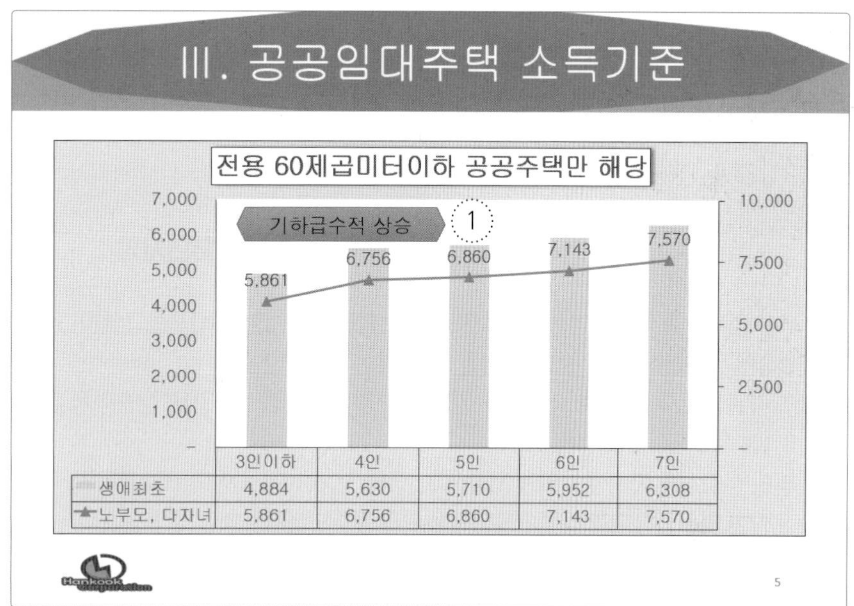

(1) 슬라이드와 같이 도형 및 스마트아트를 배치한다(글꼴 : 굴림, 18pt).
(2) 애니메이션 순서 : ① ⇒ ②

세부 조건

① 도형 편집
   - 그룹화 후 애니메이션 효과 :
     나누기(세로 바깥쪽으로)
② 도형 및 스마트아트 편집
   - 스마트아트 디자인 :
     3차원 만화,
     3차원 경사
   - 그룹화 후 애니메이션 효과 :
     밝기 변화

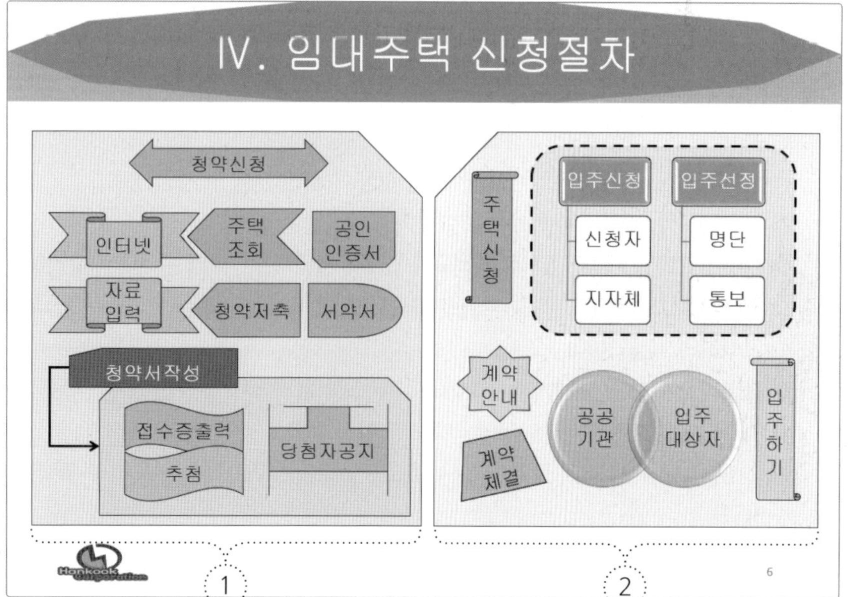

정보기술자격(ITQ) 최신기출문제

과 목	코 드	문제유형	시험시간	수험번호	성 명
한글파워포인트	1142	A	60분		

수험자 유의사항

◎ 수험자는 문제지를 받는 즉시 문제지와 <u>수험표상의 시험과목(프로그램)이 동일한지 반드시 확인</u>하여야 합니다.

◎ 파일명은 본인의 "수험번호–성명"으로 입력하여 답안폴더(내 PC\문서\ITQ)에 하나의 파일로 저장해야 하며, 답안문서 파일명이 "수험번호–성명"과 일치하지 않거나, 답안 파일을 전송하지 않아 미제출로 처리될 경우 실격 처리합니다 (예:12345678-홍길동.pptx).

◎ 답안 작성을 마치면 파일을 저장하고, '답안 전송' 버튼을 선택하여 감독위원 PC로 답안을 전송하십시오. 수험생 정보와 저장한 파일명이 다를 경우 전송되지 않으므로 주의하시기 바랍니다.

◎ 답안 작성 중에도 <u>주기적으로 저장하고, '답안 전송'</u>하여야 문제 발생을 줄일 수 있습니다. 작업한 내용을 저장하지 않고 전송할 경우 이전에 저장된 내용이 전송되오니 이점 유의하시기 바랍니다.

◎ 답안문서는 지정된 경로 외의 다른 보조기억장치에 저장하는 경우, 지정된 시험 시간 외에 작성된 파일을 활용할 경우, 기타 통신수단(이메일, 메신저, 네트워크 등)을 이용하여 타인에게 전달 또는 외부 반출하는 경우는 부정 처리합니다.

◎ 시험 중 부주의 또는 고의로 시스템을 파손한 경우는 수험자가 변상해야 하며, <수험자 유의사항>에 기재된 방법대로 이행하지 않아 생기는 불이익은 수험생 당사자의 책임임을 알려 드립니다.

◎ 문제의 조건은 MS오피스 2021 버전으로 설정되어 있으니 유의하시기 바랍니다.

◎ 시험을 완료한 수험자는 답안 파일이 전송되었는지 확인한 후 감독위원의 지시에 따라 문제지를 제출하고 퇴실합니다.

답안 작성요령

◎ 온라인 답안 작성 절차

수험자 등록 ⇒ 시험 시작 ⇒ 답안 파일 저장 ⇒ 답안 전송 ⇒ 시험 종료

◎ 슬라이드의 크기는 A4 Paper로 설정하여 작성합니다.

◎ 슬라이드의 총 개수는 6개로 구성되어 있으며 슬라이드 1부터 순서대로 작업하고 반드시 문제와 세부 조건대로 합니다.

◎ 별도의 지시사항이 없는 경우 출력형태를 참조하여 글꼴 색은 검정 또는 흰색으로 작성하고, 기타 사항은 전체적인 균형을 고려하여 작성합니다.

◎ 슬라이드 도형 및 개체에 출력형태와 다른 스타일(그림자, 외곽선 등)을 적용했을 경우 감점처리 됩니다.

◎ 슬라이드 번호를 작성합니다(슬라이드 1에는 생략).

◎ 2~6번 슬라이드 제목 도형과 하단 로고는 슬라이드 마스터를 이용하여 출력형태와 동일하게 작성합니다(슬라이드 1에는 생략).

◎ 문제와 세부 조건, 세부 조건 번호 ◌(점선원)는 입력하지 않습니다.

◎ 각 개체의 위치는 오른쪽의 슬라이드와 동일하게 구성합니다.

◎ 그림 삽입 문제의 경우 반드시 「내 PC\문서\ITQ\Picture」 폴더에서 정확한 파일을 선택하여 삽입하십시오.

◎ 각 슬라이드를 각각의 파일로 작업해서 저장할 경우 실격 처리됩니다.

kpc 한국생산성본부

(1) 슬라이드 크기 및 순서 : 크기를 A4 용지로 설정하고 슬라이드 순서에 맞게 작성한다.
(2) 슬라이드 마스터 : 2~6슬라이드의 제목, 하단 로고, 슬라이드 번호는 슬라이드 마스터를 이용하여 작성한다.
  - 제목 글꼴(돋움, 40pt, 빨강), 가운데 맞춤, 도형(선 없음)
  - 하단 로고(「내 PC₩문서₩ITQ₩Picture₩로고2.jpg」, 배경(회색) 투명색으로 설정)

슬라이드 1 표지 디자인 (40점)

(1) 표지 디자인 : 도형, 워드아트 및 그림을 이용하여 작성한다.

세부 조건

① 도형 편집
  - 도형에 그림 채우기 :
    「내 PC₩문서₩ITQ₩Picture₩
    그림3.jpg」, 투명도 50%
  - 도형 효과 :
    부드러운 가장자리 5포인트
② 워드아트 삽입
  - 변환 : 이중 물결, 아래에서 위로
  - 글꼴 : 굴림, 굵게
  - 텍스트 반사 :
    근접 반사, 터치
③ 그림 삽입
  - 「내 PC₩문서₩ITQ₩Picture₩
    로고2.jpg」
  - 배경(회색) 투명색으로 설정

슬라이드 2 목차 슬라이드 (60점)

(1) 출력형태와 같이 도형을 이용하여 목차를 작성한다(글꼴 : 굴림, 24pt).
(2) 도형 : 선 없음

세부 조건

① 텍스트에 링크 적용
  → '슬라이드 5'
② 그림 삽입
  - 「내 PC₩문서₩ITQ₩Picture₩
    그림5.jpg」
  - 자르기 기능 이용

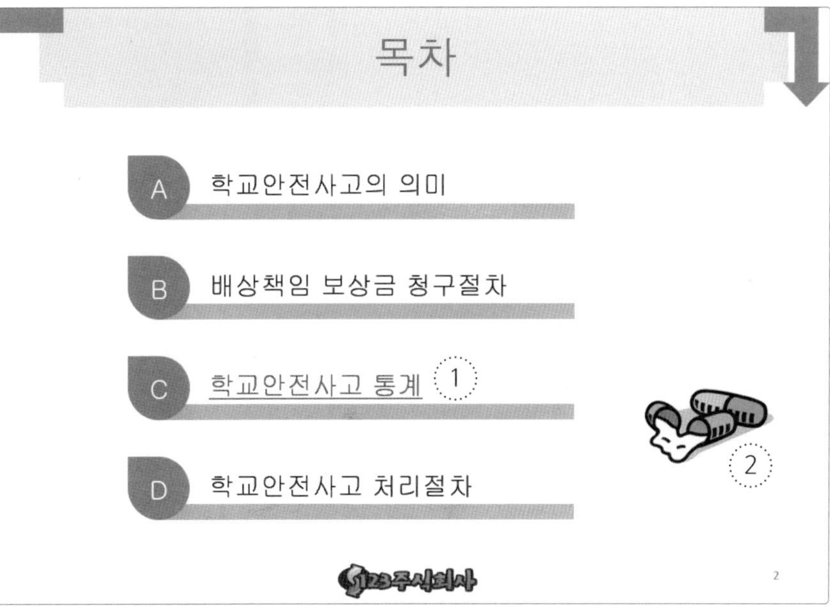

(1) 텍스트 작성 : 글머리 기호 사용(◆, ✓)

　　◆문단(굴림, 24pt, 굵게, 줄 간격 : 1.5줄), ✓문단(굴림, 20pt, 줄 간격 : 1.5줄)

세부 조건

① 동영상 삽입 :
- 「내 PC\문서\ITQ\Picture\
  동영상.wmv」
- 자동 실행, 반복 재생 설정

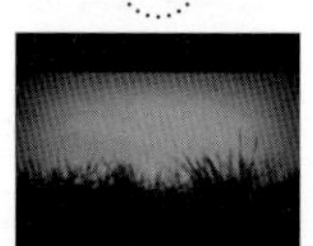

(1) 도형과 표 작성 기능을 이용하여 슬라이드를 작성한다(글꼴 : 돋움, 18pt).

세부 조건

① 상단 도형 :
　2개 도형의 조합으로 작성
② 좌측 도형 :
　그라데이션 효과(선형 아래쪽)
③ 표 스타일 :
　테마 스타일 1 – 강조 2

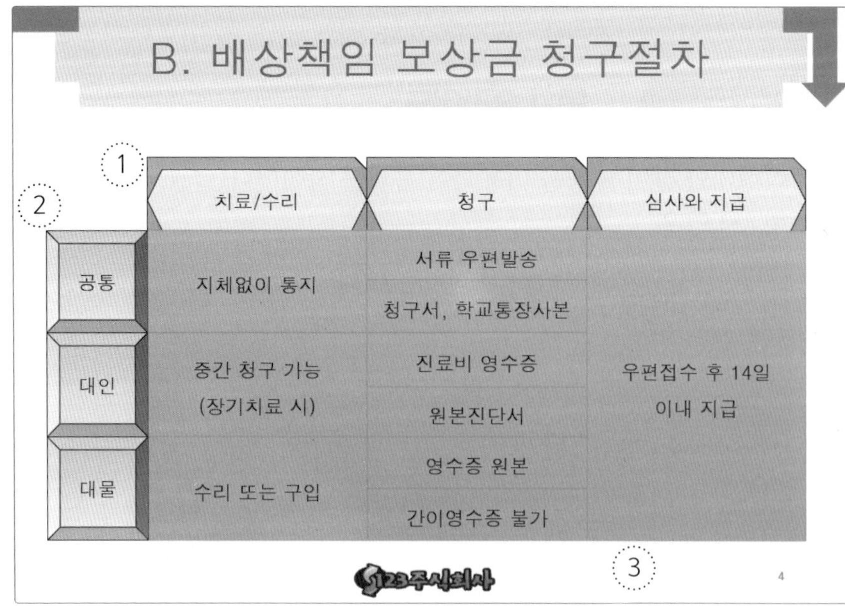

차트 슬라이드   (100점)

(1) 차트 작성 기능을 이용하여 슬라이드를 작성한다.
(2) 차트 : 종류(묶은 세로 막대형), 글꼴(돋움, 16pt), 외곽선

세부 조건

※ 차트 설명
 · 차트 제목 : 돋움, 24pt, 굵게,
   채우기(흰색), 테두리,
   그림자(오프셋 위쪽)
 · 차트 영역 : 채우기(노랑)
   그림 영역 : 채우기(흰색)
 · 데이터 서식 : 2016년 계열을
   표식이 있는 꺾은선형으로 변경 후
   보조 축으로 지정
 · 값 표시 : 특수학교의 2016년 계열만
① 도형 삽입
 – 스타일 :
   미세 효과 – 주황, 강조 2
 – 글꼴 : 돋움, 18pt

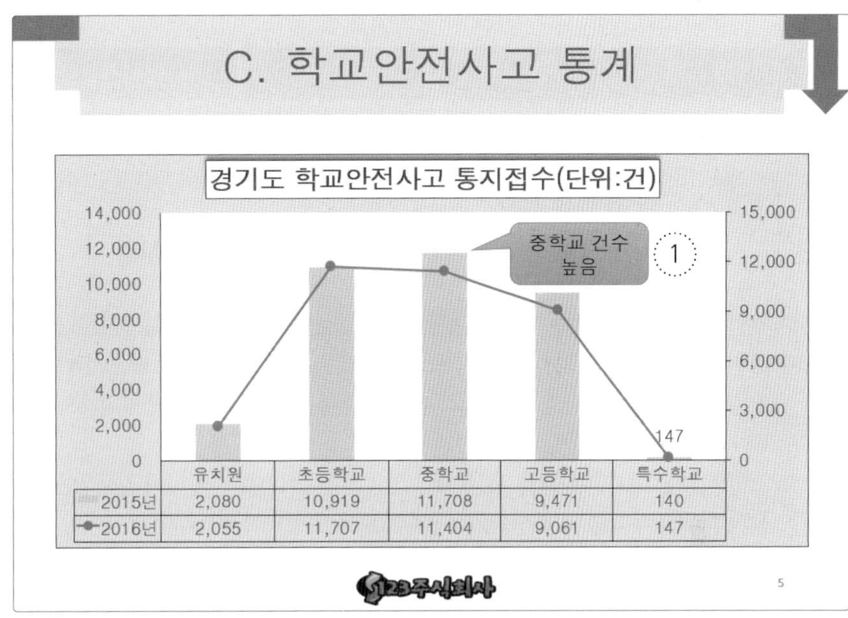

도형 슬라이드   (100점)

(1) 슬라이드와 같이 도형 및 스마트아트를 배치한다(글꼴 : 굴림, 18pt).
(2) 애니메이션 순서 : ① ⇒ ②

세부 조건

① 도형 및 스마트아트 편집
 – 스마트아트 디자인 :
   3차원 벽돌,
   3차원 만화
 – 그룹화 후 애니메이션 효과 :
   실선 무늬(세로)
② 도형 편집
 – 그룹화 후 애니메이션 효과 :
   시계 방향 회전

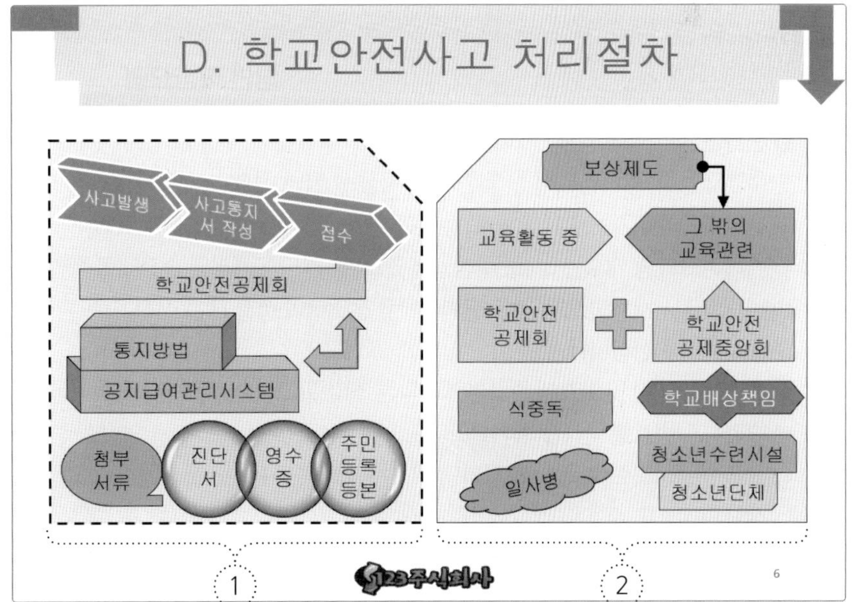

정보기술자격(ITQ) 최신기출문제

과 목	코 드	문제유형	시험시간	수험번호	성 명
한글파워포인트	1142	A	60분		

수험자 유의사항

◎ 수험자는 문제지를 받는 즉시 문제지와 <u>수험표상의 시험과목(프로그램)이 동일한지 반드시 확인</u>하여야 합니다.

◎ 파일명은 본인의 "수험번호-성명"으로 입력하여 답안폴더(내 PC\문서\ITQ)에 하나의 파일로 저장해야 하며, 답안문서 파일명이 "수험번호-성명"과 일치하지 않거나, 답안 파일을 전송하지 않아 미제출로 처리될 경우 실격 처리합니다 (예:12345678-홍길동.pptx).

◎ 답안 작성을 마치면 파일을 저장하고, '답안 전송' 버튼을 선택하여 감독위원 PC로 답안을 전송하십시오. 수험생 정보와 저장한 파일명이 다를 경우 전송되지 않으므로 주의하시기 바랍니다.

◎ 답안 작성 중에도 <u>주기적으로 저장하고, '답안 전송'</u>하여야 문제 발생을 줄일 수 있습니다. 작업한 내용을 저장하지 않고 전송할 경우 이전에 저장된 내용이 전송되오니 이점 유의하시기 바랍니다.

◎ 답안문서는 지정된 경로 외의 다른 보조기억장치에 저장하는 경우, 지정된 시험 시간 외에 작성된 파일을 활용할 경우, 기타 통신수단(이메일, 메신저, 네트워크 등)을 이용하여 타인에게 전달 또는 외부 반출하는 경우는 부정 처리합니다.

◎ 시험 중 부주의 또는 고의로 시스템을 파손한 경우는 수험자가 변상해야 하며, <수험자 유의사항>에 기재된 방법대로 이행하지 않아 생기는 불이익은 수험생 당사자의 책임임을 알려 드립니다.

◎ 문제의 조건은 MS오피스 2021 버전으로 설정되어 있으니 유의하시기 바랍니다.

◎ 시험을 완료한 수험자는 답안 파일이 전송되었는지 확인한 후 감독위원의 지시에 따라 문제지를 제출하고 퇴실합니다.

답안 작성요령

◎ 온라인 답안 작성 절차

　수험자 등록 ⇒ 시험 시작 ⇒ 답안 파일 저장 ⇒ 답안 전송 ⇒ 시험 종료

◎ 슬라이드의 크기는 A4 Paper로 설정하여 작성합니다.

◎ 슬라이드의 총 개수는 6개로 구성되어 있으며 슬라이드 1부터 순서대로 작업하고 반드시 문제와 세부 조건대로 합니다.

◎ 별도의 지시사항이 없는 경우 출력형태를 참조하여 글꼴 색은 검정 또는 흰색으로 작성하고, 기타 사항은 전체적인 균형을 고려하여 작성합니다.

◎ 슬라이드 도형 및 개체에 출력형태와 다른 스타일(그림자, 외곽선 등)을 적용했을 경우 감점처리 됩니다.

◎ 슬라이드 번호를 작성합니다(슬라이드 1에는 생략).

◎ 2~6번 슬라이드 제목 도형과 하단 로고는 슬라이드 마스터를 이용하여 출력형태와 동일하게 작성합니다(슬라이드 1에는 생략).

◎ 문제와 세부 조건, 세부 조건 번호 ○(점선원)는 입력하지 않습니다.

◎ 각 개체의 위치는 오른쪽의 슬라이드와 동일하게 구성합니다.

◎ 그림 삽입 문제의 경우 반드시 「내 PC\문서\ITQ\Picture」 폴더에서 정확한 파일을 선택하여 삽입하십시오.

◎ 각 슬라이드를 각각의 파일로 작업해서 저장할 경우 실격 처리됩니다.

kpc 한국생산성본부

(60점)

(1) 슬라이드 크기 및 순서 : 크기를 A4 용지로 설정하고 슬라이드 순서에 맞게 작성한다.
(2) 슬라이드 마스터 : 2~6슬라이드의 제목, 하단 로고, 슬라이드 번호는 슬라이드 마스터를 이용하여 작성한다.
　　 - 제목 글꼴(돋움, 40pt, 흰색), 가운데 맞춤, 도형(선 없음)
　　 - 하단 로고(「내 PC\문서\ITQ\Picture\로고2.jpg」, 배경(회색) 투명색으로 설정)

 표지 디자인 (40점)

(1) 표지 디자인 : 도형, 워드아트 및 그림을 이용하여 작성한다.

세부 조건

① 도형 편집
 - 도형에 그림 채우기 :
 「내 PC\문서\ITQ\Picture\
 그림2.jpg」, 투명도 50%
 - 도형 효과 :
 부드러운 가장자리 5포인트
② 워드아트 삽입
 - 변환 : 삼각형, 위로
 - 글꼴 : 궁서, 굵게
 - 텍스트 반사 :
 1/2 반사, 터치
③ 그림 삽입
 - 「내 PC\문서\ITQ\Picture\
 로고2.jpg」
 - 배경(회색) 투명색으로 설정

 목차 슬라이드 (60점)

(1) 출력형태와 같이 도형을 이용하여 목차를 작성한다(글꼴 : 돋움, 24pt).
(2) 도형 : 선 없음

세부 조건

① 텍스트에 링크 적용
 → '슬라이드 6'
② 그림 삽입
 - 「내 PC\문서\ITQ\Picture\
 그림4.jpg」
 - 자르기 기능 이용

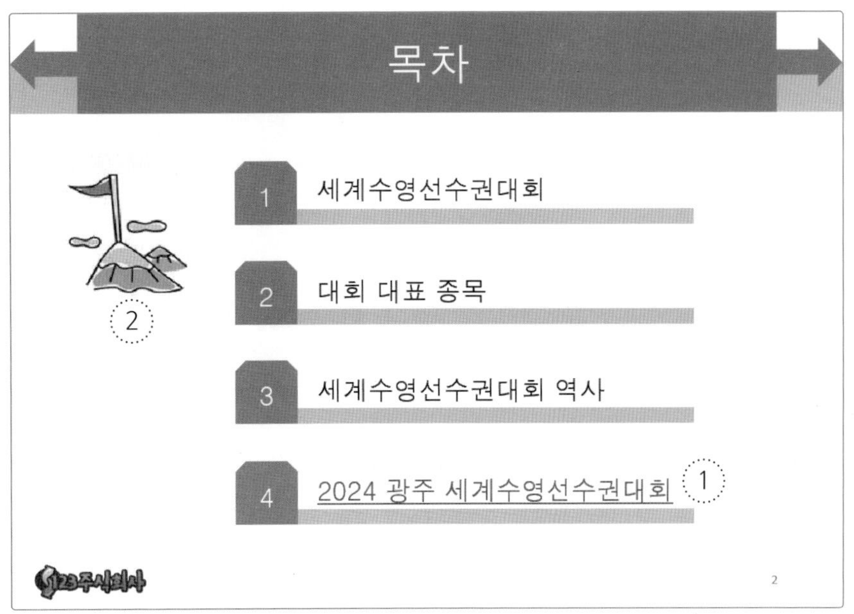

(1) 텍스트 작성 : 글머리 기호 사용(➢, ▪)

　➢문단(굴림, 24pt, 굵게, 줄 간격 : 1.5줄), ▪ 문단(굴림, 20pt, 줄 간격 : 1.5줄)

세부 조건

① 동영상 삽입 :
 - 「내 PC￦문서￦ITQ￦Picture￦
   동영상.wmv」
 - 자동 실행, 반복 재생 설정

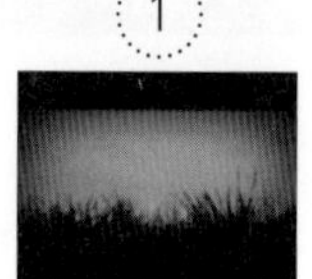

(1) 도형과 표 작성 기능을 이용하여 슬라이드를 작성한다(글꼴 : 돋움, 18pt).

세부 조건

① 상단 도형 :
　2개 도형의 조합으로 작성
② 좌측 도형 :
　그라데이션 효과(선형 아래쪽)
③ 표 스타일 :
　테마 스타일 1 – 강조 5

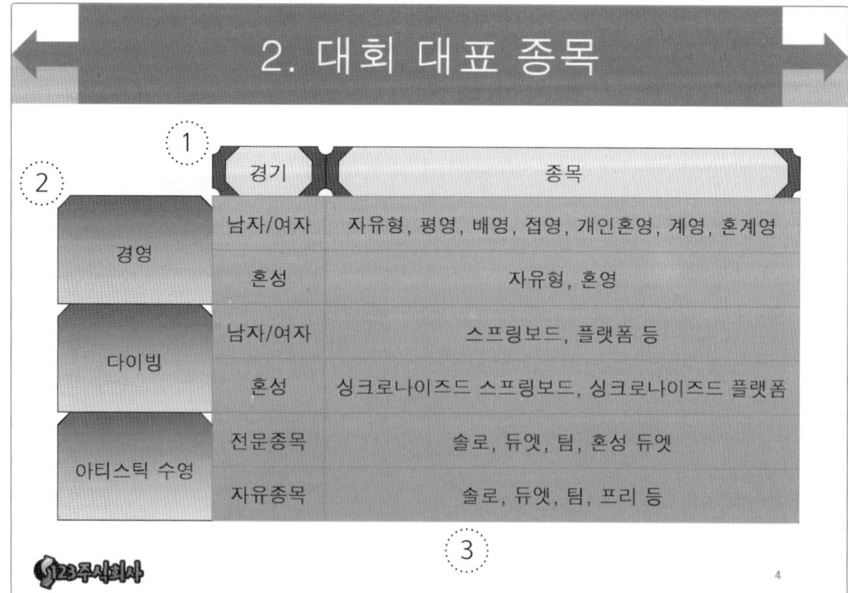

(1) 차트 작성 기능을 이용하여 슬라이드를 작성한다.

(2) 차트 : 종류(묶은 세로 막대형), 글꼴(돋움, 16pt), 외곽선

세부 조건

※ 차트 설명
- 차트 제목 : 궁서, 24pt, 굵게, 채우기(흰색), 테두리, 그림자(오프셋 오른쪽)
- 차트 영역 : 채우기(노랑) 그림 영역 : 채우기(흰색)
- 데이터 서식 : 선수(명) 계열을 표식이 있는 꺾은선형으로 변경 후 보조 축으로 지정
- 값 표시 : 2015년의 선수(명) 계열만

① 도형 삽입
- 스타일 : 미세 효과 – 파랑, 강조 5
- 글꼴 : 돋움, 18pt

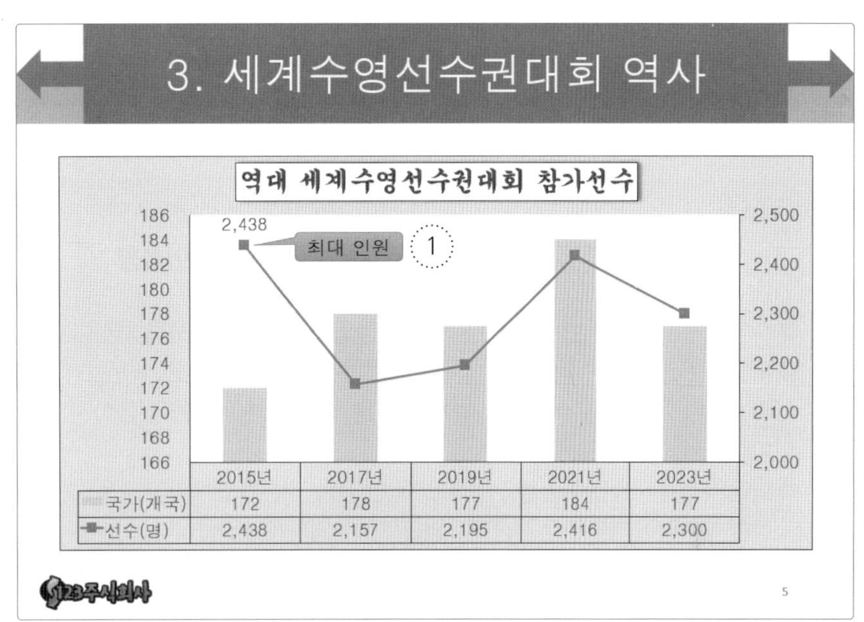

	2015년	2017년	2019년	2021년	2023년
국가(개국)	172	178	177	184	177
선수(명)	2,438	2,157	2,195	2,416	2,300

(1) 슬라이드와 같이 도형 및 스마트아트를 배치한다(글꼴 : 굴림, 18pt).

(2) 애니메이션 순서 : ① ⇒ ②

세부 조건

① 도형 및 스마트아트 편집
- 스마트아트 디자인 : 3차원 광택 처리, 3차원 벽돌
- 그룹화 후 애니메이션 효과 : 올라오기(서서히 아래로)

② 도형 편집
- 그룹화 후 애니메이션 효과 : 나타내기

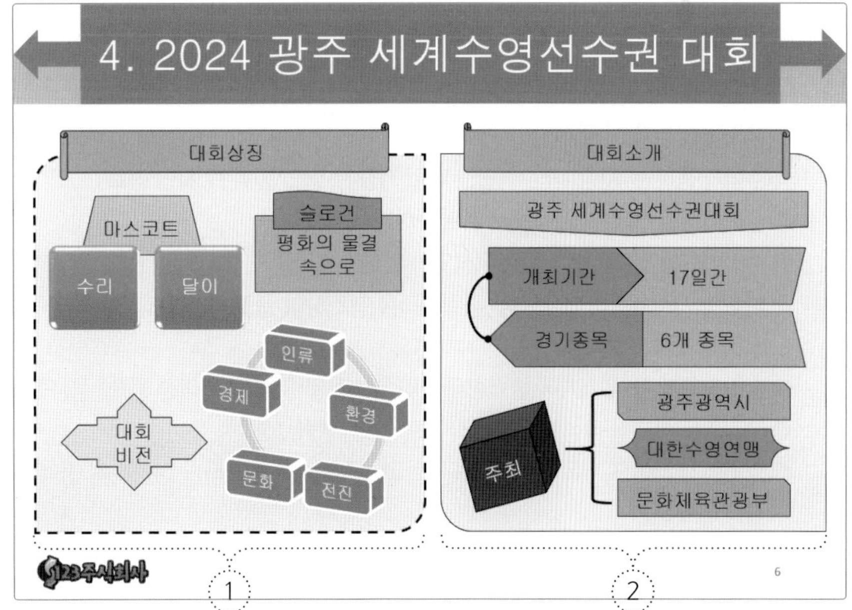

정보기술자격(ITQ) 최신기출문제

과 목	코 드	문제유형	시험시간	수험번호	성 명
한글파워포인트	1142	A	60분		

수험자 유의사항

◎ 수험자는 문제지를 받는 즉시 문제지와 **수험표상의 시험과목(프로그램)이 동일한지 반드시 확인**하여야 합니다.

◎ 파일명은 본인의 "수험번호–성명"으로 입력하여 답안폴더(내 PC\문서\ITQ)에 하나의 파일로 저장해야 하며, 답안문서 파일명이 "수험번호–성명"과 일치하지 않거나, 답안 파일을 전송하지 않아 미제출로 처리될 경우 실격 처리합니다 (예:12345678-홍길동.pptx).

◎ 답안 작성을 마치면 파일을 저장하고, '답안 전송' 버튼을 선택하여 감독위원 PC로 답안을 전송하십시오. 수험생 정보와 저장한 파일명이 다를 경우 전송되지 않으므로 주의하시기 바랍니다.

◎ 답안 작성 중에도 **주기적으로 저장하고, '답안 전송'**하여야 문제 발생을 줄일 수 있습니다. 작업한 내용을 저장하지 않고 전송할 경우 이전에 저장된 내용이 전송되오니 이점 유의하시기 바랍니다.

◎ 답안문서는 지정된 경로 외의 다른 보조기억장치에 저장하는 경우, 지정된 시험 시간 외에 작성된 파일을 활용할 경우, 기타 통신수단(이메일, 메신저, 네트워크 등)을 이용하여 타인에게 전달 또는 외부 반출하는 경우는 부정 처리합니다.

◎ 시험 중 부주의 또는 고의로 시스템을 파손한 경우는 수험자가 변상해야 하며, <수험자 유의사항>에 기재된 방법대로 이행하지 않아 생기는 불이익은 수험생 당사자의 책임임을 알려 드립니다.

◎ 문제의 조건은 MS오피스 2021 버전으로 설정되어 있으니 유의하시기 바랍니다.

◎ 시험을 완료한 수험자는 답안 파일이 전송되었는지 확인한 후 감독위원의 지시에 따라 문제지를 제출하고 퇴실합니다.

답안 작성요령

◎ 온라인 답안 작성 절차

　수험자 등록 ⇒ 시험 시작 ⇒ 답안 파일 저장 ⇒ 답안 전송 ⇒ 시험 종료

◎ 슬라이드의 크기는 A4 Paper로 설정하여 작성합니다.

◎ 슬라이드의 총 개수는 6개로 구성되어 있으며 슬라이드 1부터 순서대로 작업하고 반드시 문제와 세부 조건대로 합니다.

◎ 별도의 지시사항이 없는 경우 출력형태를 참조하여 글꼴 색은 검정 또는 흰색으로 작성하고, 기타 사항은 전체적인 균형을 고려하여 작성합니다.

◎ 슬라이드 도형 및 개체에 출력형태와 다른 스타일(그림자, 외곽선 등)을 적용했을 경우 감점처리 됩니다.

◎ 슬라이드 번호를 작성합니다(슬라이드 1에는 생략).

◎ 2~6번 슬라이드 제목 도형과 하단 로고는 슬라이드 마스터를 이용하여 출력형태와 동일하게 작성합니다(슬라이드 1에는 생략).

◎ 문제와 세부 조건, 세부 조건 번호 ◌(점선원)는 입력하지 않습니다.

◎ 각 개체의 위치는 오른쪽의 슬라이드와 동일하게 구성합니다.

◎ 그림 삽입 문제의 경우 반드시 「내 PC\문서\ITQ\Picture」 폴더에서 정확한 파일을 선택하여 삽입하십시오.

◎ 각 슬라이드를 각각의 파일로 작업해서 저장할 경우 실격 처리됩니다.

kpc 한국생산성본부

(1) 슬라이드 크기 및 순서 : 크기를 A4 용지로 설정하고 슬라이드 순서에 맞게 작성한다.
(2) 슬라이드 마스터 : 2~6슬라이드의 제목, 하단 로고, 슬라이드 번호는 슬라이드 마스터를 이용하여 작성한다.
   – 제목 글꼴(굴림, 40pt, 흰색), 가운데 맞춤, 도형(선 없음)
   – 하단 로고(「내 PC₩문서₩ITQ₩Picture₩로고3.jpg」, 배경(연보라) 투명색으로 설정)

슬라이드 1 　표지 디자인 　(40점)

(1) 표지 디자인 : 도형, 워드아트 및 그림을 이용하여 작성한다.

세부 조건

① 도형 편집
  – 도형에 그림 채우기 :
    「내 PC₩문서₩ITQ₩Picture₩
    그림2.jpg」, 투명도 50%
  – 도형 효과 :
    부드러운 가장자리 5포인트
② 워드아트 삽입
  – 변환 : 물결, 아래로
  – 글꼴 : 돋움, 굵게
  – 텍스트 반사 :
    근접 반사, 터치
③ 그림 삽입
  – 「내 PC₩문서₩ITQ₩Picture₩
    로고3.jpg」
  – 배경(연보라) 투명색으로 설정

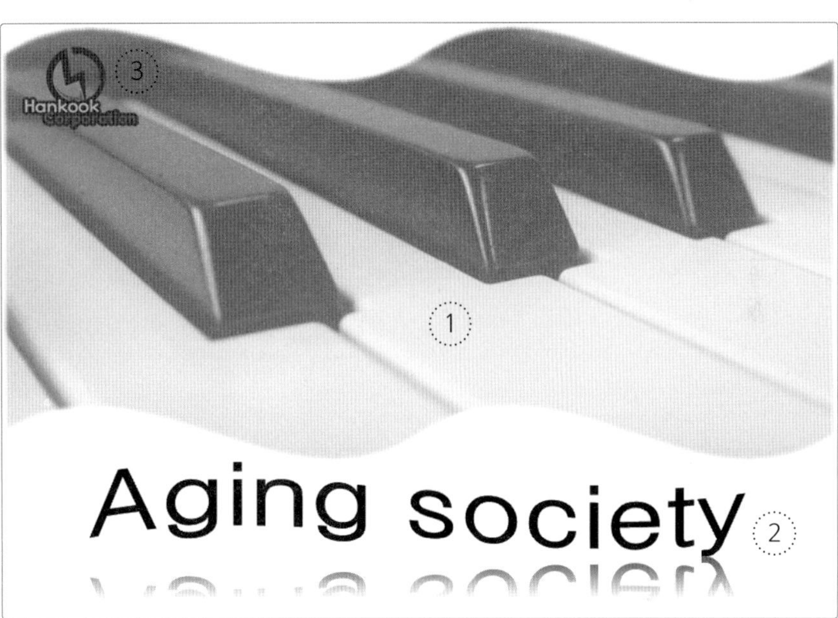

슬라이드 2 　목차 슬라이드 　(60점)

(1) 출력형태와 같이 도형을 이용하여 목차를 작성한다(글꼴 : 굴림, 24pt).
(2) 도형 : 선 없음

세부 조건

① 텍스트에 링크 적용
  → '슬라이드 5'
② 그림 삽입
  – 「내 PC₩문서₩ITQ₩Picture₩
    그림5.jpg」
  – 자르기 기능 이용

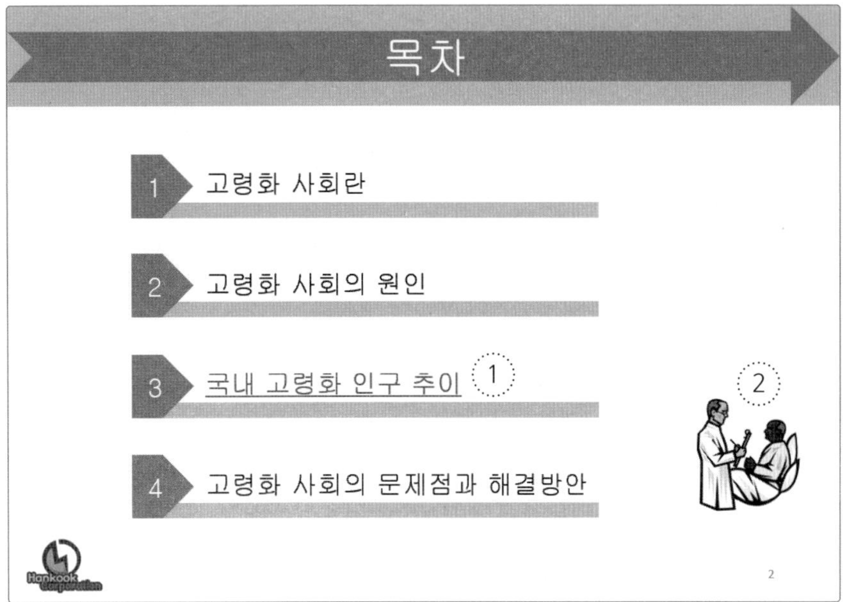

(1) 텍스트 작성 : 글머리 기호 사용(➢, ▪)

　➢문단(굴림, 24pt, 굵게, 줄 간격 : 1.5줄), ▪문단(굴림, 20pt, 줄 간격 : 1.5줄)

세부 조건

① 동영상 삽입 :
　– 「내 PC₩문서₩ITQ₩Picture₩
　　동영상.wmv」
　– 자동 실행, 반복 재생 설정

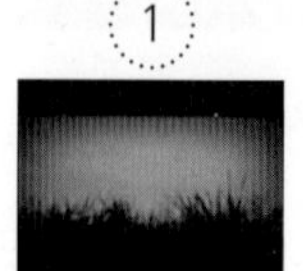

---

(1) 도형과 표 작성 기능을 이용하여 슬라이드를 작성한다(글꼴 : 돋움, 18pt).

세부 조건

① 상단 도형 :
　2개 도형의 조합으로 작성
② 좌측 도형 :
　그라데이션 효과(선형 아래쪽)
③ 표 스타일 :
　테마 스타일 1 – 강조 5

(1) 차트 작성 기능을 이용하여 슬라이드를 작성한다.
(2) 차트 : 종류(묶은 세로 막대형), 글꼴(돋움, 16pt), 외곽선

세부 조건

※ 차트 설명
- 차트 제목 : 궁서, 24pt, 굵게,
  채우기(흰색), 테두리,
  그림자(오프셋 아래쪽)
- 차트 영역 : 채우기(노랑)
  그림 영역 : 채우기(흰색)
- 데이터 서식 : 전체 인구 중 비율 계열을
  표식이 있는 꺾은선형으로 변경 후
  보조 축으로 지정
- 값 표시 :
  2024년의 전체 인구 중 비율 계열만
① 도형 삽입
  - 스타일 :
    미세 효과 – 파랑, 강조 1
  - 글꼴 : 굴림, 18pt

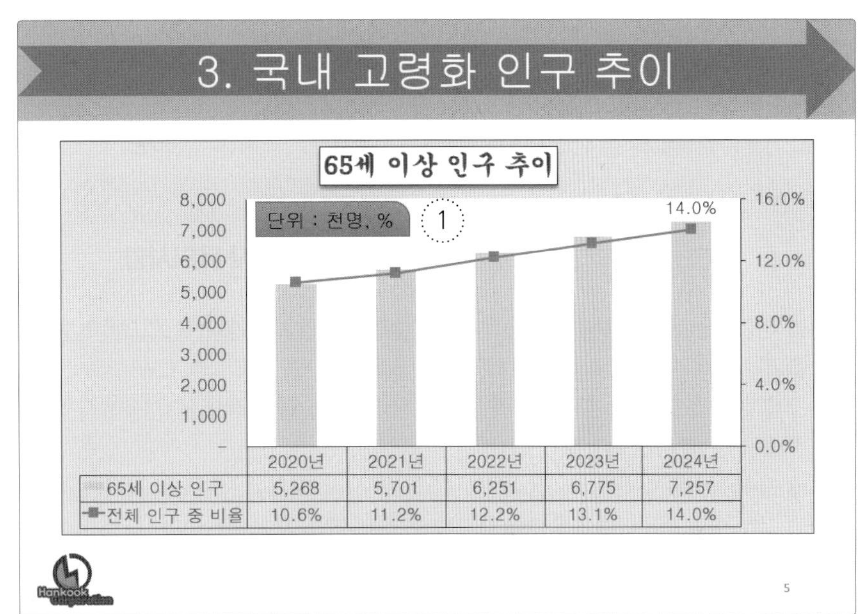

	2020년	2021년	2022년	2023년	2024년
65세 이상 인구	5,268	5,701	6,251	6,775	7,257
전체 인구 중 비율	10.6%	11.2%	12.2%	13.1%	14.0%

(1) 슬라이드와 같이 도형 및 스마트아트를 배치한다(글꼴 : 굴림, 18pt).
(2) 애니메이션 순서 : ① ⇒ ②

세부 조건

① 도형 및 스마트아트 편집
  - 스마트아트 디자인 :
    3차원 만화,
    3차원 광택 처리
  - 그룹화 후 애니메이션 효과 :
    밝기 변화
② 도형 편집
  - 그룹화 후 애니메이션 효과 :
    실선 무늬(세로)

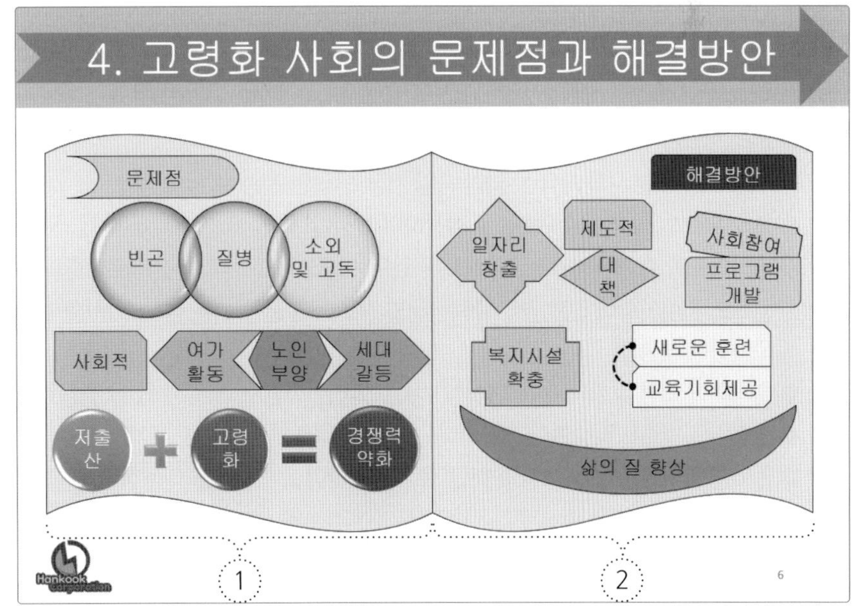

정보기술자격(ITQ) 최신기출문제

과　목	코　드	문제유형	시험시간	수험번호	성　명
한글파워포인트	1142	A	60분		

수험자 유의사항

◎ 수험자는 문제지를 받는 즉시 문제지와 <u>수험표상의 시험과목(프로그램)이 동일한지 반드시 확인</u>하여야 합니다.
◎ 파일명은 본인의 "수험번호–성명"으로 입력하여 답안폴더(내 PC\문서\ITQ)에 하나의 파일로 저장해야 하며, 답안문서 파일명이 "수험번호–성명"과 일치하지 않거나, 답안 파일을 전송하지 않아 미제출로 처리될 경우 실격 처리합니다(예:12345678-홍길동.pptx).
◎ 답안 작성을 마치면 파일을 저장하고, '답안 전송' 버튼을 선택하여 감독위원 PC로 답안을 전송하십시오. 수험생 정보와 저장한 파일명이 다를 경우 전송되지 않으므로 주의하시기 바랍니다.
◎ 답안 작성 중에도 <u>주기적으로 저장하고, '답안 전송'</u>하여야 문제 발생을 줄일 수 있습니다. 작업한 내용을 저장하지 않고 전송할 경우 이전에 저장된 내용이 전송되오니 이점 유의하시기 바랍니다.
◎ 답안문서는 지정된 경로 외의 다른 보조기억장치에 저장하는 경우, 지정된 시험 시간 외에 작성된 파일을 활용할 경우, 기타 통신수단(이메일, 메신저, 네트워크 등)을 이용하여 타인에게 전달 또는 외부 반출하는 경우는 부정 처리합니다.
◎ 시험 중 부주의 또는 고의로 시스템을 파손한 경우는 수험자가 변상해야 하며, <수험자 유의사항>에 기재된 방법대로 이행하지 않아 생기는 불이익은 수험생 당사자의 책임임을 알려 드립니다.
◎ 문제의 조건은 MS오피스 2021 버전으로 설정되어 있으니 유의하시기 바랍니다.
◎ 시험을 완료한 수험자는 답안 파일이 전송되었는지 확인한 후 감독위원의 지시에 따라 문제지를 제출하고 퇴실합니다.

답안 작성요령

◎ 온라인 답안 작성 절차

　수험자 등록 ⇒ 시험 시작 ⇒ 답안 파일 저장 ⇒ 답안 전송 ⇒ 시험 종료
◎ 슬라이드의 크기는 A4 Paper로 설정하여 작성합니다.
◎ 슬라이드의 총 개수는 6개로 구성되어 있으며 슬라이드 1부터 순서대로 작업하고 반드시 문제와 세부 조건대로 합니다.
◎ 별도의 지시사항이 없는 경우 출력형태를 참조하여 글꼴 색은 검정 또는 흰색으로 작성하고, 기타 사항은 전체적인 균형을 고려하여 작성합니다.
◎ 슬라이드 도형 및 개체에 출력형태와 다른 스타일(그림자, 외곽선 등)을 적용했을 경우 감점처리 됩니다.
◎ 슬라이드 번호를 작성합니다(슬라이드 1에는 생략).
◎ 2~6번 슬라이드 제목 도형과 하단 로고는 슬라이드 마스터를 이용하여 출력형태와 동일하게 작성합니다(슬라이드 1에는 생략).
◎ 문제와 세부 조건, 세부 조건 번호 ◌(점선원)는 입력하지 않습니다.
◎ 각 개체의 위치는 오른쪽의 슬라이드와 동일하게 구성합니다.
◎ 그림 삽입 문제의 경우 반드시 「내 PC\문서\ITQ\Picture」 폴더에서 정확한 파일을 선택하여 삽입하십시오.
◎ 각 슬라이드를 각각의 파일로 작업해서 저장할 경우 실격 처리됩니다.

kpc 한국생산성본부

(1) 슬라이드 크기 및 순서 : 크기를 A4 용지로 설정하고 슬라이드 순서에 맞게 작성한다.
(2) 슬라이드 마스터 : 2~6슬라이드의 제목, 하단 로고, 슬라이드 번호는 슬라이드 마스터를 이용하여 작성한다.
　　　– 제목 글꼴(돋움, 40pt, 흰색), 가운데 맞춤, 도형(선 없음)
　　　– 하단 로고(「내 PC₩문서₩ITQ₩Picture₩로고2.jpg」, 배경(회색) 투명색으로 설정)

슬라이드 1　표지 디자인 (40점)

(1) 표지 디자인 : 도형, 워드아트 및 그림을 이용하여 작성한다.

세부 조건

① 도형 편집
　– 도형에 그림 채우기 :
　　「내 PC₩문서₩ITQ₩Picture₩
　　그림2.jpg」, 투명도 50%
　– 도형 효과 :
　　부드러운 가장자리 5포인트
② 워드아트 삽입
　– 변환 : 계단식, 위로
　– 글꼴 : 굴림, 굵게
　– 텍스트 반사 :
　　1/2 반사, 4pt 오프셋
③ 그림 삽입
　–「내 PC₩문서₩ITQ₩Picture₩
　　로고2.jpg」
　– 배경(회색) 투명색으로 설정

슬라이드 2　목차 슬라이드 (60점)

(1) 출력형태와 같이 도형을 이용하여 목차를 작성한다(글꼴 : 돋움, 24pt).
(2) 도형 : 선 없음

세부 조건

① 텍스트에 링크 적용
　→ '슬라이드 4'
② 그림 삽입
　–「내 PC₩문서₩ITQ₩Picture₩
　　그림4.jpg」
　– 자르기 기능 이용

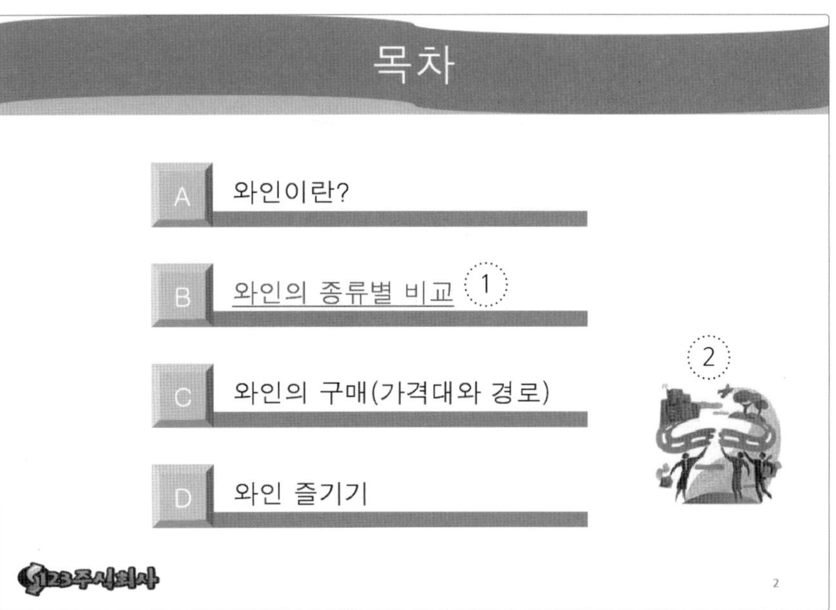

(1) 텍스트 작성 : 글머리 기호 사용(●, ➢)

　●문단(굴림, 24pt, 굵게, 줄 간격 : 1.5줄), ➢문단(굴림, 20pt, 줄 간격 : 1.5줄)

세부 조건

① 동영상 삽입 :
- 「내 PC₩문서₩ITQ₩Picture₩
  동영상.wmv」
- 자동 실행, 반복 재생 설정

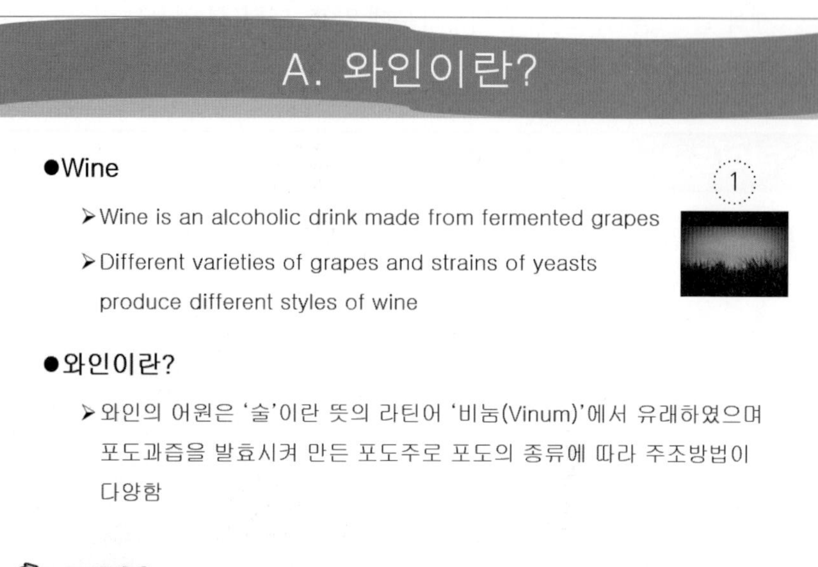

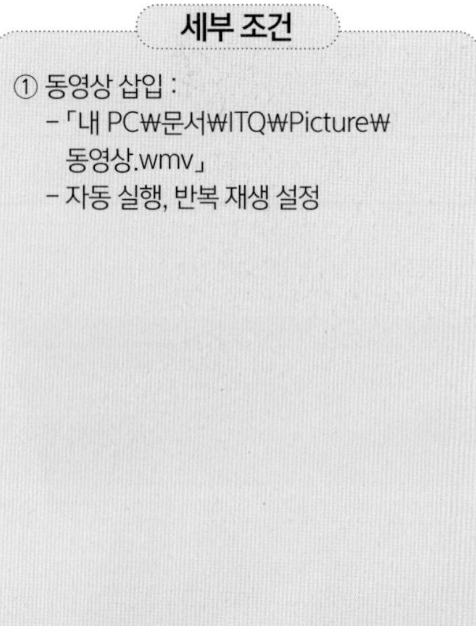

---

(1) 도형과 표 작성 기능을 이용하여 슬라이드를 작성한다(글꼴 : 굴림, 18pt).

세부 조건

① 상단 도형 :
　2개 도형의 조합으로 작성

② 좌측 도형 :
　그라데이션 효과(선형 아래쪽)

③ 표 스타일 :
　테마 스타일 1 – 강조 6

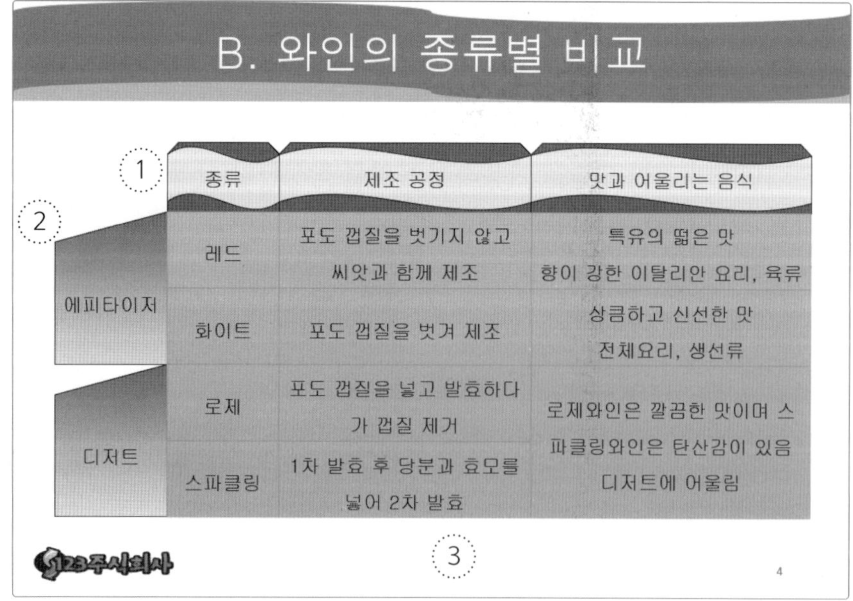

	종류	제조 공정	맛과 어울리는 음식
에피타이저	레드	포도 껍질을 벗기지 않고 씨앗과 함께 제조	특유의 떫은 맛 향이 강한 이탈리안 요리, 육류
	화이트	포도 껍질을 벗겨 제조	상큼하고 신선한 맛 전채요리, 생선류
디저트	로제	포도 껍질을 넣고 발효하다가 껍질 제거	로제와인은 깔끔한 맛이며 스파클링와인은 탄산감이 있음 디저트에 어울림
	스파클링	1차 발효 후 당분과 효모를 넣어 2차 발효	

(1) 차트 작성 기능을 이용하여 슬라이드를 작성한다.

(2) 차트 : 종류(묶은 세로 막대형), 글꼴(돋움, 16pt), 외곽선

세부 조건

※ 차트 설명
- 차트 제목 : 궁서, 24pt, 굵게, 채우기(흰색), 테두리, 그림자(오프셋 왼쪽)
- 차트 영역 : 채우기(노랑) 그림 영역 : 채우기(흰색)
- 데이터 서식 : 구입경로 계열을 표식이 있는 꺾은선형으로 변경 후 보조 축으로 지정
- 값 표시 : 5만이하(M)의 선호가격대 계열만

① 도형 삽입
- 스타일 : 미세 효과 – 파랑, 강조 1
- 글꼴 : 굴림, 18pt

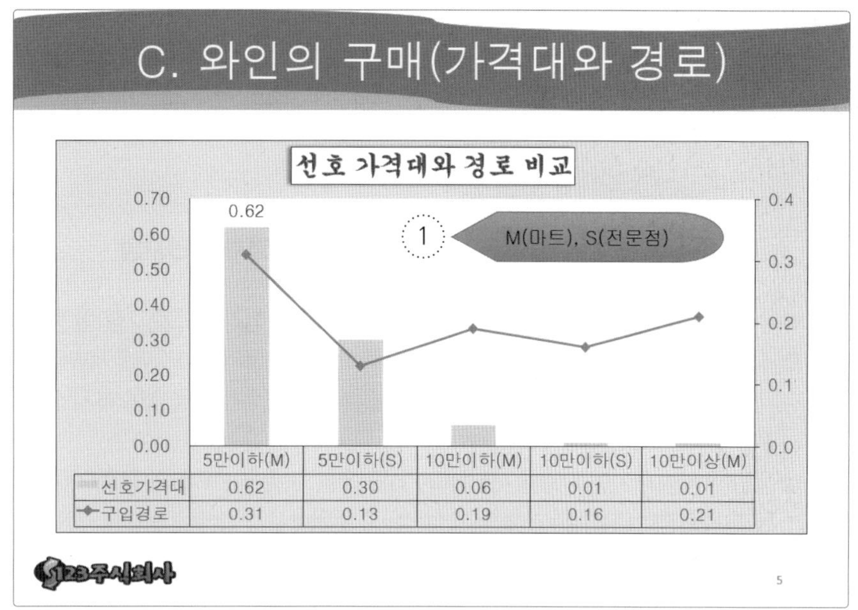

	5만이하(M)	5만이하(S)	10만이하(M)	10만이하(S)	10만이상(M)
선호가격대	0.62	0.30	0.06	0.01	0.01
구입경로	0.31	0.13	0.19	0.16	0.21

(1) 슬라이드와 같이 도형 및 스마트아트를 배치한다(글꼴 : 굴림, 18pt).

(2) 애니메이션 순서 : ① ⇒ ②

세부 조건

① 도형 및 스마트아트 편집
- 스마트아트 디자인 : 3차원 만화, 3차원 광택 처리
- 그룹화 후 애니메이션 효과 : 나누기(가로 바깥쪽으로)

② 도형 편집
- 그룹화 후 애니메이션 효과 : 밝기 변화

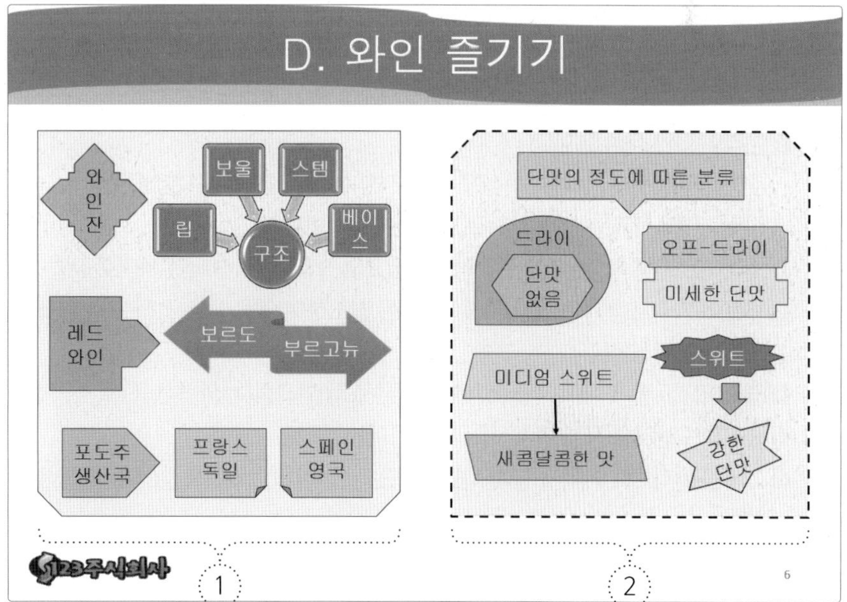

정보기술자격(ITQ) 최신기출문제

과　목	코　드	문제유형	시험시간	수험번호	성　명
한글파워포인트	1142	A	60분		

수험자 유의사항

◎ 수험자는 문제지를 받는 즉시 문제지와 <u>수험표상의 시험과목(프로그램)이 동일한지 반드시 확인</u>하여야 합니다.

◎ 파일명은 본인의 "수험번호−성명"으로 입력하여 답안폴더(내 PC\문서\ITQ)에 하나의 파일로 저장해야 하며, 답안문서 파일명이 "수험번호−성명"과 일치하지 않거나, 답안 파일을 전송하지 않아 미제출로 처리될 경우 실격 처리합니다 (예:12345678−홍길동.pptx).

◎ 답안 작성을 마치면 파일을 저장하고, '답안 전송' 버튼을 선택하여 감독위원 PC로 답안을 전송하십시오. 수험생 정보와 저장한 파일명이 다를 경우 전송되지 않으므로 주의하시기 바랍니다.

◎ 답안 작성 중에도 <u>주기적으로 저장하고, '답안 전송'</u>하여야 문제 발생을 줄일 수 있습니다. 작업한 내용을 저장하지 않고 전송할 경우 이전에 저장된 내용이 전송되오니 이점 유의하시기 바랍니다.

◎ 답안문서는 지정된 경로 외의 다른 보조기억장치에 저장하는 경우, 지정된 시험 시간 외에 작성된 파일을 활용할 경우, 기타 통신수단(이메일, 메신저, 네트워크 등)을 이용하여 타인에게 전달 또는 외부 반출하는 경우는 부정 처리합니다.

◎ 시험 중 부주의 또는 고의로 시스템을 파손한 경우는 수험자가 변상해야 하며, <수험자 유의사항>에 기재된 방법대로 이행하지 않아 생기는 불이익은 수험생 당사자의 책임임을 알려 드립니다.

◎ 문제의 조건은 MS오피스 2021 버전으로 설정되어 있으니 유의하시기 바랍니다.

◎ 시험을 완료한 수험자는 답안 파일이 전송되었는지 확인한 후 감독위원의 지시에 따라 문제지를 제출하고 퇴실합니다.

답안 작성요령

◎ 온라인 답안 작성 절차

　수험자 등록 ⇒ 시험 시작 ⇒ 답안 파일 저장 ⇒ 답안 전송 ⇒ 시험 종료

◎ 슬라이드의 크기는 A4 Paper로 설정하여 작성합니다.

◎ 슬라이드의 총 개수는 6개로 구성되어 있으며 슬라이드 1부터 순서대로 작업하고 반드시 문제와 세부 조건대로 합니다.

◎ 별도의 지시사항이 없는 경우 출력형태를 참조하여 글꼴 색은 검정 또는 흰색으로 작성하고, 기타 사항은 전체적인 균형을 고려하여 작성합니다.

◎ 슬라이드 도형 및 개체에 출력형태와 다른 스타일(그림자, 외곽선 등)을 적용했을 경우 감점처리 됩니다.

◎ 슬라이드 번호를 작성합니다(슬라이드 1에는 생략).

◎ 2~6번 슬라이드 제목 도형과 하단 로고는 슬라이드 마스터를 이용하여 출력형태와 동일하게 작성합니다(슬라이드 1에는 생략).

◎ 문제와 세부 조건, 세부 조건 번호 ⦂⦂(점선원)는 입력하지 않습니다.

◎ 각 개체의 위치는 오른쪽의 슬라이드와 동일하게 구성합니다.

◎ 그림 삽입 문제의 경우 반드시 「내 PC\문서\ITQ\Picture」 폴더에서 정확한 파일을 선택하여 삽입하십시오.

◎ 각 슬라이드를 각각의 파일로 작업해서 저장할 경우 실격 처리됩니다.

(1) 슬라이드 크기 및 순서 : 크기를 A4 용지로 설정하고 슬라이드 순서에 맞게 작성한다.
(2) 슬라이드 마스터 : 2~6슬라이드의 제목, 하단 로고, 슬라이드 번호는 슬라이드 마스터를 이용하여 작성한다.
　　－ 제목 글꼴(굴림, 40pt, 흰색), 가운데 맞춤, 도형(선 없음)
　　－ 하단 로고(「내 PC₩문서₩ITQ₩Picture₩로고3.jpg」, 배경(연보라) 투명색으로 설정)

슬라이드 1　　표지 디자인 (40점)

(1) 표지 디자인 : 도형, 워드아트 및 그림을 이용하여 작성한다.

세부 조건

① 도형 편집
　－ 도형에 그림 채우기 :
　　「내 PC₩문서₩ITQ₩Picture₩
　　그림2.jpg」, 투명도 50%
　－ 도형 효과 :
　　부드러운 가장자리 5포인트
② 워드아트 삽입
　－ 변환 : 중지
　－ 글꼴 : 돋움, 굵게
　－ 텍스트 반사 :
　　근접 반사, 터치
③ 그림 삽입
　－「내 PC₩문서₩ITQ₩Picture₩
　　로고3.jpg」
　－ 배경(연보라) 투명색으로 설정

슬라이드 2　　목차 슬라이드 (60점)

(1) 출력형태와 같이 도형을 이용하여 목차를 작성한다(글꼴 : 굴림, 24pt).
(2) 도형 : 선 없음

세부 조건

① 텍스트에 링크 적용
　→ '슬라이드 6'
② 그림 삽입
　－「내 PC₩문서₩ITQ₩Picture₩
　　그림4.jpg」
　－ 자르기 기능 이용

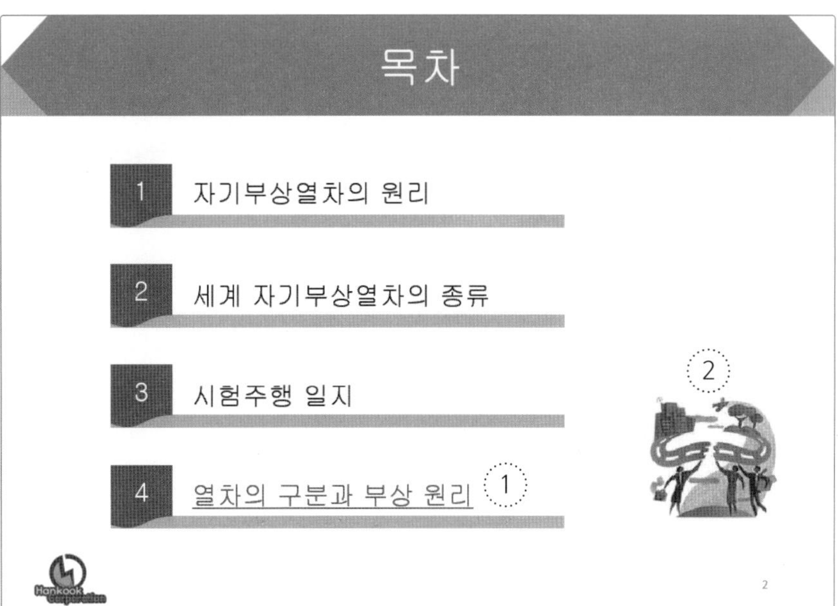

(1) 텍스트 작성 : 글머리 기호 사용(◆, ▪)
　　◆문단(굴림, 24pt, 굵게, 줄 간격 : 1.5줄), ▪문단(굴림, 20pt, 줄 간격 : 1.5줄)

세부 조건

① 동영상 삽입 :
　– 「내 PC₩문서₩ITQ₩Picture₩
　　동영상.wmv」
　– 자동 실행, 반복 재생 설정

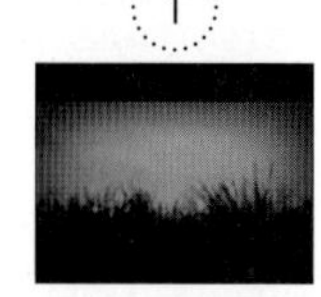

(1) 도형과 표 작성 기능을 이용하여 슬라이드를 작성한다(글꼴 : 돋움, 18pt).

세부 조건

① 상단 도형 :
　2개 도형의 조합으로 작성
② 좌측 도형 :
　그라데이션 효과(선형 아래쪽)
③ 표 스타일 :
　테마 스타일 1 – 강조 5

(1) 차트 작성 기능을 이용하여 슬라이드를 작성한다.
(2) 차트 : 종류(묶은 세로 막대형), 글꼴(돋움, 16pt), 외곽선

세부 조건

※ 차트 설명
 · 차트 제목 : 돋움, 24pt, 굵게,
   채우기(흰색), 테두리,
   그림자(오프셋 오른쪽)
 · 차트 영역 : 채우기(노랑)
   그림 영역 : 채우기(흰색)
 · 데이터 서식 : 최대속력(km/h) 계열을
   표식이 있는 꺾은선형으로 변경 후
   보조 축으로 지정
 · 값 표시 :
   2023년의 최대속력(km/h) 계열만
① 도형 삽입
 – 스타일 :
   미세 효과 – 파랑, 강조 1
 – 글꼴 : 돋움, 18pt

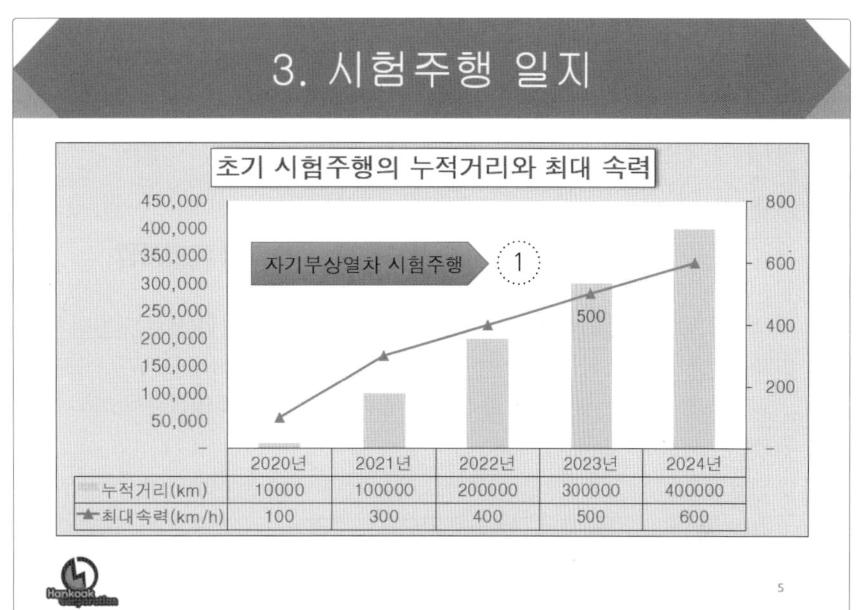

	2020년	2021년	2022년	2023년	2024년
누적거리(km)	10000	100000	200000	300000	400000
최대속력(km/h)	100	300	400	500	600

(1) 슬라이드와 같이 도형 및 스마트아트를 배치한다(글꼴 : 굴림, 18pt).
(2) 애니메이션 순서 : ① ⇒ ②

세부 조건

① 도형 편집
 – 그룹화 후 애니메이션 효과 :
   닦아내기(위에서)
② 도형 및 스마트아트 편집
 – 스마트아트 디자인 :
   3차원 광택 처리,
   강한 효과
 – 그룹화 후 애니메이션 효과 :
   시계 방향 회전

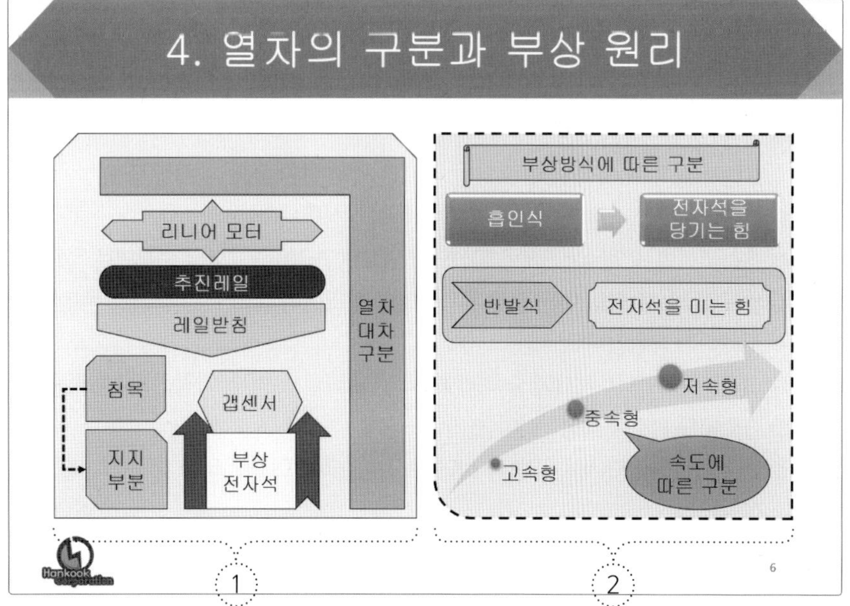

정보기술자격(ITQ) 최신기출문제

과 `목	코 `드	문제유형	시험시간	수험번호	성 `명
한글파워포인트	1142	A	60분		

수험자 유의사항

◎ 수험자는 문제지를 받는 즉시 문제지와 **수험표상의 시험과목(프로그램)이 동일한지 반드시 확인**하여야 합니다.

◎ 파일명은 본인의 "수험번호-성명"으로 입력하여 답안폴더(내 PC₩문서₩ITQ)에 하나의 파일로 저장해야 하며, 답안문서 파일명이 "수험번호-성명"과 일치하지 않거나, 답안 파일을 전송하지 않아 미제출로 처리될 경우 실격 처리합니다 (예:12345678-홍길동.pptx).

◎ 답안 작성을 마치면 파일을 저장하고, '답안 전송' 버튼을 선택하여 감독위원 PC로 답안을 전송하십시오. 수험생 정보와 저장한 파일명이 다를 경우 전송되지 않으므로 주의하시기 바랍니다.

◎ 답안 작성 중에도 **주기적으로 저장하고, '답안 전송'**하여야 문제 발생을 줄일 수 있습니다. 작업한 내용을 저장하지 않고 전송할 경우 이전에 저장된 내용이 전송되오니 이점 유의하시기 바랍니다.

◎ 답안문서는 지정된 경로 외의 다른 보조기억장치에 저장하는 경우, 지정된 시험 시간 외에 작성된 파일을 활용할 경우, 기타 통신수단(이메일, 메신저, 네트워크 등)을 이용하여 타인에게 전달 또는 외부 반출하는 경우는 부정 처리합니다.

◎ 시험 중 부주의 또는 고의로 시스템을 파손한 경우는 수험자가 변상해야 하며, <수험자 유의사항>에 기재된 방법대로 이행하지 않아 생기는 불이익은 수험생 당사자의 책임임을 알려 드립니다.

◎ 문제의 조건은 MS오피스 2021 버전으로 설정되어 있으니 유의하시기 바랍니다.

◎ 시험을 완료한 수험자는 답안 파일이 전송되었는지 확인한 후 감독위원의 지시에 따라 문제지를 제출하고 퇴실합니다.

답안 작성요령

◎ 온라인 답안 작성 절차

   수험자 등록 ⇒ 시험 시작 ⇒ 답안 파일 저장 ⇒ 답안 전송 ⇒ 시험 종료

◎ 슬라이드의 크기는 A4 Paper로 설정하여 작성합니다.

◎ 슬라이드의 총 개수는 6개로 구성되어 있으며 슬라이드 1부터 순서대로 작업하고 반드시 문제와 세부 조건대로 합니다.

◎ 별도의 지시사항이 없는 경우 출력형태를 참조하여 글꼴 색은 검정 또는 흰색으로 작성하고, 기타 사항은 전체적인 균형을 고려하여 작성합니다.

◎ 슬라이드 도형 및 개체에 출력형태와 다른 스타일(그림자, 외곽선 등)을 적용했을 경우 감점처리 됩니다.

◎ 슬라이드 번호를 작성합니다(슬라이드 1에는 생략).

◎ 2~6번 슬라이드 제목 도형과 하단 로고는 슬라이드 마스터를 이용하여 출력형태와 동일하게 작성합니다(슬라이드 1에는 생략).

◎ 문제와 세부 조건, 세부 조건 번호 ⬚(점선원)는 입력하지 않습니다.

◎ 각 개체의 위치는 오른쪽의 슬라이드와 동일하게 구성합니다.

◎ 그림 삽입 문제의 경우 반드시 「내 PC₩문서₩ITQ₩Picture」 폴더에서 정확한 파일을 선택하여 삽입하십시오.

◎ 각 슬라이드를 각각의 파일로 작업해서 저장할 경우 실격 처리됩니다.

kpc 한국생산성본부

(1) 슬라이드 크기 및 순서 : 크기를 A4 용지로 설정하고 슬라이드 순서에 맞게 작성한다.
(2) 슬라이드 마스터 : 2~6슬라이드의 제목, 하단 로고, 슬라이드 번호는 슬라이드 마스터를 이용하여 작성한다.
   - 제목 글꼴(돋움, 40pt, 빨강), 가운데 맞춤, 도형(선 없음)
   - 하단 로고(「내 PC₩문서₩ITQ₩Picture₩로고2.jpg」, 배경(회색) 투명색으로 설정)

슬라이드 1 　　표지 디자인 (40점)

(1) 표지 디자인 : 도형, 워드아트 및 그림을 이용하여 작성한다.

세부 조건

① 도형 편집
 - 도형에 그림 채우기 :
   「내 PC₩문서₩ITQ₩Picture₩
   그림1.jpg」, 투명도 50%
 - 도형 효과 :
   부드러운 가장자리 5포인트
② 워드아트 삽입
 - 변환 : 곡선, 위로
 - 글꼴 : 돋움, 굵게
 - 텍스트 반사 :
   근접 반사, 4pt 오프셋
③ 그림 삽입
 - 「내 PC₩문서₩ITQ₩Picture₩
   로고2.jpg」
 - 배경(회색) 투명색으로 설정

슬라이드 2 　　목차 슬라이드 (60점)

(1) 출력형태와 같이 도형을 이용하여 목차를 작성한다(글꼴 : 굴림, 24pt).
(2) 도형 : 선 없음

세부 조건

① 텍스트에 링크 적용
 → '슬라이드 6'
② 그림 삽입
 - 「내 PC₩문서₩ITQ₩Picture₩
   그림4.jpg」
 - 자르기 기능 이용

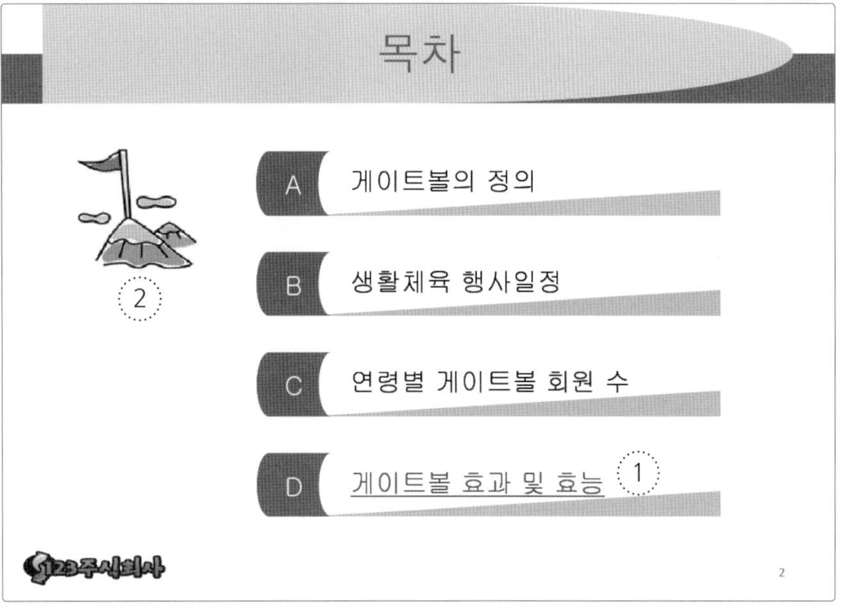

(1) 텍스트 작성 : 글머리 기호 사용(❖, ▪)

    ❖ 문단(굴림, 24pt, 굵게, 줄 간격 : 1.5줄), ▪ 문단(굴림, 20pt, 줄 간격 : 1.5줄)

세부 조건

① 동영상 삽입 :
- 「내 PC₩문서₩ITQ₩Picture₩
  동영상.wmv」
- 자동 실행, 반복 재생 설정

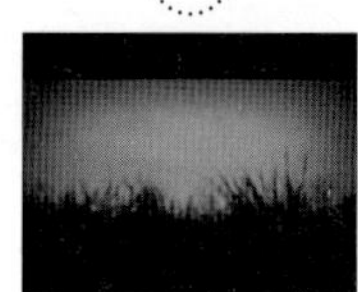

---

(1) 도형과 표 작성 기능을 이용하여 슬라이드를 작성한다(글꼴 : 돋움, 18pt).

세부 조건

① 상단 도형 :
   2개 도형의 조합으로 작성
② 좌측 도형 :
   그라데이션 효과(선형 아래쪽)
③ 표 스타일 :
   테마 스타일 1 – 강조 1

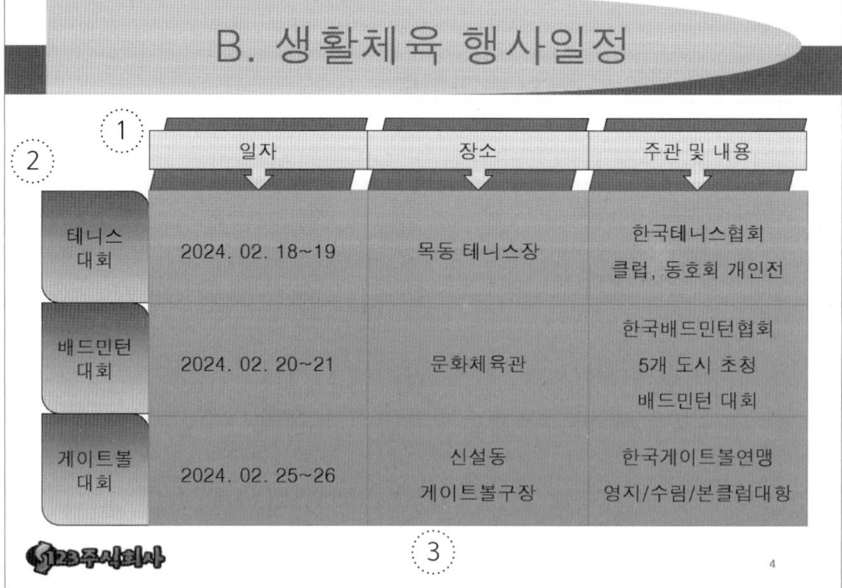

(1) 차트 작성 기능을 이용하여 슬라이드를 작성한다.
(2) 차트 : 종류(묶은 세로 막대형), 글꼴(돋움, 16pt), 외곽선

세부 조건

※ 차트 설명
 · 차트 제목 : 궁서, 24pt, 굵게,
  채우기(흰색), 테두리,
  그림자(오프셋 오른쪽)
 · 차트 영역 : 채우기(노랑)
  그림 영역 : 채우기(흰색)
 · 데이터 서식 : 2024년 계열을
  표식이 있는 꺾은선형으로 변경 후
  보조 축으로 지정
 · 값 표시 : 60대의 2024년 계열만
① 도형 삽입
 ─ 스타일 :
  미세 효과 ─ 주황, 강조 2
 ─ 글꼴 : 굴림, 18pt

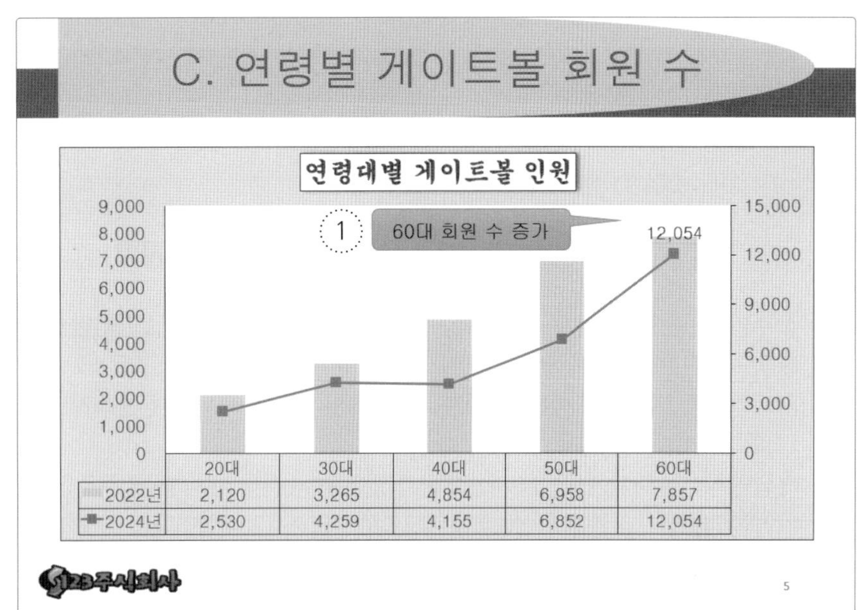

---

(1) 슬라이드와 같이 도형 및 스마트아트를 배치한다(글꼴 : 굴림, 18pt).
(2) 애니메이션 순서 : ① ⇒ ②

세부 조건

① 도형 및 스마트아트 편집
 ─ 스마트아트 디자인 :
  3차원 광택 처리,
  3차원 만화
 ─ 그룹화 후 애니메이션 효과 :
  닦아내기(위에서)
② 도형 편집
 ─ 그룹화 후 애니메이션 효과 :
  바운드

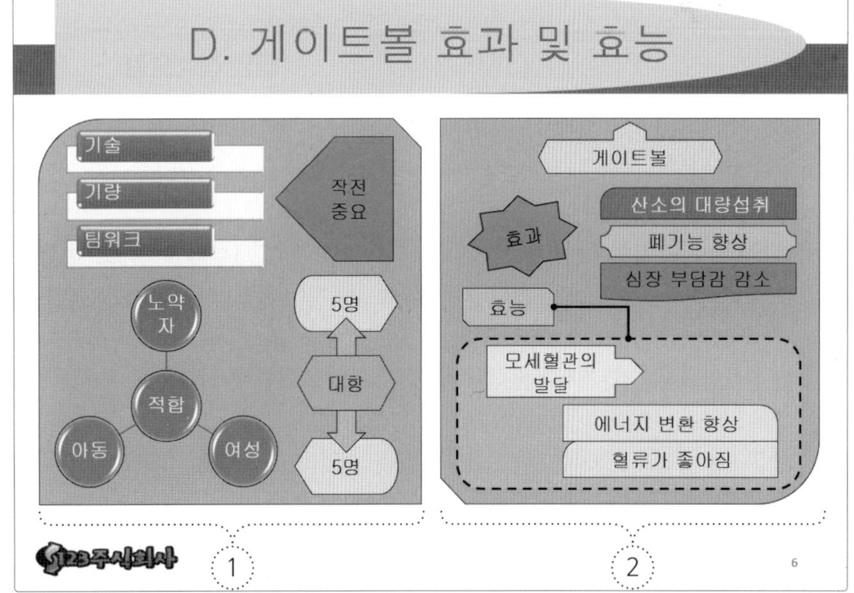

정보기술자격(ITQ) 최신기출문제

과　목	코　드	문제유형	시험시간	수험번호	성　명
한글파워포인트	1142	A	60분		

수험자 유의사항

◎ 수험자는 문제지를 받는 즉시 문제지와 <u>수험표상의 시험과목(프로그램)이 동일한지 반드시 확인</u>하여야 합니다.
◎ 파일명은 본인의 "수험번호–성명"으로 입력하여 답안폴더(내 PC₩문서₩ITQ)에 하나의 파일로 저장해야 하며, 답안문서 파일명이 "수험번호–성명"과 일치하지 않거나, 답안 파일을 전송하지 않아 미제출로 처리될 경우 실격 처리합니다 (예:12345678-홍길동.pptx).
◎ 답안 작성을 마치면 파일을 저장하고, '답안 전송' 버튼을 선택하여 감독위원 PC로 답안을 전송하십시오. 수험생 정보와 저장한 파일명이 다를 경우 전송되지 않으므로 주의하시기 바랍니다.
◎ 답안 작성 중에도 <u>주기적으로 저장하고, '답안 전송'</u>하여야 문제 발생을 줄일 수 있습니다. 작업한 내용을 저장하지 않고 전송할 경우 이전에 저장된 내용이 전송되오니 이점 유의하시기 바랍니다.
◎ 답안문서는 지정된 경로 외의 다른 보조기억장치에 저장하는 경우, 지정된 시험 시간 외에 작성된 파일을 활용할 경우, 기타 통신수단(이메일, 메신저, 네트워크 등)을 이용하여 타인에게 전달 또는 외부 반출하는 경우는 부정 처리합니다.
◎ 시험 중 부주의 또는 고의로 시스템을 파손한 경우는 수험자가 변상해야 하며, <수험자 유의사항>에 기재된 방법대로 이행하지 않아 생기는 불이익은 수험생 당사자의 책임임을 알려 드립니다.
◎ 문제의 조건은 MS오피스 2021 버전으로 설정되어 있으니 유의하시기 바랍니다.
◎ 시험을 완료한 수험자는 답안 파일이 전송되었는지 확인한 후 감독위원의 지시에 따라 문제지를 제출하고 퇴실합니다.

답안 작성요령

◎ 온라인 답안 작성 절차
　　수험자 등록 ⇒ 시험 시작 ⇒ 답안 파일 저장 ⇒ 답안 전송 ⇒ 시험 종료
◎ 슬라이드의 크기는 A4 Paper로 설정하여 작성합니다.
◎ 슬라이드의 총 개수는 6개로 구성되어 있으며 슬라이드 1부터 순서대로 작업하고 반드시 문제와 세부 조건대로 합니다.
◎ 별도의 지시사항이 없는 경우 출력형태를 참조하여 글꼴 색은 검정 또는 흰색으로 작성하고, 기타 사항은 전체적인 균형을 고려하여 작성합니다.
◎ 슬라이드 도형 및 개체에 출력형태와 다른 스타일(그림자, 외곽선 등)을 적용했을 경우 감점처리 됩니다.
◎ 슬라이드 번호를 작성합니다(슬라이드 1에는 생략).
◎ 2~6번 슬라이드 제목 도형과 하단 로고는 슬라이드 마스터를 이용하여 출력형태와 동일하게 작성합니다(슬라이드 1에는 생략).
◎ 문제와 세부 조건, 세부 조건 번호 ⁚(점선원)는 입력하지 않습니다.
◎ 각 개체의 위치는 오른쪽의 슬라이드와 동일하게 구성합니다.
◎ 그림 삽입 문제의 경우 반드시 「내 PC₩문서₩ITQ₩Picture」 폴더에서 정확한 파일을 선택하여 삽입하십시오.
◎ 각 슬라이드를 각각의 파일로 작업해서 저장할 경우 실격 처리됩니다.

kpc 한국생산성본부

(1) 슬라이드 크기 및 순서 : 크기를 A4 용지로 설정하고 슬라이드 순서에 맞게 작성한다.
(2) 슬라이드 마스터 : 2~6슬라이드의 제목, 하단 로고, 슬라이드 번호는 슬라이드 마스터를 이용하여 작성한다.
    – 제목 글꼴(굴림, 40pt, 흰색), 가운데 맞춤, 도형(선 없음)
    – 하단 로고(「내 PC₩문서₩ITQ₩Picture₩로고3.jpg」, 배경(연보라) 투명색으로 설정)

슬라이드 1   표지 디자인   (40점)

(1) 표지 디자인 : 도형, 워드아트 및 그림을 이용하여 작성한다.

세부 조건

① 도형 편집
   – 도형에 그림 채우기 :
     「내 PC₩문서₩ITQ₩Picture₩
     그림3.jpg」, 투명도 50%
   – 도형 효과 :
     부드러운 가장자리 5포인트
② 워드아트 삽입
   – 변환 : 갈매기형 수장, 위로
   – 글꼴 : 굴림, 굵게
   – 텍스트 반사 :
     근접 반사, 터치
③ 그림 삽입
   – 「내 PC₩문서₩ITQ₩Picture₩
     로고3.jpg」
   – 배경(연보라) 투명색으로 설정

슬라이드 2   목차 슬라이드   (60점)

(1) 출력형태와 같이 도형을 이용하여 목차를 작성한다(글꼴 : 굴림, 24pt).
(2) 도형 : 선 없음

세부 조건

① 텍스트에 링크 적용
   → '슬라이드 3'
② 그림 삽입
   – 「내 PC₩문서₩ITQ₩Picture₩
     그림4.jpg」
   – 자르기 기능 이용

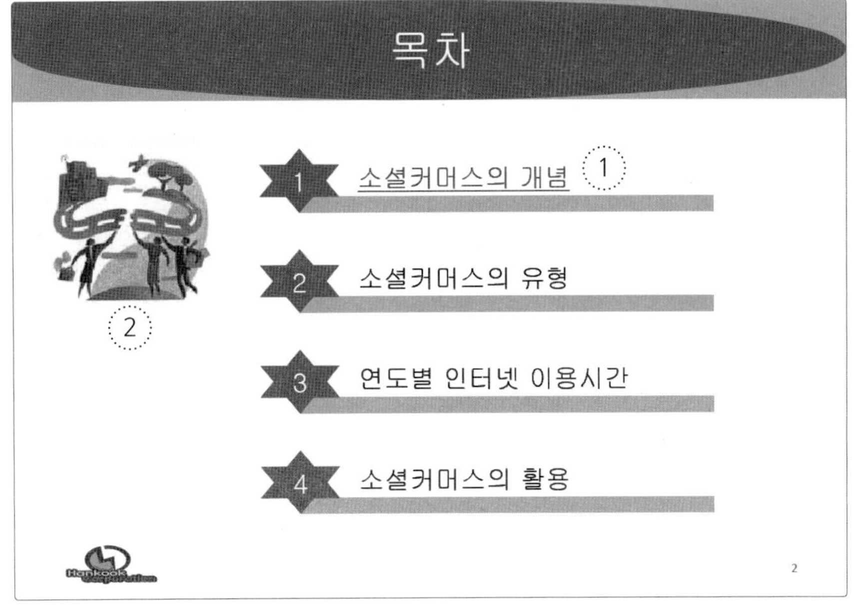

(1) 텍스트 작성 : 글머리 기호 사용(✓, ❖)
    ✓문단(굴림, 24pt, 굵게, 줄 간격 : 1.5줄), ❖문단(굴림, 20pt, 줄 간격 : 1.5줄)

세부 조건

① 동영상 삽입 :
  – 「내 PC₩문서₩ITQ₩Picture₩
    동영상.wmv」
  – 자동 실행, 반복 재생 설정

(1) 도형과 표 작성 기능을 이용하여 슬라이드를 작성한다(글꼴 : 돋움, 18pt).

세부 조건

① 상단 도형 :
  2개 도형의 조합으로 작성
② 좌측 도형 :
  그라데이션 효과(선형 아래쪽)
③ 표 스타일 :
  테마 스타일 1 – 강조 1

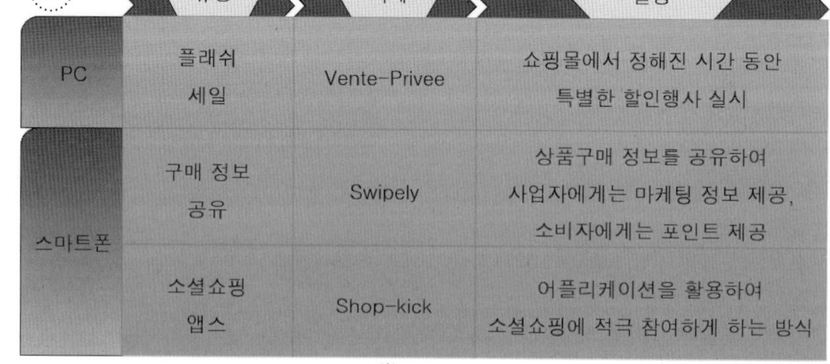

(1) 차트 작성 기능을 이용하여 슬라이드를 작성한다.
(2) 차트 : 종류(묶은 세로 막대형), 글꼴(굴림, 16pt), 외곽선

세부 조건

※ 차트 설명
 · 차트 제목 : 굴림, 24pt, 굵게,
  채우기(흰색), 테두리,
  그림자(오프셋 왼쪽)
 · 차트 영역 : 채우기(노랑)
  그림 영역 : 채우기(흰색)
 · 데이터 서식 : 페이스북 계열을 표식이
  있는 꺾은선형으로 변경 후 보조축으로
  지정
 · 값 표시 : 페이스북 계열만
① 도형 삽입
 - 스타일 :
  미세 효과 - 파랑, 강조 5
 - 글꼴 : 돋움, 18pt

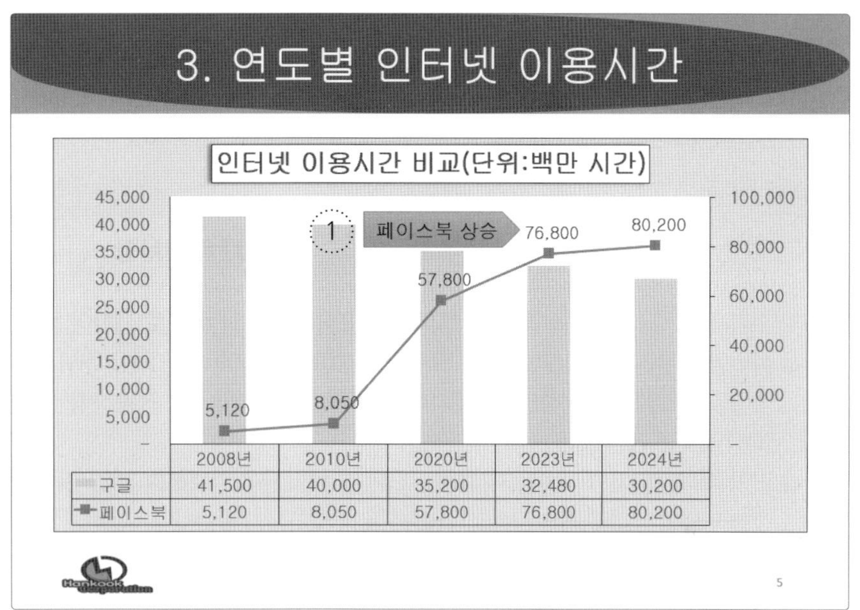

	2008년	2010년	2020년	2023년	2024년
구글	41,500	40,000	35,200	32,480	30,200
페이스북	5,120	8,050	57,800	76,800	80,200

(1) 슬라이드와 같이 도형 및 스마트아트를 배치한다(글꼴 : 굴림, 18pt).
(2) 애니메이션 순서 : ① ⇒ ②

세부 조건

① 도형 편집
 - 그룹화 후 애니메이션 효과 :
  나누기(세로 바깥쪽으로)
② 도형 및 스마트아트 편집
 - 스마트아트 디자인 :
  3차원 만화,
  3차원 경사
 - 그룹화 후 애니메이션 효과 :
  밝기 변화

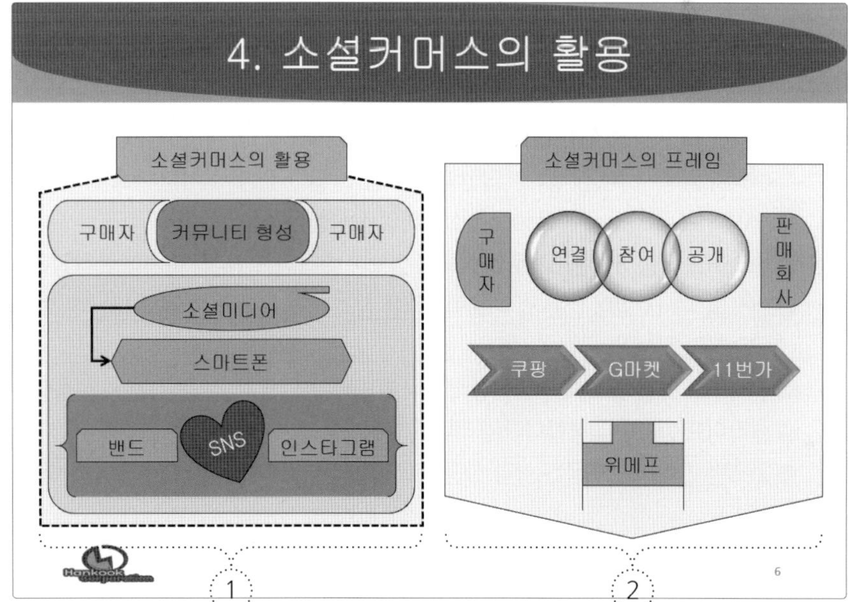

정보기술자격(ITQ) 최신기출문제

과　목	코　드	문제유형	시험시간	수험번호	성　명
한글파워포인트	1142	A	60분		

수험자 유의사항

◎ 수험자는 문제지를 받는 즉시 문제지와 <u>수험표상의 시험과목(프로그램)이 동일한지 반드시 확인</u>하여야 합니다.

◎ 파일명은 본인의 "수험번호-성명"으로 입력하여 답안폴더(내 PC₩문서₩ITQ)에 하나의 파일로 저장해야 하며, 답안문서 파일명이 "수험번호-성명"과 일치하지 않거나, 답안 파일을 전송하지 않아 미제출로 처리될 경우 실격 처리합니다 (예:12345678-홍길동.pptx).

◎ 답안 작성을 마치면 파일을 저장하고, '답안 전송' 버튼을 선택하여 감독위원 PC로 답안을 전송하십시오. 수험생 정보와 저장한 파일명이 다를 경우 전송되지 않으므로 주의하시기 바랍니다.

◎ 답안 작성 중에도 <u>주기적으로 저장하고, '답안 전송'</u>하여야 문제 발생을 줄일 수 있습니다. 작업한 내용을 저장하지 않고 전송할 경우 이전에 저장된 내용이 전송되오니 이점 유의하시기 바랍니다.

◎ 답안문서는 지정된 경로 외의 다른 보조기억장치에 저장하는 경우, 지정된 시험 시간 외에 작성된 파일을 활용할 경우, 기타 통신수단(이메일, 메신저, 네트워크 등)을 이용하여 타인에게 전달 또는 외부 반출하는 경우는 부정 처리합니다.

◎ 시험 중 부주의 또는 고의로 시스템을 파손한 경우는 수험자가 변상해야 하며, <수험자 유의사항>에 기재된 방법대로 이행하지 않아 생기는 불이익은 수험생 당사자의 책임임을 알려 드립니다.

◎ 문제의 조건은 MS오피스 2021 버전으로 설정되어 있으니 유의하시기 바랍니다.

◎ 시험을 완료한 수험자는 답안 파일이 전송되었는지 확인한 후 감독위원의 지시에 따라 문제지를 제출하고 퇴실합니다.

답안 작성요령

◎ 온라인 답안 작성 절차

　수험자 등록 ⇒ 시험 시작 ⇒ 답안 파일 저장 ⇒ 답안 전송 ⇒ 시험 종료

◎ 슬라이드의 크기는 A4 Paper로 설정하여 작성합니다.

◎ 슬라이드의 총 개수는 6개로 구성되어 있으며 슬라이드 1부터 순서대로 작업하고 반드시 문제와 세부 조건대로 합니다.

◎ 별도의 지시사항이 없는 경우 출력형태를 참조하여 글꼴 색은 검정 또는 흰색으로 작성하고, 기타 사항은 전체적인 균형을 고려하여 작성합니다.

◎ 슬라이드 도형 및 개체에 출력형태와 다른 스타일(그림자, 외곽선 등)을 적용했을 경우 감점처리 됩니다.

◎ 슬라이드 번호를 작성합니다(슬라이드 1에는 생략).

◎ 2~6번 슬라이드 제목 도형과 하단 로고는 슬라이드 마스터를 이용하여 출력형태와 동일하게 작성합니다(슬라이드 1에는 생략).

◎ 문제와 세부 조건, 세부 조건 번호 ⋮(점선원)는 입력하지 않습니다.

◎ 각 개체의 위치는 오른쪽의 슬라이드와 동일하게 구성합니다.

◎ 그림 삽입 문제의 경우 반드시 「내 PC₩문서₩ITQ₩Picture」 폴더에서 정확한 파일을 선택하여 삽입하십시오.

◎ 각 슬라이드를 각각의 파일로 작업해서 저장할 경우 실격 처리됩니다.

kpc 한국생산성본부

(1) 슬라이드 크기 및 순서 : 크기를 A4 용지로 설정하고 슬라이드 순서에 맞게 작성한다.
(2) 슬라이드 마스터 : 2~6슬라이드의 제목, 하단 로고, 슬라이드 번호는 슬라이드 마스터를 이용하여 작성한다.
    - 제목 글꼴(돋움, 40pt, 흰색), 가운데 맞춤, 도형(선 없음)
    - 하단 로고(「내 PC₩문서₩ITQ₩Picture₩로고2.jpg」, 배경(회색) 투명색으로 설정)

슬라이드 1   표지 디자인   (40점)

(1) 표지 디자인 : 도형, 워드아트 및 그림을 이용하여 작성한다.

세부 조건

① 도형 편집
  - 도형에 그림 채우기 :
   「내 PC₩문서₩ITQ₩Picture₩
   그림1.jpg」, 투명도 50%
  - 도형 효과 :
   부드러운 가장자리 5포인트
② 워드아트 삽입
  - 변환 : 기울기, 위로
  - 글꼴 : 돋움, 굵게
  - 텍스트 반사 :
   근접 반사, 터치
③ 그림 삽입
  - 「내 PC₩문서₩ITQ₩Picture₩
   로고2.jpg」
  - 배경(회색) 투명색으로 설정

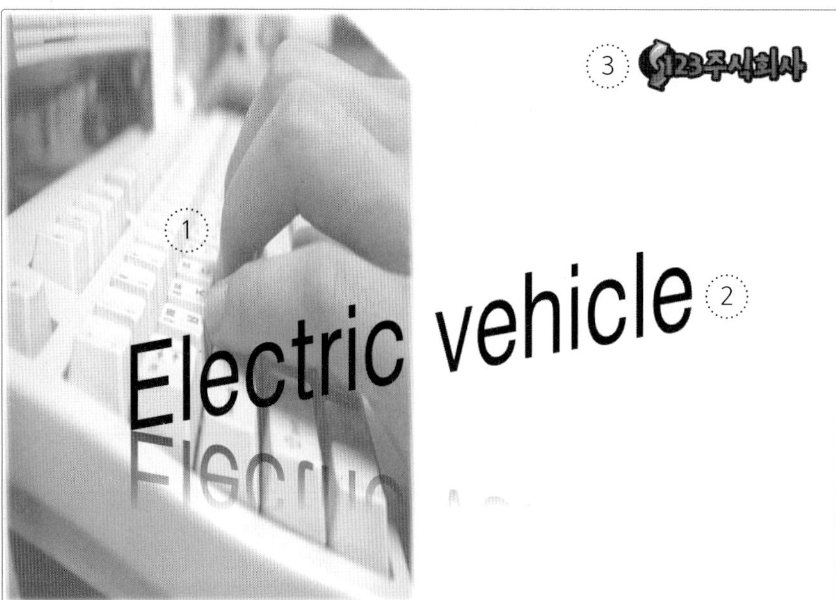

슬라이드 2   목차 슬라이드   (60점)

(1) 출력형태와 같이 도형을 이용하여 목차를 작성한다(글꼴 : 굴림, 24pt).
(2) 도형 : 선 없음

세부 조건

① 텍스트에 링크 적용
  → '슬라이드 6'
② 그림 삽입
  - 「내 PC₩문서₩ITQ₩Picture₩
   그림5.jpg」
  - 자르기 기능 이용

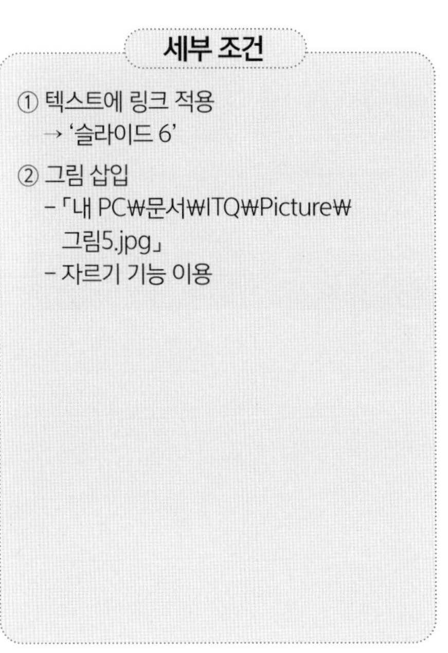

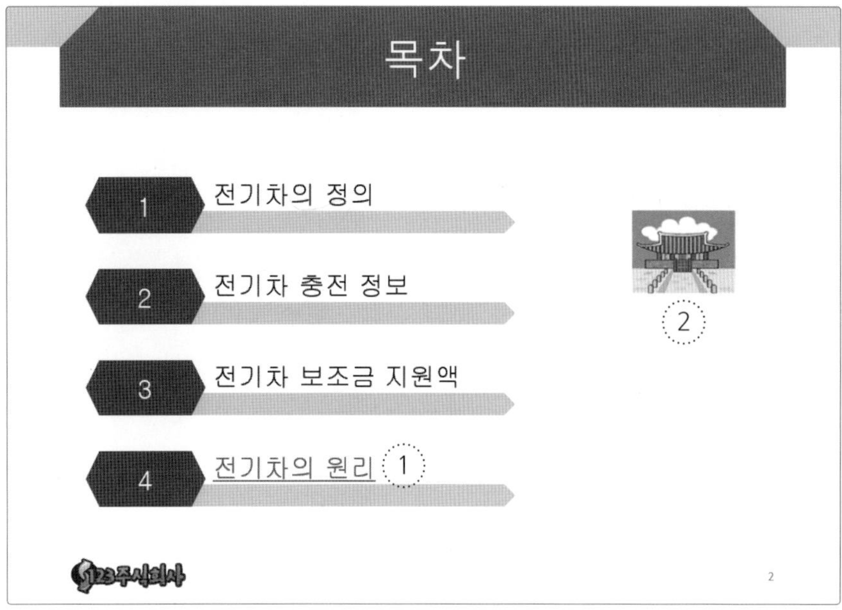

(1) 텍스트 작성 : 글머리 기호 사용(◆, ✓)

    ◆문단(굴림, 24pt, 굵게, 줄 간격 : 1.5줄), ✓문단(굴림, 20pt, 줄 간격 : 1.5줄)

세부 조건

① 동영상 삽입 :
- 「내 PC₩문서₩ITQ₩Picture₩ 동영상.wmv」
- 자동 실행, 반복 재생 설정

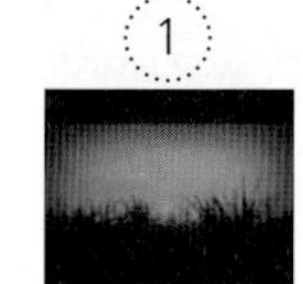

---

(1) 도형과 표 작성 기능을 이용하여 슬라이드를 작성한다(글꼴 : 돋움, 18pt).

세부 조건

① 상단 도형 :
2개 도형의 조합으로 작성

② 좌측 도형 :
그라데이션 효과(선형 아래쪽)

③ 표 스타일 :
테마 스타일 1 – 강조 5

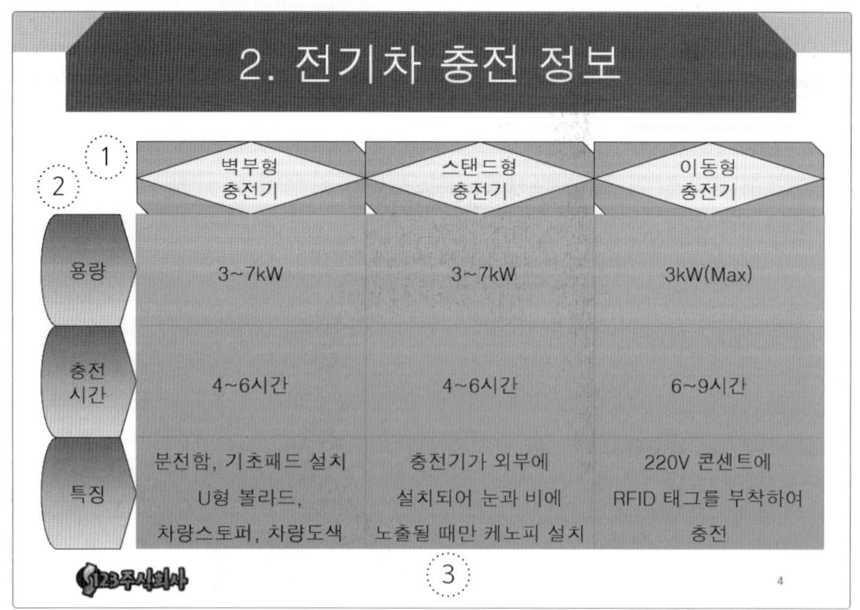

(1) 차트 작성 기능을 이용하여 슬라이드를 작성한다.
(2) 차트 : 종류(묶은 세로 막대형), 글꼴(돋움, 16pt), 외곽선

세부 조건

※ 차트 설명
- 차트 제목 : 궁서, 24pt, 굵게,
  채우기(흰색), 테두리,
  그림자(오프셋 왼쪽)
- 차트 영역 : 채우기(노랑)
  그림 영역 : 채우기(흰색)
- 데이터 서식 : 국비+지방비 계열을 표식
  이 있는 꺾은선형으로 변경 후 보조축으
  로 지정
- 값 표시 : 2024년의 국비 계열만
① 도형 삽입
  - 스타일 :
    미세 효과 – 파랑, 강조 1
  - 글꼴 : 굴림, 18pt

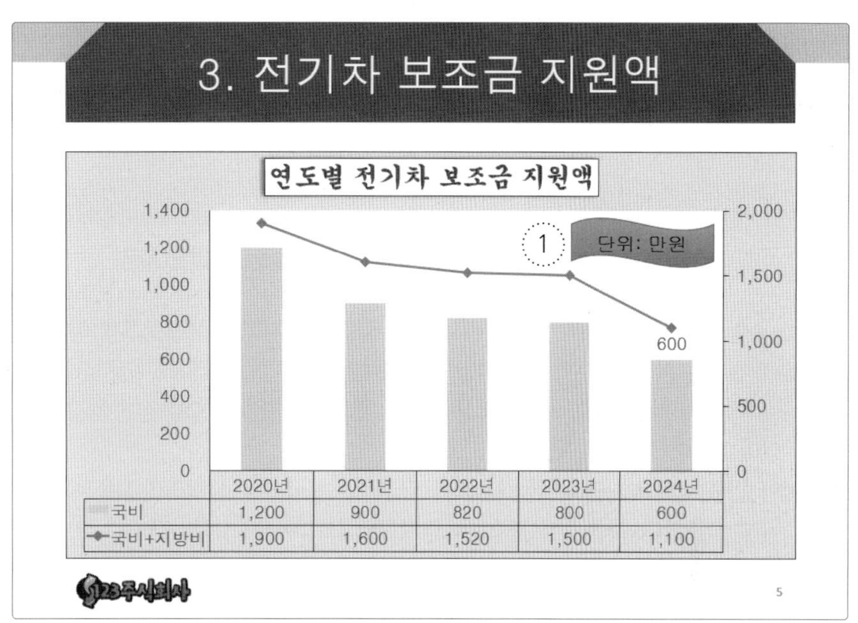

	2020년	2021년	2022년	2023년	2024년
국비	1,200	900	820	800	600
국비+지방비	1,900	1,600	1,520	1,500	1,100

(1) 슬라이드와 같이 도형 및 스마트아트를 배치한다(글꼴 : 굴림, 18pt).
(2) 애니메이션 순서 : ① ⇒ ②

세부 조건

① 도형 및 스마트아트 편집
  - 스마트아트 디자인 :
    3차원 만화,
    3차원 벽돌
  - 그룹화 후 애니메이션 효과 :
    닦아내기(위에서)
② 도형 편집
  - 그룹화 후 애니메이션 효과 :
    바운드

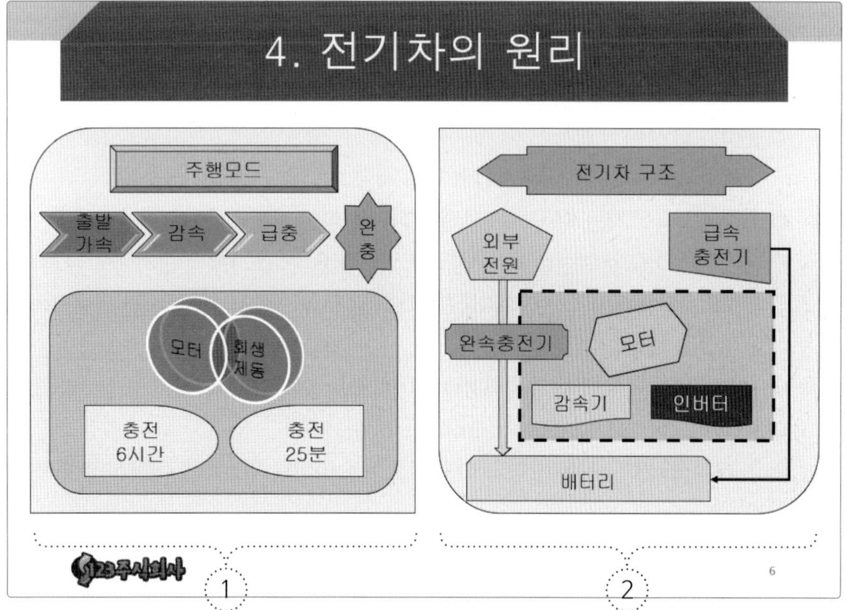

정보기술자격(ITQ) 최신기출문제

과 목	코 드	문제유형	시험시간	수험번호	성 명
한글파워포인트	1142	A	60분		

수험자 유의사항

◎ 수험자는 문제지를 받는 즉시 문제지와 <u>수험표상의 시험과목(프로그램)이 동일한지 반드시 확인</u>하여야 합니다.

◎ 파일명은 본인의 "수험번호-성명"으로 입력하여 답안폴더(내 PC₩문서₩ITQ)에 하나의 파일로 저장해야 하며, 답안문서 파일명이 "수험번호-성명"과 일치하지 않거나, 답안 파일을 전송하지 않아 미제출로 처리될 경우 실격 처리합니다 (예:12345678-홍길동.pptx).

◎ 답안 작성을 마치면 파일을 저장하고, '답안 전송' 버튼을 선택하여 감독위원 PC로 답안을 전송하십시오. 수험생 정보와 저장한 파일명이 다를 경우 전송되지 않으므로 주의하시기 바랍니다.

◎ 답안 작성 중에도 <u>주기적으로 저장하고, '답안 전송'</u>하여야 문제 발생을 줄일 수 있습니다. 작업한 내용을 저장하지 않고 전송할 경우 이전에 저장된 내용이 전송되오니 이점 유의하시기 바랍니다.

◎ 답안문서는 지정된 경로 외의 다른 보조기억장치에 저장하는 경우, 지정된 시험 시간 외에 작성된 파일을 활용할 경우, 기타 통신수단(이메일, 메신저, 네트워크 등)을 이용하여 타인에게 전달 또는 외부 반출하는 경우는 부정 처리합니다.

◎ 시험 중 부주의 또는 고의로 시스템을 파손한 경우는 수험자가 변상해야 하며, <수험자 유의사항>에 기재된 방법대로 이행하지 않아 생기는 불이익은 수험생 당사자의 책임임을 알려 드립니다.

◎ 문제의 조건은 MS오피스 2021 버전으로 설정되어 있으니 유의하시기 바랍니다.

◎ 시험을 완료한 수험자는 답안 파일이 전송되었는지 확인한 후 감독위원의 지시에 따라 문제지를 제출하고 퇴실합니다.

답안 작성요령

◎ 온라인 답안 작성 절차

　　수험자 등록 ⇒ 시험 시작 ⇒ 답안 파일 저장 ⇒ 답안 전송 ⇒ 시험 종료

◎ 슬라이드의 크기는 A4 Paper로 설정하여 작성합니다.

◎ 슬라이드의 총 개수는 6개로 구성되어 있으며 슬라이드 1부터 순서대로 작업하고 반드시 문제와 세부 조건대로 합니다.

◎ 별도의 지시사항이 없는 경우 출력형태를 참조하여 글꼴 색은 검정 또는 흰색으로 작성하고, 기타 사항은 전체적인 균형을 고려하여 작성합니다.

◎ 슬라이드 도형 및 개체에 출력형태와 다른 스타일(그림자, 외곽선 등)을 적용했을 경우 감점처리 됩니다.

◎ 슬라이드 번호를 작성합니다(슬라이드 1에는 생략).

◎ 2~6번 슬라이드 제목 도형과 하단 로고는 슬라이드 마스터를 이용하여 출력형태와 동일하게 작성합니다(슬라이드 1에는 생략).

◎ 문제와 세부 조건, 세부 조건 번호 ○(점선원)는 입력하지 않습니다.

◎ 각 개체의 위치는 오른쪽의 슬라이드와 동일하게 구성합니다.

◎ 그림 삽입 문제의 경우 반드시 「내 PC₩문서₩ITQ₩Picture」 폴더에서 정확한 파일을 선택하여 삽입하십시오.

◎ 각 슬라이드를 각각의 파일로 작업해서 저장할 경우 실격 처리됩니다.

kpc 한국생산성본부

(1) 슬라이드 크기 및 순서 : 크기를 A4 용지로 설정하고 슬라이드 순서에 맞게 작성한다.
(2) 슬라이드 마스터 : 2~6슬라이드의 제목, 하단 로고, 슬라이드 번호는 슬라이드 마스터를 이용하여 작성한다.
    – 제목 글꼴(돋움, 40pt, 흰색), 가운데 맞춤, 도형(선 없음)
    – 하단 로고(「내 PC₩문서₩ITQ₩Picture₩로고2.jpg」, 배경(회색) 투명색으로 설정)

슬라이드 1   표지 디자인 (40점)

(1) 표지 디자인 : 도형, 워드아트 및 그림을 이용하여 작성한다.

세부 조건

① 도형 편집
  – 도형에 그림 채우기 :
   「내 PC₩문서₩ITQ₩Picture₩
   그림1.jpg」, 투명도 50%
  – 도형 효과 :
   부드러운 가장자리 5포인트
② 워드아트 삽입
  – 변환 : 팽창
  – 글꼴 : 돋움, 굵게
  – 텍스트 반사 :
   근접 반사, 4pt 오프셋
③ 그림 삽입
  –「내 PC₩문서₩ITQ₩Picture₩
   로고2.jpg」
  – 배경(회색) 투명색으로 설정

슬라이드 2   목차 슬라이드 (60점)

(1) 출력형태와 같이 도형을 이용하여 목차를 작성한다(글꼴 : 굴림, 24pt).
(2) 도형 : 선 없음

세부 조건

① 텍스트에 링크 적용
  → '슬라이드 4'
② 그림 삽입
  –「내 PC₩문서₩ITQ₩Picture₩
   그림5.jpg」
  – 자르기 기능 이용

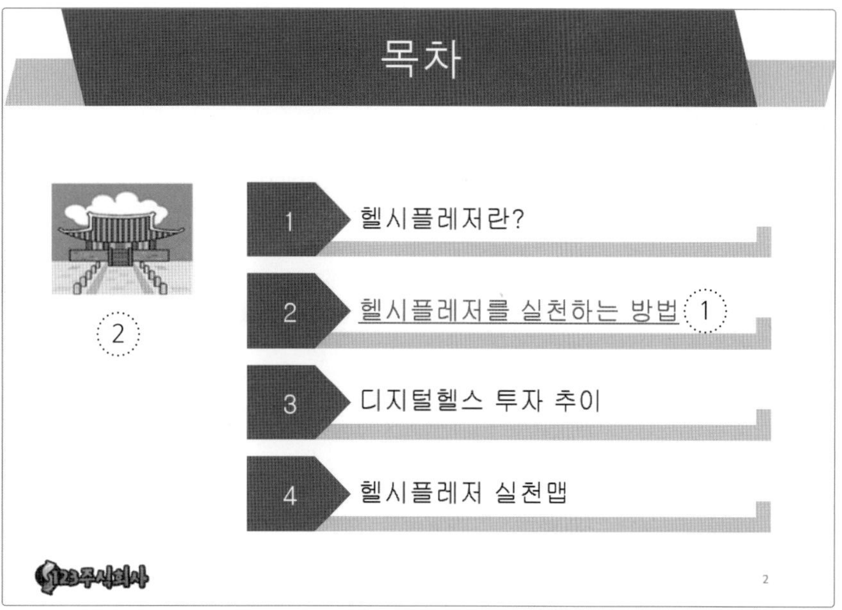

(1) 텍스트 작성 : 글머리 기호 사용(❖, ▪)
　　❖문단(굴림, 24pt, 굵게, 줄 간격 : 1.5줄), ▪ 문단(굴림, 20pt, 줄 간격 : 1.5줄)

세부 조건

① 동영상 삽입 :
　– 「내 PC₩문서₩ITQ₩Picture₩
　　동영상.wmv」
　– 자동 실행, 반복 재생 설정

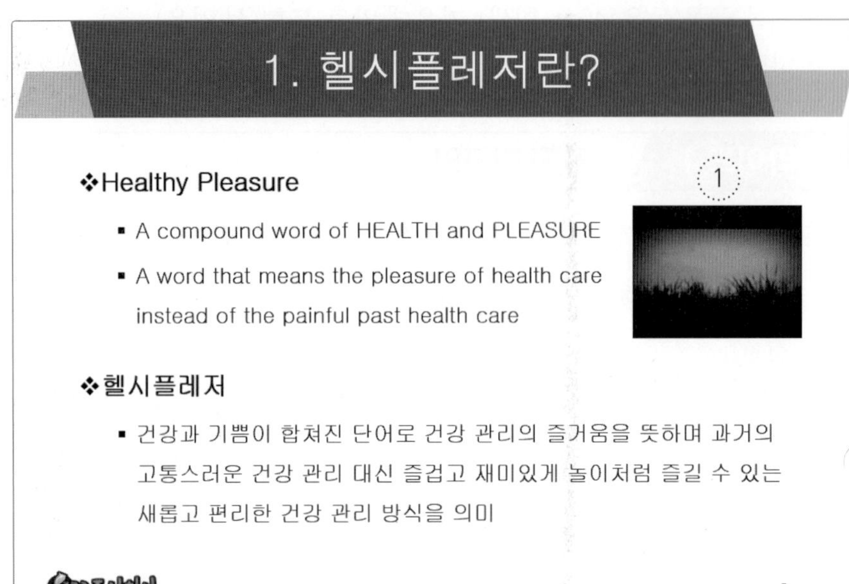

(1) 도형과 표 작성 기능을 이용하여 슬라이드를 작성한다(글꼴 : 돋움, 18pt).

세부 조건

① 상단 도형 :
　2개 도형의 조합으로 작성
② 좌측 도형 :
　그라데이션 효과(선형 아래쪽)
③ 표 스타일 :
　테마 스타일 1 – 강조 5

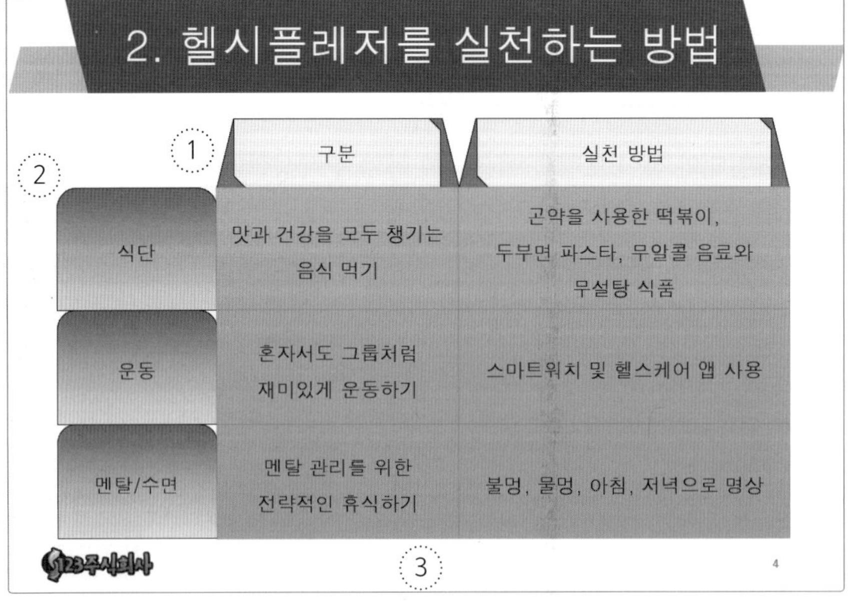

(1) 차트 작성 기능을 이용하여 슬라이드를 작성한다.
(2) 차트 : 종류(묶은 세로 막대형), 글꼴(돋움, 16pt), 외곽선

세부 조건

※ 차트 설명
　・차트 제목 : 굴림, 20pt, 굵게,
　　채우기(흰색), 테두리,
　　그림자(오프셋 오른쪽)
　・차트 영역 : 채우기(노랑)
　　그림 영역 : 채우기(흰색)
　・데이터 서식 : 투자금액(억 달러)계열을
　　표식이 있는 꺾은선형으로 변경 후 보조
　　축으로 지정
　・값 표시 : 2023년의 딜 수(건) 계열만
① 도형 삽입
　– 스타일 :
　　미세 효과 – 파랑, 강조 1
　– 글꼴 : 굴림, 18pt

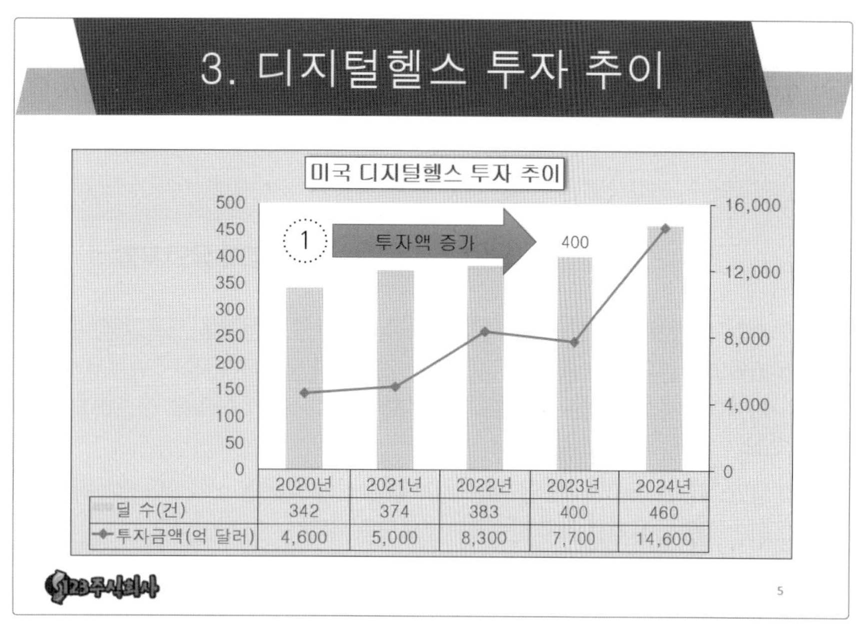

	2020년	2021년	2022년	2023년	2024년
딜 수(건)	342	374	383	400	460
투자금액(억 달러)	4,600	5,000	8,300	7,700	14,600

(1) 슬라이드와 같이 도형 및 스마트아트를 배치한다(글꼴 : 굴림, 18pt).
(2) 애니메이션 순서 : ① ⇒ ②

세부 조건

① 도형 및 스마트아트 편집
　– 스마트아트 디자인 :
　　3차원 만화,
　　3차원 경사
　– 그룹화 후 애니메이션 효과 :
　　닦아내기(위에서)
② 도형 편집
　– 그룹화 후 애니메이션 효과 :
　　회전

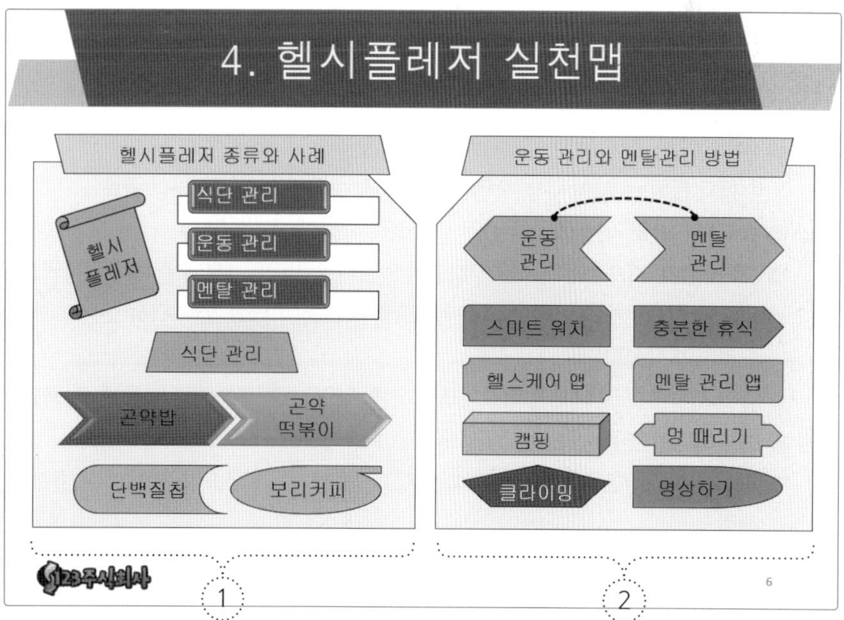

정보기술자격(ITQ) 최신기출문제

과 목	코 드	문제유형	시험시간	수험번호	성 명
한글파워포인트	1142	A	60분		

수험자 유의사항

◎ 수험자는 문제지를 받는 즉시 문제지와 **수험표상의 시험과목(프로그램)이 동일한지 반드시 확인**하여야 합니다.

◎ 파일명은 본인의 "수험번호-성명"으로 입력하여 답안폴더(내 PC₩문서₩ITQ)에 하나의 파일로 저장해야 하며, 답안문서 파일명이 "수험번호-성명"과 일치하지 않거나, 답안 파일을 전송하지 않아 미제출로 처리될 경우 실격 처리합니다 (예:12345678-홍길동.pptx).

◎ 답안 작성을 마치면 파일을 저장하고, '답안 전송' 버튼을 선택하여 감독위원 PC로 답안을 전송하십시오. 수험생 정보와 저장한 파일명이 다를 경우 전송되지 않으므로 주의하시기 바랍니다.

◎ 답안 작성 중에도 **주기적으로 저장하고, '답안 전송'**하여야 문제 발생을 줄일 수 있습니다. 작업한 내용을 저장하지 않고 전송할 경우 이전에 저장된 내용이 전송되오니 이점 유의하시기 바랍니다.

◎ 답안문서는 지정된 경로 외의 다른 보조기억장치에 저장하는 경우, 지정된 시험 시간 외에 작성된 파일을 활용할 경우, 기타 통신수단(이메일, 메신저, 네트워크 등)을 이용하여 타인에게 전달 또는 외부 반출하는 경우는 부정 처리합니다.

◎ 시험 중 부주의 또는 고의로 시스템을 파손한 경우는 수험자가 변상해야 하며, <수험자 유의사항>에 기재된 방법대로 이행하지 않아 생기는 불이익은 수험생 당사자의 책임임을 알려 드립니다.

◎ 문제의 조건은 MS오피스 2021 버전으로 설정되어 있으니 유의하시기 바랍니다.

◎ 시험을 완료한 수험자는 답안 파일이 전송되었는지 확인한 후 감독위원의 지시에 따라 문제지를 제출하고 퇴실합니다.

답안 작성요령

◎ 온라인 답안 작성 절차

　　수험자 등록 ⇒ 시험 시작 ⇒ 답안 파일 저장 ⇒ 답안 전송 ⇒ 시험 종료

◎ 슬라이드의 크기는 A4 Paper로 설정하여 작성합니다.

◎ 슬라이드의 총 개수는 6개로 구성되어 있으며 슬라이드 1부터 순서대로 작업하고 반드시 문제와 세부 조건대로 합니다.

◎ 별도의 지시사항이 없는 경우 출력형태를 참조하여 글꼴 색은 검정 또는 흰색으로 작성하고, 기타 사항은 전체적인 균형을 고려하여 작성합니다.

◎ 슬라이드 도형 및 개체에 출력형태와 다른 스타일(그림자, 외곽선 등)을 적용했을 경우 감점처리 됩니다.

◎ 슬라이드 번호를 작성합니다(슬라이드 1에는 생략).

◎ 2~6번 슬라이드 제목 도형과 하단 로고는 슬라이드 마스터를 이용하여 출력형태와 동일하게 작성합니다(슬라이드 1에는 생략).

◎ 문제와 세부 조건, 세부 조건 번호(점선원)는 입력하지 않습니다.

◎ 각 개체의 위치는 오른쪽의 슬라이드와 동일하게 구성합니다.

◎ 그림 삽입 문제의 경우 반드시 「내 PC₩문서₩ITQ₩Picture」 폴더에서 정확한 파일을 선택하여 삽입하십시오.

◎ 각 슬라이드를 각각의 파일로 작업해서 저장할 경우 실격 처리됩니다.

kpc 한국생산성본부

(1) 슬라이드 크기 및 순서 : 크기를 A4 용지로 설정하고 슬라이드 순서에 맞게 작성한다.

(2) 슬라이드 마스터 : 2~6슬라이드의 제목, 하단 로고, 슬라이드 번호는 슬라이드 마스터를 이용하여 작성한다.
   - 제목 글꼴(굴림, 40pt, 흰색), 가운데 맞춤, 도형(선 없음)
   - 하단 로고(「내 PC\문서\ITQ\Picture\로고2.jpg」, 배경(회색) 투명색으로 설정)

슬라이드 1　　**표지 디자인** (40점)

(1) 표지 디자인 : 도형, 워드아트 및 그림을 이용하여 작성한다.

세부 조건

① 도형 편집
   - 도형에 그림 채우기 :
     「내 PC\문서\ITQ\Picture\
     그림3.jpg」, 투명도 50%
   - 도형 효과 :
     부드러운 가장자리 5포인트
② 워드아트 삽입
   - 변환 : 기울기, 위로
   - 글꼴 : 돋움, 굵게
   - 텍스트 반사 :
     근접 반사, 4pt 오프셋
③ 그림 삽입
   - 「내 PC\문서\ITQ\Picture\
     로고2.jpg」
   - 배경(회색) 투명색으로 설정

슬라이드 2　　**목차 슬라이드** (60점)

(1) 출력형태와 같이 도형을 이용하여 목차를 작성한다(글꼴 : 돋움, 24pt).

(2) 도형 : 선 없음

세부 조건

① 텍스트에 링크 적용
   → '슬라이드 6'
② 그림 삽입
   - 「내 PC\문서\ITQ\Picture\
     그림5.jpg」
   - 자르기 기능 이용

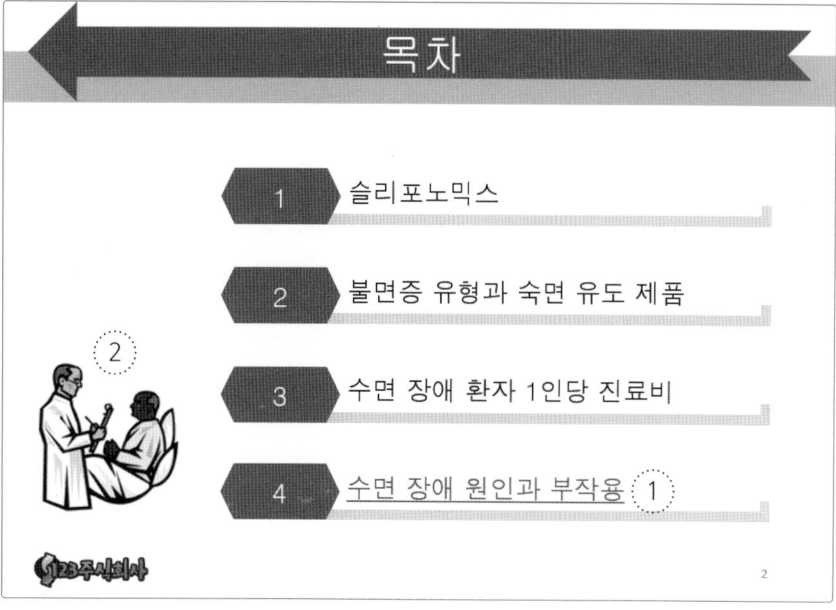

(1) 텍스트 작성 : 글머리 기호 사용(❖, ▪)

　　❖문단(굴림, 24pt, 굵게, 줄 간격 : 1.5줄), ▪ 문단(굴림, 20pt, 줄 간격 : 1.5줄)

세부 조건

① 동영상 삽입 :
 - 「내 PC₩문서₩ITQ₩Picture₩
   동영상.wmv」
 - 자동 실행, 반복 재생 설정

(1) 도형과 표 작성 기능을 이용하여 슬라이드를 작성한다(글꼴 : 돋움, 18pt).

세부 조건

① 상단 도형 :
　2개 도형의 조합으로 작성
② 좌측 도형 :
　그라데이션 효과(선형 아래쪽)
③ 표 스타일 :
　테마 스타일 1 – 강조 5

	수면 장애 증상	숙면 유도 제품	슬립테크
입면 장애	잠드는 데 30분 이상 걸리는 증상	숙면 유도 기능 침구류 기능성 매트리스 베개	숙면기능 IT제품 멘탈 케어 시스템 수면 유도 IT제품
숙면유지 장애	자는 동안 자주 깨서 숙면을 취하지 못하는 증상	이불 숙면 유도 생활용품 수면 안대	컬러테라피 감성 조명 수면클리닉
조기각성 장애	너무 이른 시간에 깨서 다시 잠들지 못하는 증상	수면 양말 숙면 유도 차 숙면 화장품	수면 전문 클리닉 양압기 수면 개선 전문 용품

(1) 차트 작성 기능을 이용하여 슬라이드를 작성한다.
(2) 차트 : 종류(묶은 세로 막대형), 글꼴(돋움, 16pt), 외곽선

세부 조건

※ 차트 설명
　• 차트 제목 : 궁서, 24pt, 굵게,
　　채우기(흰색), 테두리,
　　그림자(오프셋 오른쪽)
　• 차트 영역 : 채우기(노랑)
　　그림 영역 : 채우기(흰색)
　• 데이터 서식 : 1인당 진료비 계열을 표식
　　이 있는 꺾은선형으로 변경 후 보조축으
　　로 지정
　• 값 표시 : 2024년의 1인당 진료비 계열만
① 도형 삽입
　- 스타일 :
　　미세 효과 – 파랑, 강조 1
　- 글꼴 : 굴림, 18pt

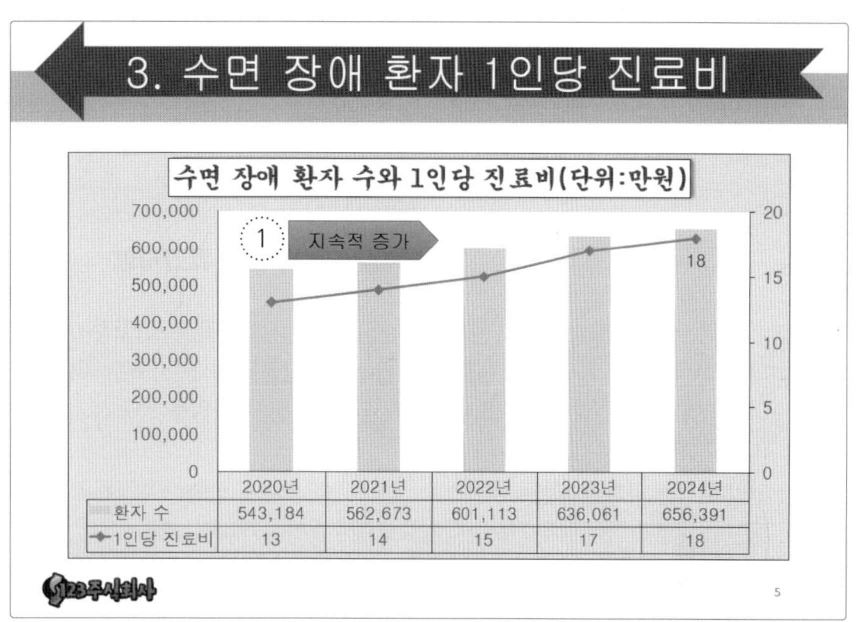

(1) 슬라이드와 같이 도형 및 스마트아트를 배치한다(글꼴 : 굴림, 18pt).
(2) 애니메이션 순서 : ① ⇒ ②

세부 조건

① 도형 및 스마트아트 편집
　- 스마트아트 디자인 :
　　3차원 경사,
　　3차원 벽돌
　- 그룹화 후 애니메이션 효과 :
　　닦아내기(위에서)
② 도형 편집
　- 그룹화 후 애니메이션 효과 :
　　바운드

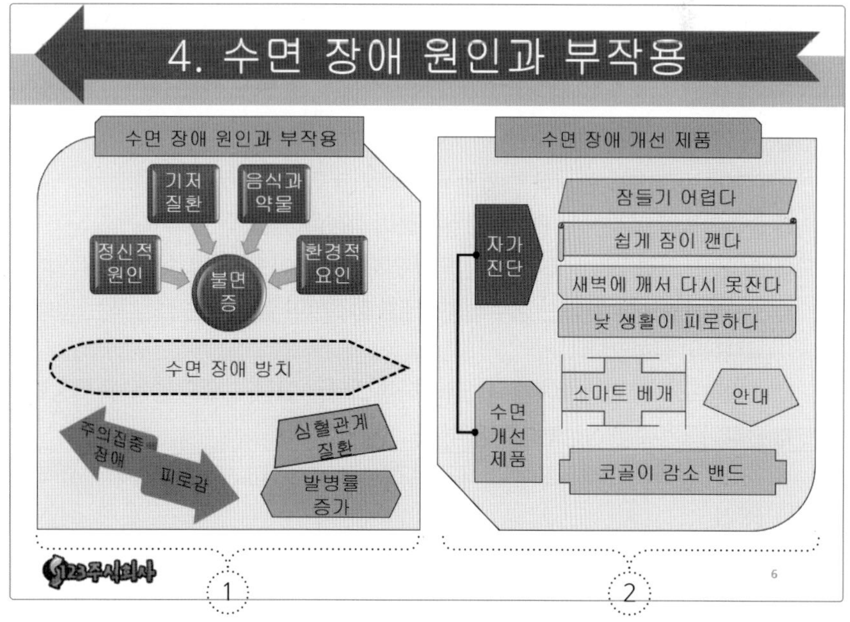

정보기술자격(ITQ) 최신기출문제

과　목	코　드	문제유형	시험시간	수험번호	성　명
한글파워포인트	1142	A	60분		

수험자 유의사항

◎ 수험자는 문제지를 받는 즉시 문제지와 **수험표상의 시험과목(프로그램)이 동일한지 반드시 확인**하여야 합니다.

◎ 파일명은 본인의 "수험번호-성명"으로 입력하여 답안폴더(내 PC\문서\ITQ)에 하나의 파일로 저장해야 하며, 답안문서 파일명이 "수험번호-성명"과 일치하지 않거나, 답안 파일을 전송하지 않아 미제출로 처리될 경우 실격 처리합니다 (예:12345678-홍길동.pptx).

◎ 답안 작성을 마치면 파일을 저장하고, '답안 전송' 버튼을 선택하여 감독위원 PC로 답안을 전송하십시오. 수험생 정보와 저장한 파일명이 다를 경우 전송되지 않으므로 주의하시기 바랍니다.

◎ 답안 작성 중에도 **주기적으로 저장하고, '답안 전송'**하여야 문제 발생을 줄일 수 있습니다. 작업한 내용을 저장하지 않고 전송할 경우 이전에 저장된 내용이 전송되오니 이점 유의하시기 바랍니다.

◎ 답안문서는 지정된 경로 외의 다른 보조기억장치에 저장하는 경우, 지정된 시험 시간 외에 작성된 파일을 활용할 경우, 기타 통신수단(이메일, 메신저, 네트워크 등)을 이용하여 타인에게 전달 또는 외부 반출하는 경우는 부정 처리합니다.

◎ 시험 중 부주의 또는 고의로 시스템을 파손한 경우는 수험자가 변상해야 하며, <수험자 유의사항>에 기재된 방법대로 이행하지 않아 생기는 불이익은 수험생 당사자의 책임임을 알려 드립니다.

◎ 문제의 조건은 MS오피스 2021 버전으로 설정되어 있으니 유의하시기 바랍니다.

◎ 시험을 완료한 수험자는 답안 파일이 전송되었는지 확인한 후 감독위원의 지시에 따라 문제지를 제출하고 퇴실합니다.

답안 작성요령

◎ 온라인 답안 작성 절차
　　수험자 등록 ⇒ 시험 시작 ⇒ 답안 파일 저장 ⇒ 답안 전송 ⇒ 시험 종료

◎ 슬라이드의 크기는 A4 Paper로 설정하여 작성합니다.

◎ 슬라이드의 총 개수는 6개로 구성되어 있으며 슬라이드 1부터 순서대로 작업하고 반드시 문제와 세부 조건대로 합니다.

◎ 별도의 지시사항이 없는 경우 출력형태를 참조하여 글꼴 색은 검정 또는 흰색으로 작성하고, 기타 사항은 전체적인 균형을 고려하여 작성합니다.

◎ 슬라이드 도형 및 개체에 출력형태와 다른 스타일(그림자, 외곽선 등)을 적용했을 경우 감점처리 됩니다.

◎ 슬라이드 번호를 작성합니다(슬라이드 1에는 생략).

◎ 2~6번 슬라이드 제목 도형과 하단 로고는 슬라이드 마스터를 이용하여 출력형태와 동일하게 작성합니다(슬라이드 1에는 생략).

◎ 문제와 세부 조건, 세부 조건 번호 ⁝(점선원)는 입력하지 않습니다.

◎ 각 개체의 위치는 오른쪽의 슬라이드와 동일하게 구성합니다.

◎ 그림 삽입 문제의 경우 반드시 「내 PC\문서\ITQ\Picture」폴더에서 정확한 파일을 선택하여 삽입하십시오.

◎ 각 슬라이드를 각각의 파일로 작업해서 저장할 경우 실격 처리됩니다.

kpc 한국생산성본부

(1) 슬라이드 크기 및 순서 : 크기를 A4 용지로 설정하고 슬라이드 순서에 맞게 작성한다.
(2) 슬라이드 마스터 : 2~6슬라이드의 제목, 하단 로고, 슬라이드 번호는 슬라이드 마스터를 이용하여 작성한다.
 – 제목 글꼴(돋움, 40pt, 흰색), 가운데 맞춤, 도형(선 없음)
 – 하단 로고(「내 PC₩문서₩ITQ₩Picture₩로고1.jpg」, 배경(회색) 투명색으로 설정)

슬라이드 1 　표지 디자인 (40점)

(1) 표지 디자인 : 도형, 워드아트 및 그림을 이용하여 작성한다.

세부 조건

① 도형 편집
 – 도형에 그림 채우기 :
 「내 PC₩문서₩ITQ₩Picture₩
 그림1.jpg」, 투명도 50%
 – 도형 효과 :
 부드러운 가장자리 5포인트
② 워드아트 삽입
 – 변환 : 갈매기형 수장, 위로
 – 글꼴 : 굴림, 굵게
 – 텍스트 반사 :
 근접 반사, 터치
③ 그림 삽입
 – 「내 PC₩문서₩ITQ₩Picture₩
 로고1.jpg」
 – 배경(회색) 투명색으로 설정

슬라이드 2 　목차 슬라이드 (60점)

(1) 출력형태와 같이 도형을 이용하여 목차를 작성한다(글꼴 : 돋움, 24pt).
(2) 도형 : 선 없음

세부 조건

① 텍스트에 링크 적용
 → '슬라이드 4'
② 그림 삽입
 – 「내 PC₩문서₩ITQ₩Picture₩
 그림5.jpg」
 – 자르기 기능 이용

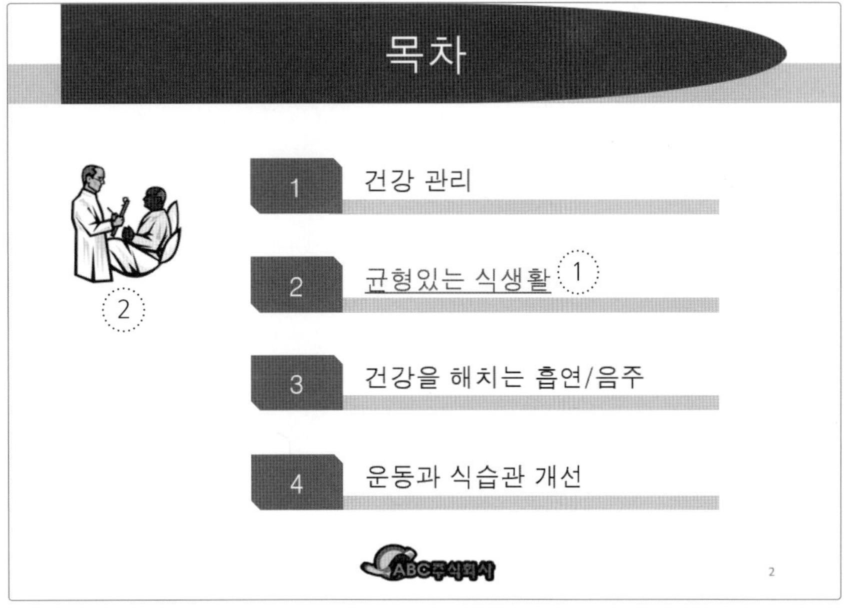

(1) 텍스트 작성 : 글머리 기호 사용(➢, ✓)

　➢문단(굴림, 24pt, 굵게, 줄 간격 : 1.5줄), ✓문단(굴림, 20pt, 줄 간격 : 1.5줄)

세부 조건

① 동영상 삽입 :
　– 「내 PC₩문서₩ITQ₩Picture₩
　　동영상.wmv」
　– 자동 실행, 반복 재생 설정

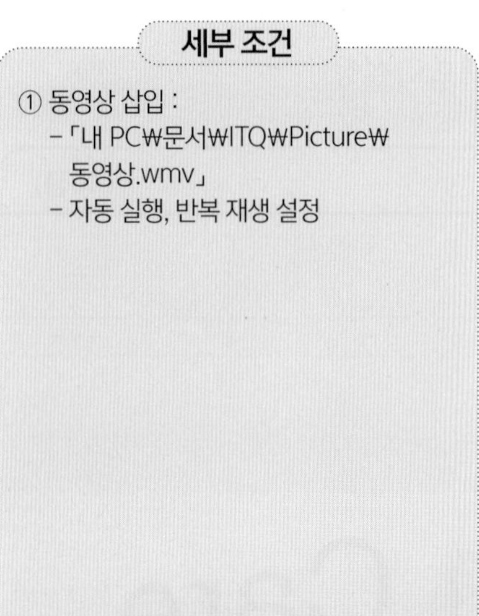

---

(1) 도형과 표 작성 기능을 이용하여 슬라이드를 작성한다(글꼴 : 굴림, 18pt).

세부 조건

① 상단 도형 :
　2개 도형의 조합으로 작성
② 좌측 도형 :
　그라데이션 효과(선형 아래쪽)
③ 표 스타일 :
　테마 스타일 1 – 강조 5

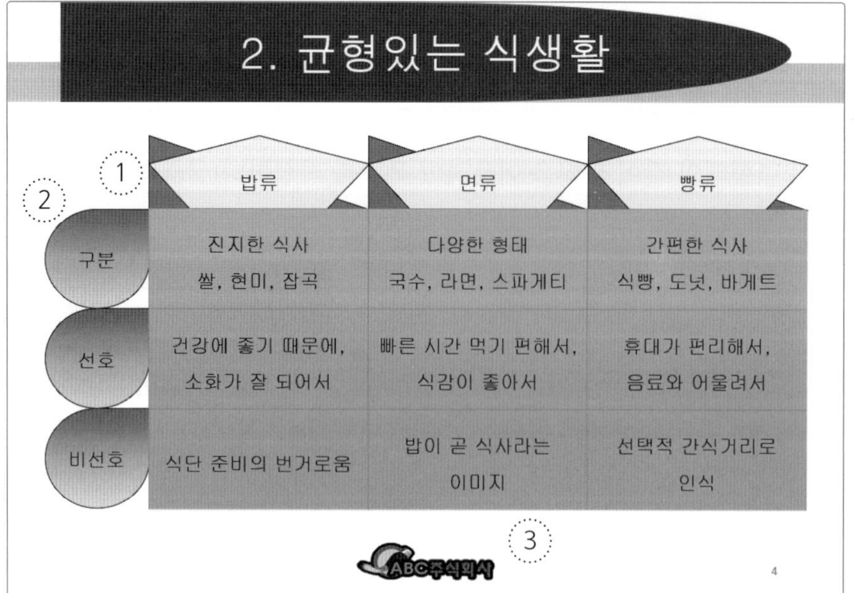

(1) 차트 작성 기능을 이용하여 슬라이드를 작성한다.
(2) 차트 : 종류(묶은 세로 막대형), 글꼴(돋움, 16pt), 외곽선

세부 조건

※ 차트 설명
- 차트 제목 : 궁서, 24pt, 굵게,
  채우기(흰색), 테두리,
  그림자(오프셋 오른쪽)
- 차트 영역 : 채우기(노랑)
  그림 영역 : 채우기(흰색)
- 데이터 서식 : 음주율 계열을 표식이 있는
  꺾은선형으로 변경 후 보조축으로 지정
- 값 표시 : 20대의 음주율 계열만
① 도형 삽입
  - 스타일 :
    미세 효과 – 파랑, 강조 1
  - 글꼴 : 굴림, 18pt

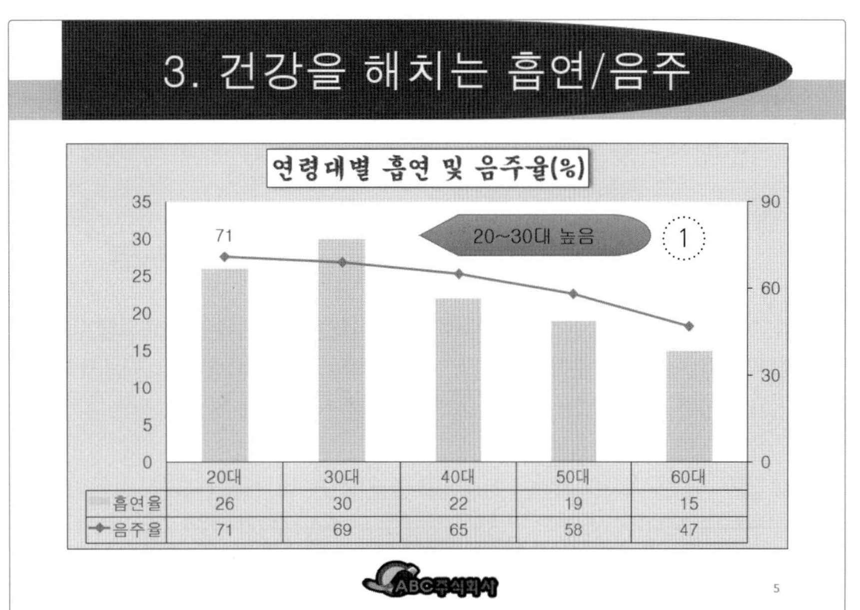

	20대	30대	40대	50대	60대
흡연율	26	30	22	19	15
음주율	71	69	65	58	47

(1) 슬라이드와 같이 도형 및 스마트아트를 배치한다(글꼴 : 돋움, 18pt).
(2) 애니메이션 순서 : ① ⇒ ②

세부 조건

① 도형 및 스마트아트 편집
  - 스마트아트 디자인 :
    3차원 만화,
    강한 효과
  - 그룹화 후 애니메이션 효과 :
    닦아내기(위에서)
② 도형 편집
  - 그룹화 후 애니메이션 효과 :
    회전

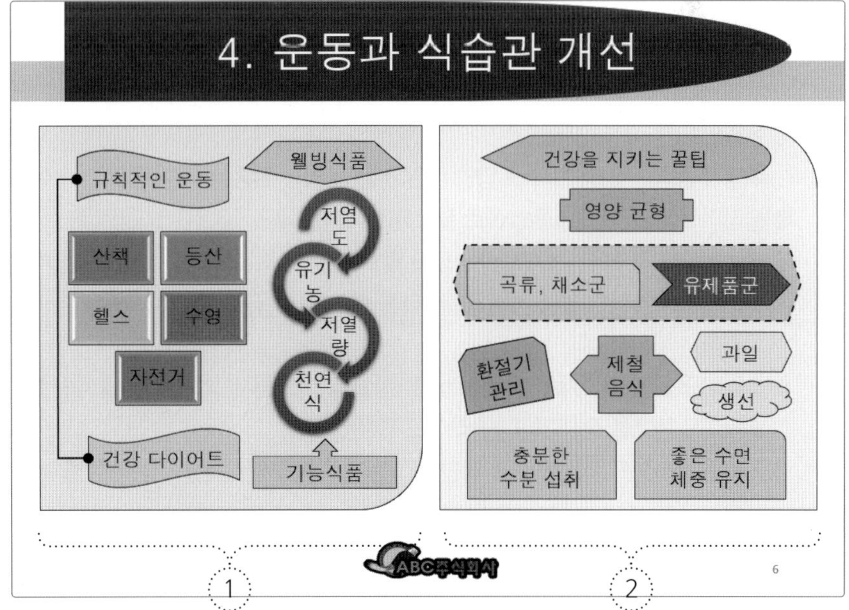

정보기술자격(ITQ) 최신기출문제

과 목	코 드	문제유형	시험시간	수험번호	성 명
한글파워포인트	1142	A	60분		

수험자 유의사항

◎ 수험자는 문제지를 받는 즉시 문제지와 <u>수험표상의 시험과목(프로그램)이 동일한지 반드시 확인</u>하여야 합니다.

◎ 파일명은 본인의 "수험번호-성명"으로 입력하여 답안폴더(내 PC\문서\ITQ)에 하나의 파일로 저장해야 하며, 답안문서 파일명이 "수험번호-성명"과 일치하지 않거나, 답안 파일을 전송하지 않아 미제출로 처리될 경우 실격 처리합니다 (예:12345678-홍길동.pptx).

◎ 답안 작성을 마치면 파일을 저장하고, '답안 전송' 버튼을 선택하여 감독위원 PC로 답안을 전송하십시오. 수험생 정보와 저장한 파일명이 다를 경우 전송되지 않으므로 주의하시기 바랍니다.

◎ 답안 작성 중에도 <u>주기적으로 저장하고, '답안 전송'</u>하여야 문제 발생을 줄일 수 있습니다. 작업한 내용을 저장하지 않고 전송할 경우 이전에 저장된 내용이 전송되오니 이점 유의하시기 바랍니다.

◎ 답안문서는 지정된 경로 외의 다른 보조기억장치에 저장하는 경우, 지정된 시험 시간 외에 작성된 파일을 활용할 경우, 기타 통신수단(이메일, 메신저, 네트워크 등)을 이용하여 타인에게 전달 또는 외부 반출하는 경우는 부정 처리합니다.

◎ 시험 중 부주의 또는 고의로 시스템을 파손한 경우는 수험자가 변상해야 하며, <수험자 유의사항>에 기재된 방법대로 이행하지 않아 생기는 불이익은 수험생 당사자의 책임임을 알려 드립니다.

◎ 문제의 조건은 MS오피스 2021 버전으로 설정되어 있으니 유의하시기 바랍니다.

◎ 시험을 완료한 수험자는 답안 파일이 전송되었는지 확인한 후 감독위원의 지시에 따라 문제지를 제출하고 퇴실합니다.

답안 작성요령

◎ 온라인 답안 작성 절차

　수험자 등록 ⇒ 시험 시작 ⇒ 답안 파일 저장 ⇒ 답안 전송 ⇒ 시험 종료

◎ 슬라이드의 크기는 A4 Paper로 설정하여 작성합니다.

◎ 슬라이드의 총 개수는 6개로 구성되어 있으며 슬라이드 1부터 순서대로 작업하고 반드시 문제와 세부 조건대로 합니다.

◎ 별도의 지시사항이 없는 경우 출력형태를 참조하여 글꼴 색은 검정 또는 흰색으로 작성하고, 기타 사항은 전체적인 균형을 고려하여 작성합니다.

◎ 슬라이드 도형 및 개체에 출력형태와 다른 스타일(그림자, 외곽선 등)을 적용했을 경우 감점처리 됩니다.

◎ 슬라이드 번호를 작성합니다(슬라이드 1에는 생략).

◎ 2~6번 슬라이드 제목 도형과 하단 로고는 슬라이드 마스터를 이용하여 출력형태와 동일하게 작성합니다(슬라이드 1에는 생략).

◎ 문제와 세부 조건, 세부 조건 번호 ⚪(점선원)는 입력하지 않습니다.

◎ 각 개체의 위치는 오른쪽의 슬라이드와 동일하게 구성합니다.

◎ 그림 삽입 문제의 경우 반드시 「내 PC\문서\ITQ\Picture」 폴더에서 정확한 파일을 선택하여 삽입하십시오.

◎ 각 슬라이드를 각각의 파일로 작업해서 저장할 경우 실격 처리됩니다.

kpc 한국생산성본부

(1) 슬라이드 크기 및 순서 : 크기를 A4 용지로 설정하고 슬라이드 순서에 맞게 작성한다.
(2) 슬라이드 마스터 : 2~6슬라이드의 제목, 하단 로고, 슬라이드 번호는 슬라이드 마스터를 이용하여 작성한다.
   – 제목 글꼴(돋움, 40pt, 흰색), 가운데 맞춤, 도형(선 없음)
   – 하단 로고(「내 PC₩문서₩ITQ₩Picture₩로고2.jpg」, 배경(회색) 투명색으로 설정)

슬라이드 1 · 표지 디자인 (40점)

(1) 표지 디자인 : 도형, 워드아트 및 그림을 이용하여 작성한다.

세부 조건

① 도형 편집
 – 도형에 그림 채우기 :
   「내 PC₩문서₩ITQ₩Picture₩
   그림3.jpg」, 투명도 50%
 – 도형 효과 :
   부드러운 가장자리 5포인트
② 워드아트 삽입
 – 변환 : 삼각형, 위로
 – 글꼴 : 돋움, 굵게
 – 텍스트 반사 :
   근접 반사, 4pt 오프셋
③ 그림 삽입
 – 「내 PC₩문서₩ITQ₩Picture₩
   로고2.jpg」
 – 배경(회색) 투명색으로 설정

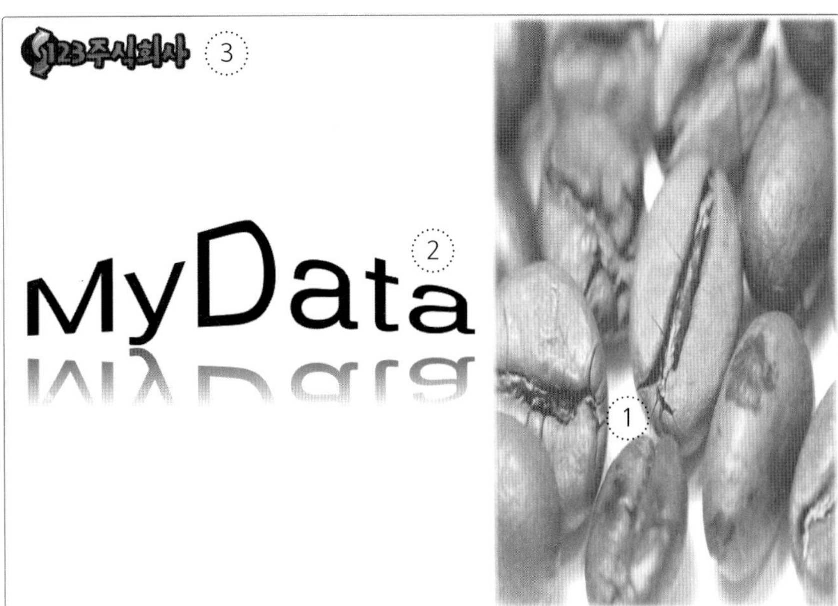

슬라이드 2 · 목차 슬라이드 (60점)

(1) 출력형태와 같이 도형을 이용하여 목차를 작성한다(글꼴 : 굴림, 24pt).
(2) 도형 : 선 없음

세부 조건

① 텍스트에 링크 적용
 → '슬라이드 5'
② 그림 삽입
 – 「내 PC₩문서₩ITQ₩Picture₩
   그림5.jpg」
 – 자르기 기능 이용

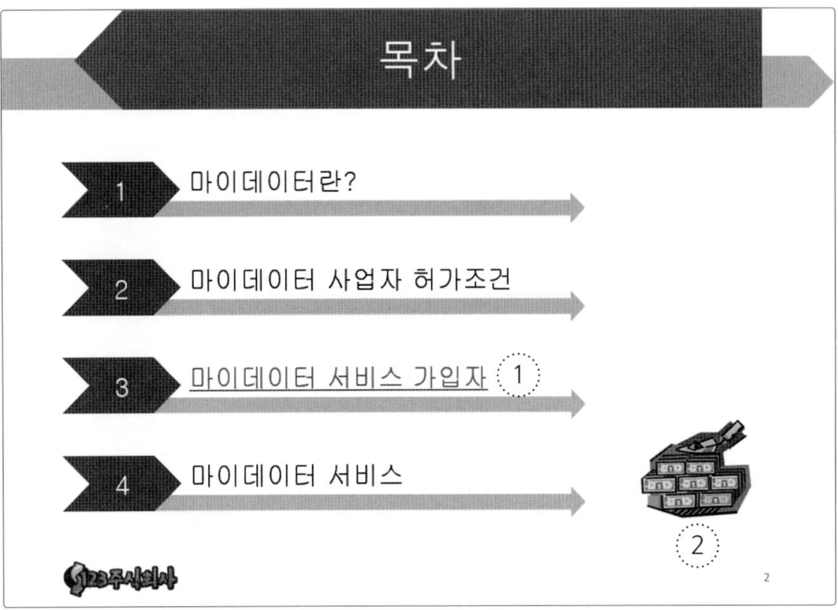

(1) 텍스트 작성 : 글머리 기호 사용(❖, ▪)

❖문단(굴림, 24pt, 굵게, 줄 간격 : 1.5줄), ▪ 문단(굴림, 20pt, 줄 간격 : 1.5줄)

세부 조건

① 동영상 삽입 :
- 「내 PC\문서\ITQ\Picture\
  동영상.wmv」
- 자동 실행, 반복 재생 설정

1. 마이데이터란?

❖ MyData

▪ MyData is one of the government's flagship financial business initiatives, which aims to enable customers to browse their own personal financial information gathered from various financial firms and made available all in one place

❖ 마이데이터 사업자

▪ 마이데이터 사업자는 개인신용정보 전송 요구권 행사에 기반

▪ 고객에게 더욱 편리한 금융서비스 제공

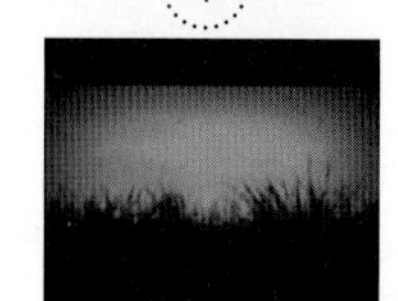

---

(1) 도형과 표 작성 기능을 이용하여 슬라이드를 작성한다(글꼴 : 돋움, 18pt).

세부 조건

① 상단 도형 :
  2개 도형의 조합으로 작성
② 좌측 도형 :
  그라데이션 효과(선형 아래쪽)
③ 표 스타일 :
  테마 스타일 1 – 강조 5

2. 마이데이터 사업자 허가조건

	개요	법	시행령
자본금	최소 자본금 5억원	제6조2항 1호의4	–
물적	시스템 구성의 적정성 보안체계의 적정성	제6조1항 1호	제6조1항 5호, 2항 2호
임원 자격	선임(예정) 임원이 금융회사의 지배구조에 관한 법률의 요건을 충족	제6조1항 3호의2, 제22조1항, 지배구조법 제5조	지배구조법 시행령 제7조

(1) 차트 작성 기능을 이용하여 슬라이드를 작성한다.
(2) 차트 : 종류(묶은 세로 막대형), 글꼴(돋움, 16pt), 외곽선

세부 조건

※ 차트 설명
 · 차트 제목 : 궁서, 24pt, 굵게,
  채우기(흰색), 테두리,
  그림자(오프셋 오른쪽)
 · 차트 영역 : 채우기(노랑)
  그림 영역 : 채우기(흰색)
 · 데이터 서식 : 핀테크-IT 계열을 표식이
  있는 꺾은선형으로 변경 후 보조 축으로
  지정
 · 값 표시 : 9월의 금융기관 계열만
① 도형 삽입
 - 스타일 :
  미세 효과 - 파랑, 강조 1
 - 글꼴 : 굴림, 18pt

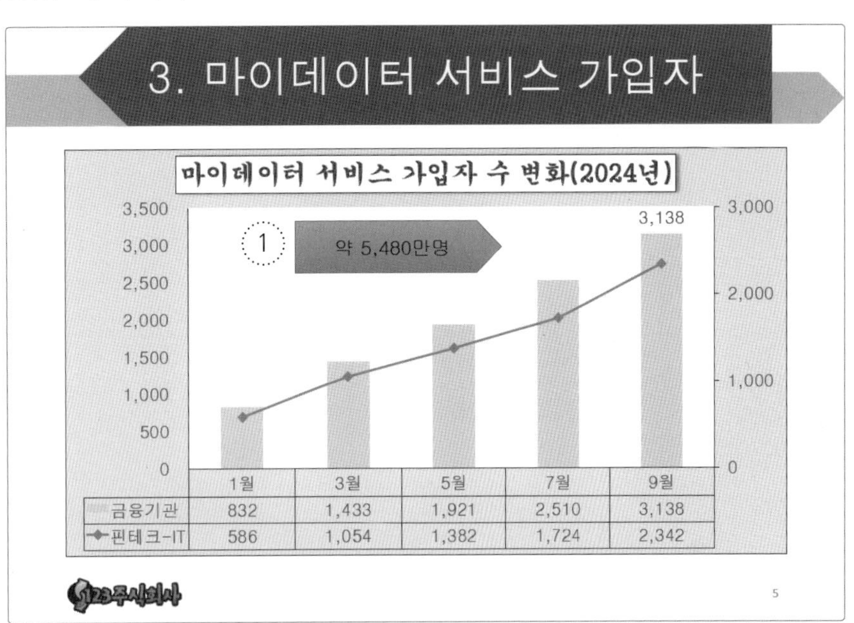

	1월	3월	5월	7월	9월
금융기관	832	1,433	1,921	2,510	3,138
핀테크-IT	586	1,054	1,382	1,724	2,342

---

(1) 슬라이드와 같이 도형 및 스마트아트를 배치한다(글꼴 : 굴림, 18pt).
(2) 애니메이션 순서 : ① ⇒ ②

세부 조건

① 도형 및 스마트아트 편집
 - 스마트아트 디자인 :
  3차원 광택 처리,
  3차원 만화
 - 그룹화 후 애니메이션 효과 :
  닦아내기(위에서)
② 도형 편집
 - 그룹화 후 애니메이션 효과 :
  바운드

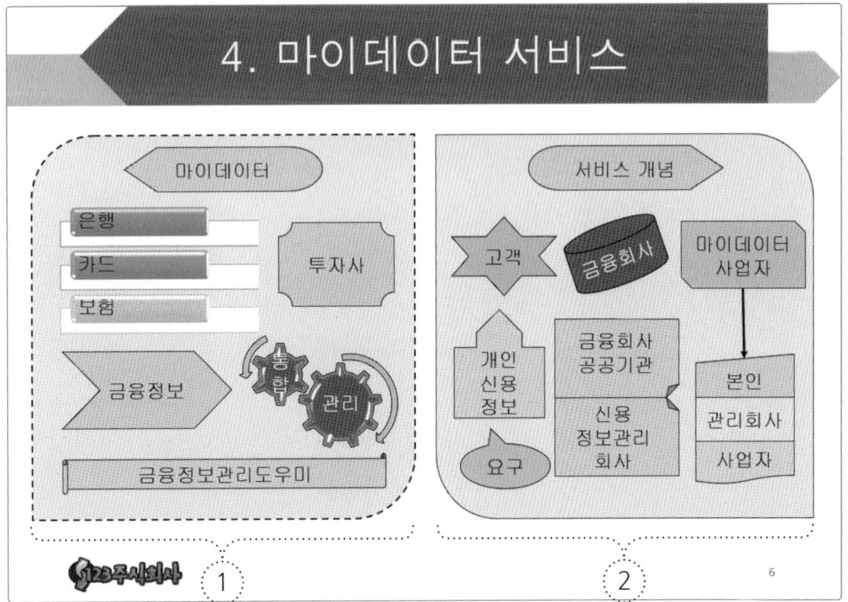

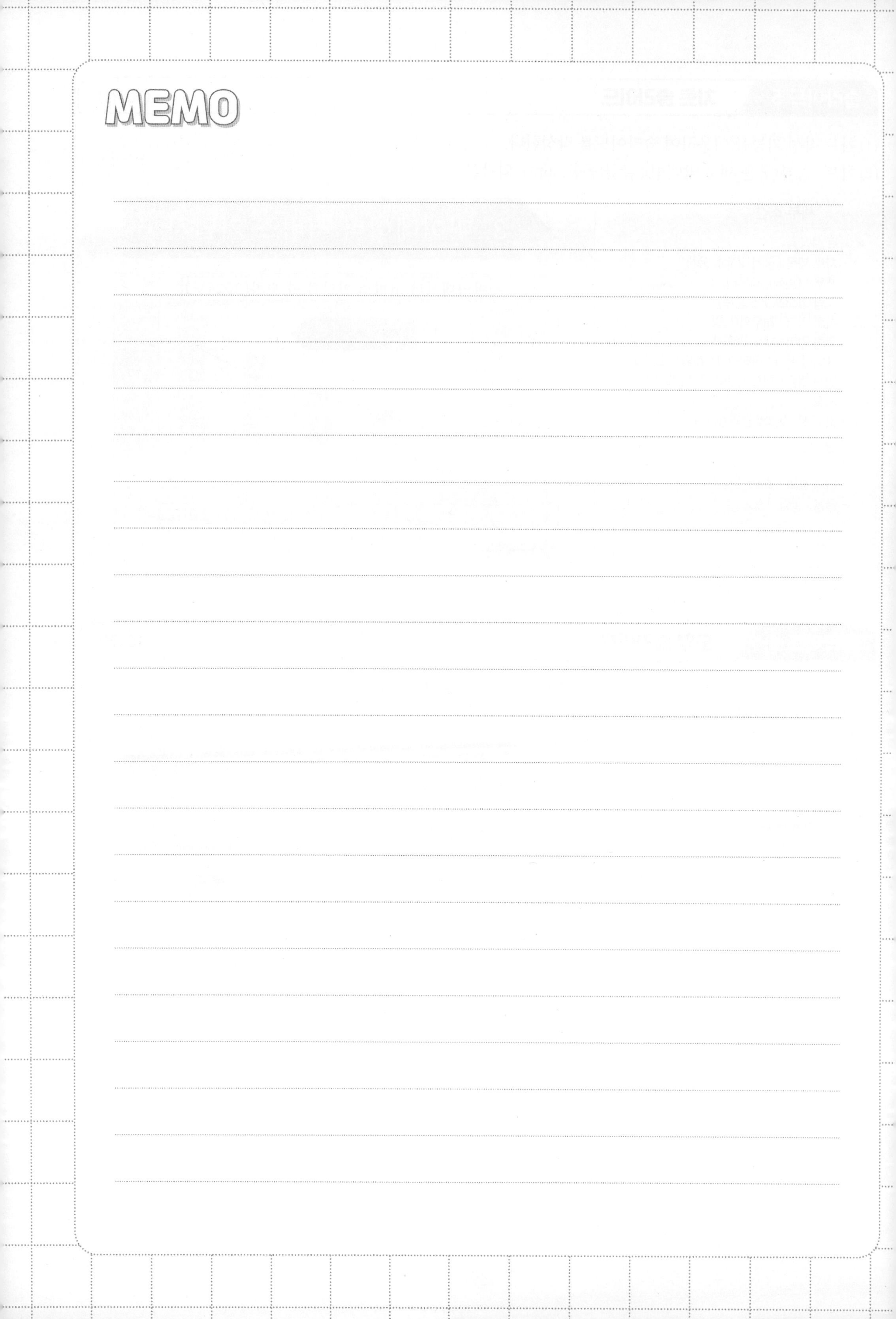

MEMO

MEMO

MEMO